다문화사회 교수방법론

임 운 지음

TEACHING AND LEARNING FOR MULTICULTURAL SOCIETY

신정

머리말

'다', '저', 그리고 '고' 등의 접두어가 요즘의 한국 사회를 가장 잘 대변하고 있다고 볼 수 있다. '고'는 고령화를 의미하고, '저'는 저출산을 의미한다. 그리고 '다'는 다문화 또는 다문화사회를 의미한다. 또한 저출산과 고령화는 한국 사회를 다문화사회로 변화시킨 요인이기도 하다.

한국 사회는 이미 단일민족국가라는 허구적 테두리를 벗고, 동질적이지 않으면서도 수직적 그리고 수평적으로 다양화된 다문화사회이다. 지금 한국 사회는 민족, 인종, 성, 연령, 계층, 지역, 신체 등과 같은 다양한 변인이 매개가 된 문화 현상이 사실로서 나타나는 사회를 가리키는 현상적 측면에서의 다문화사회를 지나, 지향해야 할 지점으로 이해하는 관점에서 시민 또는 국민으로서 누릴 수 있는 사회적 · 경제적 · 문화적 권리를 취득하고 향유하는 데에 있어서 인종이나 민족이 차별의 근거가 되지 않는 다문화사회를 추구해 나가고 있는 상황이다.

이러한 규범적 측면에서의 다문화사회를 추구해 나감에 있어서 가장 중요한 역할을 수행해야 하는 것이 다문화교육이라 할 수 있다. 다문화교육은 한 국가 내에서 문화적 · 사회적 다원성의 가치는 서로를 보호하고 확장하기 위한 귀중한 자원으로 인식되어야 하며, 이를 바탕으로 각기 다른 인종, 성, 언어, 계층 등을 이해하고 존중하도록 하여 학생들의 삶을 긍정적으로 변화시켜 다양한 문화 체계에서 공동목표를 향해 생활하고 의사소통하는 지식, 태도, 기술을 가질 수 있도록 준비하는 교육을 추구하는 것이다. 또한 다문화교육은 각각의 배경이 다양한 학생들이 학교에서 평등한 성취 경험을 갖도록 교육에서 기회균등 실현 및 차별을 제거하는 끊임없는 노력의 과정 내지 학교 개혁운동이기도 하다. 따라서 다문화교육의 목표는 각 개인이 속한 집단에 대한 긍정적인 정체성을 증진시키고, 타문화에 대한 편견을 없애는 것뿐만 아니라 존중하는 마음을 배양시키고,

불공평한 · 불공정한 상황에 직면했을 때, 다른 사람을 위해 이의를 제기하고 행동할 수 있는 능력을 길러주는 것이라고 볼 수 있다. 이렇듯이 다문화교육은 다문화사회를 살아가고 있는 현재의 주류사회와 비주류 사회뿐만 아니라 미래의 우리의 자손들을 위해서도 중요한 의미를 지니는 것이다.

이러한 다문화교육의 목표를 성취하기 위해서는 소수집단과 주류집단 모두를 대상으로 다문화교육의 목표를 달성하기 위한 교수 · 학습방법이 필요하다. 이러한 다문화교육의 목표를 달성하기 위한 다문화사회의 교수 · 학습방법은 다음의 요소들을 요구하고 있다.

첫째, 발문 중심적 상호작용의 원리가 적용되는 교수 · 학습 방법
둘째, 학생 중심적 개별화의 원리가 적용되는 교수 · 학습 방법
셋째, 의미 지향적 활동의 원리가 적용되는 교수 · 학습 방법
넷째, 팀 또는 소집단 활동을 통한 협동학습

1장에서는 문화의 의의와 형태, 다문화의 의의, 그리고 다문화사회의 의미에 대하여 살펴보고, 다문화사회로의 변화를 가져오게 된 이유를 이주를 중심으로 살펴보았으며, 다문화사회의 유형을 살펴보았다. 2장에서는 다문화교육의 개념, 다문화교육의 필요성, 그리고 다문화교육의 목표 등에 대하여 살펴보았다. 3장에서는 다문화교육의 실천방안에 대하여 살펴보았다. 4장에서는 다문화교육과정의 구성요소와 개발방향에 대하여 살펴보았다. 5장에서는 4장의 다문화교육과정 개발방향에 맞추어 다문화교육과정에 근거한 수업설계 및 수업과정에 대하여 살펴보았다. 6장과 7장은 교수 · 학습의 효과에 영향을 미치는 요소를 교사변인, 학습자변인, 교과목 변인, 그리고 환경변인 등으로 구분하여 살펴보았다.

8장부터 15장까지는 다문화사회에서 사용될 수 교수 · 학습방법들을 제시하고 있다. 다문화사회에서의 교수 · 학습법은 발문 중심적 상호작용의 원리가 적용될 필요가 있다. 왜냐하면, 교사가 학습에서 학습자에게 의미를 부여하고 동기를 부여하기 위해서는 수업에서 발문과 질문을 사용할 필요가 있기 때문이다. 따라서 8장에서는 발문의 종류와 발문의 효과적 사용방안에 대하여 살펴보았다.

다문화사회에서의 교수 · 학습법은 학생 중심적 개별화의 원리가 적용될 필요가 있다. 왜냐하면, 학습에서 학습자가 학습의 계획, 실천, 그리고 평가의 과정에서 주체적으로 행동하고 학습의 결과에 대하여 학습자가 책임을 질 필요가 있으며, 이러한 학습자 중심의 교수 · 학습방법은 학습자로 하여금 자기주도적 학습자로 성장할 수 있도록 도와주기 때문이다. 9장부터 15장까지에 제시된 모든 교수 · 학습방법은 학습에서 학습자가 주된 역할을 하는 교수 · 학습법이다.

다문화사회에서의 교수 · 학습법은 의미 지향적 활동의 원리와 협동학습의 원리가 적용될 필요가 있다. 왜냐하면, 학습자가 실생활과 관련된 행동 또는 경험을 통하여 그리고 학습자간의 협동을 통하여 학습자가 지식을 학습하게 되면, 그 지식은 실천지식이 되며, 협동을 통한 학습은 다문화사회에서 편견과 차별을 억제하고 서로 상생 · 공생할 수 있는 방법을 채득하게 할 수 있기 때문이다. 9장부터 15장까지에 제시된 모든 교수 · 학습방법은 의미 지향적 활동의 원리와 협동학습의 원리가 적용된 교수 · 학습법이다.

마지막으로, 소수집단 또는 이주민 집단의 학습자들은 여러 가지 이유로 인하여 학습에서 어려움을 겪고 있는 상황이다. 이러한 학습자들의 성취도를 향상시키기 위한 교수 · 학습방법을 14장에서 "위기에 처한 학습자 가르치기"를 통하여 제시하였다.

차례

Chapter 07 학습자 변인에 의한 교육효과 … 155

Chapter 08 다문화사회에서의 발문을 활용한 교수 · 학습 … 179

Chapter 09 다문화사회에서의 학습자 중심 교수 · 학습 … 203

Chapter 10 다문화사회에서의 협동학습 … 219

Chapter 11 다문화사회에서의 토론 · 토의 교수 · 학습 … 253

Chapter 12 다문화사회에서의 인지적 유연성 교수 · 학습 … 271

Chapter 14 다문화사회에서의 교수 · 학습 … 321

Chapter 15 다문화사회에서의 문화감응 교수방법 … 345

Chapter 01

다문화와 다문화사회

Multi-Culture

Chapter 01 다문화와 다문화사회

01 문화에 대한 이해

1) 문화의 의미

문화의 사전적 의미는 "자연 상태에서 벗어나 삶을 풍요롭고 편리하고 아름답게 만들어 가고자 사회 구성원에 의해 습득, 공유, 전달이 되는 행동 양식 또는 생활양식 및 그 과정에서 이룩해 낸 물질적 · 정신적 소산을 통틀어 이르는 것으로 의 · 식 · 주를 비롯하여 언어, 풍습, 도덕, 종교, 학문, 예술 및 각종 제도 따위를 모두 포함한다."이다.

이러한 사전적 의미 외에 첫째, 특정 지역 또는 국가라는 지형적 조건, 둘째, 시간적으로 오랫동안 지속된 것, 셋째, 종교 또는 가치적인 것에 의한 연맹을 가지고 있는 것, 넷째, 공동의 조상이나 유산을 가지고 있는 것, 그리고 유사한 정체성을 가지고 있는 것과 같은 조건들을 부가적인 의미로 가지고 있다. 이러한 부가적인 조건에 의해서 문화를 정의해 보면, 문화는 하나의 특정한 지역이나 집단 내에 있는 모든 개인과 가족에게 일방적인 영향을 미치면서도, 그들의 외부에 존재하는 정적이고 변화하지 않는 실체를 의미한다.

이광규(1994), 한상복 외(1997), 그리고 이근홍(2006)은 문화를 "특정한 집단이나 지역에서 나타나는 특징적인 생활양식, 특정한 사회에서 성장하는 과정에서 학습되는 것, 인간의 생존을 위한 필수적인 요소, 무의식적으로 인간행동과 사고에 영향을 미치는 것 등으로 정의하면서, 문화는 특정 민족이나 사회가 오랫동안 이룩해 온 역사적 산물이며 생활양식이다. 따라서 문화란 특정 민족이나 사회가 지속적으로 간직해 온 다양한 분야의 생활모습이며, 문화는 인간의 생존에 필수적인 요소로서 사회구성원에게 내면화되어 인간행동에 영향을 미치는 사회체계"라고 설명하고 있다.

언어, 음식, 예절, 종교, 친족관계 등과 같이 인간이 살아가면서 누리게 되는 다양한 생활양식과 행동양식이 있는데, 이러한 생활양식과 행동양식은 선천적으로 주어지는 것이 아니라, 개인이 사회 속에서 성장하면서 사회화 과정을 통하여 학습한 것들이다. 이렇게 개인이 사회 속에서 성장하며 학습한 것들을 문화라고 할 수 있다. 인간은 동물과 달리 문자나 기호 등과 같은 상징(의사전달 체계)을 활용할 수 있는 존재이기 때문에 후세대들에게 이러한 문화가 지속적으로 전수될 수 있는 것이다. 따라서 이러한 문화적 요소들은 현재의 사회구성원뿐만 아니라 후세의 사회구성원의 사고체계와 가치체계에도 영향을 미친다.

문화는 언어, 예절, 의식주, 종교, 지식, 도덕, 예술 등과 같은 수많은 요소들로 이루어져 있기 때문에 하나의 문화를 잘 이해하기 위해서는 그 문화가 가진 총체적인 성격을 잘 파악할 수 있어야 한다. 그러나 문화를 구성하는 요소들이 각기 임의적·독립적으로 존재하는 것이 아니라, 서로 밀접하게 영향을 주고받는 지속적인 상호작용을 하고 있기 때문에, 어느 한 부분만 분리하여서 문화의 전체적인 의미를 발견하는 것은 불가능하다.

2) 문화의 의의

문화는 언어, 음식, 예절, 종교, 친족관계 등과 같은 생활양식과 행동양식뿐만 아니라, 사회구성원의 사고체계와 가치체계를 포함하고 있다. 이렇듯 복잡한 의미를 지니고 있는 문화는 다음과 같은 의의를 지니고 있다.

첫째, 문화는 자연과 관계되어 있지만 자연에 속하지는 않는다. 즉, 문화는 자연에 대한 가공품이다. 예를 들어, 자연을 활용하는 관광이나 자연을 묘사하는 문학 또는 예술행위는 문화가 될 수 있지만, 자연 자체는 문화가 될 수 없다. 즉, 자연과 문화를 구별하는 것이다. 또한 UNESCO가 지정하는 세계유산은 세계유산위원회가 세계유산협약에 따라 인류를 위해 보호해야 할 가치가 있다고 인정하여 유네스코 세계유산일람표에 등록된 문화재를 말한다. 세계유산은 문화유산, 자연유산, 그리고 복합유산으로 분류된다. 문화유산은 유적, 건축물, 그리고 장소로 구성되는데, 세계적으로 매우 중요한 가치를 지닌 유적지, 사찰, 궁전, 주거지, 그리고 종교 발생지 등이 문화유산에 포함된다. 자연유산은 무기적 · 생물학적 생성물로 이루어진 자연의 형태, 지질학적 · 지문학적(地文學的) 생성물, 멸종 위기에 처한 동식물의 서식지, 세계적 가치를 지닌 지점이나 자연지역을 대상으로 한다. 복합유산은 문화유산과 자연유산의 특성을 동시에 충족하는 유산이다. 후대를 위하여 현세대의 우리가 보호해야 할 것을 문화적 유산과 자연유산으로 구분하고 있는 것이다. 즉, 문화와 자연의 특성을 다른 것으로 보고 있는 것이다.

둘째, 문화는 대체로 집단이나 지역 등을 매개로 하는 특정 사회 속에서 향유되는 것이다. 따라서 특정 사회의 구성원들은 일반적으로 동질적인 생활양식을 갖게 된다. 이에 따라 특정 사회의 문화를 통해 그 사회에 속하는 개개인의 일반적인 특성을 어느 정도 이해할 수 있고, 반대로 특정 개인을 자세히 관찰하면 그가 속한 사회의 특성을 어느 정도 이해할 수 있게 된다.

셋째, 문화는 학습되고 전수되는 것이다. 인간은 성장하면서 언어를 배우고 부모와의 접촉, 또래 집단과의 접촉, 그리고 이웃들과의 접촉을 통해서 본능과 욕구를 억제하거나 충족시키는 방법을 습득 또는 학습하며, 좋은 행동과 나쁜 행동 그리고 선과 악을 구별하는 능력, 즉 규범을 학습하여 갖게 된다. 이와 같이 출생 이후 습득과 학습을 통해 후천적으로 얻게 되는 생활방식과 행동방식을 문화라고 정의할 수 있다. 인간은 출생 후 처음으로 가정에서 부모를 통하여 문화를 전수받게 되는데, 이를 두고 가정을 사회화 과정의 출발점이라고 하는 것이다. 또한 성장해 가면서 학교와 사회로부터 문화를 전수받게 되는데, 이 또한 사회화 과정의 일부분이다. 이러한 과정을 통해 세대와 세대 간의 문화전승 또는 계승이 이루어진다. 따라서 가정, 학교, 그리고 사회는 문화계승의 중요한 역할을 수행하게 된다.

넷째, 문화는 고정되어 있는 것이 아니라 시대의 흐름에 따라 변화하는 속성을 가지고 있다. 한 공동체의 문화는 그 공동체의 과거와 현재 구성원들의 모든 의식내용, 사고체계, 그리고 가치체계가 녹아든 것이라고 할 수 있다. 과거의 구성원들이 창조하고 향유한 문화 내용은 무형 혹은 유형의 문화재를 통하여 전수되어 현재 구성원들의 의식내용을 형성하는 데 중요한 역할을 하지만, 과거의 의식(가치와 사고) 내용이 그대로 전수되지는 않고 시대의 흐름을 반영하여 전수되게 된다. 따라서 동일한 지역의 과거 문화는 문화전수를 통하여 어떤 형태로든 현재의 문화 속에 그 흔적을 남기게 되고, 문화접변이나 문화전달을 통하여 동일한 지역의 과거만이 아니라 다른 지역의 과거 또한 오늘의 문화를 형성하는 데 기여하고 있다.

다섯째, 문화는 그 문화의 향유자들과 다른 문화를 가진 사람들을 구별하는 특성을 가지고 있다. 이로 인하여 특정 문화를 가진 사람들은 해당 문화권에 대해 소속감, 정체성, 그리고 동질감을 갖게 되고, 또한 그 문화권 내에서 안정감을 갖게 된다. 이 같은 소속감과 동질감은 특히 종교문화에 의해서 국경을 초월한 강한 유대감을 형성하기도 한다.

여섯째, 문화는 일종의 권리와 같은 역할을 담당하고 있다. 문화는 인간발달 역사의 산물이지만 인간으로부터 독립된 객관적 실체로서 구속력과 결속력을 갖고 있다. 만약 특정한 문화적 정체성을 가진 사람이나 소수집단이 자신들만의 문화를 향유한다는 이유로 인하여 차별을 받는다면, 그들은 참정권, 사회권, 노동권 등과 같은 기본 권리를 행사하기 어렵게 된다. 개인 또는 소수집단들이 자신들의 기본권리 행사를 위해서 요구되는 것이 바로 문화에 대한 인정이며, 문화에 대한 인정 역시 일종의 권리라고 할 수 있다. Castles와 Davidson(2000)은 문화적 권리를 주류언어와 주류문화에 전면적으로 접근할 수 있는 권리, 소수자로서 자신의 문화를 유지할 수 있는 권리, 강제적인 문화통합에 반대하여 주류문화를 거부할 권리 등을 포함하는 것이라고 설명하고 있다.

3) 문화의 형태

한상복 외(1997)는 문화의 형태를 민속문화, 하위문화, 주변문화, 그리고 은둔문화로 구분하고, 구체적 내용은 다음과 같이 제시하였다.

(1) 민속문화

민속문화(Folk Culture)는 어느 한 민족에서 오랫동안 일반 대중에게 전승되어 온 전통적인 문화를 말한다. 즉, 전승된 신앙, 풍습, 의례 등의 형태로 서민생활에 남아 있는 문화이다. 민속문화는 도시문화에 대비하여 농촌문화와 비슷한 의미로 쓰이기도 한다. 이 문화는 변화에 따른 적응이 늦으며, 친족 중심적이면서 인간관계가 지적인 측면과 정적인 측면을 모두 포함하는 전인적인 형태를 띤다. 또한 성스럽고 종교적인 색체가 강하며, 자연과 관련된 경우가 많다. 아울러 고립적이며 관습적인 생활양식을 가지고 있다.

(2) 하위문화

하위문화(Subculture)는 전체 문화의 일부분을 이루는 문화를 말한다. 즉, 하위문화는 한 사회집단 내에서 다른 것과 구분될 수 있도록 다르게 나타나는 생활양식을 말한다. 이 문화는 한 사회집단의 각 부분에서 특징적으로 나타나는 행위양식이나 사고방식을 포함한 생활양식의 차이를 나타내며 그러한 차이를 통해서 사회의 각 부분에 대한 이해를 촉진하고 변화에 적절히 대처할 수 있게 한다. 예를 들면, 빈민지역에서 나타나는 특유의 생활양식인 빈곤문화는 빈민들의 하위문화이다.

(3) 주변문화

주변문화(Marginal Culture)는 문화의 중심으로부터 멀리 떨어져 문화영역의 경계선 지역에 있기 때문에 문화적 특징과 고유성을 적게 지닌 것을 말한다. 즉, 문화적 특징과 고유성이 집중된 문화중심에서 원거리에 있기 때문에 다른 곳에 비하여 문화적 특징과 특성이 적게 나타나는 것을 말한다. 따라서 주변문화는 이웃하는 집단이나 지역의 다른 문화적 특징과 고유성도 가질 수 있어서 문화가 혼합되는 형태를 보이기도 한다.

(4) 은둔문화

은둔문화(Covert Culture)는 외부에서 손쉽게 파악할 수 없는 감추어진 문화를 말한다. 즉, 인간의 행동이나 사물을 통해서 나타나지 않는 것으로 문화의 내부와 하부에 존재하는 가치관과 내세관 등을 의미한다. 은둔문화는 내재한 문화라고도 하며 나타내 보이지 않지만, 인간의 행동과 사고에 크게 영향을 미친다. 이 문화는 외적으로 나타난 문화와 서로 연관되어 자신을 역할을 하고 있으며, 전체 문화의 일부분을 차지하고 있다.

02 다문화와 다문화사회

1) 단일문화(Monoculture)와 다문화(Multi-culture)

(1) 단일문화의 의미

하나 이상의 복수 문화를 지칭하는 다문화의 의미를 잘 이해하기 위해서는 다문화와 대비되는 개념인 단일문화의 의미와 특징에 대하여 먼저 살펴볼 필요가 있다. 단일문화의 특징은 다음과 같다.

첫째, 단일문화는 사회적 동질성을 가지고 있다. 단일사회는 문화의 학습과 문화의 세대 간 전수를 통하여 문화적 동질성을 확보하고 이를 안정적으로 유지하려고 한다.

둘째, 단일문화는 인종적 · 민족적 기반을 가지고 있다. 즉, 단일문화는 대체로 인종이나 민족의 독특한 생활양식을 기반으로 형성된다.

셋째, 단일문화는 외부와의 경계를 형성하는 역할을 한다. 단일문화는 공동체, 국가, 지역, 문화권 등을 기준으로 외부와 구분되는 일정한 경계 역할을 수행한다.

이러한 특징을 중심으로, 사회 내에서 동질적인 하나의 문화를 추구하는 이념을 단일문화주의라고 부른다. 단일문화주의는 높은 수준의 동질성을 전제로 하여, 하나의 국가나 민족이 하나의 문화를 가진다는 생각이다. 그런데 단일문화국가나 단일민족국가는 사실상 이념상으로만 존재할 뿐, 현실에서는 매우 작은 소규모 공동사회 또는 씨족사회 정도를 제외하고는 거의 찾아보기 어렵다.

그러나 민족을 중심으로 한 단일문화주의는 다문화사회와 충돌할 수 있는 다음과 같은 위험성을 내포하고 있다.

첫째, 단일문화주의는 다른 문화에 대한 비교우위를 통하여 자신들의 단일문화가 우월하다는 신념을 갖게 될 위험성을 내포하고 있다. 역사, 가치관, 언어, 전통, 예술 등과 같은 자기 민족이 갖고 있는 문화적 유산이 다른 민족의 문화유산보다 우월하다는 신념을 가질 수 있다.

둘째, 단일문화주의는 다른 민족의 열등함에 대한 확신을 갖게 될 위험성을 내포하고 있다. 단일문화주의는 소수 인종 또는 소수 민족의 전체 문화가 자신들의 단일문화보다 열등하다는 신념을 가지고 있는데, 이는 소수 인종 또는 소수 민족이 갖고 있는 습관, 가치, 전통, 언어 등도 열등하다는 신념과 연결된다.

셋째, 단일문화주의는 소수집단에게 기준을 부과하는 권력으로 작용할 위험성을 내포하고 있다. 지배집단은 그들의 기준과 신념을 소수 집단 또는 약한 집단에게 부과 또는 강제하려는 경향을 가진다.

넷째, 단일문화주의는 사회체제의 변형 또는 급진적인 변화를 거부하려는 경향을 가지고 있다. 민족 중심적 가치와 신념은 그 사회의 프로그램, 정책, 행동, 구조, 기관들에 유형적인 또는 무형적인 형태로 나타나게 된다. 그리고 단일문화주의는 자신들의 사회체제를 소수 민족 또는 다른 민족을 위하여 변형하려고 하지 않고 고수하려는 경향을 띤다.

다섯째, 단일문화주의는 보이지 않는 장벽으로 작용할 위험성이 있다. 사람들 모두가 문화적 조건의 산물이기 때문에, 그들의 가치와 신념, 세계관은 의식적으로 알아차리는 수준 밖에서 보이지 않는 장벽(Invisible Barrier)을 형성하게 되는데, 이는 차별의 근원이 되기도 하며 사회적 통합을 어렵게 만드는 요인이 되기도 한다.

(2) 다문화의 의미

다문화는 하나 이상의 복수 문화가 하나의 국가 혹은 사회에 공존함을 의미한다. 즉, 다문화는 다인종 그리고 다민족으로 구성된 사회와 국가에서 문화의 중심이 되는 주류문화에 대한 하위 개념으로 위계관계와 다양성 존중이라는 개념을 내포하고 있는 것이다.

다문화는 단일문화주의에서 문화를 이해하던 방식에서 다양성이라는 변화를 반영하는 방식으로 문화를 이해하게 만들었다. 다문화는 크게 세 가지 관점으로 이해할 수 있는데, 그 변화의 양상은 다음과 같다.

첫째, 다문화는 다양성을 기반으로 사회를 새로운 방식으로 바라보고 이해하게 만들었다. 즉, 대부분의 사회는 더 이상 동질적이지 않고, 수직적 그리고 수평적으로 다양화되었다. 이에 따라 다양한 계층, 집단, 그리고 하위문화들이 나타났다. 그리고 이러한 문화의 다양성은 고정관념, 편견, 선입견, 차별 등을 내려놓는 일들을 요구하고 있다.

둘째, 문화는 지속적으로 창조되고 발전된다. 문화는 독립적이지 않고 상호교류, 충돌, 전이, 지배, 상호교환 등의 과정을 통해서 발전된다. 문화가 인종, 민족, 영토적 외연 등과 일치하지 않는 경우가 증가하고 있다. 이러한 것들이 발생하는 것은 활발한 이동 및 이주와 관계가 깊다. 또한, 역사적으로도 인류는 이미 오래전부터 이동과 이주를 통하여 서로 뒤섞여 생활해 왔기 때문에 단일민족이라는 개념 자체가 어느 정도 허구적이기도 하다.

셋째, 다문화는 상호 간에 관계적이며 상호작용을 한다. 최성환(2008)은 외부와의 경계를 강조하는 '문화적 인종주의'는 문화 간 상호이해를 불가능하게 하고 분리주의나 인종청소 등과 같은 비극으로 귀결되는 경우가 있었기 때문에, 그와 같은 '경계설정'에 대한 일대 반성을 촉구하였다.

관계개념으로서 다문화는 다수자인 주류집단의 문화만이 중심이 되는 것이 아니라 주류집단의 문화뿐만 아니라 소수자의 문화도 서로 존중되고 가치가 있는 것으로 인정받으면서, 서로 간의 상생과 공생을 추구하는 공동체적 정체성을 형성하게 하였다.

단일문화주의에 대한 반성으로서, 그리고 그에 대비되는 개념으로서 '다문화'는 다수의 문화 그리고 다양한 문화를 의미하지만, 다문화는 다양한 문화가 서로 공존하는 현상을 가리키는 데 머물지 않는다. 다문화현상은 여러 문화가 하나의 국가나 사회에 같은 모습으로 존재해 왔던 것이 아니라, 서로 다른 문화가 지속적으로 '만나고', '부딪치고', '교류하고', '갈등하는' 과정에서 생겨나는 현상이며, 전 세계보다는 한 사회나 국가 내에서 나타나는 현상에 초점을 두고 있다. 이러한 문화의 적응과 변화를 다음과 같은 관점에서 살펴볼 수 있을 것이다.

① 생태학적 변화

모든 사회의 문화체계는 자연환경의 영향을 받으면서 발전해 왔다고 할 수 있다. 그러나 환경주의 이론에서 주장하는 것처럼, 모든 문화체계가 자연에 의해서 결정된다는 것은 근거가 부족하다고 볼 수 있다. 왜냐하면 인간의 발달은 자연에 적응하고 자연을 극복하는 과정에서 일어난 것이지 자연에 종속되어 일어난 것이 아니기 때문이다.

② 문화전파

문화전파란 관습, 신앙, 도구, 기술, 의 · 식 · 주 등과 같은 문화의 구성요소가 다른 민족과 지역에 전해지는 것을 의미한다. 어떤 문화요소는 다른 문화요소에 비해 실용성과 장점을 더 많이 가지고 있을 수 있기 때문에 다른 민족과 지역으로 실용성과 장점을 가진 문화요소가 전파될 수 있다.

한편으로는 문화적 장점 또는 실용성이 아니라, 전쟁에 의해서 강압적으로 전파되는 경우도 있을 수 있다. 고려시대에 몽골의 침입으로 전파되어 현재에도 남아 있는 결혼풍습에서의 연지, 곤지 등이 문화전파의 예이다.

③ 문화접변

문화접변이란 두 개의 상이한 문화가 접촉하는 과정에서 문화요소들이 변화하는 과정을 가리킨다. 국경을 접하고 있는 두 국가 또는 민족은 서로 교류를 하게 되어 있다. 그러나 서로 다른 언어 때문에 의사소통에 많은 어려움을 겪게 된다. 이러한 의사소통 문제를 극복하기 위하여 새로운 언어, 즉 중간언어(Interlanguage)를 만들어 내는 것이 문화접변의 대표적 예라고 할 수 있다. 이러한 중간언어를 통한 교류는 자신들의 문화에 영향을 미치게 되면서, 문화에 변화를 가져온다.

④ 문화적 진화

문화적 진화란 문화가 지속적으로 단순한 형태에서 복잡한 형태, 또는 단순한 형태에서 정교한 형태로 발전하는 과정을 의미한다.

다문화사회를 이해하기 위해서는, 국가 또는 한 사회에서 다문화를 구성하는 요소가 무엇인지 이해하는 것이 매우 중요하다. 이용재(2012)는 다문화의 요소를 개인차, 인종, 민족, 종교, 성별, 사회 · 경제적 수준, 연령, 능력, 신체적 조건, 언어, 계층 등으로 보고, 다문화를 개인과 집단 사이에서 나타나는 모든 다양성을 포괄하는 넓은 개념으로 사용하였다. Gollnick와 Chin(2013)도 우리 자신의 정체성 또는 문화적 정체성을 형성하는 데 영향을 미치는 요인이 다양하게 존재하는 사회를 다문화사회로 규정하면서 그 요소를 매우 넓게 파악하였다. 그 다양성의 원천으로 민족, 인종, 성, 계층, 거주지, 연령, 종교, 언어 등을 꼽았다. 외부로부터 새로 유입된 민족이나 인종은 과거에 비해 사회를 더 다양하게 만든 요소에 해당된다. 그리고 성, 계층, 거주지, 연령, 종교, 언어 등은 기존에도 있었지만, 최근 들어 다문화사회로의 전환으로 말미암아 그 다양성을 보다 많이 부각시키는 요소가 되었다고 할 수 있다.

(3) 한국에서 사용되는 다문화의 의미

한국 사회에서는 다문화의 의미를 다소 제한적으로 사용하는 경향이 있다. 한국 사회가 다문화사회로 변화되기 이전까지는 장애인이 있는 가족과 성적 소수자가 있는 가족을 가리켜 다문화가족이라고 부르지 않는 경향이 있었다. 이러한 소수집단의 가족은 다문화사회 이전에도 이미 존재해 왔지만 다문화가족으로 부르지 않았다는 것과 다문화사회가 된 지금에서야 장애, 연령, 성, 계층, 성적 취향 등이 부각되고 있는 맥락으로 보아, 소수집단에 대한 이해는 다문화보다는 인권 차원이라고 보는 것이 더 적절한 것으로 볼 수 있다. 물론 한국 사회에서 외국인의 거주증가와 외국인 노동자의 유입 등과 같은 이유로 인하여 다문화사회로의 진전이 빨라지고 다문화의 정도가 깊어지는 과정에서, 다문화가 의미하는 소수집단의 범주는 점점 더 확대될 것은 자명한 일이지만, 현재의 한국적 맥락 속에서의 다문화는 다인종화와 다민족화로 나타나는 문화적 현상으로 이해하는 것이 바람직하다.

2) 세계화와 이주를 통한 다문화

(1) 세계화의 의미

세계화라는 용어는 지구화, 국제화, 전지구화, 지구촌 등과 같이 사용되고 있다. Waters(2000)는 자신의 저서 《Globalization》에서 세계화를 '사회적 · 문화적 제도에 대한 지리학적 구속이 약해지고, 그러한 사실을 사람들이 인식하게 되는 사회적 과정'으로 정의하였다. 이는 지리학적 · 문화적 환경을 벗어나 사람들이 지구를 하나의 공동체로 인식하고 생활하게 됨을 의미한다.

인간이 농경사회에서 살면서 대다수의 사람들은 정착생활을 하게 되었고, 민족과 국가라는 경계를 구성하면서 다수가 그 경계를 자유롭게 넘지 못하는 삶을 살았었다. 허락받지 않고 경계를 넘는다는 것은 침략이나 약탈을 의미했기 때문에 경계를 넘는 것은 매우 제한적이었다.

20세기 제1차 대전 이후의 시대는 경제보다는 정치적 목적에 기초한 국제관계가 중요시 됐던 시대라고 할 수 있다. 제1차 세계대전과 제2차 세계대전을 경험하면서 냉전이 진행된 지구촌에서는 전쟁이나 식민지 개척이 인류공존에 이롭지 않음을 인식하게 되었으며, 경계를 넘는 일이 다시 금기시되었다. 경제적 필요에 의한 이주만이 부분적으로 이루어졌다. 이러한 문제점에 대한 대안으로 정치적 국가협력체인 국제기구가 만들어졌지만, 기대만큼의 긍정적 영향력을 발휘하지는 못하였다. 그러나 21세기 신자유주의 국제경쟁시대에 접어들면서 이동과 이주를 통한 세계화가 증가하는 현상이 나타나고 있다.

지구적 관점에서 세계화의 특징은 다음과 같다.

첫째, 전 지구적 상호의존이 심화되고 있다. 세계화는 지역적 경계를 초월하여 재화, 자본, 인력 등을 포함하는 인적·물적 자원과 이미지와 문화 등을 포함하는 정신적·문화적 자원에 대한 상호의존이 이루어지는 시대이다.

둘째, 교통수단의 발달과 정보통신기술의 발달로 인하여 세계가 하나의 네트워크로 연결되면서 시간과 공간의 의미가 재구성되고 지구(세계)에 대한 우리의 인식과 경험이 변화되고 있다.

셋째, 세계화를 이끌어가는 주체는 다국적 기업이다. 다국적 기업 활동의 증가속도가 세계 경제성장 속도보다 빠르다.

마지막으로, 세계화 또는 지구촌화, 지역성 그리고 국가성의 공존도 세계화의 특징이다. 이는 세계화와 동시에 지역성 및 국가성의 중요성이 공존한다는 것이다. 즉, 세계화에 의해서 동일성이 일어나기 보다는 다양성이 강화된다는 것이다.

지구라는 세계는 지구공동체적 상호협력과 상호 간의 경쟁을 요구하기 때문에, 세계화가 되면 될수록 세계는 다원화되며 세계 공존으로서의 다양성이 심화된다.

(2) 세계화의 양면성

세계화 이론은 세계를 동질화시키는 과정으로 보는 입장과 세계를 이질화시키는 과정으로 보는 입장으로 구분된다. 서구화 또는 미국화라는 용어처럼 신자유주의 경제에 의한 세계 자유시장경제의 결과물로써 세계가 자본주의적 문화로 인하여 획일화되었다는 것이 동질화 과정으로 보는 입장이고, 문화 간에는 우수성 또는 열등성이 있을 수 없기 때문에 세계화가 진행되고 있음에도 불구하고 한 문화의 특이성과 고유성이 보존된다고 보는 것이 이질화 과정으로 보는 입장이다.

그러나 세계화의 본질은 동질화 과정이든 이질화 과정이든 이 둘의 관계가 적대적 관계가 아니라 동시적 또는 상호보완적 관계로 보는 것이 합리적일 것이다. 즉, 세계화에는 긍정적인 면과 부정적인 면이 동시에 공존하기 때문에 동질화와 이질화를 동시적 또는 상호보완적 관계로 보아야 한다.

① 세계화의 긍정적 측면

첫째, 세계화를 통하여 세계 각국은 외국기술과 인적 자원을 끌어들이고 국내 자본을 확충하기 위한 방법으로 외국자본을 끌어들이기 시작하였다. 그러나 외국자본을 끌어들이기 위한 국가 간의 경쟁은 심화되었다. 이는 값싼 노동력을 찾아 다국적 기업이 이동하는 것과 관련되어 있다.

둘째, 값싼 노동시장으로의 생산기지 이전과 개도국에 대한 자본투자에 의한 세계화는 생산비 절감을 통하여 재화와 서비스의 가격을 절감시켰다. 재화와 서비스 가격의 하락은 소비자들의 구매능력을 증가시키고, 이는 실질소득의 증가를 가져왔다.

셋째, 세계화는 자유무역을 실현시켰다. 서비스와 생산지를 고정시키지 않음으로써 생산성과 생산효율성 저하의 위험을 줄일 수 있고, 경쟁력이 있는 국가에 투자함으로써 더 많은 이익을 창출할 수 있다.

넷째, 세계화는 민주주의의 확산과 심화를 가져왔다. 세계화로 인한 국가 간 인적 교류의 확대와 정보통신기술의 발전은 민주주의에 대한 이해와 학습기회를 제공하게 되었다. 이러한 민주주의에 대한 이해와 학습은 비정부조직과 비공식 네트워크의 형성을 가능케 함으로써, 민주주의 실현에 대한 희망과 기대는 점점 심화·확대되고 있다.

다섯째, 세계화는 세계의 다양한 문화에 접촉하고 향유할 수 있는 기회를 증가시킴으로써 삶을 풍요롭게 만들고 삶의 질을 향상시킬 수 있으며, 국가 간의 자유로운 인적·물적 교류는 풍요로운 삶과 삶의 질 향상을 위한 보다 많은 기회와 혜택을 제공하고 있다.

② 세계화의 부정적 측면

첫째, 세계화는 빈곤화의 심화와 빈익빈 부익부 현상의 심화를 초래했다. 선진국에 비해 후진국은 열악한 자본과 기술, 정치적 불안을 안고 있기 때문에 경쟁이 심화되는 국제관계 속에서 후진국들은 빈곤해질 수밖에 없다. 또한 신경제주의에 의한 경쟁원리가 지배하고 있는 사회에서는 형평성보다는 효율성을 강조하기 때문에 사회계층 간의 빈부격차와 빈익빈 부익부 현상은 심화될 수밖에 없다. 따라서 세계화 속에서 경쟁의 심화는 선진국과 후진국 간 또는 한 국가 내에서의 계층 간 빈부격차와 빈익빈 부익부 현상을 심화시켰다.

둘째, 세계화는 환경파괴와 자원고갈을 가속화시켰다. 국가 간 또는 기업 간의 치열한 경쟁 속에서 각국과 각 기업은 국가경쟁력 또는 기업경쟁력을 제고하기 위하여 환경보호보다는 개발에 초점을 두었다. 특히 이러한 환경파괴와 개발은 저개발국에서 많이 발생하고 있다. 저개발국가와 개도국에서의 환경파괴와 환경오염 등은 지구온난화 현상, 엘리뇨 현상, 라니냐 현상, 대기오염과 같은 환경 위협의 문제를 야기시켰다.

셋째, 세계화로 인하여 국민의 생활환경과 삶의 질이 악화되고 있다. 경제 개발은 도시화를 가속화시켰다. 개발도상국의 도시화는 슬럼, 실업, 빈곤, 열악한 위생시설, 오염 등과 같은 수많은 문제를 발생시켰다. 물론 선진국에서도 대규모의 도시화는 공동체의 상실로 말미암아 소외 또는 고립의 문제를 야기시키고 있다. 이러한 소외와 고립의 문제는 범죄, 폭력, 마약 등의 문제와 연결된다. 이러한 문제들은 단기적인 부작용으로 끝나는 것이 아니라 장기적인 부작용을 초래하고 있다.

넷째, 세계화로 인하여 금융시장이 불안정하게 되었다. 초국가적 투기적 자본은 안정적인 금융질서에 커다란 위협이 되고 있는데, 투기적 성격의 자본이동은 해당 국가의 외환보유액의 고갈, 외환투기, 금융위기 등을 초래해 왔고 초래할 수 있다.

다섯째, 세계화로 인해 정보교환의 폐해가 발생하고 있다. 정보의 바다라고 하는 인터넷에는 유익한 정보뿐만 아니라 유해한 정보도 같이 공존한다. 유익한 정보는 사회발전과 삶의 질 향상에 도움이 될 수 있지만, 유해한 정보는 사회질서를 파괴하고 사회를 교란시킬 수 있다.

여섯째, 초국가적 기업의 영향력 행사로 인한 문제들이 발생하고 있다. 초국가적 기업들은 그들이 소유하고 있는 거대 자본, 첨단 기술, 우수한 경영능력, 방대한 네트워크 등을 통해서 또는 모국의 정치적·경제적 비호아래 개도국 또는 저개발국에 자신들의 생산 및 판매거점을 구축하여 극대이윤을 추구하고 있다. 그 결과 개도국에서의 신흥기업의 도산, 신기술 탈취 및 분쟁, 실업률 증가, 소득 감소 등의 문제가 발생하고 있다. 이러한 문제들은 개도국 국민의 생활수준 하락, 임시고용 및 노동의 유연성 증폭, 고용불안으로 이어진다.

그리고 개도국에서의 생활수준 하락, 임시고용 및 노동의 유연성 증폭, 그리고 고용불안은 소득불균형 확대, 복지혜택 축소와 같은 고용관련 이익의 폐지 또는 축소 등과 같은 부정적 영향을 초래되고 있다.

(3) 세계화와 이주

현재적 의미의 국경은 제2차 세계대전이 끝나고 설정되었으나, 세계화에 따른 국제무역의 활성화와 교통과 통신의 발달로 국경의 의미는 퇴색되어 가고 있다. 각 나라는 외국의 자본과 기술 유치를 위하여 자유무역지역을 설치하고 각종 규제로부터 자유로운 무역지역을 만들어 가고 있다.

그러나 멕시코와 미국 사이의 장벽설치에서 볼 수 있듯이 노동력을 가진 가난한 나라 사람들이 국경을 넘는 것은 통제되고 불법 이주로 간주되고 있는 실정이다. 그러나 절대빈곤과 극심한 실업상황에 처해 있는 가난한 나라의 국민들이 국경을 넘어 행해지고 있는 노동은 불법의 문제가 아니라 생존권의 문제로 볼 수도 있다.

따라서 세계화 시대에서의 노동 이주자 문제는 지구적 차원에서 생존권을 위한 경제적 난민의 문제로 볼 수도 있는 것이다. 이러한 이주에 영향을 미치는 요인들에는 다음이 있다.

① 경제적인 이유

아프리카, 아시아, 라틴아메리카 등의 지역에 사는 많은 사람들이 기아와 절대

빈곤으로 사망하고 있다. 특히 아프리카의 경우, 기아와 절대빈곤으로부터 탈출하기 위하여 난민선에 오르는 험난하고도 어려운 난민의 길을 택하는 빈도가 증가하고 있다.

경제학적 접근은 의사결정에서 집합적 요소에 비중을 두는 것이다. 경제적 이유로 인한 이주는 가족과 지역사회가 살아남기 위한 전략 중 하나이다. 그리고 경제적 이유에 의한 이주는 장기간에 걸쳐 이루어지고 또 유지되는 과업일 뿐만 아니라, 송금수단이 되고 투자기회이기도 하다. 안정이 확보되지 않은 지역에 사는 가족은 그들 중 1명이라도 경제적으로 더 안정되고 희망이 있는 곳으로 보내는 것이 합리적이라고 생각하기 때문에, 경제적 이유로 인한 이주는 더욱 증가할 것은 분명하다.

② 인구·지리학적 원인

경제적 불황임에도 불구하고 출생률이 높은 지역과 빠른 경제성장을 하고 있음에도 불구하고 출생률이 낮은 지역 사이에는 구조적 불균형이 존재하게 된다. 급속한 인구의 증가는 실업과 경제적 부담을 가중시켜 이주를 야기시키는 반면에 인구 감소와 노령화는 주변국의 인구를 수용하게 한다. 인구·지리학적 이주는 가족이주, 청년이주, 저출산에 따른 대체이주로 구별된다. 인구이동은 지역과 이주자 개개인이 갖고 있는 배출인자, 흡인인자 그리고 장애인자 등에 의해서 이루어지는 지역 간의 거주이동이다. 배출인자로는 빈곤, 저임금, 교육·문화·보건시설의 부재, 인종적·종교적·정치적 억압 및 탄압, 기근과 홍수 같은 자연재해 등이고, 흡인인자는 낮은 농지가격, 고용기회의 증대, 고임금, 학교·병원·주거 시설의 확충, 쾌적한 환경 및 생활환경, 미지에 대한 기대 등이며, 장애인자로는 이동비용, 심리적 비용, 이주규제법, 노동허가규제법 등이다.

③ 개방화와 통신기술의 발달

세계경제는 NAFTA, EU, APEC, ASEAN 등과 같은 경제협력기구에 의한 노동시장의 지역화 경향으로 국제이주노동을 야기시키고 있다. 즉, 이러한 경제협력기구 지역에는 그만큼 더 많은 노동력을 필요로 한다. 노동시장은 노동력 상품의 공급과 수요에 관한 정보를 교환하고, 그 결과 노동력은 다른 상품과 같이 어떤 임금, 노동시간, 기타의 노동조건하에서 거래되는 사회 메커니즘(Mechanism)이라고 할 수 있다. 이주민들의 네트워크는 가족들에게 경제적 원조를 제공할 만한 국가를 결정하는 것에서 시작하게 되는데, 이주민들은 대체로 어떤 나라로 갈지, 어떻게 갈 수 있을지에 대한 정보를 가족이나 다른 이주자 또는 이주 집단연합체(Diaspora)로부터 얻는다.

개방화와 통신기술의 발달은 문화적 · 사회적 자본을 중요하게 다루는 사회학적 접근법에서 제시하는 이주 이유와 유사한데, 문화적 자본은 다른 사회에 대한 지식과 그 사회가 제공하는 기회, 그리고 어느 곳에 가서 일자리를 찾아야 하는지에 대한 정보를 의미한다. 개방화와 통신기술의 발달은 세계화를 가져왔으며, 세계화는 서구의 생활방식이 타지까지 전해지도록 함으로써 문화적 자본이 형성되도록 돕는 역할을 한다.

사회적 자본은 이주에 필요한 안전하고도 비용대비 효과적인 연결을 말한다. 대부분의 이주민은 자신의 동포들이 이미 터를 닦아 놓은 곳에 가서 정착하기를 희망하는데, 이는 일자리를 얻는다거나 관료적 장애물에 대응하기가 상대적으로 쉽기 때문이다.

④ 역사 · 제도적 원인

이주의 이유를 역사 · 제도적 요인으로 보는 것은 이주의 흐름에 영향을 미치는 국가와 단체가 가지고 있는 제도의 막대한 역할에 초점을 두고 있기 때문이다. 자본과 노동시장의 권위에 의해서 많은 노동력이 필요하게 되거나 필요 없게 된다. 역사 · 제도적 접근이 국가의 역할에 초점을 둠으로써, 국가전략이 변함에 따라 이주가 위축될 수도 있다고 보는 시각이 나타났다. 그렇지만, 역사적 경험에 비추어 볼 때, 한번 시작된 이상 이주는 멈추어지지 않는다. 왜냐하면, 이주를 받는 국가 내에 영향력 집단 간의 이익갈등이 존재하기 때문이다. 예를 들면, 국가와 경영 집단 간의 갈등으로서, 일정 기간이 경과하면 국가는 이주민을 돌려보내려고 하는 반면에 경영 집단은 노동력 부족으로 인하여 이주민을 계속 받거나 체류하기를 원하기 때문이다.

(4) 이주 유형

이주는 시간적 관점에서 영구 이주에서부터 몽골 유목민들의 단기적·주기적 이동까지를 포함한다. 역사적으로 전쟁을 통한 침략과 정복, 사할린 강제이주와 같은 무력에 의한 강제 이동, 조선시대 세종대왕 때의 경상도와 전라도 사람들의 평안도와 함경도로의 이동과 같은 정책적 판단에 의한 강제 이동, 자연재해로부터의 대피를 위한 이동, 상업적 이동, 식민지 정착과 노예제를 포함한 유사 맥락 상황에서의 사람들의 이동 또한 이주이다. 이주과정의 특징에 따라 이주 형태를 구분해 볼 수 있는데, 이주과정의 특징은 공간적 차원, 시간적 차원, 이주의 자발성, 그리고 이주의 규모 등으로 분류할 수 있다. 이러한 기준에 따라 정재각(2010)은 이주의 유형을 〈표 1-1〉과 같이 제시하였다.

표 1-1 이주 유형

분류 기준	이주 유형
공간	국내 이주
	국제 이주
시간	일시적 이주: 단기계약 근로자, 계절노동자, 순회 이주노동자
	영구적 이주
이주 의사	자발적 이주: 이주노동자, 결혼이민자, 교육이민자, 은퇴이민자
	비자발적/강제 이주: 노예제, 계약노동, 망명신청자/난민, 국내유민, 인신매매
이주 규모	개인 이주
	대량·집단 이주

출처: 정재각(2010).

그러나 현대의 이주는 세계화 과정 속에서 경제적·사회적 목적에 의한 개인과 가족의 이동을 의미한다. 이러한 관점에서 이주의 유형은 경제적 특성에 영향을 많이 받는다고 볼 수 있다. 임채완과 전형권(2006)은 경제적 관점에 기초하여 이주 유형을 〈표 1-2〉와 같이 합법적인 노동 이주, 불법적인 노동 이주, 난민 이주, 독립적인 여성 이주, 숙련된 단기계약 이주, 숙련된 장기 이주 등의 6가지 유형으로 구분하였다.

◆◆◆〉 표 1-2 이주 유형과 특징

이주 유형	이주의 특징
합법적인 노동 이주	• 체류국가의 합법적인 허락하에 노동에 종사하는 이주 • 주로 아시아권의 인구가 유럽이나 다른 아시아 지역으로 이주
불법적인 노동 이주	• 일반적으로 합법적인 허락하에서 노동에 종사하다가 허락받은 기간이 끝났거나 비자가 만료된 후에 불법체류자가 될 때 많이 나타나는 유형 • 밀입국과 같은 계획적인 불법입국 후에 노동을 하는 경우 • 보통 미등록 체류자인 경우도 있고, 불법체류자인 경우도 있어서 나라마다 규모를 정확하게 파악하기 어려움
난민 이주	• 자신의 나라에서 정치적 견해나 박해 등으로 인해 피난을 온 이주
독립적인 여성 이주	• 세계 서비스 사업을 행하는 여성들의 이주를 칭함 • 공개구혼 무역이나 여성의 성 산업도 해당 • 의미를 확장하면 결혼으로 이주하는 여성도 여기에 포함될 수 있음
숙련된 단기계약 이주	• 대부분 프리랜서나 다국적 기업의 일원으로 이주하면서 노동하는 경우를 지칭함 • 거주하는 곳에서 단기 체류자이고 자신의 고국에서 국민으로서 참정권을 영위하고, 이주하여 노동하는 것에 보상도 충분히 받음
숙련된 장기 이주	• 장기체류자이면서 거주하는 곳에 시민권을 가질 정도로 전문적인 기술 등으로 이주지인 해당국에서 선호 받는 노동자 유형 • 투자 이민자의 경우도 이 유형에 속함

출처: 임채완 · 전형권(2006).

이러한 여섯 가지 이주 유형 중에서 한 나라의 이주 유형은 개별 나라의 이주 이유, 인구 구성, 그리고 경제적 · 정치적 발달 수준에 따라 다르다. 한국의 경우는 세계화와 경제발전, 그리고 노령화로 인한 일손부족을 보충하기 위한 노동이주와 부족한 결혼배우자를 구하기 위한 결혼 이주가 많은 편이다. 지리적 위치, 안전에 대한 생각차이, 난민에 대한 사회적 합의 등 때문에 난민 이주와 장기 이주의 구성은 매우 적은 편이다.

이주는 단순히 하나의 현상으로 끝나는 것이 아니라, 새로운 사회현상과 문제를 야기할 수 있는데, Castles(2004)는 이주로 인한 사회 · 문화적 특징을 다음과 같이 제시하고 있다.

① 이주는 계속 증가하고 이주민의 구성은 사회적 · 문화적으로 더욱 다양화될 것이다.

② 이주에 대한 정부정책과 교통과 통신기술의 발달로 인해 단기 체류형 이주와 같은 임시적 상태의 이주민이 양적으로 증가하게 될 것이다.

③ 섬차 많은 이주민이 다국적 사회에 정착하게 되면서 초국가적 공동사회 속에서 거주하게 될 것이다.

④ 사회 네트워크의 발달과 연쇄적인 이주(Chain Migration)로 인해 이주자는 더 급속하게 증가할 것이다.

⑤ 국제 이주의 추세는 국경을 넘는 새로운 조직을 생성하고 의사소통을 위한 비공식적인 다국적 네트워크를 강화할 것이다. 이로 인해, 이주민에 대한 통제가 약화되고 동화정책의 효능도 감소할 것이다.

⑥ 초국가주의적 비공식 네트워크가 강화되면서 국가를 초월한 공동사회로 전환될 것이며, 이러한 초국가적인 공동사회는 사회자본의 형태로 발전하게 될 것이다. 따라서 세계화의 진전으로 인해 늘어나는 이주민을 규제하기는 점점 어려워질 것이다.

이러한 관점에서 비추어 보면, 지구촌 이주의 시대에 이주민이 증가할수록 민족이나 종족에 대한 개별 정체성이나 다양성은 더욱 증가할 것이며, 지구촌 시대 또는 세계화가 획일화된 하나의 지구 문화를 만들어 내는 것이 아니라, 여러 문화들이 다양하게 드러날 것을 알 수 있다.

3) 다문화사회

(1) 다문화사회의 의미와 특징

다문화사회의 의미를 현상적 측면과 규범적 측면에서 각각 파악해 볼 수 있다. 규범적 측면에서는 다문화주의의 이념이 온전히 실현된 사회를 일컫는데, 김혜순(2008)은 규범적으로, 즉 지향해야 할 지점으로 이해하는 관점에서 다문화사회를 시민 또는 국민으로서 누릴 수 있는 사회적 · 경제적 · 문화적 권리를 취득하고 향유하는 데에 있어서 인종이나 민족이 차별의 근거가 되지 않는 사회라고 규정하였다. 그리고 다인종화(多人種化) 그리고 다민족화(多民族化)라는 것은 인구

구성상의 변화로 기존의 계층, 성, 연령, 지역 등과 같은 변인과 함께 다양한 수준과 종류의 인종, 민족, 국적 등이 주요 변인으로 등장하게 된다. 이러한 변인들에 따라 사회적 형평성 실현이 지향되는 사회를 다문화사회라고 보고 있다.

현상적 측면에서 다문화사회는 민족, 인종, 성, 연령, 계층, 지역, 신체 등과 같은 다양한 변인이 매개가 된 문화현상이 사실로서 나타나는 사회를 가리킨다. 현상적 측면에서 다문화사회는 다음과 같은 특징을 가지고 있다.

첫째, 다문화사회는 민족, 인종, 문화 등을 기반으로 하는 다양성과 특수성을 지니고 있다. 그렇지만, 조정남(2007)에 의하면, 많은 통치자들은 경제발전과 정치의 효율성을 위해 국가의 경계와 민족의 경계가 일치하는 국민국가 혹은 민족국가를 선호한다. 국민국가는 특정한 영토 안에서 구성원들이 대체적으로 동일한 언어, 동일한 문화, 동일한 가치와 신념을 공유해 대체로 동질적인 삶을 산다. 그리고 그러한 동질적인 삶 속에서 구성원들은 국민으로서의 정체성을 공유한다.

다문화사회는 이와 같은 국민국가의 동질성과 단일성에 대한 의문과 변화가 생기면서 등장하였다. 다문화사회에서는 이민자의 유입이나 기존 토착민의 분화 등으로 인해 다양한 민족, 인종, 문화가 존재한다. 뿐만 아니라 다문화사회에서는 가족 형태, 학교 교육, 지역사회, 직장, 성, 연령, 신체, 성적 취향 등에서도 다양성과 특수성들이 두루 발견된다.

둘째, 다양한 집단 간의 갈등이 존재한다. 다양한 인종, 민족, 언어, 종교, 계층, 특성 등을 가진 다양한 집단이 공존하는 다문화사회에서는 집단 간 욕구 충돌로 인해 갈등이 생길 수밖에 없다. 특히 이주민의 유입으로 다문화현상이 나타나고 있는 다문화사회에서는 기존의 내국인과 새로 유입한 집단 사이에서 욕구 충족 및 가치관 차이로 인한 갈등 양상이 나타날 수 있다.

셋째, 유입집단에 대한 고정관념이 존재한다. 다문화사회를 이루는 중요한 구성원 중 하나가 유입집단이다. 전희옥(2008)에 따르면, 다문화사회에서는 기존의 내국인 또는 기존의 유입집단에 의해 새로 유입한 집단에 대한 고정관념이 형성되어 작동한다.

다문화사회를 문화적 요소나 인종적 요소의 구조적 다양성의 시각에서 바라보는 것이 아니라, 다양한 문화적 요소나 인종적 요소가 다문화사회에서 어떻게 드러나는가에 대한 시각에서 바라볼 필요가 있다. 이러한 관점에서 유병규(2009)는 한국적 다문화사회의 특성을 다음과 같이 제시하고 있다.

첫째, 경제규모의 확대와 국력신장으로 다문화사회가 빠르게 형성되고 있으며, 더욱이 외국인과 유학생이 급증하고 있다.

둘째, 노동력 부족으로 인한 이주근로자 집단의 형성이다. 저출산 · 고령화 사회로의 전환과 더불어 우리나라 경제의 세계화는 외국인 노동력의 증가로 이주근로자 집단이 형성되었다.

셋째, 낮은 외국인 노동인력 고용수준이다. 중소기업인력의 평균연령 상승과 중소기업 고용수요의 증대에도 불구하고, 주요국에 비해 낮은 외국인 근로자 고용비율을 보이고 있다.

넷째, 주요국과 비교해 보면 다문화 여건이 여전히 저조한 수준이다. IMD (International Institute for Management Development, 국제경영개발연구원)가 발표한 '세계경쟁력 보고서'에 따르면, 국가경쟁력 지수 중 외국 문화에 대한 개방도 항목은 조사 대상국 중에서 여전히 낮은 수준을 벗어나지 못하는 것으로 나타났다.

다섯째, 다문화가정이 출현하고 있지만, 국제결혼가정의 이혼도 급증하고 있다. 국제결혼의 급증으로 결혼이민자가 증가하고, 이에 따른 자녀수의 증가로 인해 다문화가정이 보편화되고 있다.

여섯째, 북한이탈주민들의 유입이 늘고 있으나, 북한이탈주민의 우리 사회 적응에는 상당한 시간이 소요되고 있는 것으로 나타났다. 이는 남북 경제 격차 및 우리 사회의 민주화 성숙으로 북한이탈주민들의 유입이 급증하고 있는 것이다.

마지막으로, 다문화에 대한 내 · 외국인 간의 이해격차로 인하여 사회갈등의 격화 가능성이 증대되고 있다. 특히, 외국인에 대한 차별이 지속되고 이주 외국인에 대한 사회적 포용이 지연될 경우, 더 큰 사회적 문제를 야기하게 되어서 사회적 비용이 발생할 가능성이 높다.

(2) 다문화사회의 유형

구정화 외(2010)는 다문화사회를 네 가지 유형으로 구분하고 있다.

첫째, 벨기에와 핀란드처럼 안정된 민주사회로서 역사적으로 오랫동안 인종, 언어, 종교 등이 다른 다양한 집단이 혼재하는 사회가 있다.

둘째, 영국, 독일, 프랑스처럼 동질적 문화를 가졌던 국가였는데 비교적 최근에 이민자가 대거 유입된 안정된 민주사회국가가 있다.

셋째, 미국, 캐나다, 호주 등과 같이 이주민이 원주민을 흡수 또는 대체하는 과정을 통해 형성된 민주사회국가가 있다. 이들 국가에서는 건국 당시의 이민자들은 사실상 토착민의 지위를 누리고 있고 그들과는 다른 새로운 이민자들의 유입을 경험하고 있다.

넷째, 남아프리카 공화국처럼 변화를 겪고 있는 민주국가로서 인종, 언어, 종교 등이 다른 다양한 집단이 혼재되어 있는 가운데 과거 식민주의나 다른 억압에 의해 일부 집단의 목소리가 억제되었던 사회가 있다.

한국은 대체로 동질적인 다수의 토착민과 소수의 이주민으로 구성되어 있다는 점에서 위의 네 가지 유형 중에서는 두 번째에 상대적으로 가까운 편이다. 다른 한편으로는 한국적인 특징도 존재한다. 현재 나타나는 이주민의 유입양상 자체는 기존의 국가들과 크게 다르지 않으나, 유럽에 비해 원래부터 강했던 한국의 전통을 고려한다면, 한국형 다문화사회라고 불러도 의미가 있다. 즉, 한국의 다문화현상은 이미 한국 사회 내부에 존재해 왔던 다양성보다는 이주민의 유입으로 인해, 즉 인종과 민족이 매개하는 문화적 다양성이 보다 뚜렷하게 부각되고 있다.

한편, 한승준(2008b)은 한 사회의 소수자가 주류문화에 적응하는 유형을 제도적 조건과 문화적 조건에 따라 [그림 1-1]과 같은 유형으로 구분하고 유형별 특징을 설명하고 있다.

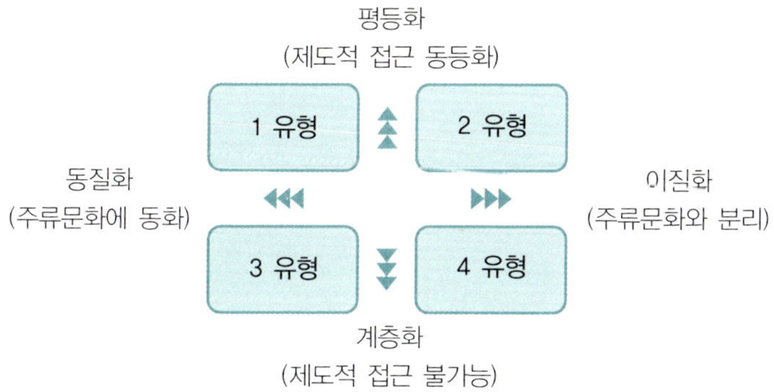

그림 1-1 한승준(2008b)의 소수자 집단이 주류문화에 적응하는 유형

수직축에 있는 평등화는 소수자 집단의 제도적 조건이 지배 집단과 동등한 수준에 이르렀음을 의미하고, 계층화는 제도적 접근이 불가능하고 불평등한 상태를 의미한다. 수평축에 있는 동질화는 문화적 측면에서 소수자 집단이 다수자 집단의 문화에 완전히 동화된 것을 의미하고, 이질화는 이와 반대로 완전히 분리되어 있음을 의미한다.

1유형은 제도적 차별은 없고 문화적으로 주류 집단의 생활방식에 동화되어 있는 경우로 미국에서 앵글로색슨계에 통합되어 있는 독일계, 아일랜드계 백인들이 1유형에 속한다. 2유형은 제도적으로는 평등하지만 문화적으로는 고유문화를 고수함으로써 주류사회와 일정 부분 거리를 두고 있는 경우이다. 미국에 이민 온 아시아계 1세대가 2유형에 속한다. 3유형은 문화적으로는 동화되어 있으나, 정치 · 경제적 지위를 충분히 보장받지 못하고 있는 경우로 미국 내 대다수의 흑인들이 3유형에 속한다. 4유형은 정치적, 경제적, 문화적인 면에서 모두 주류 사회와 분리되어 주변부의 위치를 차지하고 있는 경우로 서유럽 국가들 속에 있는 아랍계 이민자들이다.

03 다문화주의의 의미와 성격

1) 동화주의

동화(Assimilation)라는 개념을 처음 주장한 사람은 미국의 Ellood Cubberly로 그는 미국 사회에서의 백인-앵글로 색슨-프로테스탄트(White People, Anglo-Saxon, Protestant: WASP) 문화와 기타 소수민족 집단 간의 갈등을 해결하기 위해서는 소수민족이 기존의 미국식 가치, 민주주의 제도, 그리고 생활방식 등을 습득해야 한다고 보았다(이원희, 2008). 이러한 주장을 가리키는 동화주의는 사회는 단일하고 동질적인 문화로 구성되어야 안정적으로 발전될 수 있다고 전제하고, 주류문화를 중심으로 사회를 통합해야 한다는 처방을 제시한다. 이에 따라, 동화주의는 기본적으로 소수문화를 주류문화에 편입시키려는 목적을 가지고 있다. 이민을 받아들이는 다수의 주류문화 입장에서 본다면, 이와 같은 목적과 시도는 일면 당연하게 보이는 측면이 있다. 주류문화의 입장에서는 다양한 문화가 들어와 섞여 있을 수 있지만, 소수문화가 주류문화의 정체성을 근본적으로 변형시키는 것을 원하지는 않을 것이다.

동화주의는 전통적 동화이론, 용광로(Melting Pot)이론, 문화 다원주의(Culture Pluralism) 등으로 구분된다.

(1) 전통적 동화이론

전통적 동화이론은 하위문화 혹은 소수문화에 속한 개인과 집단은 그들의 생활방식, 관습, 가치, 언어 등을 포기하고 지배문화를 채택하고 습득할 것을 요구한다. 전통적 동화이론이 전제하는 것은 지배문화의 우월성이다. 그러나 아시아인 등이 미국 사회에 동화될 수 있다는 전제를 가졌다는 점에서 이전의 배척주의와 같은 이론과는 달리 아시아인이 미국 사회의 일원으로 변화할 수 있다는 점에서 동화이론도 그 당시에는 진보적 이론이었다.

(2) 용광로이론

용광로이론은 이른바 용광로정책(Melting Pot Policy)으로 잘 표현된다. 즉, 여러 문화의 상호작용으로 말미암아 기존의 문화들이 융화되어 하나의 새로운 문화가 출현하게 된다는 것이다. 용광로이론은 이주민이 원주민에 동화되어 그 본연의 민족적 정체성을 상실하는 것으로 철이 용광로에서 녹아 다른 철이 되는 것과 같은 이론이다. 즉, 이주민이 주류사회의 문화와 전통에 동화되어 주류사회 방식을 따르라는 것이다. 그러나 역사적으로 볼 때 용광로 정책은 성공하지 못했다는 평가가 많다. 김용신(2009)은 소수문화가 다수문화에 융합되기보다는 여전히 소수문화의 뚜렷한 정체성을 유지하며 살아가는 사람들이 여전히 많다는 것을 지적하면서 소수문화를 강제적으로 주류사회에 편입시키려는 시도로 인해 오히려 이민자 집단들과 불필요한 긴장과 갈등을 유발함으로써 문화적 충돌을 불러올 수 있다는 점에서 문제가 될 수 있다고 지적하고 있다.

(3) 문화 다원주의

문화 다원주의는 백인 주류사회로의 동화를 추구하는 동화이론을 거부하며 이민자들이 각자 고유 언어, 문화, 그리고 정체성을 유지하면서 미국 사회에 이바지할 수 있다는 모델이다. 동화이론은 다인종·다민족의 고유성을 무시하고 무조건 백인화하라는 강제성을 갖고 있다. 따라서 백인이 아닌 소수민족은 자신들의 고유한 문화, 역사, 정체성을 상실해야만 백인화가 가능해진다는 강압성을 문화 다원주의는 인정하지 않는다.

문화 다원주의는 흔히 샐러드볼(Salad Bowl) 또는 오케스트라로 표기되기도 한다. 즉, 샐러드볼이론은 샐러드를 만들 때 여러 재료가 마요네즈에 섞여서 샐러드가 되지만, 물을 부어 씻으면 그 원재료가 그대로 드러나는 것처럼 각각의 인종과 민족이 각자의 특성을 유지하면서 미국 사회에 이바지할 수 있다는 것이다. 오케스트라도 마찬가지이다. 오케스트라를 형성하는 각 악기는 고유의 소리를 내지만, 지휘자의 지휘봉에 맞추어 화음을 이루어 아름다운 협연이 된다. 따라서 다인종·다민족 사회인 미국에서 각 인종·민족은 서로의 이익추구와 협조를 통한 조화를 이루면서 다문화사회를 형성할 수 있다는 이론이다.

따라서 문화 다원론은 이민자들이 주류사회로의 동화보다는 자신들의 정체성을 유지하고 이중 언어와 이중문화권을 형성하면서 주류사회로의 진출을 모색하는 것이 가장 바람직한 모델임을 제시하고 있다. 문화 다원론은 미국과 같은 민주주의 사회에서 이민자와 소수집단이 지향해야 할 방향에 대해 이론적으로 가장 이상적인 모델로 제시되고 있으나, 현실적으로 가능한지에 대한 의문을 남겨놓고 있다.

2) 다문화주의의 의미

(1) 다문화주의의 의미

다문화주의는 문화 다원주의에서 발전한 이론으로 문화 다원주의가 각 문화를 인정하되, 각 문화가 알아서 자신을 존중하라는 다소 방관자적인 태도를 보이는 반면에, 다문화주의는 문화 간의 적극적인 존중을 중시한다.

다양한 수준과 범주에 의해서 다문화주의는 여러 가지 의미를 가진다. 이용승(2004)은 다문화주의를 지향하면서 도입하는 국가의 수만큼, 그리고 다문화주의를 연구하는 학자의 수만큼 다양한 수준과 범주의 다문화주의가 존재한다고 주장하고 있다. 또한 김희정(2007)도 국가의 수 또는 학자의 수만큼이나 다문화주의가 존재한다는 것 자체가 다문화주의라고 주장한다. 먼저 다문화주의의 의미를 현상적 · 중립적으로 규정하면, 하나의 사회 공간 내에 복수의 문화가 존재하는 것을 경험하는 것으로 볼 수 있다. 즉, 다양한 문화적 현상을 사실로써 경험하는 것이다. 다문화주의의 의미를 전략적으로 규정하면, 각 문화권과 그 속에 속한 사람들을 대할 때 문화적 차이를 고려하는 것을 의미한다. 이 경우 다문화주의는 다른 목적을 위한 수단이 되기도 한다. 한편 다문화주의를 규범적 측면에서 규정하면, 특히 소수자의 문화적 권리를 존중하고 정치적 · 법적 · 경제적 · 사회적 측면에서 불평등을 겪지 않도록 하기 위한 것으로, 타인에 대한 존중이 전제된 문화적 다양성을 지향해야 함을 의미한다(설규주, 2004).

Martiniello(1997)는 다문화주의가 이해되는 차원을 다음의 다섯 가지로 제시하였다.

① 어느 한 국가나 사회 속에 다양한 문화가 공존하는 현상을 규정하는 것으로서의 다문화주의이다. 특히 새로운 음식, 옷, 음악, 학문 등과 같은 것들의 도입을 강조한다. 이것은 문화 전파와 문화 창조 등에 이바지할 수 있지만, 소수문화권 사람들에 대한 진지한 성찰과 배려와는 거리가 멀다.

② 공공 정책의 배경으로서의 다문화주의다. 이것은 국가나 소수문화권 사람들의 일정한 문화적 권리를 공공 정책과 제도, 특히 교육이나 복지 등의 분야를 통해 보장하는 것이다. 그리고 인종이나 민족에 대한 차별은 금지하도록 하는 법을 만들어 시행하기도 한다.

③ 소수집단의 정치적 결사와 행동의 배경으로서의 다문화주의이다. 소수집단은 자신들의 문화적 정체성을 유지하기 위해 특수한 권리나 특별한 배려를 주장하게 되고, 이를 위해 조직을 만들어 집단적인 요구를 하기도 한다. 특히 종교와 언어에 있어서 이러한 요구가 많다.

④ 철학적 · 학문적 논의로서의 다문화주의이다. 여기서는 기존의 민족국가 중심의 문화이해 관행에 대해 비판하면서 포스트모던적 경향과 함께 소수집단이 주체적으로 권리를 향유할 수 있어야 한다는 입장을 편다.

⑤ 시장에서 더욱 많은 이익을 얻기 위한 수단으로서의 다문화주의이다. 다양한 문화를 이해하고 그 차이를 고려하는 것인데, 이것은 각 문화권의 사람들의 특성에 맞는 재화와 서비스를 제공하는 것이 기업에게는 이익이 되기 때문이다.

Martiniello(1997)가 규정한 다문화주의의 의미 중에서 ①은 현상으로서의 다문화주의, ②, ③, 그리고 ④는 규범으로서의 다문화주의, 그리고 ⑤는 전략으로서의 다문화주의이다.

그러나 김비환(1996)은 정도의 차이가 있을 뿐, 기본적으로 어느 사회에서나 볼 수 있는 현상이기 때문에 사회적 사실로서의 다문화주의는 특별히 새로울 것이 없다고 주장한다. 다문화주의가 중요한 의미를 갖는 것은 그것이 강력한 규범적 성격을 갖는 정치적 · 윤리적 원리로 제시되기 때문이다. 즉, 다문화주의는 정치과정에서 다양한 문화집단들의 목소리를 반영해야 한다고 요구하고 있을 뿐만 아니라, 법, 교육, 이민, 고용 등과 같은 모든 사회문제에 관련된 정부정책이 문화적 다양성 추구하는 것을 기본목표로 삼아야 한다고 주장하고 있기 때문이다.

이렇게 볼 때, 다문화주의는 단지 문화적 다양성을 경험하고 허용하는 것에 한정되어서는 안 되고 규범적 의미를 담고 있어야 한다. 다문화주의가 실현되기 위해서는 개인적 차원, 의식적 차원에서의 문화상대주의적 태도 함양과 함께, 사회제도와 구조도 다문화 현상을 이해하고 포용해야 하며, 다문화 현상에 대한 이해와 포용이 사회제도와 구조에 온전히 반영되어 있어야 한다. 궁극적으로 다문화주의는 정책결정 과정에 다양한 집단과 개인이 동등하게, 그리고 합법적으로 참여할 수 있는 데까지 나아가야 한다. 이용승(2007a)은 다양한 문화가 단지 존재하는 사회와 다문화주의가 실현되는 사회가 구분되는 지점이 다양한 집단과 개인이 동등하면서도 합법적으로 정책결정 과정에 참여할 수 있느냐 없느냐에 있다고 본다. 다문화주의를 실현하기 위한 구체적인 정책으로는 이중 언어교육, 다언어교육, 통역제도, 주류사회의 언어와 문화교육, 다문화방송, 소수민족의 자존감 고양을 위한 독립문화보조금 제도, 사회적 소수자를 대상으로 하는 적극적인 차별시정조치 등이 제시되는데 이것은 규범적 처방의 일환으로 등장한 것이다.

이렇듯 다문화주의는 다문화현상을 해석하고 거기에 의미를 부여하며, 다문화 현상의 개념을 규정하는 역할을 한다. 또한 다문화 정책, 다문화 교육 등과 같은 규범적 처방의 방향을 설정하고 논리적 근거를 제시하는 역할을 한다. 이런 점에서 볼 때, 다문화와 다 언어의 정체성을 인정함으로서 분열과 갈등을 예방할 수 있다는 점에서 다문화주의를 정책화하기 위해서는 국민 전체를 대상으로 소수집단에 대한 사회 · 경제 · 정치적인 입장과 상황을 인식시킴으로써 다문화나 다 언어에 대한 관용성을 키우고, 나아가 사회제도나 조직을 변경시킬 필요가 있음을 이해시켜야 한다. 사회제도와 조직의 변경은 소수민족뿐만 아니라 주류집단을 포함한 모든 국민을 위한 것이기 때문이다.

그렇지만 사회적으로 다문화주의를 채택하고 있다 하더라도 주류사회와의 상호작용이 없다면 개개의 소수민족집단은 어쩔 수 없이 폐쇄적이면서 배타적인 성향을 띨 것이며, 결과적으로 사회의 분리와 분열을 초래할 우려가 있으므로 균형 잡힌 다문화주의의 보급이 필요하다.

(2) 동화주의와 다문화주의의 비교

동화주의와 다문화주의를 비교하여 보면, 〈표 1-3〉과 같다.

표 1-3 동화주의와 다문화주의 비교

구분	동화주의	다문화주의
문화적 지향점	• 문화적 동질화 • 추상적인 수준에서 타문화 이해 및 수용	• 문화적 다양성과 이질성 존중 • 구체적인 수준에서 타문화 인정 및 보호
정책의 목표	• 소수자 집단의 동화를 통한 사회 통합	• 소수자 집단의 고유성 인정 및 다양한 문화공존
갈등 해결	• 완전한 동화를 통한 해결	• 완전한 참여를 통한 해결
정책 수단	• 소수자 집단에 대한 소극적인 차별방지 법제화	• 소수자 집단의 문화와 권리 보호를 위한 적극적 법제화
다양성 개념	• 사적 영역의 문화적 다양성 보호	• 공적·사적 영역의 문화적 다양성 보호
평등의 특징	• 기회의 평등	• 기회의 평등 • 결과의 평등
시각	• 통합의 대상: 이방인 • 경제적 관점: 노동력, 부양자	• 공존의 주체: 사회구성원 • 문화적 관점: 다양성의 원칙
문제점	• 강제적 동화로 이어질 우려 • 이주자에 대한 배제 우려	• 구성원의 정체성 불분명 • 사회의 분열과 갈등 우려

3) 다문화주의의 대두

문경희(2008)에 의하면 다문화주의라는 말은 캐나다 연방정부가 이민자에 대한 동화정책을 대신해서 소수 집단과 이민자 집단의 문화적·민족적 정체성의 유지와 보존을 인정하고 수용하는 정책을 수립한 1971년 무렵부터 사용하였다. 그리고 1970년대부터 호주와 일부 유럽 국가들로 확산되었다. 곽준혁(2007)에 따르면 미국에서는 1989년에 주요 일간지에 다문화주의라는 말이 등장하였으며, 그 빈도가 현저하게 높아진 것은 1991년 이후이다.

(1) 다문화주의의 사회적 측면

다문화주의는 다문화현상의 증가와 다문화사회로의 변화를 설명하기 위해서 대두되었다. 즉, 다문화사회로의 변화에 대한 설명과 규정의 필요성이 대두됨에 따라 다문화주의가 대두되었다. 근대 계몽주의가 의도했던 보편적이고 통합된 질서가 실현되지 않는 현상에 대한 반성으로 다문화주의의 대두되었다고 볼 수 있다. 계몽주의가 주창하는 논리적으로 혹은 도덕적으로 옳은가? 아니면 옳지 않은가? 와는 별개로 현상적인 측면에서 계몽주의와 무관한 혹은 계몽주의에 도전하는 다양성과 특수성의 증가와 같은 상황들이 지속적으로 전개되면서 다문화현상의 증가와 다문화사회로의 변화에 대한 해석과 의미 규정이 필요하게 된 것이다(김비환, 1996).

문화, 인종, 민족, 성, 신체 등을 매개로 한 다양한 각 소수집단들의 주장과 목소리들이 현상적으로 등장하고 확산되는 상항에서 계몽주의의 보편적 원리와 절대적 원리로만 사회를 조직하고 설명하려고 한다면, 문화적 다양성이 들어설 여지는 협소하게 된다. 따라서 다문화주의는 소수집단들의 다양성과 다문화현상과 같은 새로운 현상을 설명하고 규정하기 위해 대두되었다.

(2) 다문화주의의 철학적 측면

다문화주의는 소수자 집단이 주류문화에 동화되는 것이 그들에게는 억압이 될 수 있다는 인식과 함께, 그들 고유의 문화와 차이에 대한 존중을 실현하기 위한 사회정책을 고안해 내려는 서구 사회의 노력에서 비롯된 것이다. 이것은 이론적 산물이라기보다는 현실의 필요와 요구에서 비롯되었으며, 다문화주의의 이론적 근간은 차이의 철학(Philosophy of Difference)에 있다. 포스트모던 사상가들인 데리다(Derrida), 들뢰즈(Deleuze), 리오타르(Lyotard) 등과 같은 프랑스 철학자들은 아리스토텔레스부터 헤겔에 이르기까지의 철학을 동일성 철학(Philosophy of Uniformity)이라고 비판하면서 대신 차이의 철학을 강조하였다(김혜숙, 2007).

다문화주의는 기존의 지배적 문화의 억압으로 인해 실현되지 못했던 다양한 문화들의 차이를 인식하고 인정하며 그 차이를 향유할 수 있는 물리적 · 제도적 · 심리적 공간을 마련하는 행위이다(정상준, 1997). 다문화주의가 기반을 두고 있는 차이의 철학에 따르면, 서구가 자신들의 합리성을 절대적인 것으로 내세워 타문화를 지배하거나 동화시키려는 시도는 정당하지 않은 것으로 볼 수 있다. 또한 그동안 소외당하며 주변부에 머물러 있던 여성, 장애인, 이주민, 타인종 등과 같은 소수 혹은 약자 집단의 정체성을 존중하며, 그들 문화의 독자적 공간을 인정하는 것이 필요하다.

(3) 다문화주의의 정치적 · 정책적 측면

다문화주의는 인간존중과 타인 존중의 이상이 개인, 지역사회, 국가를 넘어 세계적 차원에서 다양한 문화적 배경을 가진 소수집단을 어떻게 대할 것인가의 문제를 다룬다고 할 수 있다. 이는 곧 민주주의의 이념과 같은 것이다. 만약, 다양한 민족적 정체성을 가진 구성원을 하나의 국민으로 통합할 때 강제적인 방식으로 해도 된다면 동화주의로도 충분할 수 있기 때문에, 다문화주의의 등장은 민주주의의 심화와 관련이 깊다(이용승, 2004).

그러나 민주주의의 담론은 동화주의 같은 방식을 지지하지 않는다. 민주주의의 핵심은 인간의 존엄함이고 인간의 존엄함을 위해서는 자유롭고 평등한 참여가 보장되어야 한다. 어떤 정책이 민주주의의 기본원리 중의 하나인 다수결의 원칙에 의해 결정된다고 하더라고, 정책결정이 이루어지기 전에 전체 당사자들 간의 충분한 대화와 타협의 과정, 즉 공론화 과정이 있어야 한다. 그리고 정책결정 이후에도 소수의견을 존중하려는 노력이 필요하다. 민주주의가 성숙해진다는 것은 정책결정 과정에서 다양한 목소리들이 임의로 배제되지 않고 통합됨을 의미한다. 그리고 그것이 곧 민주주의의 정당성을 확보하는 길이기도 하다. 이러한 맥락에서 Kymlicka(2002)는 특히 1960년대의 인권운동으로 인해 민주주의에 대한 기대와 의식이 높아지고, 그에 따라 내국인과 소수인종 집단의 권리의식이 고양된 것이 다문화주의의 대두와 관계가 깊다고 보고 있다.

4) 다문화주의의 유형

다문화주의의 의미가 다양한 만큼, 그것을 구분하는 유형도 매우 다양하지만,

대표적인 학자들의 견해를 중심으로 다문화주의의 유형을 살펴보고 유형들 간의 상호관련성을 탐색해 보고자 한다. 세키네 마사미(1996)는 다문화주의의 유형을 세 가지로 구분하였다(이용승, 2007a에서 재인용).

첫 번째는 자유주의적 다문화주의(Liberal Multi-culturalism)이다. 자유주의적 다문화주의는 사회통합을 위해 문화적 다양성을 허용하여 각 인종집단의 존재를 인정한다. 그렇지만, 사회통합을 위해서 시민생활과 공적 생활에서는 주류사회의 문화, 언어, 관습을 따를 것을 요구한다. 그리고 사적생활영역에서의 문화적 다양성을 인정하는 것과는 달리 학교, 직장 등과 같은 공적생활영역에서는 소수민족 집단이 자신들의 고유 언어를 사용하도록 허용하는 것에는 소극적이다. 다른 한편으로 공적생활영역에서는 근대 시민적 가치인 자유, 평등, 개인의 능력, 인권 등이 강조되며, 차별은 법적으로 금지된다. 자유주의적 다문화주의에서는 차별을 금지하고 사회참가를 위한 기회평등이 지속적으로 보장되면 주류와 비주류 사회의 차별과 불평등 구조가 점차 소멸할 것이라는 가정을 하고 있다. 그러나 소수집단의 사회참가를 위해 공용어 교육이나 사회제도에 관한 교육에는 적극적이지만, 소수민족 또는 집단에 대한 원조를 주류사회에의 적응을 돕기 위한 방편으로 보고 있기 때문에, 자유주의적 다문화주의는 최종적인 문화융합 사회로 가기 위한 일시적기고 과도기적 방편이라 할 수 있다. 자유주의적 다문화주의는 다문화적 상황을 영속화하는 것을 원하지 않는다.

두 번째는 다양성의 승인을 조금 더 보장하는 조합적 다문화주의(Corporate Multi-culturalism)이다. 자유주의적 다문화주의가 기회의 평등을 강조하는 데 비해서, 조합적 다문화주의는 차별을 금지시키는 데 그치지 않고, 더 나아가 사회적 소수자가 구조적으로 불리한 경쟁을 하고 있다는 것을 인정하고 이들의 사회참여를 위한 재정적·법적 지원을 통해서 결과의 평등(Equality of Results)을 의도한다는 점에서 차이가 있다. 따라서 조합적 다문화주의는 문화적 다양성을 존중하고 소수문화가 처할 수 있는 구조적 불이익을 극복하기 위해, 공적 영역에서도 다문화방송, 다언어 문서활용, 다언어교육, 다문화교육, 다언어 통역 등을 시행한다. 그리고 소수민족 학교나 소수자 공동체에 대한 지원은 사회참여의 수단적 의미라기보다는 소수문화의 영속성을 보장하기 위한 수단으로 활용된다. 결과의 평등을 위해서 취직이나 교육과 관련하여 적극적인 차별시정 조치나, 사회적 소수자를 위해 교육 및 직장에 일정한 할당량을 부여하는 것도 조합적 다문화주의에 해당된다.

세 번째는 급진적 다문화주의(Radical Multi-culturalism)이다. 급진적 다문화주의는 소수자 집단의 자기 결정권(Rights for Self-determination)을 인정한다. 문화적 공존을 넘어서 소수민족 집단만의 공동체를 지향하는 것을 허용한다. 소수자 공동체는 자신들과 관계된 문제에 대해 의사결정권을 달라는 요구에서부터 최종적으로는 자치 내지는 분리 독립까지 요구할 수도 있다. 이 경우에는 사회적 분쟁과 갈등이 발생할 소지를 사전에 막아야 한다. 이와 관련하여, 이질적인 문화들 사이의 분쟁을 방지하면서 국가를 유지하기 위해 취하는 정책 중의 하나가 바로 연방제다. 또한 연방제까지는 아니더라고 일부 지역에 어느 정도 자치권을 부여하는 경우도 있다.

세키네 마사미(1996)의 접근은 주로 정부의 정책에 초점을 맞추어 구분한 것이다. 그러다 보니 세키네 마사미의 접근은 사회적 소수자 집단의 시각, 즉 소수집단은 다양한 형태를 띠고 있으며, 같은 민족적 소수집단이라 할지라도 그들의 관점은 다양할 수 있으며, 그들이 요구하는 다문화적 수준과 정도는 다를 수 있다는 점을 간과하고 있고 사회적 소수자 집단의 시각이 충분히 반영되지 못한다는 단점을 가지고 있다.

한편 사회적 문화통합에 근거를 둔 Kymlicka(2002)의 다문화주의 구분방식을 함께 살펴보는 것도 유용하다. Kymlicka(2002)는 다문화사회에서의 사회통합을 설명하기 위해 사회적 문화(Social Culture)라는 개념을 사용하였다. 사회적 문화의 의미는 특정 영토 내에 집중되어 있는 문화 그리고 광범위한 사회제도를 통해 널리 통용되는 문화를 말하며, 사회적 문화는 근대 자유 민주주의 국가에서 시민 개개인의 자유와 권리 보장에 따른 필연적인 결과로 발생하는 문화적 다양성을 언어적 · 제도적 결속을 통해 제한하고 균형을 잡는 역할을 한다.

Kymlicka(2002)는 사회적 문화로 통합되는 과정에서 불이익을 받는 사회적 소수자 집단은 네 가지의 선택지 중에서 하나를 취할 수 있다고 본다.

첫 번째 선택지는 사회적 소수자집단 주변에 대규모 이민을 받아줄 만한 경제적으로 발전되고 우호적인 국가가 있을 경우에 주변 국가로의 대규모 이민이다.

두 번째 선택지는 보다 공정하고 자신들에게 유리한 통합의 조건을 협상하면서 주류문화에 통합되거나 주류문화를 수용하는 것이다.

세 번째 선택지는 자신들의 문화를 유지하는 데 필요한 일종의 자치 권력을 추구하는 것이다.

네 번째 선택지는 사회 주변부에 머문 채, 단지 간섭받지 않기를 바라면서 영구적인 주변부화를 받아들이는 경우다.

첫 번째 선택지의 예는 매우 드물 뿐만 아니라 개연성도 거의 없기 때문에 사실상 불가능하고, 네 번째 선택지는 극소수의 종교집단 정도에서만 가능하다고 생각된다.

주류집단과 소수집단들은 일반적으로 주류집단의 주류문화에 저항하고, 그들 자신의 문화를 향유하면서 살기 위해 자신들의 언어로 운영되는 자치적 제도를 유지하거나 획득하고자 한다. 즉, 민족적 소수집단들은 전형적으로 다양한 층위의 자율성을 요구한다. 역사적으로 주류집단은 소수집단의 요구를 무자비하게 억압하거나 묵살해 왔다. 그러나 경험적으로 소수집단의 정체성은 억압에 의해 사라지지 않았을 뿐만 아니라 소수집단에 대한 억압과 탄압은 오히려 국가에 대한 불신과 분리주의를 확산시키는 결과를 가져왔으며, 민주주의에 부합되지 않는 모순을 가져왔다. 따라서 민족적 소수집단의 자율성에 대한 요구와 과거 이에 대한 대응방식의 실패에 근거해 보았을 때, 현실적인 선택지는 둘째와 셋째의 경우이다. 즉, 통합의 조건을 협상하면서 주류문화에 통합되거나 수용 또는 자신들을 문화를 유지하는 데 필요한 자치 권력을 추구하는 것이다.

두 번째 선택지는 사실상 조합적 다문화주의와 맥을 같이 한다. 국가의 구성원으로서 통합된 국민형성에 반대하지는 않지만, 국민통합 조건에 대해서는 재협상을 요구한다. 이민자들은 자신들의 민족적 유산의 다양성을 유지할 수 있기를 원한다. 그리고 다수와 주류의 정체성과 동등하게 자신들의 정체성도 인정받을 수 있도록 지원해 주기를 원하며 공정한 통합을 원한다. 동화주의 정책에서는 소수집단들의 요구를 받아들이지 않았으며, 동화주의 정책이 민주주의에 위배된다는 지적과 함께, 동화주의 정책을 활용한 여러 국가에서 불필요한 사회적 비용을 가져왔다는 경험적 증거들에 비추어 볼 때, 조합적 다문화주의와 유사하게 소수 집단이 공정하면서도 자신들에게 유리한 통합의 조건을 협상하면서 주류문화에 통합되거나 그것을 수용하는 것은 주목을 받을 수 있다.

세 번째 선택은 급진적 다문화주의와 상통한다. 소수자 집단이 민족적 정체성을 유지하려는 욕구를 갖고 그것을 실천에 옮기는 것은 소수자 입장에서는 당연한 것이지만, 주류집단은 대체로 소수자 집단의 욕구와 실천행위를 허용하지 않았다. 주류집단은 소수자 집단이 그들의 고유한 정체성을 유지하는 것은 통합적인 국민형성에 반하는 것이며 잠재적으로 분리주의적 목적을 가진 것으로 보았기 때문이다. 그러나 역사적으로 볼 때, 주류 집단이 강제통합을 시도한다고 해도 소수자들의 고유한 정체성이 사라지지 않았고 오히려 정부에 대한 불신과 분리주의를 더 확산시키는 결과를 낳기도 했다. 그리고 소수자들의 권리를 인정하지 않는 자유주의의 주장에 내적 모순이 있다는 문제점이 제기되면서 자치에 대한 요구, 즉 급진적 다문화주의 유형이 나타나게 되었던 것이다.

Kymlicka(2002)와 세키네 마사미(1996)의 다문화주의 선택을 유형을 비교해 보면 [그림 1-2]와 같다.

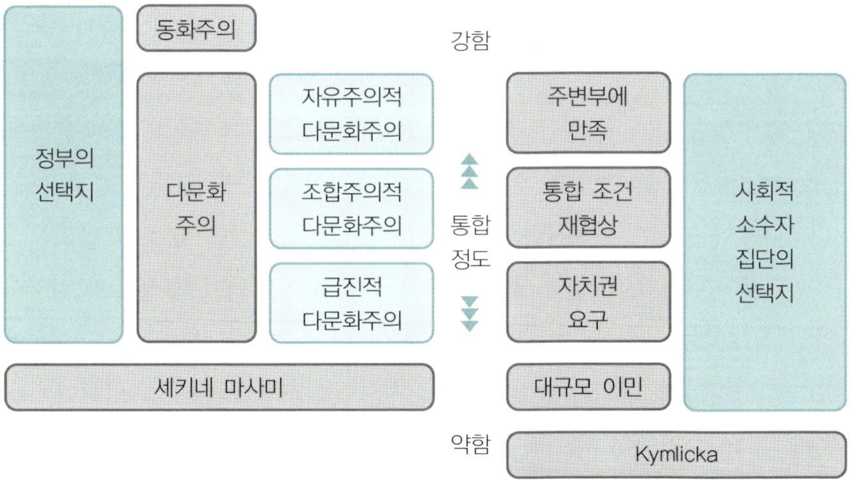

그림 1-2 세키네(1996)와 Kymlicka(2002)의 다문화주의 유형 비교

5) 다문화주의에 대한 비판과 대응

다문화주의에 대해 제기되는 비판은 크게 세 가지이다. 첫 번째는 다문화주의가 분리주의로 귀결될 수 있다는 것에 대한 우려이고, 두 번째는 다문화주의가 반인권적이고 비자유주의적인 소수집단을 용인할 가능성에 대한 염려이고, 세 번째는 다문화주의가 구체적인 생존보다는 추상적인 문화 향유에 치중하고 있다는 지적이다. 구체적으로 살펴보면 다음과 같다.

첫째, 다문화주의는 사회적 연대를 해치고 분열과 갈등을 조장한다는 토착주의(Nationalism)와 보수주의에 근거한 주장이다. Hirsh(1993)와 Bloom(1987) 등은 문화적 다양성에 대한 요구와 주장을 사회의 근간에 대한 위협요소로 보았다. 그들은 특히 미국에서 국가 정체성 훼손, 미국적 신조와 가치 붕괴 등을 우려하며 반이민정책을 주장하였다. 한편 자유주의자들도 이주민들에게 기존의 미국시민이 발휘하고 있는 시민적 덕목(Civil Virtue)을 기대할 수 없다고 보았다. 이들은 공공의 이익보다 소수집단의 이익을 관철하려는 다문화주의 시도는 타당하지 않다고 보았다. Hirsh(1993)와 Bloom(1987) 등은 다문화 현상이 증가하는 상황을 단일성과 다양성의 대결구도로 파악하고 이 둘 중 하나를 택한다면 어느 것이 우선되어야 하는 가에 대한 문제로 보았다. 그들은 사회통합을 위해 단일성이 우선이라고 보았다.

둘째, 소수집단 내에서 통용되는 비자유주의적 문화를 용인하고 수용하게 된다면 소수집단에 속한 개인의 인격과 인권 그리고 자유가 침해될 수 있다는 지적이다. 다문화주의는 소수집단의 문화적 차이와 특수성을 허용해 달라는 요구의 근거가 될 수 있다. 그런데 소수집단의 문화적 차이와 특수성을 인정하다 보면, 인권 침해적인 문화에 대해서도 허용해야 하는 경우가 생기고, 그 때문에 소수집단 내 약자들이 피해를 볼 수 있다는 것이 이러한 비판의 핵심이다. 즉, 소수집단의 문화적 권리를 예외적으로 인정해 주다 보면 집단 내에서 자행되는 폭력과 인권침해를 하나의 특수성으로 보고 묵인할 수 있다는 것이다. 이는 다문화주의가 곧 윤리 상대주의로 귀결되고 말 것이라는 지적과 관계가 있다.

셋째, 다문화주의는 부의 재분배 문제에 무관심하다는 지적이다. 부의 재분배에 대한 무관심은 사회·정치적·경제적 불평등을 심화시키기 때문에 다문화주의는 불평등의 문제를 막지 못할 것이라고 예상한다. 곽준혁(2007)은 이주민들이 대체로 저임금·비인기 직종에 많이 종사하고 있기 때문에 직종별 고용구조가 고착화되고 이주민 계층의 빈곤화가 확산되고 있으며, 다문화주의가 민족 집단의 문화적 유산에 대한 인정을 강조하다 보니, 계급의 의미, 분배의 문제에는 소홀하게 되었다고 지적하고 있다. 그리고 이러한 재분배의 문제는 정부 정책 방향에 대해서도 제기될 수 있는데, 김영옥(2007)은 만약 정부가 소수집단을 적당히 관리하는 차원에서 다문화주의를 활용한다면, 다문화사회로 말미암아 다양하고 풍성해진 문화는 향유될 수 있는 반면에 빈곤, 편견, 차별 등과 같은 경제적·정치적 불평 등은 은폐될 수 있다고 주장한다.

첫 번째와 두 번째 비판은 상대적으로 긴 역사를 가지고 있다. 서구 다문화주의 담론에서는 소수자 집단의 문화와 권리를 어느 정도까지 허용해야 하는 가는 항상 중요한 문제였다. Watzer(1990)는 국가적·민족적·종교적 공동체가 자신의 공동체 문화를 재생산할 수 있는 권리와 자녀를 양육하고 교육할 수 있는 권리를 문화적 권리의 핵심으로 보았다. 그러나 문화를 재생산 할 수 있는 권리를 보장하는 것은 국가적 차원의 시민교육과 대립할 가능성을 지니고 있다고 보았다.

Waltzer(1990)는 이러한 문제에 대해, 소수집단의 공동체가 도덕적 최소주의(Moral Minimalism)를 수용한다면 소수집단의 특수한 문화적 권리를 인정해야 한다고 보고 있다. 다른 사람들의 기본권을 침해하는 행동을 하지 않고 사회가 유지될 수 있는 최소한의 보편적 도덕규범을 받아 들이다면, 소수집단의 문화 재생산 권리를 인정하고, 소수집단을 위한 정책적 지원도 가능하다는 것이다. 즉, 반인권적 행동을 하지 않고 사회가 유지될 수 있는 최소한의 도덕규범이 지켜진다면, 문화적 권리를 인정해 줄 수 있다는 것이다.

세 번째 비판은 첫 번째와 두 번째 것과 성격이 다르다. 첫 번째와 두 번째의 비판이 대체로 다문화주의의 확산이 사회통합과 안정에 위협을 가져올 우려가 있다는 보수주의적 시간에 근거한 것이라면, 세 번째 비판은 다문화주의가 진정으로 구현될 수 있도록 노력해야 한다는 견해에 근거한 것이다. 즉, 다문화주의가 소수집단들이 안고 있는 더욱 절실한 삶의 문제와 경제적 문제를 해결하지 못하고 여전히 낭만적인 문화적 향유 수준에 머무르고 있다는 것이다. 이러한 지적에 대한 대응으로 문화적 권리의 인정과 함께 소수집단의 경제적 · 정치적 · 사회적 측면의 권리 수준을 더욱 향상시킬 필요가 있는 것이다.

문화적 권리 인정과 소수집단의 권리 수준 향상과 관련하여 오경석 등(2007)은 단속이나 추방 등에 대한 공포, 혹은 감시나 차별이 담긴 시선을 감당해야 하는 소수집단의 문화적 공존에 대한 논의는 공허할 수 있기 때문에 다문화주의의 초점이 문화보다는 생존에 맞추어야 한다고 주장한다. 즉, 진정한 공존을 위해서는 다소 추상적인 의미에서의 공존을 주장하기에 앞서, 최소한의 삶을 누릴 수 있는 안전과 안정 보장을 위한 권리들이 충분히 보장되어야 한다. 그리고 구정화 등(2010)은 진정한 공존을 위해서는 문화에 앞서 최소한의 삶을 지속적으로 누릴 수 있는 안정적인 체류자격과 노동할 수 있는 권리가 중요하다고 강조하면서, 다문화주의는 생존의 문제에 주목해야 한다고 주장한다.

04 한국 사회에서의 다문화주의 실천과 과제

1) 한국적 다문화주의의 특징

한반도에서는 지정학적인 특성상 오래전부터 중국, 일본, 그리고 동남아시아를 비롯한 주변국가와 다양한 측면에서 인적교류가 있어 왔고, 개발과 취업 혹은 결혼 등의 목적으로 해외로 이주하는 것은 물론이고 국내로의 이주도 끊임없이 이어져 왔다. 1980년대 후반부터 경제성장으로 인한 중소기업에서의 노동력 부족을 해소하기 위하여 동남아로부터 외국인 노동자가 유입되기 시작하였다. 하지만 이들 외국인 노동자들은 법적으로 국내에서 정주가 허용되지 않기 때문에 노동자 문제는 주로 인권침해나 차별, 노동시장의 인력수급이라는 차원에서 주로 다루어졌다.

그러나 1990년 초반부터 증가하기 시작한 국제결혼이주자는 외국인 노동자와는 전혀 다른 성격을 가지고 있다. 국제결혼이주자는 '한국인의 배우자로서 한국에 정주하게 되고, 국제결혼가정에서 태어난 국제결혼가정 자녀는 대한민국 국적을 취득하게 되기 때문에 한국인으로서 살아가야 한다. 따라서 국제결혼이주자에 대한 사회통합문제는 일정기간이 지나면 본국으로 돌아가야 하는 외국인 노동자와는 전혀 다른 차원의 문제이기 때문에 노동이주와 국제결혼 이주는 전혀 다른 차원의 이주이다. 즉, 정책적인 측면에서의 다문화가정에 대한 관심은 다양한 국가 출신의 외국인 이주자, 그리고 그 가정에서 태어난 자녀들이 한국국민으로서 함께 더불어 살아가야 하는 시대에 대한 정책적 자각과 그들과의 조화로운 생활을 위한 방안이 강구되어야 한다. 서로 다른 문화와 가치관을 가지고 있는 다양한 민족들이 서로의 차이를 인정하고 존중하면서 더불어 살아가고자 한다는 다문화적 이념 속에서 한국인이 갖고 있는 문화와 정체성, 다문화사회로 변화과정 및 변화요인에 의하여 한국의 다문화주의는 한국적 다문화주의의 특징이 나타나게 된다.

(1) 단일문화주의에 대한 미련

최인철(2008)은 우리나라의 다문화주의 담론에 장애가 되는 요소를 몇 가지로 제시하고 있는데, 첫째, 한국인들의 강한 집단주의다. 일반적으로 사람들은 자신이 속한 집단에 의해서 정체성이 형성되는데, 오랫동안 지녀온 한국 내 다수자 집단의 구성원으로서의 지위를 의식한다는 것이다.

둘째, 내집단(內集團)과 외집단(外集團)을 엄격하게 구분하는 경향이다. 한국인들은 개인적으로 성격이 좋고 나쁘고를 떠나서 내집단끼리는 때로는 가족에 가까운 친밀성을 보이지만, 외집단에는 무관심하거나 적대적인 대응을 하는 경우가 많다는 것이다.

셋째, 고정관념에 의한 차별에 민감하지 못한 특성이다. 한국인들은 이미 형성되어 있는 고정관념에 취약하여 어떤 고정관념이 과연 그러한가를 따지려고 하기 보다는 수용하는 측면이 강하다는 것이다.

넷째, 소수자에 대해서 부정적으로 평가하는 경향이 있다. 한국인들은 특히 외부에서 유입된 소수자를 특별하게 또는 위험하게 생각하는 측면이 있다는 것이다.

최인철(2008)이 제시하고 있는 다문화주의 담론에 장애가 되는 요소와 함께, 김용신(2009)은 한국 법무부 출입국 관리에 따르면 2017년도에 국내에 거주하고 있는 외국인의 비율이 약 4%로 아직은 아주 높은 수준이 아니므로 다양성을 단일성으로 융화시켜 나가는 단일문화주의가 더 적합하다고 주장하고 있으며, 또한 다문화주의 정책에는 복지, 교육 등에 많은 비용이 들어가므로 경제논리로 볼 때도 단일문화주의가 더 적합하다고 보고 있다. 따라서 다문화교육도 소수자를 대상으로 하여 한국 주류문화에 동화될 수 있도록 하는 과정으로 충분하다는 의견을 제시하고 있다.

(2) 다문화주의와 자민족 중심주의의 공존

최인철(2008)은 시대의 변화를 반영하여 한국에서도 다문화주의가 논의되고 있지만, 그와 함께 자민족 중심주의도 견지되고 있다고 지적한다. 세부적으로 살펴보면, 첫째, 이주자들을 진정한 한국인으로 만들려는 움직임을 들 수 있다. 이러한 시각에서는 이주자들을 가르침의 대상, 포용의 대상, 그리고 동정의 대상으로 본다.

둘째, 문명적 차별의식이다. 한경구 등(2007)은 한국의 다문화주의를 가로막는 요인으로 순혈주의보다 문화적 우월주의가 더 크게 작동한다고 본다. 이미 고려시대와 조선시대에도 중국인, 여진인, 일본인 등이 우리나라에 정착해서 살고 있었지만, 그때는 혈연집단으로서의 민족이라는 의식보다 당사자의 가계와 가문, 신분의 귀천과 학식의 유무가 더 중요시 되었다고 한다. 이렇게 본다면, 현재 우리나라가 일부 국가 출신의 이주민들을 차별적으로 대하는 것은 민족이 달라서라기보다는 그 나라에 비해 우리의 문화적·경제적 역량이 크다고 인식하기 때문이라는 것이다. 한경구 등(2007)은 서구권 출신의 이주자를 관대하게 대하고 그들의 문화를 동경의 대상으로 바라보면서도, 우리보다 빈곤한 국가 출신은 연민하고 동정하거나 또는 차별적 대응을 보이는 양상이 이를 뒷받침한다고 본다.

셋째, 집단조명 효과라는 것이 있다. 지구촌 곳곳에서 활약하는 한국인이나 한국계의 활약상에 대해 지나친 민족주의와 지나친 국가주의적 시각에서 다룬다는 것이다. 실제 국적이나 본인의 의사와는 상관없이 상당수의 외국인이 한국계라는 범주 때문에 많은 한국인의 지지를 받고 있다. 또한 동남아시아와 동아시아를 중심으로 강하게 확산되었던 한류에 대한 접근도 이와 비슷하다. 동화주의적 다문화주의, 집단조명 효과, 문화적 우월주의와 문화 동경에 근거한 문명적 차별의식 등의 요소들은 우리나라가 한편으로는 다문화주의를 지향하면서도 국가주의, 자민족 중심주의 등의 경향을 동시에 표출하고 있음을 보여준다.

(3) 관 주도형 다문화주의

김희정(2007)과 오경석(2009)은 한국의 다문화주의를 관(官) 주도형 다문화주의로 규정하면서, 관 주도형 다문화주의는 과거방식에 비해 좀 더 세련된 형태의 외국인 관리정책에 지나지 않음을 지적한다. 또한 이선옥(2007)도 현재의 국가 주도의 다문화주의가 겉으로는 다문화주의지만, 실제로는 순혈주의와 가부장적인 동화정책으로 볼 수 있다고 지적한다. 김혜숙(2007)도 관이 주도하는 위로부터의 다문화주의는 법적 지위가 확실한 이주민들과 통합될 필요가 있는 이주민들을 정책의 대상으로 한정해 왔으며 이들로부터 필요한 노동력은 얻으면서도, 이들을 통합하는 데 들이는 비용은 최소화하는 정책을 추구했다고 지적하고 있다.

관 주도형 다문화주의가 나타난 이유는 우리사회가 직면했거나 직면하고 있는 여러 가지 사회문제들과 연관이 있다. 1980년 후반의 경제 성장으로 인한 노동력 부족문제, 1980년대의 경제성장으로 인한 도시화와 도시화로 인한 농·어촌 청년들의 결혼 문제, 그리고 2000년대부터 시작되어 급속하게 진행되고 있는 저출산과 고령화를 해결하기 위한 인구와 노동력 부족 문제 등이 관 주도형 다문화주의를 가져오게 했다. 즉, 결혼과 관련된 사회문제의 해결과 고령화와 저출산으로 인한 경제활동인구의 감소 때문에 정부는 경제적·전략적 차원에서 이주민들을 수용하면서 한국 사회 속으로 통합을 추진하고자 하는 것이다.

(4) 이민자 중심의 좁은 범주의 다문화주의

오경석 등(2007)과 오경석(2009)은 한국의 학계에서 논의되는 다문화 관련 담론들이 다문화주의의 철학, 이론, 개념 등에 관한 진지한 분석 없이 다문화 사회로의 전환을 하나의 당위로 받아들인 채 결혼이민자로 그 주요 범주를 한정하여 사회통합의 방법론 차원에서 형성되고 있다고 지적한다. 실제로 한국에서 다문화주의 관련 논문은 2000년대를 전후하여 간헐적으로 등장하였고, 2006년 무렵 이후부터는 다문화정책도 급증하고 있지만, 그 대상으로 이민자에 국한되어 있는 경우가 많다. 김지현(2008)도 우리 사회에서는 장애인, 성 소수자, 빈곤층 등에 대해서는 다문화적 접근을 취하지 못하고 주로 인권, 산업적 · 경제적 측면에서만 이주민에게 다문화적 접근을 시도해 오고 있다고 지적하고 있다.

현재 한국의 다문화가족지원법에서 다문화가족을 첫째, 재한외국인 처우 기본법 제2조 제3호의 결혼이민자(대한민국 국민과 혼인한 적이 있거나 혼인관계에 있는 재한외국인), 둘째, 국적법 제3조 및 제4조에 따라 국적을 취득한 자(귀화자) 등으로 제한하고 있다. 이는 다문화가족지원법에서 지원할 수 있는 대상이 결혼이주민과 북한이탈주민을 포함한 귀화자로 한정하고 있는 것이다. 즉, 다문화사회를 구성하고 있는 외국인 노동자를 포함한 장애인, 성 소수자, 또는 소수 집단에 대한 다문화적 접근이 정책적으로 이루어지고 있지 않다.

(5) 압축적 다문화현상으로 인한 다문화주의의 역할 미흡

우리 사회는 압축적 근대화와 민주화 과정을 거친 것으로 평가된다. 그리고 최근의 저출산과 고령화 현상은 압축적 고령화로 가고 있음을 보여주는 현상이기도 하다. 다문화현상도 이와 같은 전철을 밟을 것으로 우려된다. 우리 사회에서 다문화주의가 널리 확산되지 못한 이유 중 하나는 기본적으로 다문화사회에 대한 경험이 짧기 때문이다. 인종, 민족, 문화 등으로 인한 차별과 갈등도 우리는 비교적 최근에야 본격적으로 경험하고 있다. 또한 이주자들의 문제도 대체로 법적 · 경제적 문제와 관련이 깊었고, 생활양식 또는 행동양식으로서 문화와 문화적 정체성과는 다소 거리가 있었다.

이와 같이 한국에서는 다문화주의에 대한 풍부한 논의가 선행되지 못한 상태에서 다문화정책이나 다문화교육과 관련된 구체적 처방이 먼저 제시되어 온 측면이 강하다. 이에 따라 다문화현상을 적극적으로 규정하고 견인하기보다는 사후적으로 정당화하고 설명하는 데 활용하는 경우가 많았다. 또한 다문화현상에 대한 경험이 짧기 때문에 한국 사회의 이행단계에 맞는 다문화사회 및 다문화주의 담론을 충분히 구축하지 못한 측면이 있다. 이 때문에 캐나다, 미국, 호주 등과 같이 우리와는 역사와 맥락이 다른 나라의 다문화정책이나 교육 등을 모방하려고 했지만, 중간 단계의 고민과정과 시행착오 과정이 배제된 채 최종단계의 담론과 처방만을 제시할 경우에는 적합성이 떨어질 수 있다(구정화 외, 2010).

2) 한국적 다문화주의의 과제

(1) 다문화주의 담론의 범주 확산과 수준 제고

다문화사회에서 발생할 수 있는 문화적 차별은 인종이나 민족 등의 차이에 의해서만 발생하는 것이 아니라 성적 취향, 신체적 차이, 소득의 차이 등과 같은 요인에 의해서도 발생할 수 있다. 그러나 현재 한국에서는 문화적 차별의 원인이 될 수 있는 성적 취향, 신체적 차이, 소득의 차이 등에 대한 논의는 대체로 간과되고 있는 실정이다. 즉, 이들은 소수자 또는 소수집단으로는 간주되지만, 문화적 소수자 또는 소수집단으로 여겨지지 않는 것이다. 서로 다른 문화와 가치관을 가지고 있는 다양한 민족들이 서로의 차이를 인정하고 존중하면서 더불어 살아가야하는 다문화사회를 형성하기 위해서라도, 앞으로의 다문화주의 담론은 소수자를 포함하기 위해서 논의의 범주가 확장될 필요가 있다. 특히 문화적 소수자가 경제적 소수자, 정치적 소수자, 신체적 약자 등을 상징하는 것으로 전이된 경향이 있기 때문에 이런 방식의 논의는 우리 사회의 다문화현상의 복잡성을 보다 정확하게 다루는 데 기여할 수 있을 것이다.

다문화주의 담론의 범주 확장과 함께 담론의 수준을 높이려는 노력도 필요할 것이다. 오경석 등(2007)은 담론 수준 제고와 관련하여 다문화사회와 다문화주의 담론을 소개하는 것 자체가 중요한 것이 아니라, 우리 사회가 과연 어떤 다문화주의를 만들어 갈 것이냐에 대한 고민이 필요하다고 지적한다. 한경구 등(2007)도 다문화주의와 관련된 논의를 노동권, 자유, 삶의 권력 등과 관련하여 더욱 깊이 있게 심화시켜 나가야 함을 제안한다.

바람직한 다문화사회 형성을 위하여, 다문화주의 담론의 범주 확산과 수준 제고를 위한 노력은 곧 우리 현실에 맞는 진정한 다문화주의 담론과 실천 수준을 담보하는 것이며, 담론과 실천의 수준이 서로 일치해야 바람직한 다문화사회를 구현할 수 있을 것이다.

(2) 시민주도의 다문화주의 확산

김남국(2005)은 한국과 같이 폐쇄적 국가주의 전통이 강한 사회에서 다문화주의 정책이 국가 주도로만 추진된다면 결국 다수에 의한 지배 가능성과 사회적 소수의견에 대한 억압 가능성이 있다는 점을 지적한다. 따라서 그러한 우려를 해소하고 사회적 소수자의 인권을 보호하기 위해서는 시민사회가 주도하는 다문화주의 역시 또 하나의 축으로서 자리를 잡아야 한다고 보고 있다. 윤인진(2007)도 기존의 관 주도형 다문화주의에 대칭되는 것으로서 시민주도 다문화주의 모델을 제안하였다. 시민주도 다문화주의 모델에서는 다문화주의의 주체인 원주민, 이주민, 소수민족 집단의 관점에서 다문화주의 이념과 정책을 평가하고 자신들의 욕구와 처지에 적합한 정책과 프로그램을 추구한다.

그동안 한국에서는 화교, 이주노동자, 결혼 이민자, 혼혈인 등이 다문화사회의 주체이면서도 자신들의 목소리를 제대로 내지 못해 오고 있다. 소수자들이 직접 나서서 자신들의 목소리를 내기보다는 그들을 지원해 온 시민단체, 종교단체 등이 시민주도 다문화주의에서 주체적 역할을 해 왔다. 시민단체와 종교 단체 등은 한국적 다문화주의 실천을 위한 자원으로 활용될 수 있으며, 이러한 한국적 다문화주의는 아래로부터의 다문화주의가 확산되는 계기가 될 수 있다. 이주자 또는 소수자들이 자신의 다양한 정체성을 드러낼 수 있어야 한국적 다문화주의가 완성되고, 한국인들이 이들과 함께 공존하고 타협하는 방식으로 다문화사회를 만들어 갈 수 있다. 이주민 등과 같은 문화적 소수자들이 의사결정에 참여할 수 있는 차원과 정치적 측면에서 아래로부터의 요구와 필요에 의한 합법적인 틀이 마련되어야 시민주도의 다문화사회를 만들어 갈 수 있을 것이다.

(3) 성찰적이고 균형적인 다문화주의 담론 필요

민족주의는 한국 사회에서 오랫동안 견지되어 온 것이다. 이것이 폐쇄적이고 배타적인 형태로 발휘되지 않도록 하기 위해서는, 성찰적인 민족주의가 필요하다. 반면, 국가와 민족을 초월한 다문화주의는 극단적인 보편주의 양상을 띠게 된다. 그것은 사실상 인류 전체를 동포로 바라보는 사해동포주의와 다르지 않다. 우리의 다문화주의는 그러한 사해동포주의와는 구별되는 것으로서, 현실적으로 존재하는 국가적 경계를 인정한다. 이에 따라 우리는 성찰적 민족주의와 국가를 활용하는 다문화주의를 지향할 필요가 있다(양영자, 2007).

Banks(2006)가 지적한 바와 같이 다양성이 없는 단일성은 억압을 낳고, 단일성 없는 다양성은 국민국가의 분열이나 붕괴를 가져올 수 있다. 다양성과 단일성은 민주적인 다문화사회에서 정교하게 균형을 이루며 공존해야 한다. Banks(2006)는 민주주의사회에서 개인이 누리는 자유와 평등, 기회균등의 원리 등을 각각의 문화집단에 적용하고 각 집단들은 민주주의 원리를 실천함으로써 사회의 통합과 발전에 기여한다고 보았다.

이와 같이 성찰적이고 균형적인 다문화주의를 추구하는 입장은 민주주의에 대한 기본적 헌신을 요구하고 있기 때문에 극단적 상대주의로 흘러갈 가능성이 상대적으로 낮다. 그리고 성찰적이고 균형 잡힌 다문화주의를 추구한다는 것은 다수와 소수, 주류와 비주류가 수, 기득권, 영향력 등에 의해 구분되고 대립하는 것이 아니라 민주적 절차에 의해 서로 소통하고 협력함으로써 형식적·실질적 차원에서의 형평성을 추구한다는 것을 의미한다.

Chapter 02

다문화교육의 개념

Multi-Culture

다문화교육의 개념

01 다문화교육

다문화교육(Multi-cultural Education)은 다민족교육(Multiethnic Education), 다문화적 교육(Education that is multi-cultural), 간문화교육(Intercultural Education) 등과 같이 혼용되어 사용되고 있다. 이는 다문화교육 학자들과 교육기관마다 추구하는 중심 내용, 교수 · 학습방법론, 그리고 교육의 대상이 되는 집단에 따라 다문화교육에 대한 정의가 다양함을 보여주는 것이다. 그러나 다문화교육이 가장 자주 사용되는 용어이기 때문에 여기서는 다문화교육으로 설명하고자 한다.

정희태(2008)는 다문화교육을 "한 국가 내에서 문화적 · 사회적 다원성의 가치는 서로를 보호하고 확장하기 위한 귀중한 자원으로 인식되고 있으며, 이를 바탕으로 각기 다른 인종, 성, 언어, 계층 등을 이해하고 존중하도록 하여 학생들의 삶을 긍정적으로 변화시켜 다양한 문화 체계에서 공동목표를 향해 생활하고 의사소통하는 데에 필요한 지식, 태도, 기술을 가질 수 있도록 준비하는 교육"이라고 정의하고 있다.

한편 Banks(2008)는 다문화교육을 "각각의 배경이 다양한 학생들이 학교에서 평등한 성취 경험을 갖도록 교육에서 기회균등 실현 및 차별을 제거하는 끊임없는 노력의 과정 내지 학교 개혁운동"으로 본다. 또한 그는 다문화교육의 개념에 대해 학교교육개혁운동의 일환으로써 교육에서의 기회 균등은 물론, 성별, 인종, 종교, 정치, 경제 등에 의해 차별을 받지 않고, 능력에 따라 누구나 교육을 받을 수 있는 기회를 제공받는 것이라고 정의하였다. Nieto(1999)는 다문화교육을 첫째, 인종차별과 기타 모든 학교와 사회에 존재하는 차별과 억압의 형태에 도전하고 거부하는 것이며, 둘째, 학생, 교사, 그리고 지역사회를 대표하는 사람들로 하여금 인종, 민족, 언어, 종교, 성, 경제적 지위 등에서 다양성을 추구하게 하는 것이며, 셋째, 교사, 학생, 그리고 부모의 상호관계와 학교의 교수·학습의 근본개념에까지 널리 영향을 미치는 것으로 보고 있다. 또한 그는 행동에 중점을 둔 비판적 교수법(Critical Pedagogy)을 사용하여 사회정의와 민주주의의 근본이념을 실현하고자 하였다. Gorski(2006)는 다문화교육을 통한 사회변화의 목표를 첫째, 학교 교육의 개혁, 둘째, 교육자의 개혁, 셋째 사회의 개혁 등으로 세웠다. 그리고 그는 다문화교육은 다음과 같은 목표를 가지고 있어야 한다고 주장한다. 첫째, 현재 학교 교육의 단점, 실패, 차별적 관행을 다각적인 차원에서 다루고 비판하는 교육개혁을 위한 진보적인 접근법이어야 한다. 둘째, 사회정의, 교육평등, 그리고 모든 학생이 다양한 교육 경험을 통해 자신의 역량과 잠재력을 최대한으로 발휘하게 함으로써 개인, 지역, 국가, 세계적 차원에서 활발하게 활동할 수 있는 자질을 기르기 위한 교육적 이상에 근거를 두어야 한다. 셋째, 학교가 사회를 변화시키고 사회적 불평등과 억압을 없앨 수 있는 초석이라고 가정하고 사회변화와 개혁에 그 목표를 두어야 한다.

따라서 다문화교육을 개념·이념·철학으로서의 다문화교육, 개혁운동으로서의 다문화교육, 그리고 과정으로서의 다문화교육으로 구분하여 볼 수 있다. 개념·이념·철학으로서의 다문화교육은 첫째, 자신이 속한 문화에 대한 긍정적인 정체성 확립을 기초로 서로 다른 집단들의 문화를 동등하게 가치 있는 것으로 인식하는 지식, 태도, 가치교육이며, 둘째, 가치교육으로서 자신의 문화와 다른 문화에 대한 편견을 없애고, 다양한 문화집단의 사람들과 상호 이해와 평등 관계를 중시하는 것이다. 그리고 개혁운동으로서의 다문화교육은 모든 문화에 속한 아이들에게 동등한 교육 기회를 주는 교육이다. 그리고 긍정적이면서도 문화적이고 교육적인 태도와 인식을 갖도록 하고, 그리고 그러한 행동을 발달시키도록 돕는 평등한 교육이 과정으로서의 다문화교육이라고 볼 수 있다.

양영자(2008)에 의하면, 한국적 상황에서의 다문화교육은 이주자를 대상으로 하는 교육활동을 통칭하는 것으로 이주자의 자녀 문제와 관련된 것으로 받아들여지고 있다. 따라서 다문화교육을 단순히 외국인 근로자의 자녀와 국제결혼이주자의 자녀 등을 포함한 다문화가정 자녀를 대상으로 하는 한국어교육과 한국문화교육을 의미하는 것으로 이해하고 있다. 다문화교육에 대한 접근방식으로는 한국어교육, 한국전달교육, 이중언어교육, 귀국학생 적응교육, 국제이해교육, 문화 상대주의를 구현하는 수단으로서의 교육으로 보는 입장 등이 혼재되어 있다. 따라서 우리나라 상황에 맞는 다문화교육에 대한 개념 정립이 필요하다.

이러한 맥락에서 한국에서의 다문화교육을 종합적으로 정리하자면, 다문화교육은 학교교육 개혁운동의 일환으로서 모든 사회계층, 성별, 인종, 그리고 문화적 집단들이 차별 없는 학습을 받도록 하기 위하여 그들에게 균등한 교육기회를 제공하는 개혁운동으로 정의할 수 있다. 이런 관점에서 장사형(2017)은 다문화교육을 한 국가 내에 존재하는 문화적 · 사회적 다양성을 가치 있는 것으로 보고, 이러한 다양성은 보호되고 확장되어야 할 중요한 자원이라는 인식을 바탕으로, 학습자들로 하여금 각기 다른 인종, 성, 언어, 계층 등을 이해하고 존중하도록 함으로써, 다양한 문화세계에서 공동목표를 향해 생활하고 의사소통하는 지식과 태도, 그리고 기술을 기를 수 있도록 준비시키는 교육이라고 정의하고 있다.

Bennett(2007)에 의하면, 실제 다문화교육은 미국사회에서 민주주의의 신념과 가치에 기초를 두면서도 상호 의존성이 높은 세계와 문화적으로 다양한 사회 안에서의 문화다원주의(Cultural Pluralism)를 지지하는 교수 · 학습방법으로 정의된다. 따라서 미국 사회에서 다문화교육은 모든 학생의 지적 발달, 사회적 발달, 개인적 발달의 가능성을 최대한 촉진시키는 것을 공교육의 핵심적 목표라고 인식하고 있다. Bennett(2007)가 주장한 다문화교육의 핵심적 영역들을 살펴보면 다음과 같다. ① 평등지향 운동, ② 교육과정 개혁, ③ 다문화적 역량, ④ 사회정의를 지향하는 가르침 등으로 설명한다.

평등지향 운동은 소수민족이나 경제적으로 불리한 조건에 있는 아동·청소년에게 교육기회를 공평하면서도 동등하게 제공하는 것을 목적으로 하고 있으며, 교육과정 개혁은 단일민족 중심적 관점에서만 기술되었던 기존의 교육내용에 다민족적이고 전 지구적인 관점을 포함시킴으로써 전통적인 교육내용을 확장시키려는 의도이다. 다문화적 역량은 다양한 방식으로 인식하고 평가하고 생각하고 행동할 수 있는 역량을 발달시켜 나가는 과정이라 할 수 있다. 마지막으로 사회정의를 지향하는 가르침은 다문화교육의 핵심적 구성요소로서 학생에게 인종차별, 성차별주의, 그리고 계급차별주의에 대한 이해력을 향상시키고, 그와 관련된 적절한 사회적 행동기술을 발달시킴으로써 차별에 대한 투쟁과 문제해결 과정에 헌신적으로 참여하도록 하는 것이다. 더욱이 이 영역은 타인종과 타민족에 대한 잘못된 사회적 통념과 고정관념들을 타파하고 인간의 동질성을 강조하는 데 초점을 맞추고 있다.

02 다문화교육의 역사적 배경

초기 다문화교육의 관점은 배척주의(Nativism), 동화주의(Assimilation), 용광로주의(Melting Pot) 등으로 대변되었고, 1970년 중반부터 다문화주의적 교육의 진화가 이루어지면서 학교 및 다른 교육기관의 변화를 가져오게 되었다.

1) 배척주의적 관점

초기 배척주의 관점에 의해서 학교에서의 다문화교육은 미국 이민자들에게 주류 사회의 문화에 대한 맹목적 복종 내지 충성을 통한 미국화 작업이었다. 이는 소수집단이 자신의 전통과 문화를 포기하고 주류 사회의 전통과 문화에 흡수되거나 혼합되기를 기대하는 것이었다.

2) 동화주의적 관점

동화주의는 소수문화가 주류문화(WASP)에 일방적으로 편입되는 것을 전제로 이민자가 주류사회의 지배적 가치와 규범에 접근하는 것이다. 따라서 동화주의는 일종의 일방통행적인 문화적 영향이라고 볼 수 있다. 동화주의자들은 주류문화의 정의와 법질서, 정부의 개념을 소수민족들에게 심어줌으로써 소수민족들로 하여금 미국제도의 존엄성과 인간존중이라는 미국생활의 가치를 깨닫게 해야 한다고 주장하면서, 소수민족의 고유문화는 반드시 포기되어야 한다고 강조하였다. 즉, 동화모형은 소수문화를 주류적 문화에 흡수시키고 동화시키려는 모형으로, 소수인종, 이민자, 외국인 노동자 집단이 이주한 지역의 주류문화에 동화되는 것을 정책목표로 한다. 결국 동화주의에서는 국가의 단위는 개인인 시민이기 때문에 한 국가 내에서 민족과 인종 같은 특수한 집단적 정체성은 인정되지 않는다(이민경, 2008). 또한 동화주의는 강한 문화가 약한 문화를 흡수하는 것을 목표로 하는 것으로 한 국가 내에 공존하는 주류문화와 비주류문화 중에서 주류문화를 통한 사회통합을 목표로 하는 것(한승준, 2008b)이라 볼 수 있다.

결국, 초기의 동화주의는 소수민족이 청교도 문화에 동화될 때만이 그들이 처한 편견이나 차별대우가 사라질 것이라고 보았다. 하지만, 이러한 동화주의는 이주자들이 문화적으로 주류문화에 어느 정도 동화되게 하였으나, 유색인종에 대한 생리적 차이로 인해서 동화가 불가능해졌기 때문에, 미국에서는 편견과 차별이 사라지지 않은 문제점이 발생했다.

3) 용광로주의적 관점

1870년부터 1920년까지 미국에서는 홍수처럼 밀려온 이주자들로 인하여 전통적 동화주의에 의한 미국화가 어려워지자, 동화주의에 대한 대안으로 등장한 개념이 문화적 용광로 개념(Melting Pot Ideal)이다.

용광로 동화는 이민자들이 주류 사회의 수많은 새로운 행동 유형과 가치를 받아들이며 문화적으로 섞이는 과정을 뜻한다. 즉, 흡수 동화가 이민자들이 이민 온 사회에 편입되는 것을 가리킨다면, 용광로 동화는 이민자들과 주류사회의 문화가 한데 섞여 새로운 문화가 만들어지는 것을 의미한다(이재분, 2009). 이렇듯 용광로 동화는 미국이 다양한 인종과 문화를 흡수하는 사회, 즉 용광로라는 개념으로 사용되었다. 즉, 미국이라는 사회를 하나의 거대한 용광로로 보고 수많은 이민자들이 철광석에 비유된다. 그들이 미국사회에 정착하는 과정에서 주류문화(WASP)에 용해되어 미국인이라는 새로운 인종으로 바뀐다는 것이다(서종남, 2009).

결국 강력한 미국문화가 마치 용광로처럼 작용하여 여러 다양한 이주민들의 문화가 미국문화 속에 녹아 들어가서 더 새롭고 더 매력적인 문화가 만들어진다는 것이지만, 기본적인 미국문화의 정체성이 급격히 변화되는 것은 아니라는 점을 의미한다.

하지만 용광로 이론에 따른 소수민족을 미국이라는 용광로에 넣고 융화시키려는 시도는 오히려 소수문화의 정체성을 흐리게 만들기 보다는 소수민족들이 자신들만의 뚜렷한 집단 정체성을 추구해 나가려는 현상으로 나타났다. 즉, 일방적인 주류사회로의 편입 추구는 주류사회 구성원뿐만 아니라 주변부 이민자 집단 구성원에게도 불필요한 갈등과 긴장을 조성하여 문화적 충돌까지 야기되었다. 이 때문에 용광로 이론은 백인지배문화가 소수문화를 억압하기 위한 수단이라고 비판받았다(김용신, 2009).

4) 샐러드볼, 모자이크이론

다문화주의는 흔히 샐러드볼(Theory of Salad Bowl)이나 모자이크이론(Theory of Mosaic)이라고 불린다. 문화적 다양성과 고유성을 그대로 인정하고 이들이 정체성을 유지한 채로 주류사회와 소통하며 평화적인 문화를 구축한다는 관점이다(김용신, 2009).

샐러드볼이론은 미국에서 만들어진 동화주의적인 용광로이론과는 달리 이민자들이 모국의 문화와 언어를 유지하면서도 새로운 정주국인 미국의 일원으로 살아갈 수 있도록 하자는 것으로서, 20세기 후반 세계화 시대로 진입하면서 제기된 다문화교육 이론이다. 국가나 민족의 경계를 허물어 이민자들이 스스로의 정체성을 지니게 하려는 것이다.

한편 모자이크이론은 1960년대 기존 정책인 용광로이론이 이민자들의 뿌리를 없애려고 시행된 정책이라는 비판을 받으면서 캐나다에서 생성된 이론이다. 즉, 모자이크의 다양한 모양과 색상의 조각들인 이민자들이 모여서 하나의 아름다운 모자이크가 완성된다고 보는 관점으로 '모자이크 다문화주의'라고도 한다.

5) 문화 다원주의적 관점

문화 다원주의 관점은 1980년대와 1990년대를 거치면서 급격히 증가한 이민자 및 또 다른 사회적 집단에 의해 형성된 새로운 의미의 다문화 개념과 기존의 한 사회에서 각 집단들이 독특하게 형성한 문화들이 조합을 이룬 상태로서의 다문화 개념을 포함하는 문화적 다문화주의라는 광의의 개념으로 등장하게 되었다(김상돈, 2010). 더욱이 다문화주의는 1980~1990년대에 북아메리카와 남아메리카, 유럽과 오스트레일리아에서 사회과학과 공적인 논의에서 상당한 자리를 차지하게 되었고, 구체적인 경계 내에서 가치관, 상징, 해석, 관점과 같은 다양한 정신적 측면이 공존하는 공동체주의가 발현되는 사회로 인식되는 계기가 되었다(박기범, 2009).

이러한 맥락에서 이민경(2008)은 다문화주의를 다양성이 단일성으로 통합되는 방식이 아니라, 다양성을 유지하면서 상호 유기적으로 연계되어 있는 공존의 형식으로 보면서, 차이의 지속적인 생성이라는 재현과정에서의 다양성을 역동성으로 이해하였다. 그리고 공존의 형식과 다양성의 역동성을 통해 삶을 풍족하게 만들어 가는 것을 다문화주의로 보았다. 즉, 다문화교육은 한 국가 내에 각 구성원들과 집단들 간의 다양성을 존중하고, 인종, 민족, 사회계층, 성별 등에 의한 특수한 집단에 대한 이해와 수용을 촉진함으로써 차별이나 편견을 줄이고, 균등한 교육 기회와 문화적 선택을 제공하는 것을 목표로 한다.

따라서 최근에는 이러한 다문화주의가 일방적인 동화보다는 동등한 교육기회를 실질적으로 보장하는 수준의 전략적 접근으로서 정의, 평등, 자유, 관용과 같은 민주적 원리의 정교한 실천을 요구하는 균형주의적 · 평등주의적 관점이 대두되었다.

이러한 균형주의 관점의 새로운 다문화교육 이론이 Banks의 문화 민주주의이다. 문화 민주주의(Cultural Democracy)는 민주주의 사회에서 개인이 누리는 자유와 평등, 기회균등의 원리들이 그대로 각각의 문화집단에 적용되고, 소수집단들과 다수집단은 민주적 원리를 실천함으로써 국가 사회의 발전에 기여한다는 관점이다.

김용신(2009)은 문화민주주의는 학교교육이 학생들의 문화를 존중하고 이해하는 것이 중요하기 때문에, 모든 청소년들이 성찰적이고 명료한 국가 정체성을 갖도록 하고, 정의, 평등, 인간 존엄성과 같은 민주적 이상에 대한 학생들의 의무를 발달시키는 것을 중요하다고 보고 있다. 따라서 학교의 역할은 청소년의 사회화를 도움으로써 국가 시민생활에 참여하는 데 필요한 태도, 가치, 기능을 발달시키도록 하는 것이다. 이러한 맥락에서 문화 민주주의는 소수와 다수, 주류문화와 주변부 문화, 개인과 국가, 학생과 학교가 민주적 원리에 따라 눈에 보이는 실제적 형평과 평등을 추구하는 것을 문화 민주주의적 접근이라 보고 있다.

오늘날의 다문화주의적 관점은 보다 적극적인 다문화주의 관점으로서 다양성의 가치 속에서 사회통합을 이루기 위한 사회적 노력으로 보고 있다. 따라서 다문화주의적 사회통합은 동화가 아니라, 상생의 형식으로 공존하는 문화집단이 서로 상호존중하고, 평등한 사회적 조건과 여건을 형성하며, 그리고 전체 사회 속에서 조화롭게 공존하는 것을 의미한다. 또한 이러한 사회통합을 통하여 소수집단의 정체성이 유지될 뿐만 아니라 인종주의적 관점에서 차별을 배제하고 문제 상황에 적극적으로 대응할 수 있다는 다문화주의적 관점으로 전환되고 있다.

03 다문화교육의 필요성

1) 다문화사회의 도래에 대한 대응

다문화교육과 관련된 많은 학자들의 연구에 따르면, 다문화사회에서 소수문화 집단과 주류문화 집단에 속한 개인이 느끼는 인식의 과정은 다문화적 상황에 노출된 초기 단계에서는 차이가 나타나지만, 시간이 지날수록 공존의 상황을 인식하는 방향으로 변화하고 있다(Sue et al., 2010에서 재인용). 요컨대 집단의 개개인은 다문화적 상황에 노출된 초기 단계에서는 속박, 고립, 부정, 부조화 등과 같은 문화사대주의나 자문화중심주의의 특징이 나타나고 있으나, 점점 다문화적 상황을 경험하면서 문화상대주의적인 관점을 갖게 된다는 것이다.

이처럼 다문화사회 환경에 노출된 개인의 발달이 문화사대주의나 자문화중심주의에서 문화상대주의적인 관점으로 진행되는 것처럼, 한 사회나 집단도 다문화사회에서 주류문화를 중심으로 하는 인식에서 다양한 문화의 차이에 따른 인정과 문화의 평등성을 인식하는 방향으로 문화 정체성을 확장해 나아가다가 마침내 다양한 문화의 공존을 통해 문화 간의 연대적 이해가 가능하게 되는 상황으로 변화하게 될 것이다. 그러나 한 사회가 다문화사회가 되어가는 과정에서 문화적인 공존과 세계 보편적인 가치에 도달하는 과정으로 나아가는 길은 절대 쉽지 않다. 따라서 다문화사회로 변화하는 초기과정에서 발생할 수 있는 주류문화와 소수문화 간의 충돌과 갈등을 약화시키거나 방지하기 위해서는, 다문화사회의 도래에 대한 충분한 이해를 바탕으로 문화 간 이해와 주류문화 또는 소수집단 문화에 대한 편견 등을 교육내용으로 다루는 다문화교육이 필요하다(권순희 외, 2010).

2) 사회적 갈등 해결

급격한 다문화사회로의 변화와 함께 다양하고 낯선 문화와 접촉하게 되면서, 오랫동안 단일민족이 강조되고 단일한 문화와 문화 정체성을 유지해 온 나라에서는 문화충돌이나 사회적 갈등이 일어날 가능성은 점점 증가하게 된다. 다양한 사회적 문제와 갈등을 해결하기 위해서는 사회적 비용 또한 증가하게 될 것이다. 다문화사회 초기 단계에서의 대응은 사회적 갈등의 빈도나 양상, 사회적 갈등 비용을 줄이는 데에 결정적으로 영향을 미칠 수 있다. 전체 인구 중에서 외국인의 비율이 5% 정도에 이르게 되면 다문화사회 초기단계에 진입했다고 할 수 있으며, 문화적 충돌이나 사회적 갈등 양상은 일반적으로 다문화사회 진입 초기 단계에서 강하게 나타난다. 다문화사회 초기 단계에서 정부는 정책이나 교육을 통해 다양하게 전개되는 상황에 대처해 나간다. 초기 단계에서는 다문화교육의 필요성은 인식되지만, 다문화교육이 구체적으로 지향해야 하는 방향에 대해서는 사회적 합의가 이루어지기 어려워 다문화교육의 방향을 설정하기가 어렵다.

이주민의 비율이 5% 이내인 초기단계에서는 이주민의 비율이 낮고, 초보적 수준의 이민정책 시행으로 인해 사회적 개방수준은 미미하다. 따라서 사회적 갈등이 비교적 미약하고, 그에 따른 사회적 비용지출도 많이 발생하지 않는다. 이주민이 5~10%인 제2기는 이주민 유입이 본격화되는 단계로 제도적 정비가 이를 따라가지 못해 사회적 갈등 비용이 급속히 증가한다. 제3기는 다문화정책 기반이 미흡한 상태에서 이주민만 계속 밀려 들어와 인종차별과 폭동사태 등으로 인하여 사회적 혼란이 큰 시기이다. 제4기는 다문화주의가 사회적으로 정착되어 차별금지와 평등제도화, 사회적 인식 변화, 소수자 지원과 참정권 인정, 그리고 기회의 평등에서부터 조건 · 과정 · 결과의 평등이 요구되는 시기이다(최충옥, 2009).

3) 소수집단과 인권의 보장

우리사회가 가진 차별이나 무시, 고정관념과 편견은 국경을 넘어온 외국인을 대상으로 행해지는 것뿐만이 아니다. 성, 나이, 지역, 학력, 외모, 직업, 인종이나 민족 등 소수집단에 대해서는 행해진다. 박경태(2008)는 소수집단을 자신들의 신체적 또는 문화적 특징으로 말미암아 사회의 주류집단 구성원들로부터 차별을 받고 있고, 스스로도 차별받는 집단에 속해 있다는 의식을 가진 사람들이라고 규정하면서, 소수집단의 어려움과 이들에 대한 인권의 측면에서 다문화교육이 필요하다고 주장하였다.

사회적 소수자나 약자에 대한 차별과 무시는 한 사회의 불안전성을 크게 증가시킬 수 있다. 특히 소수집단을 대상으로 행해지는 무분별하고 무차별한 차별, 편견, 고정 관념 등은 인권의 문제로 이어진다. 다문화교육은 우리 사회의 약자나 소수자의 인권 측면에서 보면 교육의 필요성이 더욱더 절실하다. 따라서 다문화교육은 한 사회가 가진 주류집단의 관점과 그 관점에 따른 차별의식이나 고정관념, 편견 등과 같은 사회적 문제점들을 사회적 문제로 인식하고, 사회적 문제를 해결하기 위한 논의과정에서 더욱 합리적인 해결 방안을 탐색하는 기능과 역할을 해야 할 것이다. 특히 다문화사회에서는 외국인뿐만 아니라 그 사회의 소수집단 사람까지 그 대상을 확대할 필요가 있을 뿐만 아니라, 그들에 대한 인권보장의 관점에서 다문화교육이 필요하다.

4) 세계시민성의 형성

학교교육의 기본 목표는 학생들에게 민주시민으로서의 자질을 함양시키는 데 있다. 민주시민은 한 사회의 구성원으로서 필요한 가치를 공유하고, 사회 속에서 바람직한 인간으로 더불어 살아갈 줄 아는 사람을 말한다. 세계화·지구촌화 시대라고 불리는 오늘날에는 국가, 인종, 민족의 틀을 벗어나 전 지구적이고 세계적인 관점에서 함께 문제를 해결하고 공유할 수 있는 세계시민성이 요청된다. 세계시민교육의 목표는 국경의 한계를 넘어 전 지구적인 식견을 가지고 인류의 생활상을 들여다보는 자세를 가지고, 사해동포적인 태도로 지구의 공동문제에 대한 관심을 증대시켜 인류 공동의 문제해결에 함께 참여하고 해결해 나가려는 자세와 능력을 지니도록 하는 것이다.

오늘날의 사회는 개별 국가만이 해결할 수 없고 인류 공동의 관심과 협력에 의해서만 해결 가능한 문제가 많이 나타난다. 특히 해결의 필요성이 조속하게 요구되는 문제가 더욱 심각하게 드러나고 있다. 오늘날 우리에게 지구사회의 구성원으로서 필요한 것은 전 지구적 문제해결과 관련하여 능동적인 시민, 참여하는 시민, 그리고 적극적인 행동을 보이는 시민이다. 오늘날의 교육과제 중에서 학생들을 어떻게 세계적 차원의 시민으로 만들어 내는가가 가장 중요한 과제라고 할 수 있다. 다문화교육은 이러한 세계시민성의 형성을 통해 세계의 다양한 문제해결에 공헌하고 인류평화에 이바지하는 데 매우 소중한 기회와 계기가 될 수 있다(권순희 외, 2010).

04 다문화교육의 목표

다문화교육의 목표는 각 개인이 속한 집단에 대한 긍정적인 정체성을 증진시키고, 타문화에 대한 편견을 없애는 것뿐만 아니라 존중하는 마음을 배양시키고, 불공평한·불공정한 상황에 직면했을 때, 다른 사람을 위해 이의를 제기하고 행동할 수 있는 능력을 길러주는 것이라고 볼 수 있다. Banks(2004)는 다문화사회로의 흐름은 이미 거역할 수 없는 세계적인 현상이 됐기 때문에 학생들이 문화적 다양성의 가치를 배우고 세계시민으로 거듭날 수 있도록 다문화교육을 해야 한다고 강조했다. 과거에는 통합만을 강조하는 교육이 효과적이었지만 세계화 시대에는 그렇지 않다는 것이다. 그는 국가 영웅을 찬양하고 존경하도록 강요했던 교과서 내용을 이제는 찾아 볼 수 없기 때문에 다문화사회에서의 학교교육도 바뀌어야 한다고 강조했다.

한국의 다문화교육 전문가들도 다문화가족을 지원하기 위한 정책은 이미 많이 만들어졌고 섬세해졌지만 한국 사회의 뿌리 깊은 민족주의와 배타적 태도는 여전하기 때문에, 앞으로의 문화교육의 초점은 다문화 수용성을 어떻게 제고하는

가에 맞추어져야 한다고 강조하고 있다. 다문화 수용성은 외국인 노동자나 이주민 등과 같이 자신과 다른 구성원이나 문화를 동등하게 받아들이는 자세를 의미한다. 이에 전문가들은 앞으로 다문화에 대한 정책이 특수한 배려로 비쳐서는 안 된다고 강조한다. 또한 설진배와 김소희(2017)는 다문화가족을 동등한 시각에서 바라보는 주류화 전략이 필요한 시점이라고 보고 있으며, 다문화교육에 있어서 이주민의 증가에 따른 다문화사회로의 전개에 있어서, 한국 사회의 가장 도전적인 과제 중에 하나는 인종이나 문화적 이질성에 대한 태도라고 지적하고 있다. 이는 혈통과 문화적 정체성에 대한 강한 신념을 유지하고 있던 한국인의 태도 변화와 관련된 것으로, 학령기 아동 및 청소년에게 있어 다문화 수용성은 중요한 의미를 갖는다.

Bennett(2007)는 다문화교육의 목표에 대하여 다음과 같이 설명하고 있다. 첫째, 다양한 역사 인식을 발전시키기이다. 다문화적 역사 인식은 자신의 것을 포함해서 다른 나라와 다른 민족 집단의 유산과 기여에 대한 지식과 이해이다. 이러한 지식과 인식을 발전시키기 위해서는 다양한 나라들과 민족 집단 사이에서의 현대적 경험과 역사 인식을 발전시키는 것이 매우 중요하다. 이러한 인식은 소수민족 또는 소수집단이 가지고 있는 문화와 구성원이 가지고 있는 관점을 포함한다.

둘째, 문화 인식을 강화시키기이다. 문화 인식은 다른 국가와 민족 집단의 구성원으로서 가지고 있는 보편적이지 않으며 근원적으로 다른 그 또는 그녀가 가진 세상을 보는 관점에 관한 지각과 인식이다. 그것은 인간사회에서 발전되는 다양한 아이디어와 실행의 인식과 다른 국가와 민족 집단의 구성원으로서 행하는 행동들이 어떻게 이뤄지는지에 관한 지각을 포함한다.

셋째, 간문화적 능력을 강화하기이다. 간문화적 능력은 문화 간 의사소통(언어, 신호, 몸짓)과 단서들, 그리고 다양한 문화에 나타나는 관습을 해석하는 능력이다. 감정이입과 대화를 통하여 다양한 관습을 해석하는 능력이다. 다른 문화적 배경을 지닌 사람들의 행동과 지각방식을 만들어 내는 문화적으로 조건화된 가정들을 인식하는 것이 다문화교육의 목표이다.

넷째, 인종차별, 성차별, 그리고 온갖 종류의 차별과 편견에 맞서 싸우기이다.

다른 문화와 인종적 열세에 관한 오해와 성에 관한 선입견에 토대를 둔 부정적인 태도와 행동을 줄이는 것이 인종차별, 성차별, 그리고 온갖 종류의 차별과 편견을 줄이는 것이다. 이러한 차별과 편견을 줄이기 위해서는 인간의 기본적인 유사성을 바탕으로 성, 인종, 민족에 관한 선입관과 사회적 통념을 명확히 하는 것이 중요하다.

다섯째, 역동적인 세계와 지구의 상태에 관한 인식을 증가시키기이다. 역동적인 세계와 지구의 상태에 관한 인식은 일반적인 세계의 상황, 추세, 발전에 대하여 이해하는 것이다.

여섯째, 사회적 행동능력을 훈련하기이다. 사회적 행동능력은 인류의 행복과 지구의 미래를 위협하는 중요한 문제들을 해결하는 데 도움이 될 수 있는 지식, 태도, 그리고 행동을 포함한다. 즉, 지구적으로 생각하고 지역적으로 행동하는 것이 중요하며, 사회의 성인구성원으로 참여적인 태도를 가짐으로써 개인적인 감성과 정치적인 영향력, 지구적 책임감을 발전시키는 것이 다문화교육의 목표이다.

이처럼, 다문화교육에서 중요시 하는 것은 문화적 다양성을 가치 있는 것으로 보고, 문화적 다양성을 증진시키는 데 역점을 두는 교육으로서 민족정체성 교육, 국제이해교육, 세계교육을 포괄적으로 아우르는 지구촌 다문화교육의 성격을 띠는 것이 바람직하다. 또한 다문화교육은 문화적 다양성, 국가와 민족 정체성, 그리고 세계 시민의식을 함양한 다문화적 시민 양성에 두어야 한다(김상돈, 2010).

그리고 오은선(2009)은 우리나라 다문화교육을 위한 교수·학습의 관점으로 다문화주의적 입장을 취할 것은 제안했다. 그리고 다문화주의적 관점에 근거한 정체성 확립, 다양성 이해와 존중, 평등과 정의 실현, 세계 시민성 발달, 새로운 문화 창조를 다문화교육 목적으로 제시하고 있다.

결론적으로 다문화교육의 목표는 다문화주의적 입장에서 자신과 타인을 존중·존경하는 태도를 갖게 함으로서 결과적으로 나와 다른 외모, 문화, 생각, 생활방식을 가진 다양한 사람들을 이해하고 수용하며 더불어 살 수 있는 공존과 공생기반을 만들고자 하는 것이다.

Chapter 03

다문화교육 실천

Multi-Culture

다문화교육 실천

01 다문화교육 실행전략

다문화교육에 대한 논의에서 다문화교육의 방향성을 설정하는 것은 매우 중요하다고 볼 수 있다. 왜냐하면 한국적 상황이 안고 있는 강한 단일민족이라는 의식의 뿌리는 쉽게 바뀌지 않을 것이기 때문에, 강한 단일민족이라는 의식은 자칫하면 다문화교육의 방향에 부정적 결과를 초래할 수 있다.

따라서 개방화된 다른 서구 사회와는 다르게 강한 단일민족이라는 의식이 자리 잡고 있는 우리사회가 필요로 하는 것은 현재의 의식에서 과감히 탈피하여 문화적 다양성을 가치 있는 것으로 보고, 다문화주의 입장에서 문화적 다양성과 상대성을 바탕으로 자신과 타인을 존중할 수 있는 다문화교육 방향성 설정과 다문화적 인식으로의 의식전환이다.

아울러 한국 사회에 이주하여 다문화사회를 형성해서 살아가고 있는 이주민들의 입장에서 다문화교육 실행과정에서 제기될 수 있는 다문화교육의 이슈가 무엇인지를 살펴보는 것이 무엇보다도 의미 있는 일이라 할 수 있다. 이런 이슈들에는 다음과 같은 것들이 있다.

첫째, 이주민들은 출신배경, 피부색, 언어 등과 관련하여 한국인들이 갖고 있는 자신들에 대한 편견이나 고정관념이 개선될 수 있는 교육이 우선되어야 한다고 주장한다.

둘째, 이주민들은 일반적으로 다문화교육을 통해 강조되고 있는 문화 간의 차이나 다양한 문화에 대한 소개보다는 인간으로서 존중받아야 하는 보편적인 권리에 대한 교육이 우선시되어야 힘을 지적하고 있다. 차이 또는 다름이 일상생활에서 자연스럽게 수용되지 않는 현실에서, 이주민들이 갖고 있는 문화나 배경의 다양성과 차이에 대한 소개보다는 이면에 존재하는 인간의 보편성과 인권보장이 더 중요하다는 것을 지적하고 있다.

셋째, 이주민들은 한국 사회에 이주하여 정착하는 과정에서 한국문화로의 일방적인 동화를 요구받기보다는 실천하는 주체적 인간으로서 인정받기를 원하고 있다. 이주민들은 이주 이전의 사회문화를 그대로 가지고 들어오지 않으며, 또 이주를 통하여 일방적으로 새로운 사회문화를 수용하지도 않는다. 이주민들은 정착과정에서 주어진 상황이나 입장에 따라 다양한 문화적 흐름을 취사선택하여 자신들만의 새로운 문화를 만들어 가고 있는 것으로 이해할 필요가 있다.

이에 Banks는 2009년도 동아일보와의 인터뷰에서 한국의 높은 교육열에 관심을 보이면서, 소수민족집단과 주류집단의 학업성취도 수준은 차이가 날 수밖에 없으며, 그 격차가 더 벌어지게 될 것이라고 말했다. 그는 소수민족집단의 아이들이 언어장벽을 극복하고 학업성취도 격차를 줄여나가고 함께 어울릴 수 있도록 다문화교육을 더욱 강조해야 된다고 더 붙였다. 또한 다문화교육은 결코 소수집단에게 주어지는 시혜나 복지정책이 아니며, 차이에 대한 관용과 배려가 단순히 다수집단이 소수집단에게 베풀어야 할 윤리적 덕목도 아니라고 말하고 있다.

Banks의 의견과 관련하여 장사형(2017)도 다문화교육이 내국인과 이주민이라는 이분법적인 구도 속에서 양자 사이에 일어나는 갈등의 해소나 이주민들의 사회적응 교육의 측면에서만 편협하게 인식되고 실천된다면, 그것은 오히려 이주민을 내국인으로부터 구분시키고, 문화적 소수자로 전락시켜 사회적으로 소외시키는 결과를 초래할 수도 있다고 지적하고 있다. 따라서 조혜영(2013)은 다문화교육이 다양한 문화적 배경을 가진 사람들이 그 누구도 차별과 배척 없이 서로의 문화와 가치를 존중하게 하고, 공생하는 사회를 만들기 위한 교육이기에, 다문화교육이 기대하는 사회적 통합은 쌍방향적 과정으로 이루어져야 함을 주장하고 있다. 즉, 다문화교육은 한편으로는 이주민이 수용국 사회의 공동체적 가치를 존중하고 시민으로서의 책임과 의무를 이행하는 과정임과 동시에, 다른 한편으로는 수용국의 주민이 이주민을 수용하고 차이와 다양성을 존중하며 포용하는 과정을 모두 포함해야 한다고 지적하고 있다.

이러한 맥락에서 김경근(2006)도 학교교육의 방향이 학업성취 중심의 수월성 추구와 같은 수직적인 능력을 중시하기보다는 지식 기반사회에서 요구되는 다원적이고 수평적인 능력에 조우하는 방향으로 변화되어야 한다고 주장한 바 있다. 즉, 다문화교육은 본질적으로 수월성 추구의 문제보다는 다양성과 수평적인 능력을 바탕으로 공평한 교육 기회를 제공해야 하며, 성취에 대한 적절한 보상을 통하여 교육의 형평성 추구에 초점을 맞추고 있는 것으로 이해할 필요가 있다.

오은선(2009)은 우리나라 다문화교육의 기본방향으로 다문화주의적 관점의 지향, 정체성, 다양성, 평등과 정의, 세계시민성, 새로운 문화 창조 등을 국가적 교육목적으로 설정하여 교과 프로그램과 적응 프로그램을 개발 · 운영할 것을 제안하고 있다. 그리고 다문화교육은 단순히 사람, 집단 혹은 문화 간 접촉을 넘어 체계적인 훈련에 의해 습득해야 하는 기본적인 태도 기르기를 강조해야 하며, 세계시민교육으로서의 다문화교육 필요성과 다문화사회의 교육적 과제에 대한 논의의 필요성이 지속적으로 부각되고 확장될 필요가 있음을 지적하고 있다. 뿐만 아니라 교사양성 또는 연수 교육과정에서도 다문화교육을 필수적으로 포함시킬 필요가 있음을 강조하였다.

한편 Banks(2002, 2004, 2005, 2006c)는 다양한 접근방식과 복합적 열린 교육을 지향하는 학교교육으로서 다문화교육의 올바른 방향성을 다음과 같이 제시하고 있다. 첫 번째는 편견 줄이기(Prejudice Reduction)이다. 다문화교육은 인종적 · 민족적 편견을 줄일 수 있는 방법론을 모색해야 하고, 학생들은 지식이 어떻게 구성되는지를 이해하게 하여 학생들에게 다문화적 틀을 이해하게 해야 한다. 두 번째는 통합적 내용(Content Integration)이다. 교사는 다양한 문화적 콘텐츠를 사용하여 문화적 다양성을 통합적으로 제시할 수 있어야 한다. 세 번째는 균등교육(Equity Pedagogy)이다. 다양한 배경을 가진 아이들이 균등한 학업성취를 할 수 있도록 교수법을 개발하는 등의 균등교육을 실시해야 한다. 네 번째는 학교문화와 사회구조의 강화이다. 학교문화와 사회구조의 강화(Empowering School Culture and Social Structure)를 통하여 다양한 민족, 인종, 문화적 집단의 학생들이 학교에서 균등하게 힘을 행사할 수 있도록 균등하고 정의로운 학교문화와 사회구조를 창출해야 한다는 것을 강조하고 있다.

02 다문화교육의 시사점

1) 학교에서의 다문화교육

학교에서의 교육은 공식적인 교육과정을 바탕으로 다분히 체계적이고 지속적이며 그 효과 또한 매우 크다고 볼 수 있다. 따라서 학교교육에서 보다 밀도 있게 다양한 영역에서의 다문화교육 프로그램이 만들어져야 하며, 체계적인 교육훈련을 통하여 다문화 인식 교육이 이루어져야 할 필요가 있다. Banks(2008)가 주장한 것처럼 현존하는 편견과 불평등에 대한 적극적 개선 노력을 강조하는 방향으로 교육과정이 개정되어야 하며, 편견과 불평등 제거를 위해서는 사회구조의 전면 개혁이 이루어져야 한다. 이러한 교육과정 개정과 사회구조의 개혁을 위해서는 교육과정의 근본적 변화를 강조하는 사회행동(Social Action) 접근법이 유용할 것이다.

이러한 맥락에서 먼저 다문화 학교교육의 내용적 측면에서, 차윤경(2008)은 한국의 다문화교육은 날로 증대되는 사회의 다원화에 대응하기 위한 전략으로서 다양한 문화요소들을 백화점식으로 나열하기보다는 이질적인 문화를 관통하는 민주주의, 인권, 평등, 사회정의, 세계시민의식 등과 같은 보다 보편적이고 핵심적인 원리와 가치들을 강조하는 데 역점을 두어야 한다고 지적하였다.

같은 맥락에서 양영자(2008)는 다문화교육에서 다음과 같은 내용체계를 강조하고 있다.

첫째, 기존의 주류사회가 새로운 이주자를 받아들이는 첫 단계에서 사회통합을 위해 가장 보편적으로 행해지는 소수자 적응교육이다. 소수자 적응교육은 동화주의적 관점에 기초하여 주류사회로의 동화에 초점을 맞추는 것이다. 이러한 소수자 적응교육은 기초학습능력과 한국문화 정체성 함양, 한글 능력 향상과 한국문화 이해의 심화 등이 교육의 주된 내용이 되어야 한다고 하였다.

둘째, 소수자 정체성 교육이다. 다문화주의적 관점에 기초하여 소수자들이 자존감을 회복하고 자신들이 속한 문화집단에 대한 자부심을 가지도록 하는 데 관심을 기울이는 교육이 소수자 정체성 교육에서 이루어져야 한다.

셋째, 소수자 공동체 교육이다. 소수자들에게 정서적 지지를 제공하기 위한 정서적 지원망을 확보하고, 소수인종 문화집단 간 혹은 소수집단 내에 갈등이 발생했을 때 집단 간 이해도모를 통하여 긴장과 갈등을 경감시키면서도 집단 간 사고의 지평을 확장시켜 줄 필요가 있다. 정서적 지원망 확보, 긴장과 갈등의 경감, 그리고 사회의 지평확장을 위한 교육이 소수자 공동체 교육이다.

넷째, 반편견교육(Non-biased Education)이다. 반편견교육은 다수자 집단을 대상으로 하는 소수자 이해교육으로서 다수자를 대상으로 소수자에 대한 차별과 편견의식을 극복하고자 하는 데 교육의 초점을 맞추는 것이다. 소수자에 대한 편견 제거와 차별 철폐를 이루려면 다수자 집단의 인식 변화를 꾀할 수 있는 반편견교육이 동시에 이루어져야 하며, 따라서 국가 교육과정을 통해서 가장 적합한 교육내용으로 제시될 필요성이 있다.

한편, 다문화 학교교육의 방법론적 측면에서, 김선미(2009)는 다문화교육을 학교에서 어떻게 실행해야 하는지에 대하여 다음과 같이 강조하고 있다.

첫째, 성별, 종교, 직업, 서로 다른 관심과 능력의 차이 등과 같이 인종적, 민족적, 개인적 차이에서 발생하는 문화적 차이에 근거해서 다문화교육이 이루어져야 한다는 것이다.

둘째, 다문화적인 태도와 정의적 특성 개발을 위한 교육목적 자체만으로 교육 프로그램을 운영하거나 언어, 문화교육 등을 통해서 다문화교육을 실행할 수도 있지만, 무엇보다도 다문화교육은 모든 교과목에 접목되어야 하고, 교실에서의 실질적인 교과목 수업 속에서 학생들의 생활실천과 연계하여 이루어지도록 해야 한다.

셋째, 다문화교육은 체험활동 위주의 교수·학습법을 통하여 이루어져야 한다. 즉, 학생들의 가치체계와 태도의 형성 등과 같은 정의적인 영역의 학습은 지식학습을 보조적 수단으로 활용하여 학습자의 직접체험과 활동을 통한 경험학습으로 이루어질 때 가장 효과적일 수 있다는 것이다.

또한 설동훈(2009)은 다문화교육 방법론과 관련해서 다문화교육의 주체가 정부와 학교뿐만 아니라 대중매체, 기업, 사회단체, 가족 등을 아우르는 사회구성원 전체로 확대되어야 한다고 강조하면서, 다문화교육은 정부와 학교 등 공식적 교육을 담당하는 기관뿐만 아니라 시민사회의 자발적 참여는 물론 위로부터의 정책과 아래로부터의 자발적 참여가 함께 이루어져야 한다고 주장하고 있다.

김용신(2009)은 다문화교육에 대해 교육목적, 교육내용, 교육방법 측면에서 다음과 같이 전체적으로 정리하여 제시하고 있다.

첫째, 교육목적 측면에서 가장 중요한 것은 한국 사회의 특수한 남북한 분단 상황과 다문화 상황에서 비롯된 민족주의적 단일성과 문화적 다양성 간의 갈등 해소와 조정과제이다. 따라서 북한이탈주민이나 재외동포 자녀를 대상으로 하는 민족정체성 교육과 외국인 근로자와 국제결혼이주민가정 자녀를 대상으로 하는 다문화교육은 이론적·경험적 조정과정을 필요로 한다.

둘째, 교육내용 측면에서 다문화교육은 대부분 한국문화, 한국어교육 등 소수자의 적응을 중시하는 내용으로 구성되어 있으므로, 소수자 또는 소수집단의 정체성 문제에 관심을 기울이는 다문화교육이 이루어져야 할 것이다.

셋째, 교육방법 측면에서 분리교육과 통합교육의 문제가 거론될 수 있다. 기본적으로 한국의 다문화교육은 방과 후 활동 등을 통한 분리교육이 실행되고 있다. 이러한 분리교육은 의사소통과 문화차이로 인한 정서적 불안, 학력 부적응 등과 관계를 가지고 있음을 인식할 필요가 있다. 따라서 다문화 협력 학급과의 통합, 문화적 소수자 대안학교와 일반 대안학교 간의 통합 등과 같은 다양한 방법이 고려될 필요가 있다.

2) 다문화 교사교육

학교현장에서 다문화교육 목표를 실천하기 위해서는 세계화의 흐름을 이해하고 다문화적 소양과 교수학습 능력을 갖춘 교사의 역량 강화가 무엇보다 중요하다. 이는 급격하게 확대되고 있는 다문화사회에서의 다문화교육의 주체가 교사일 수밖에 없으며, 보다 체계적인 다문화교육의 선봉자 역할은 교사의 몫이라고 볼 수 있기 때문이다. 학교 현장에서 가장 강력한 목소리를 가진 교사의 교육적 힘은 결국 다문화교육의 성공과도 밀접하게 관련되어 있다. 따라서 다문화교육을 위해서는 교사의 지식, 태도, 그리고 가치는 물론이고 자신의 문화적 태도에 대한 반성 능력, 사회적·문화적 다양성에 대한 이해와 능력, 다문화가정 출신 학습자의 특성에 대한 지식, 다문화교육 자료를 개발하고 활용할 수 있는 능력, 효과적인 교수전략 탐색 능력 및 교수에 대한 자신감, 소수자에 대한 관용과 배려, 다문화적 갈등상황 해결 능력 등과 같은 전문성의 요소들이 다문화 교사들에게 요구되고 있다(모경환, 2009). 이민경(2008b) 역시 다문화교육의 핵심은 교사의 다문화 감수성에 있으며, 교사들에게 다른 문화를 직접 접하고 공부할 수 있는 기회를 제공하거나 관련 연수를 통하여 다문화 감수성 훈련이 이루어져야 한다고 주장하고 있다. 아울러 학생들에게 불평등, 인종주의, 편견에 민감한 정서를 갖도록 복 돋우며 일상생활에서의 편견적이고 차별적인 상황 등을 비판적으로 성찰할 수 있는 능력을 키워주는 교육은 교사 스스로의 인식 변화와 방법론적인 훈련이 선행되어야 한다고 주장하고 있다.

장원순(2009)은 다문화교사교육에 대한 방향성과 방법을 다음과 같이 제시하고 있다.

첫째, 다문화 교사교육은 지식과 기능, 가치와 태도를 균형 있게 다루어야 한다. 문화는 겉으로 드러나는 부분보다 중요한 것이 문화의 심층적 요소이다. 이러한 심층문화는 대부분 정서, 느낌, 그리고 가치관과 밀접하게 연관되어 있다. 이런 심층문화에 대한 이해는 단지 지식교육을 통하여 얻어지기보다는 느끼고 감동하고 체험하는 과정에서 얻어지는 것이다. 따라서 다문화교사 양성 및 연수 교육과정에는 보다 많은 실습, 체험, 여행, 그리고 견학 등이 강조되고 포함되어야 한다.

둘째, 다문화 교사교육 과정에서 강조해야 하는 것 중 하나는 일방적 가르침이 아니라 가르침과 동시에 학습이 이루어져야 한다는 것이다. 이는 교사와 학생 그리고 학생과 학생 사이에서도 마찬가지이다. 이러한 과정을 통하여 교사와 학생은 문화 간의 차이를 이해할 수 있으며, 이러한 학습과정에서 공존, 존중, 그리고 다양성 인정이라는 다문하 교육적 가치대도를 습득할 수 있을 것이다.

셋째, 다문화 교사교육의 토대로서 민주시민교육이 강조되어야 한다. 다문화 교사는 학습자들이 한국 사회의 시민으로서 행동할 수 있도록 이에 필요한 자질을 교육해야 한다. 이러한 다문화교육을 통하여 학습자들은 한국 사회에 일원으로서 소속감을 느끼게 될 것이다. 그리고 민주시민 교육과정은 민주적으로 이루어져야 한다.

넷째, 다문화 교사교육은 유사기관과의 긴밀한 협조 속에서 이루어져야 한다. 가깝게는 교육대상자들이 실습할 수 있는 초·중등학교, 다문화교육센터, 다문화가정 복지지원기관과 긴밀하게 협조해야 하며, 더 나아가서는 언어교육기관, 각국 문화원, 대사관 등과도 협조체제가 이루어져야 한다.

다섯째, 외국인 노동자, 결혼이민자, 북한이탈주민들이 다문화 교사교육에 적극 참여하여 교사교육 대상자들에게 그들의 목소리를 제시하거나 자신들의 역사와 문화들에 대하여 교육할 수 있도록 시간과 공간을 배려해야 한다. 이를 통하여 진정한 의미의 문화통합과 발전이 가능할 것이다.

3) 다문화가정 부모교육

다문화교육은 일반가정과 다문화가정 모두에서 요구된다. 이 두 구성원 모두가 함께 살아가야 하는 한국 사회의 일원이기 때문이다. 따라서 일반 학부모들에게 다문화 이해교육을 통해 자신의 자녀와 다문화가정 자녀들이 함께 어울리는 것을 자연스럽게 받아들일 수 있도록 하는 것이 중요하다. 외국 이주민 다문화가정 학부모들에게는 정주국인 한국의 문화이해교육을 통해 그들의 자녀들이 우리 사회에 잘 적응하게 지도하도록 해야 한다. 한편 한국인 다문화가정 학부모들은 그들 배우자의 한국 적응을 도울 뿐만 아니라 그들 나라의 언어와 문화도 익힘으로써 부부간의 갈등을 줄이고 화합할 수 있도록 해야 할 것이다(서종남, 2011).

다문화교육의 일환으로 이루어지는 부모교육은 개별 다문화가정이나 지역사회 내의 다문화교육센터, 결혼이주민지원센터, 지역사회복지관, 다문화가족지원센터, 종교기관, 기타 유관기관 등을 통해서도 실시될 수 있지만, 다문화교육 차원에서 부모교육을 실시하는 장소를 학교로 선정할 때 특별히 다음과 같은 측면에서 주목할 만한 의미와 가치를 지니게 된다고 김향은(2007)은 주장하고 있다.

첫째, 자녀들이 다니는 학교와 학교에서 이루어지는 교육활동에 대한 이해를 도모할 수 있다. 즉, 자녀가 속해 있는 학교의 물리적 환경, 자녀와 상호작용하는 또래나 교사의 인적 상호작용 환경, 그리고 교육의 운영시스템과 관련된 구조적 환경 등에 대한 폭넓은 이해를 높임으로써 가정과 학교 간의 유기적인 공조 및 협력체제 기반을 구출할 수 있다.

둘째, 자녀에 대한 이해를 높일 수 있다. 그동안 주로 가정의 울타리 안에서만 자녀들을 돌보아 온 부모들에게 가정 밖의 환경인 학교라는 공간을 통해서 자녀를 바라보게 하는 것은 사뭇 다른 경험을 부모들에게 제공할 수 있다. 즉, 학교에서 교사나 또래들보부터 받는 평가를 통해 부모는 자녀에 대한 객관적인 시각을 가질 수 있고, 자녀에 대한 이해를 바탕으로 부모자녀관계를 향상시킬 수 있다.

셋째, 접근성이 높은 학교에서의 부모교육을 통해 다문화가정 부모들의 사회적 적응을 도울 수 있다. 즉, 학교에서의 부모교육은 다문화가정의 외국인 부모들이 어려움을 겪고 있는 언어소통과 이질감 문제를 해소하는 데에 효과적인 방편이 될 수 있을 것이다.

넷째, 다문화가정의 부모들을 인적자원으로 활용할 수 있다. 이제는 다문화가정의 부모들은 무엇인가 가르쳐야 할 교육의 대상으로 바라보는 제한된 시각에서 탈피할 필요가 있다. 이들은 다른 언어나 다른 문화의 효과적인 전달자이다. 다문화가정 부모들을 교육매체로 보고 그들의 교육적 자원 가치를 고려하고 반영하여 학교교육에 적용해 볼 수 있다.

다섯째, 다문화가정 자녀에게는 자아정체성 강화 효과를 도모할 수 있고, 일반가정의 자녀에게는 반편견교육의 효과를 강화할 수도 있다. 학교에서 실시하는 다문화가정의 부모교육이나 부모참여는 다문화가정 자녀들로 하여금 모국문화에 대한 자부심과 자긍심을 심어주고, 교직원과 학생들에게는 다른 문화를 경험해 봄으로써 자연스럽게 서로 다름을 이해하고, 차이를 차별로 오해하는 잘못을 범하지 않게 하며, 그리고 다양한 사회구성원이 조화롭게 더불어 살아가는 공동체 의식을 함양하도록 할 수 있다.

한편 다문화가족의 부모교육 프로그램과 관련해서, 송혜림 등(2016)은 보편적인 부모교육 프로그램의 목표가 균형 있게 반영된 다문화가족 부모교육 프로그램이 개발되어야 한다고 주장하고 있다. 일반적인 부교교육은 정보제공, 기술습득, 신념 변화, 그리고 문제해결 능력이라는 4가지 목표를 가지고 있다. 그러나 다문화가족 부모교육 프로그램은 4가지 목표 중에서 정보제공과 기술습득에 주로 치중되어 있으며, 신념변화와 문제해결 능력의 목표는 다소 취약하게 다루어지고 있음을 지적하고 있다. 또한 다문화가족의 건강성 증진과 한국 사회 적응을 위해 다문화 수용성, 아버지 역할, 개인과 부모로서의 정체감 등의 내용이 반영된 부모교육 프로그램이 연구되어야 된다고 주장하고 있다. 아울러 다문화가족의 부모역할이라는 한정된 내용에서 벗어나, 결혼이주민 여성 개인으로서의 정체감 확립과 다문화가족 내에서 아버지의 민주적 역할에 대한 내용 보강이 필요하다는 것이다. 나아가 생애주기별 균형성 차원에서 성장과 발달의 속도가 빠른 청소년기의 특성에 대한 이해, 사춘기 자녀와의 소통, 눈높이 부모역할 수행, 진로지도 등 청소년기 자녀를 둔 모든 부모의 자녀교육 및 한국 사회에서 정보접근성의 차원에서 더욱 필요한 부모교육의 내용이라고 주장하고 있다.

4) 다문화가정 자녀교육

다문화교육에 있어서 주된 교육대상자는 다문화가정의 학생들일 것이다. 먼저, 다문화 학생들은 국제결혼가정과 외국인 가정의 자녀로 구성되며, 국제결혼가정 자녀는 친부모 중 한 명만 외국 국적인 경우이고, 외국인 가정 자녀는 친부모 둘 다 외국 국적인 경우를 의미한다. 국제결혼 가정 자녀를 좀 더 자세히 구분하면 국내출생과 중도입국 자녀로 나눌 수 있다. 국내출생 자녀는 한국인과 결혼한 외국인 배우자 사이에서 태어난 자녀 중 국내에서 출생한 자녀를 의미하며, 중도입국 자녀는 국제결혼가정 자녀 중 외국에서 태어나 부모와 함께 중도에 국내로 입국한 자녀를 말한다. 이러한 다문화 학생들은 다문화사회에서 주류가 아닌 비주류로서 미성숙한 아이들이 감당하기에는 다소나마 많은 어려움에 직면해 있는데 이러한 어려움을 해소해 주는 교육적 조치나 배려는 매우 중요한 의미를 가진다.

실제적으로 다문화사회에서 비주류로서 생활한다는 것은 매우 고달픈 일이라 볼 수 있다. 그 구체적 어려움이란 바로 언어 능력의 부진으로 인한 학습부진, 다른 문화적 배경에서 성장한 탓에 빚어지는 정체성 상실, 같은 또래 다수자 집단으로부터 당하는 집단 따돌림 등으로 인한 문제일 것이다. 실제 다문화가정 아이들이 겪고 있는 적응의 어려움을 구체적으로 살펴보면 다음과 같다.

첫째, 언어문제이다. 한국어의 습득이 단기간에 해결될 수 없음으로 지속적인 교육이 필요하다.

둘째, 부모의 가치관이다. 교육열과 같은 사회 · 문화적 가치관이 다를 때, 한국사회에 적응하는 데 어려움이 있고, 그에 따라 가정에서의 다양한 지원의 결핍으로 인해 학교생활에서 소외당하거나 부적응의 형태로 나타나고 있다는 것이다.

셋째, 문화적 차이에 따른 갈등도 교육에 영향을 미친다. 자아정체성은 '한 개인이 자기가 누구이며 어디에 있으며 어디로 향해가고 있는가?'에 대한 사항이며 자신에 대한 명확한 인식으로 자신의 삶에서의 동일성과 연속성을 확보하려는 것이다. 특히 청소년기에는 동년배와 가족 이외의 지도자들과의 새로운 동일시를 통해서 자아정체감이 형성된다고 보고 있다.

이에 손민정(2008)은 다문화가정 학생이 겪는 어려움의 원인을 일상생활과 학교적응과정에서 나타나는 어려움에 대해서 〈표 3-1〉과 같이 제시하고 있다. 〈표 3-1〉에서 알 수 있듯이, 다문화가정 학생들이 학교 적응과정에서 겪는 어려움은 대단히 종합적이고 복합적인 문제로 나타나고 있다. 이러한 문제해결 과정에서 보다 지속적이고 체계적이면서도 다양한 지원이 이루어지지 않는다면, 다문화교육이나 다문화정책 실행은 실패로 돌아갈 확률이 높을 뿐만 아니라 다문화사회에서 다문화교육에 대한 각계각층의 목소리는 현장감을 상실한 공허한 메아리에 불과할 것이다.

따라서 다문화가정 아이들이 학교적응과정에서 겪는 어려움을 해결하기 위한 기본적인 방안을 제시할 필요가 있다. 조혜영 등(2008)은 다문화가정 아이들의 학교 부적응 해결의 다방면적 대안을 제시하고 있다. 첫째, 다문화가정 자녀들의 부모가 가진 사회문화적 자본이 교육적·사회적으로 활용 가능한 것으로 전환될 수 있도록 해야 한다. 둘째, 다문화가정 자녀들이 다니고 있는 학교가 위치한 지역 여건을 고려해야 할 것이며, 다문화가정 자녀들의 분포 특성도 고려하여 지원 주체간의 충돌이 없도록 지역사회의 지원센터와 학교와의 유기적 연계가 필요하다. 셋째, 다문화가정 자녀의 적응 정도 및 생활환경에 따라 지원의 방식을 달리 해야 한다. 예컨대, 보충학습지도나 숙제지도 등을 위해서는 이러한 지도가 필요한 일반 학생들도 같이 모아 지도하는 것도 한 방법일 것이다. 즉, 이들이 다문화가정 자녀라서 지도를 받는 것이 아니라 기본학습 능력을 배양하기 위해 지원이 필요하기 때문에 지도를 한다는 방향으로 진행되어야 한다.

표 3-1 손민정(2008)의 다문화가정 학생이 겪는 어려움의 원인과 내용

일상생활에서 겪는 어려움의 원인	
심리적 요인	• 또래에 비해 언어발달의 지체로 인한 자신감 결여 • 다른 인종적 영향으로 인한 외모에 따른 정체감 혼란
사회적 요인	• 외국인 어머니의 부족한 교육적 지지

⬇

학교 적응과정에서 겪는 어려움의 원인	
심리적 경험	• 외로움, 소외, 고립감 • 학업에 대한 기대와 성취의 차이로 인한 자신감 결여 • 부정적인 자아개념 • 민족적·문화적 정체감 혼란
친구관계	• 언어능력 부진으로 인한 소극적인 또래관계 형성 • 집단 따돌림 경험
교사관계	• 교사의 배려와 관심에 대한 부담 • 소극적 태도 • 친밀하지 못한 관계형성
학교수업	• 형식적인 말하기에 대한 어려움 • 수업내용에 대한 불충분한 이해 • 학습준비물 및 과제해결의 어려움

종합하자면, 다문화가정의 아이들이 겪는 문제점을 교육적으로 인식해야 하며, 실질적으로 다문화가정 및 다문화가정 자녀 지원정책이 체계적으로 이루어져야 한다. 결국 다문화가정 지원정책은 다문화가정 부모에 대한 지원정책만이 아니라 다문화가정 자녀에 대한 교육지원정책이 되어야 한다. 뿐만 아니라 모든 이주아동이 각자의 문화적 정체성을 기반으로 하여 한국 문화를 주체적으로 수용할 수 있도록 하는 교육이 되어야 한다.

03 다문화교육에 대한 시사점

우선 다문화교육의 실행과정에서 제기되는 한국 사회의 다문화교육에 대한 시사점을 이민경(2008)은 다음과 같이 제시하고 있다.

첫째, 한국 사회의 다문화에 대한 논의의 가장 큰 특징은 그 대상의 편향성이다. 다문화에 대한 논의라고 보기에는 여전히 논의의 내용에 민족주의적 사고가 강하게 작동하고 있다. 한국 사회의 다문화에 대한 논의와 관련된 정책들이 북한이탈주민들이나 결혼이주여성 그리고 그들의 자녀 교육문제 등에 집중되어 있다. 즉, 궁극적으로 한국인으로 포함되는 대상에만 관심이 집중되어 있다.

둘째, 현장에서의 다문화교육에 대한 내용구성과 방향성 문제를 들 수 있다. 학교를 비롯한 각종 현장에서 이루어지는 다문화교육 프로그램의 경우 주로 결혼이민자와 그 자녀들의 언어교육과 문화체험에 치우쳐져 있어서, 다문화교육을 지나치게 협소하게 이해하고 있는 측면이 있다.

마지막으로, 다문화교육 대상 범위의 한정성이다. 다문화교육은 이주자들을 위한 교육이라는 의미만을 지니지 않는다. 다문화교육을 대상에 따른 범주별로 살펴보면, 이주민 혹은 소수자를 대상으로 하는 다문화교육은 학교와 사회적응을 위한 교육적 지원과 배려에 중심을 두는 교육이고, 정주자(다수자)를 대상으로 하는 다문화교육은 타자를 받아들이고 평등과 공존의 삶을 모색하는 데 중심을 두는 교육이다.

또한 다문화가정 자녀교육은 학교와 학교 밖 교육을 아우르는 다문화학습의 형태로 학교 밖에서 이루어지는 다문화교육과 연계하여 이루어져야 한다. 다문화가정 자녀교육은 국제결혼가정과 외국인 근로자 자녀만을 대상으로 하는 교육이 아니라 모든 이를 위한 교육의 일환이 되어야 한다. 뿐만 아니라 다문화가정 자녀교육은 학교교육을 통한 공교육과 일반인을 위한 사회교육을 포함해야 한다. 물론 다문화가정의 자녀들이 경험하는 학습부진, 생활부적응, 사회적 통합에 따른 소외와 차별을 극복하기 위한 인권적 차원의 특별한 관심과 배려가 필요한 것은 두말 할 필요가 없을 것이다.

최성보(2010) 역시 다문화가정 학생의 바람직한 학교생활 적응을 돕기 위해 일반가정 학생과 담임교사 등을 대상으로 실시하는 지속적이고 일관성 있는 다문화 이해교육이 필요하며, 실질적인 다문화가정 학생의 학교생활 적응을 위해 맞춤형 지원교육과 주말 학교교육 프로그램의 개발과 적용이 필요하다고 하였다. 맞춤형 지원교육 프로그램의 경우 다문화가정 학생의 학력향상과 심리적·정서적 문제를 해결할 수 있는 프로그램이어야 한다. 또한, 주말 학교교육 프로그램의 경우는 다문화가정 학생의 독특한 문화, 민족정체성과 언어를 잃지 않고 삶의 양식을 수용할 수 있는 교육적 프로그램이어야 하며, 나아가 다문화가정 학생을 포함한 가족 구성원들의 올바른 정착을 위한 여러 환경을 마련해야 한다고 주장하고 있다.

Chapter 04

다문화교육과정 개발

Multi-Culture

다문화교육과정 개발

01 다문화교육과정 개발방향

한국 사회가 진정한 다문화사회로 나아가기 위해서는 소수집단의 한국 사회 적응뿐만 아니라 다양한 문화를 존중할 수 있도록 주류집단의 인식전환이 필요하다. 특히 학교교육에서 다문화교육을 통한 적절한 개입은 학령기 아동들이 다양한 인종과 문화에 대한 수용과 반편견적 인식을 함양함에 있어서 중요한 역할을 할 수 있다. 다문화교육에 있어서 다양한 개입방법들이 있겠지만, 그중에서도 어떤 내용을 어떤 교육방법으로 가르쳐야 하는가에 대한 교육과정 개발이 무엇보다도 중요하다. 그러므로 다문화교육에서 교육과정 개발은 필수적이면서도 핵심적 요소라고 할 수 있다.

1) 다문화교육과정 개발의 필요성

최근 인구유입의 유형이 다양해지고 국내 인구구성의 변화가 가속화되면서 사회 전반에 걸쳐 다양성이 증대되고 있다. 특히 교육부(2017)에 따르면, 다문화가정 자녀의 경우에 전체 초·중·고등학생 중 다문화배경을 가진 학생들의 비중이 5년 만에 3배 이상 증가했으며, 다문화 배경을 가진 초등학교 학생 비율은 2%를 넘어섰다.

이와 같은 인구구성상의 급속한 변화 추이는 다양한 문제를 발생시키고 있다. 소수집단의 구성원들은 문화와 언어의 차이로 인하여 한국 사회 적응에 어려움을 겪고 있으며, 결혼이주여성가족의 자녀들을 포함한 소수집단 가정의 2세들도 학교생활에서 상당한 어려움을 겪고 있는 것으로 나타나고 있다. 특히 다문화가정의 자녀들은 문화 차이, 낮은 한국어 능력, 그리고 한국어 능력 부진으로 인한 학습능력의 저하 등으로 인하여 학교생활에서 교사 및 또래집단과의 관계에서 소극적이다. 그리고 교육에 대한 부모의 생각 차이와 경제적 문제 등으로 인하여 학업성취도에서 낮은 성취도를 보이고 있다. 게다가 교육현장에서의 교사, 학부모, 그리고 또래집단들의 편견, 차별, 그리고 배제로 인해 이주배경 청소년들은 학교생활에서 어려움을 겪고 있는 것으로 보고되고 있다. 따라서 이주배경을 가진 청소년들은 자신들이 다문화가정 자녀라는 것을 밝히기를 주저하고 있는 실정이다. 이러한 문제들을 해결하기 위해서는 사회구성원들의 인식과 태도 변화를 위한 다문화교육을 근간으로 한 사회통합이 절실하게 필요하다.

심지어 다문화사회로 진입한 한국은 미국과 유럽의 나라들과 다른 특수한 환경, 즉 남북한 분단이라는 환경을 지니고 있어서 한국 실정에 맞는 다문화교육이 필요하다. 한국 사회는 1990년 이후로 지속적으로 증가하고 있는 국제결혼이주 다문화가정, 북한이탈주민가정, 이주노동자가정 등으로 인해서 해외에서는 전례를 찾아보기 힘든 유형의 다문화가정으로 구성되어 있다. 사회구성원의 다양성에 의해서 학교교육에서의 다문화교육과정 개발이 꾸준하게 제기되어 왔고, 이러한 시대적 변화와 요청에 따라 2006년 정부 주도로 다문화교육이 시작되어 10여 년이라는 세월동안 한국의 다문화교육은 급속하게 발전되어 왔다. 정부 지원하에 대학교 과정에서 다문화교육 강좌를 개설해 오고 있으며, 초 · 중 · 고 교육과정에서도 다문화교육이 시행되어 오고 있다(장인실, 2015).

이러한 노력은 우리나라의 국가수준 교육과정에서도 나타나고 있다. 다문화교육 관련 내용은 2007 개정교육과정 총론을 비롯한 시 · 도 교육청 편성 · 운영과 지역교육청 편성 · 운영, 학교 편성 · 운영에서 범교과적 학습 주제로 언급되었다.

최근의 국가수준 교육과정에서는 다문화가정 학생에 대한 배려와 지원 내용이 명확하게 제시되는 등 다문화적 요소가 계속적으로 증가하고 있다. 특히, 2009 개정교육과정 총론에서는 다문화학생의 한국어 능력을 고려하여 교육과정을 조정·운영하거나 한국어 교육과정 및 교수·학습 자료를 활용할 수 있다는 조항을 추가함으로서 학교 급별로 한국어 교육과정을 운영할 수 있는 근거를 마련하고 있다(민용성·최화숙, 2014).

그러나 박재의와 강현석(2009)은 현장에서 실시하는 다문화교육이 아직 초기 연구 단계이기 때문에 상당한 어려움을 겪고 있으며, 구체적인 운영상의 도움을 받기가 쉽지 않음을 지적하였다. 그리고 교육내용의 차원도 기존의 주류사회로의 동화에 초점을 맞추는 지배적인 교육 유형인 소수자 적응교육에 치중하는 것으로 되어 있으며, 이러한 문제를 해결하기 위해서는 다수자를 대상으로 소수자 이해교육을 통해서 소수자에게 가해지고 있는 차별과 편견을 제거하는 것이 필요하다고 주장하였다. 또한 그들은 소수자 이해교육과 소수자 적응교육을 통해서 소수자 자신들의 문화에 대한 스스로의 정체성 함양, 다수자에 의한 소수자 문화에 대한 이해, 그리고 소수자와 다수자를 대상으로 한 타문화에 대한 다양성을 인정하는 교육이 필요하다고 주장하였다. 따라서 문화적·이념적 차이에 의한 소수와 다수의 인식변화를 교육적 차원으로 유도하여 보완할 필요가 있으며, 이러한 변화를 유도할 수 있는 방법은 교육과정 개혁을 통하여 이루어질 수 있다고 제언하였다.

2) 다문화교육과정의 개발방향

(1) 다문화교육의 구성내용

다문화사회에서 강조되어야 할 다문화교육은 주류집단이 단일민족, 민족주의, 순혈주의 등에 근거한 동화주의적 교육에서 벗어나, 다양한 민족과 인종이 함께 살아가는 공존사회로 나아가기 위한 진정한 교육이어야 한다. 이러한 목적을 성취하기 위한 다문화교육과정을 재구성하기 위해서는 무엇보다도 무엇을 가르치고 배워야 하는지의 교육목표와 교육내용이 우선적으로 정리되고 결정될 필요가 있다. 이에 다문화교육자들이 제시한 다문화교육과정의 목적과 내용을 살펴볼 필요성이 있다.

① Banks(2002)의 다문화교육 구성내용

Banks(2008)는 통합교육과 관련하여 다문화교육의 구성내용을 다섯 가지 차원으로 구성되는 기본 틀로 제시하였다. 다문화교육의 다섯 가지 차원에는 내용통합, 지식 구성과정, 편견 감소, 평등교수법, 학교문화와 사회조직의 강화 등이 있다.

가. 내용통합(Content Integration)

내용통합은 교육과정 및 교과서를 구성하는 교육 자료를 선정할 때, 다양한 문화 및 다양한 집단과 관련된 사례와 내용을 추출하여 활용하는 것을 의미한다. 다문화교육에서는 사회의 다양한 집단과 구성원의 역사, 문화, 가치와 관련된 내용을 교육과정에 반영하고자 한다. 또한 내용통합은 교사가 교과목의 주요 개념, 원리, 일반화, 이론을 설명하기 위해서 다양한 문화 및 다양한 집단에 속한 사례, 자료, 그리고 정보를 활용하는 것이다.

다문화교육의 관심 범위를 가장 좁게 설정할 때, 흔히 내용통합을 떠 올린다. 이로 인해 사회나 국어 등을 제외한 많은 교과들이 다문화교육과는 관련이 없을 것이라는 오해가 발생하기도 한다. 내용 통합에서는 교육과정과 교과서의 내용 선정 및 내용 통합방식에 특히 관심을 기울인다.

나. 지식 구성과정(Knowledge Construction Process)

지식 구성과정은 암묵적 · 문화적 가정, 관점, 그리고 편견들이 지식이 구성되는 과정에 영향을 미친다는 사실을 학생들에게 이해시키고, 지식에 대한 비판적 해석능력을 학생들로 하여금 개발하게 하는 것이다. 다문화교육에서는 지식은 중립적이지 않으며 한 사회 내의 권력관계를 반영하여 구성되는 것이라고 본다. 따라서 학교에서는 학생들이 지식이 구성되는 과정, 지식 생산자들의 목적과 관점을 확인하는 방법, 그리고 학생 스스로 현실을 해석하는 방법들을 가르쳐야 한다고 본다. 즉, 지식 구성과정은 암묵적인 문화적 가정, 준거 틀, 관점, 편견 등이 지식이 창조되는 과정에 어떻게 영향을 미치는지를 묘사하는 것이다. 이때, 교사는 학생들이 지식이 어떻게 형성되고, 그것이 인종, 민족, 사회계층, 성과 같은 사회적 지위에 의해서 어떻게 영향을 받는지 이해할 수 있도록 돕는 역할을 한다.

다. 편견 감소(Prejudice Reduction)

편견 감소는 교수법과 학습 자료를 활용하여 학생들이 다른 문화집단에 대해 긍정적이고 우호적인 태도와 가치를 발달시키도록 돕는 것이다. 즉, 편견 감소는 학생들이 인종적 · 민족적 태도를 긍정적으로 습득할 수 있도록 돕기 위해서 사용될 수 있는 전략을 다룬다. 사람은 보통 4세 이후에 인종 차이에 대한 자각증상이 나타나며, 종종 백인 우호적인 태도를 드러내기도 한다. 따라서 민족적 · 인종적 집단에 대한 실제 내용이 학습 교재에 자연스럽게 통합된 방법으로 제시된다면 학생들은 더 긍정적인 민족적 · 인종적 태도를 형성할 수 있다.

라. 평등교육(Equity Pedagogy)

평등교육은 교사가 다양한 인종, 민족, 사회계층에서 온 학생들의 학업성취도를 향상시키기 위하여 사용하는 교수법을 통칭하는 것이다. 예로, 다양한 인종적 · 민족적 집단의 교육적 · 문화적 특성을 반영하는 교수기법과 협동학습기법은 다양한 인종적 · 민족적 집단에서 온 학생들에게 효과적이라는 점이 현직 교사들에 의해 보고되고 있다. 즉, 평등교육은 소수집단 학생들의 학업 성취를 돕기 위해 교사가 자신의 교수법을 학생들에게 적합하도록 수정하는 것이다. 이는 소수집단 학생들의 학업 실패가 가정문화와 학교문화의 차이에서 비롯된 것이라는 관점을 반영한 것이다.

평등교육은 다양한 집단의 학습양식을 교수법에 반영하고 협동학습을 지향하는 것을 추구한다. 이를 위해서 교사가 다양한 학생들의 문화적 배경을 이해하고 이들의 특성을 교수전략에 반영할 수 있는 능력을 교사들에게 요구한다. 즉, 학생들이 속한 민족 집단과 관계된 특징적인 문화적 행동이 학생들마다 존재하기 때문에, 학생들의 다양한 문화적 배경에 대해 정통하고, 그러한 문화적 배경에 대한 지식을 전달하기 위한 다문화교수법을 개발하고, 그리고 다양한 집단 출신인 학생들의 교실참여도와 학업성취도를 향상시킬 수 있는 능력을 교사들에게 요구한다.

마. 학교문화와 사회조직 강화(Empowering School Culture and Social Structure)

학교문화와 사회조직 강화는 학생들이 학교에서 교육적 평등과 문화적 능력을 경험할 수 있도록 학교문화와 사회조직을 강화하는 것이다. 학교문화와 사회조직을 강화하는 것은 다양한 인종적·민족적 집단에서 온 학생들이 교육평등과 다문화적 역량강화를 경험하도록 학교의 교육환경과 학교조직 및 사회조직을 재구성하는 과정이다. 즉, 다양한 집단에서 온 모든 학생들이 평등한 성공의 기회를 가질 수 있도록 학교 및 사회의 교육환경을 변화시키는 것을 의미한다.

Banks(2002)의 다문화교육 구성요소를 [그림 4-1]과 같이 제시할 수 있다.

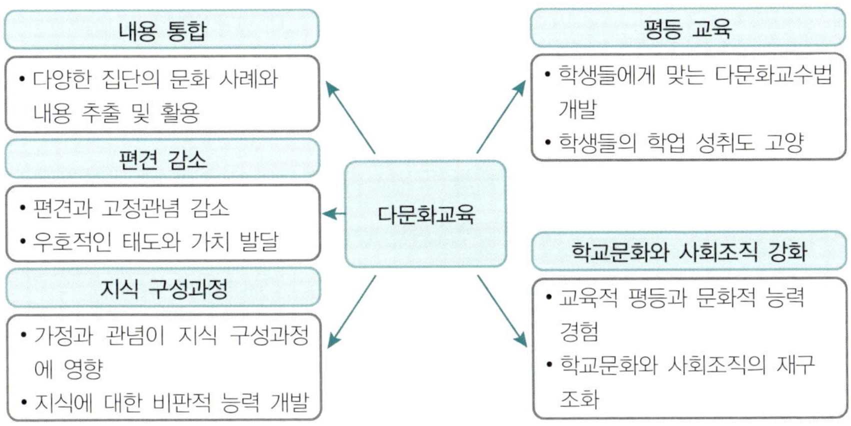

그림 4-1 Banks의 다문화교육 구성 내용

Banks(2002)는 학교가 다문화적인 공간으로 변화되기 위해서는 ① 교직원의 태도, 인식, 신념 및 행동, ② 공식적인 교육과정 및 교과내용, ③ 학교가 선호하는 교수·학습 방법, ④ 학교 언어, ⑤ 교수·학습 자료, ⑥ 평가 절차, ⑦ 학교문화와 잠재적 교육과정, ⑧ 상담프로그램 등에 대한 점검과 개선이 필요하다고 제안하고 있다.

② Bennett(2007)의 다문화교육 구성 내용

여러 개념을 조합한 Bennett(2007)는 다문화교육의 목표를 평등교육으로 두고 이 목표에 따라 교육과정 개정을 시도하도록 제안하였다. 이러한 교육을 통해 주류집단과 소수집단의 모든 사람이 자신들의 문화적 역량을 양성하여, 사회정의를 실천할 수 있다고 제안하면서 다문화교육의 구성내용을 평등교육, 교육과정 개정, 다문화적 역량, 그리고 사회정의 교육으로 제안하였다.

가. 평등교육

Bennett(2007)의 평등교육은 교육의 평등 중에서 과정의 평등과 같은 의미를 지니고 있다. 평등교육에서는 모든 학생들에게 공평하고 동등한 교육기회를 제공하는 것에 초점을 두고 있다. 특히 소수종족, 소수집단, 그리고 빈곤층 학생들을 위한 교육기회 확대 및 학업성취도 향상에 관심을 기울이고 있다. 이를 위해 학교의 전반적인 교육환경을 변화시키고자 한다. 특히 학생에 대한 교사의 높은 기대가 학생 집단 편성 및 교수 전략, 학교 교육정책 및 관행, 학교와 지역공동체의 관계, 그리고 교실 환경 등에 반영되어 잠재적 교육과정의 변화를 시도한다. 교사는 소수집단 학생들에게 교육기회를 공평하게 제공하기 위하여 긍정적인 교실 분위기를 만들고, 학생들의 문화에 적합한 교수기법을 사용하기 위해 노력해야 한다. 즉, Bennett(2007)의 평등교육은 다문화가정의 자녀에게 학교에 입학하는 기회를 제공하는 것과 같은 교육기회의 평등에서 더 나아가 아동의 모든 잠재능력이 발휘될 수 있도록, 그리고 문화적 결핍에 따른 차이가 없도록 지원해야 함을 의미한다.

나. 교육과정 개정

교육과정 개정은 주류집단 중심적인 교육과정의 문제점을 파악하고 변화 또는 개혁시키는 데 초점을 두고 있다. 즉, 다종족적이고 세계적 관점을 교육과정 내용에 포함하여 단일종족 중심적이며 주류집단 중심적인 기존 교육과정의 내용을 확장하고자 한다. 이러한 활동을 위해서는 다양한 집단들의 문화적 차이, 역사, 사회적 공헌에 대한 이해가 요구된다. 동시에 이를 표현할 수 있는 새로운 지식이 필요하다. 교육과정의 내용을 변화시키는 것은 물론 변화된 내용을 주류와 비주류를 포함한 모든 학생들에게 가르치는 것까지를 목표로 한다. 또한 다른 사람의 입장에서 판단할 수 있는 비판적 사고력을 배양할 수 있는 내용이 교육과정에 포함되도록 하는 것이다.

다. 다문화적 역량

다문화적 역량은 학생들이 문화 속에서 다양한 방식으로 생각하고, 사고하고, 그리고 행동할 수 있는 능력을 개발하는 데 초점을 둔다. 다문화적 역량 개발을 통하여 학생들이 자기 문화에 대한 정체성을 가지고 있으면서도 문화적 특성이 다른 구성원들과도 상호작용하는 방법을 배우고, 동시에 다른 문화적 환경에서도 유능하게 활동할 수 있는 능력을 신장시키고자 한다. 다문화적 역량이 있는 학생들은 인종적 · 문화적으로 다른 특성을 가진 구성원들과 상호작용하는 방법을 배우고 그들을 편안하게 대할 수 있다. 즉, 다문화적 역량은 다양한 방식으로 인식하고 평가하고 행동할 수 있는 능력이다. 교육과정 개정을 통해 학생들로 하여금 국가 내 또는 국가 간에 존재하는 문화적 다양성을 이해하고 조절하는 방법을 학습하도록 함으로써 다문화적 역량을 개발하도록 하는 것이다.

라. 사회정의 교육

사회정의 교육은 일상생활에서 인종차별, 성차별, 계급차별 등 각종의 차별에 대항하는 행동능력을 키우는 데 초점을 둔다. 사회정의 교육은 특정 집단에 대한 편견과 고정관념을 제거하고 차별적 사고와 행위의 근원을 이해하는 데 주안점을 둔다. 결국 사회정의 교육은 사회적 평등을 가져올 수 있는 사회적 행동에 대하여 고려하는 것이다. 이를 위해 학생들은 불평등한 사회구조 및 대중문화 속에서 나타나는 인종, 문화, 계급, 성 등의 이미지들에 대해 신중하게 탐구한다. 즉, 사회정의를 향한 교육은 그동안 인식하지 못했던 인종적 차별과 편견 등을 깨닫고, 인종 차별과 편견 등의 문제를 해결하기 위한 행동실천방법을 학습하도록 한다.

Bennett(2007)의 다문화교육의 구성요소를 [그림 4-2]와 같이 제시할 수 있다.

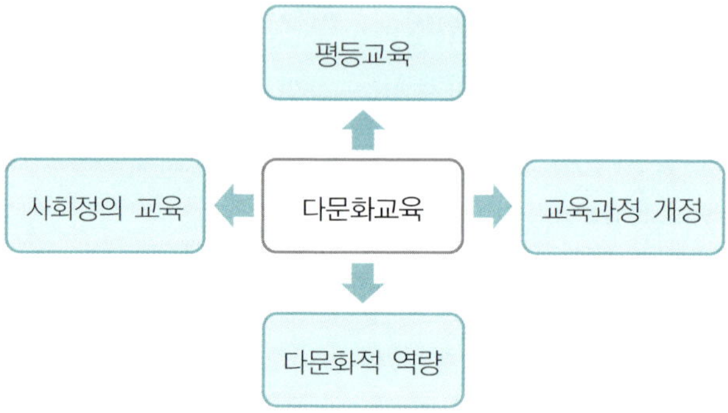

그림 4-2 Bennett의 다문화교육의 구성요소

Banks(2002)와 Bennett(2007)의 논의를 종합하여 보면, 다문화교육의 주된 교육목표는 모든 종류의 차별을 근절하여 최대한 모든 학생들이 자신들의 잠재력을 발휘할 수 있도록 공평한 교육기회를 제공하는 것, 다양한 관점에서 바라볼 수 있도록 교육과정을 재구성하는 것, 학생들의 배경과 능력에 맞는 교수법을 개발하는 것, 그리고 교육기회의 제공, 교육과정 재구성 그리고 알맞은 교수법 개발을 통해서 학생들로 하여금 다문화적인 역량을 갖추게 하는 것이다.

(2) 국가수준 교육과정에 따른 다문화교육과정 개발 방향

다문화교육이 실제 어떻게 적용되고 이루어지는가를 알아보기 위해서는 국가수준 교육과정을 살펴보는 것이 유용할 것이다. 따라서 장인실(2015)의 '다문화교육 실행을 위한 학교교육과정 개발 방향 탐색'을 통해서 국가수준 교육과정에 따른 다문화교육과정의 개발 방향성을 살펴보자.

① 국가수준 개정교육과정의 다문화적 요소

제7차 개정교육과정부터 2009 개정교육과정까지의 다문화교육 관련 내용을 살펴보면 다문화교육에 대한 언급은 다문화가정 및 다문화가정 학생들에 대한 지원에만 국한되어 있는 경향이 강하다. 학자마다 다문화교육에 대한 개념과 목적은 다르지만, 다문화교육이 다문화가정만을 지원하는 것이 아니라는 사실에는 모든 학자가 동의한다(장인실, 2006). 그럼에도 불구하고 이전의 교육과정은 다문화교육과 관련하여 다문화가정 학생들에 대한 지원에만 중점을 둠으로써 다문화교육의 방향을 왜곡하고 있다. 왜곡된 다문화교육의 방향은 다문화교육이 단지 다문화가정이나 자녀에게만 제한된다는 오해의 소지를 불러일으켜 초기 다문화교육정책에 많은 부정적인 영향을 끼쳤다. 구체적으로 국가수준 교육과정 개정에 따른 다문화교육의 방향이 어떻게 제시되어 있는지 살펴보면 다음과 같다.

첫째, 2006년 교육부에서 다문화교육에 대해 언급하기 시작한 지 많은 시간이 지나고 있다. 2007년 개정교육과정 이전의 다문화교육 내용을 살펴보면 초등학교 1학년 교과서 예시에 단일민족에 대한 언급이 있었으나, UN의 경고로 2007 개정교육과정 이후 단일민족에 대한 내용이 삭제되었음을 알 수 있다. 이는 단일민족이 우수하다는 인식이 교육을 통해 만들어진 허구의 가치라는 인식 때문이다. 따라서 단일민족이라는 허구인식의 삭제를 통하여 단일민족에 대한 교육이나 학습은 사라지고, 학생들은 인간의 존엄성에 대해서 교육받게 되었다.

이처럼 다문화적 교육과정은 다민족적이고 세계적 관점을 포함하여 다른 사람의 입장에서도 사안을 판단할 수 있도록 오해의 소지가 있던 기존의 교육과정 내용에 대한 개혁을 요구한다. 즉, 주류집단과 비주류집단의 모든 구성원이 다문화적 능력을 배양하여 사회정의를 실현할 수 있도록 역량을 기를 수 있는 교육과정으로 편성이 필요하다.

둘째, 2007 개정교육과정부터 도덕과에 다문화 내용요소를 신설하여 학교 정규수업시간을 통해 다문화교육을 시행하고 있다. 그러나 아직까지도 다문화교육에 대한 명확한 개념정립이 이루어져 있지 않기 때문에 사용되는 용어가 혼재되어 있고, 그로 인해 교육과정의 체계 안에서 가르치고 배워야 할 요소들이 혼란스러운 실정이다(김지원, 2017). 따라서 학교교육이 다문화에 대한 사회적 요청을 잘 따라가지 못하고 있는 실정이다. 최근에 국내 이주민 가정의 수가 급격히 증가하자, 그들을 위한 지원책의 필요성으로 인해 많은 정책들이 추진되어 왔다. 그렇지만 국가에서 다문화가정을 위해 수많은 정책을 시행하고 막대한 예산을 지원하고 있음에도 불구하고, 소수자 적응을 위한 교육형태가 위주가 되고 있기 때문에, 수많은 정책과 막대한 예산지원이 오히려 비주류학생들이 차별적 존재라는 인식을 키워왔다.

셋째, 2009 개정교육과정에서부터 다문화 관련 교육이 본격적으로 반영되기 시작한 것으로 볼 수 있다. 당시 교육과정에서는 '글로벌 창의인'을 학교교육이 추구하는 인간상으로 설정하면서 다문화사회로 변화하는 사회상을 학교교육에 반영하기 시작하였다. 이를 토대로 각종 교과서가 제작되었고 2019년 현재까지 활용되고 있다. 2009 개정교육과정에서는 사회적 요청을 반영하기 위해 '다문화교육 국가 수준 다문화교육과정 표 제시하기'를 적극적으로 도입하여 내용체계에서도 명시하고 있다.

그러나 2009 부분 개정 고시된 다문화교육과정을 Banks(2008)의 다문화교육과정 개혁을 위한 4단계 접근 방법 측면에서 살펴보면, 교육과정의 본 구조는 변화시키지 않은 채, 다문화적 내용, 개념, 주제, 그리고 관점을 교육과정에 더하는 제2단계인 부가적 접근법에 해당된다. 이것은 다문화교육과정을 소극적으로 변화시키려는 입장이라고 할 수 있다. 따라서 추후 교육과정의 개편은 학생들이 다양한 민족적 · 문화적 집단의 관점에서 개념, 사안, 주제를 바라볼 수 있도록 변화시키는 제3단계인 변혁적 접근법을 지향하는 방향으로 진행될 필요성이 있다. 또한 동화주의적 관점보다는 문화 간 이해 차원에서 각 학생의 정체성을 고려하는 교육과정이 편성되도록 해야 한다.

넷째, 2015 개정교육과정에 의한 초등 도덕과 교육과정 내용체계에서 다문화라는 용어가 사라졌지만, 교육과정 내용체계는 여전히 비주류집단에 대한 차별과 편견을 줄이는 데 중점을 두고 있다. 단지 유의해야 할 것은 다문화교육이 이주민 가정에 대한 편견과 차별을 줄이려는 의도적인 노력에만 국한된다면, 이주민 가정에 대한 편견을 지니고 있지 않았던 어린 학생들에게 교육을 통해서 새로운 편견이나 차별을 심어줄 수 있다는 것이다. 실제로 현행 초등 교과서 다문화 관련 단원을 보면, 주로 얼굴이 까만 동남아권 학생들을 다문화가정의 대표 인물로 제시하는데, 이를 통해 평소에 다문화 학생들을 접하기 어려운 우리나라 학생들에게 다문화학생들은 무의식적으로 불쌍한 아이라는 생각을 심어줄 수 있다(김지원, 2017). 따라서 교과서에 다문화가정 학생을 대표할 때, 다양한 인종, 국가, 민족, 문화, 계층 등을 모두 고려할 필요가 있다.

② 국가수준 교육과정 개발을 통한 다문화교육의 방향성

학생들이 단순히 아는 것에 그치지 않고 실제로 행할 수 있는 교육과정이 마련되어야 한다. 이를 위해서 구체적인 국가수준 교육과정 개발의 방향을 다음과 같이 제시할 수 있다.

첫째, 다문화교육이 다문화사회 구성원에게 기여할 수 있는 부분들이 많으므로, 학생들에게 실질적인 학습의 장을 제공할 수 있는 국가수준 교육과정 개발이 필요하다. 학생들에게 다양한 인종적·문화적 변화에 대한 준비를 시키기 위해서는, 구체적인 다문화적 요소가 포함된 다문화교육이 시행될 수 있도록 교육내용을 재구성할 필요가 있다.

둘째, 상이한 문화를 가진 개인 사이에서 각자의 문화를 존중하는 상호문화교육 또는 상호이해교육이 보완되어야 한다. 따라서 다문화교육이 상호문화존중 또는 상호이해의 관점에서 이루어져야 한다. 다문화가정 자녀만을 대상으로 하는 것이 아니라 모든 학생들을 대상으로 우리 인간사회에서 지켜져야 할 상호존중의 원리가 학교교육과정 속에서 실현되도록 해야 한다.

셋째, 다문화가정 자녀의 경험을 통하여 다문화가정 자녀를 포함한 모든 학생들이 다문화교육 관련 내용을 학습할 수 있도록, 다문화 교육내용은 다문화교육의 목적 및 필요성과 함께 제시되어야 한다. 다문화교육이란 모든 학생을 위한 교육이면서도 다문화교육을 위한 교육과정 개혁으로 볼 수 있다. 그러므로 다문화가정이나 다문화학생을 위한 한국어교육이나 적응교육뿐만 아니라 모든 학생을 위한 교육이 함께 이루어져야 한다는 것이 다문화교육과정에 제시되어야 한다. 이를 위하여 학교의 편성·운영에서는 다문화가정 자녀의 적응능력 고양과 함께 일반 학생의 차별과 편견에 대한 인식전환을 유도하기 위한 다문화교육 형식과 방법적 기술이 필요하다.

넷째, 다문화사회에서 가장 많이 나타나는 문제 중 하나가 인종 간 갈등이다. 한국 사회가 사회통합을 이루고, 그리고 국외에서 발생하는 인종 간 갈등과 같은 문제를 사전에 방지하기 위해서는 무엇보다 다문화 인식전환 교육, 즉 전 국민을 대상으로 하는 다문화 인식교육이 중요하다. 이에 따라 국가 수준 교육과정 총론에서 다문화교육이 다문화가정과 자녀만을 위한 것이 아닌 모든 학생을 대상으로 하는 교육이라는 개념을 명확히 하여 다문화사회에 맞는 학교교육의 방향을 명시할 필요가 있다.

02 다문화교육과정 개발을 위한 접근 모형

1) 장인실의 다문화교육 교육과정 모형

장인실(2008)은 지식 습득, 태도 발전, 실행 개입과 같이 삼단계로 구성된 다문화교육을 위한 기본 교육과정 설계모형을 제시하였다.

첫 번째 단계는 지식 습득단계로 다음 두 단계의 기본이 되는 지식을 가르치는 단계이다. 인종, 민족, 문화, 종교, 성별의 차이에 대한 내용은 다문화교육의 근본적인 요소이다. 태도 및 행동변화는 정확한 정보에 의하여 영향을 받기 때문에 이 단계에서의 지식 습득은 중요한 세 가지 목적이 있다. 첫째, 사회 구성원들은 지식 습득을 통해 문화에 대해 더 많이 배울 수 있다. 개인적으로 자신의 문화적 정체성(Cultural Identity)을 이해하게 되고, 문화의 일부분이 자신의 가치와 삶에 어떻게 영향을 미쳤는지를 알 수 있게 된다. 둘째, 다른 문화에 대해 더 많이 배우면 사람들 간에 내재된 차이를 이해하는 데 필요한 정보를 제공받을 수 있다. 셋째, 다문화에 대한 기본지식을 습득한다는 것은 나머지 2단계로 나아가는데 필수적이다.

두 번째 단계는 태도 발전단계이다. 다문화교육에서 교사는 중요한 연결고리를 담당하고 있다. 특히 수업을 책임지고 있는 교사가 다문화교육의 가치를 어떻게 인식하고 있는가는 따라 학생들에게 많은 영향을 미치게 되므로 교사가 먼저 다양성을 인정하면서 학생들을 가르쳐야 한다. 다문화교육을 중요하게 생각하는 교사는 인종적·민족적·문화적·종교적 배경 때문에 사람들을 무시해서는 안 된다는 사실에 근거하여 다양한 문화를 존중하게 된다. 이처럼 교사가 다문화교육에 대해 어떤 인식을 가지고 있는가에 따라 소수집단의 학생들을 대하는 태도가 달라질 것이며, 그리고 이러한 인식은 주류집단 학생들을 가르칠 때 잠재적 교육과정을 통하여 비의도적으로 학생들에게 전달되게 된다.

세 번째 단계는 실행 개입단계이다. 실행 개입단계는 교수기술(Teaching Skills)과 관련 있는 난계이다. 학교교육을 통해 다문화교육과정을 실제적으로 시행하기 위해서는 다양한 문화에 대한 충분한 지식, 문화적 차이를 가르치려는 의지, 적합한 수업기법(Teaching Techniques) 및 교수전략(Teaching Strategies), 자료개발 능력 등을 필요로 한다. 다문화교육과정을 실천하기 위한 교수·학습방법이 개발되었다 하더라도, 문화적 다양성에 대한 교사의 인식이 각각의 교수방법에서 일관성을 가지고 있어야 한다. 학생들의 행동에 의해서 다문화교육이 성공적으로 실행되었는지를 평가할 수 있다. 즉, 다문화교육이 효과적으로 실행되었다면 교실과 학교에서 학생들 간의 상호작용이 높아지며, 개별문화간의 차이를 존중할 줄 아는 형태로 나타나게 된다. 다문화교육은 학생들의 학교 초기 경험으로부터 시작되므로 교육환경의 모든 측면에서 다양한 다문화적 요소가 통합되어 제시되도록 교수전략의 개입이 필요하다.

장인실(2008)의 교육과정 모형을 도식화하면 [그림 4-3]과 같다.

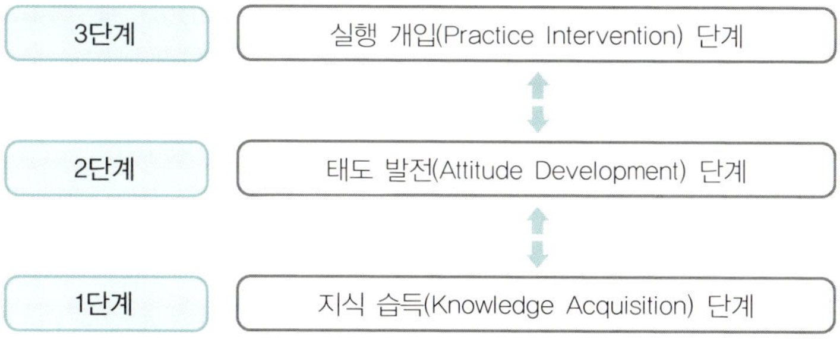

그림 4-3 **장인실(2008)의 다문화교육을 위한 교육과정**

2) Banks의 다문화교육 교육과정 개혁을 위한 접근법

학교에서 교사들이 문화적인 내용을 교육과정에 통합시킬 때 Banks(2008)의 다문화교육과정 개혁을 위한 네 가지 접근법을 가장 많이 활용하기 때문에, 그의 기여적, 부가적, 변혁적, 사회적 활동 접근법의 네 단계는 다문화 내용을 교육과정으로 통합하기 위한 모형으로 많이 알려져 있다.

1단계인 기여적 접근법(The Contribution Approach)은 소수집단의 영웅, 축제, 국경일 등의 단편적인 요소들에 중점을 둔다. 또한 전통, 음식, 음악 등과 같은 낮은 수준의 문화적 요소에 기여적 접근법을 사용하고 주로 다문화교육이 요구되는 초기 상황이나 초등학교 단계에서 주로 사용한다. 이러한 기여적 접근법의 중요한 특성은 전통적인 교육과정의 기본 구조와 목표 등을 변화시키지 않는다는 것이다. 기여적 접근법의 장점은 가장 빠르면서도 위협적이지 않는 방식으로 교사들이 교육과정에 다문화적 요소를 부가할 수 있으며, 다양한 집단에 대한 지식이 없어도 교육과정을 실행할 수 있다는 것이다. 그리하여 대부분 학교에서 교사들에 의해 가장 많이 사용되고 있는 접근법이다. 반면, 단점으로는 민족문화를 부수적인 것처럼 인식시킬 위험성이 있으며, 교육과정과 융합할 때 주류사회 기준으로 영웅과 문화축제를 선택할 수 있다는 것이다. 결국 문화유물과 인물을 올바르게 이해하는 데 필요한 주요 개념과 쟁점들을 간과할 수밖에 없다. 이 때문에 고정관념과 편견을 갖도록 할 가능성이 있다.

2단계인 부가적 접근법(The Addictive Approach)은 소수집단의 내용, 개념, 주제, 관점이 전체적인 교육과정 구조의 변화 없이 교육과정 속에 부가적으로 반영되는 접근법이다. 그래서 교사가 소수집단의 주제와 관련된 부교재 내용, 단원내용, 그리고 강좌내용을 기존의 교육과정 속에 부가하는 방식이다. 부가적 접근법의 장점은 소수집단의 내용, 개념, 주제, 관점 등을 기존의 교육과정으로 자연스럽게 통합시켜 가르칠 수 있다. 문화와 관련된 내용이나 주제 학습을 위한 부가적인 책이나 과정은 한꺼번에 배우는 것이 아니라 7~8시간으로 나누어 지도하기도 한다. 춤이나 노래를 한 번에 배우는 것이 아닌 것처럼, 그 나라의 역사, 지리, 정치, 사회문화 전반에 대해서 알아볼 수 있는 접근법이다. 그러나 단점으로는 학생들이 다양한 관점에서 소수집단을 알지 못하여 주류문화와 비주류문화가 어떻게 관련되었는지를 이해하기 어렵다. 또한 소수집단의 문화가 주류문화에 융합되지 못한다는 생각을 고착화시킬 수 있다.

3단계인 변혁적 접근법(The Transformative Approach)은 학생들이 소수집단의 관점에서 개념, 주제, 문제, 사안을 볼 수 있도록 교육과정의 구조를 바꾸는 것으로 교육목표, 교육내용, 교육방법 등과 같은 교육과정의 구조를 변화시킨다. 변혁적 접근법의 장점은 학생들이 주류문화와 비주류문화를 같은 입장에서 바라볼 수 있다는 것이다. 그리고 소수집단이 그들의 문화나 신화에 대한 관점을 학교 교육과정에서 경험하도록 하여 자신들의 문화나 신화를 포기할 필요가 없다고 느끼도록 하는 것과 주류집단의 문화를 절대적인 것으로 수용할 필요가 없는 것으로 느끼도록 하는 것이 변혁적 접근법의 다른 장점이다. 반면, 단점은 다양한 인종과 문화집단의 관점이 서술된 교재개발, 실제적인 교육과정 개혁, 그리고 현직 교사 훈련 프로그램 개발이 요구된다. 따라서 학교에서 변혁적 접근법을 실행하기 위해서는 교사와 직원들을 위한 교육이 함께 이루어지거나 아니면 교육과정 관련 전문 인력이 상시 투입되어야 하는 어려움이 있다.

마지막 4단계인 사회행동 접근법(The Social Action Approach)은 사회를 비판적으로 바라보며 바람직한 사회변화에 참여할 수 있도록 지도하는 단계이다. 교사는 학생들이 특정한 사회문제를 해결하기 위한 실천을 할 수 있도록 도와주어야 한다. 그래서 학생들이 사회를 올바르게 변화시키는 데 스스로 참여할 수 있도록 지식, 태도, 기술을 습득함에 있어 부족함이 없도록 지도해야 한다. 이러한 접근은 학생들로 하여금 그동안 간과되었고 억압과 차별의 대상이었던 다양한 민족의 삶을 돌아보도록 한다. 그러므로 이 접근법은 가치 분석, 의사결정, 문제해결, 사회적 행동 기술을 통한 자기평가가 중심이다. 예를 들면, 소수민족이 받는 부당한 처우와 편견에 관련된 문제를 파악하였다면, 학생들은 이에 맞서 그들의 목소리를 내고 이를 시정하기 위한 사회 및 정치적 행위를 수행할 수 있도록 조력받는다. 이 접근법은 학생들의 사고, 가치분석 능력, 의사결정 기술, 자료수집과 분석기술, 사회적 행동 능력을 향상시킬 수 있다. 그리고 학생들로 하여금 다양한 집단의 사람들과 함께 일할 수 있는 능력을 개발하게 하고, 사회문제 해결을 통한 정치적 효능감을 학생들에게 충분히 증진시킬 수 있다는 것이 장점이다. 단점은 교육과정 설계와 자료 개발에 많은 시간과 열정이 소요되며, 이런 투자에도 불구하고 실제로 제시된 내용이 논란을 일으킬 수도 있다는 것이다. 또한 학생들이 실제로 특정한 사회문제를 해결하는 위하여 의미 있는 행동을 취하기 어려울 수도 있다.

수준	접근법	내용
제4수준	사회적 행동 접근법 (The Social Action Approach)	학생들이 중요한 사회문제들과 관련하여 결정을 내리고 문제해결에 도움이 되는 행동을 취한다.
제3수준	변혁적 접근법 (The Transformative Approach)	학생들이 다양한 민족 및 문화집단의 관점에서 개념, 이슈, 사건, 주제를 바라볼 수 있도록 교육과정의 구조를 변화시킨다.
제2수준	부가적 접근법 (The Addictive Approach)	교육과정의 구조는 변화시키지 않은 채 내용, 개념, 주제, 관점을 교육과정에 더한다.
제1수준	기여적 접근법 (The Contribution Approach)	영웅, 공휴일과 같은 개별적 문화 요소에 초점을 맞춘다.

그림 4-4 **Banks(2008)의 다문화교육 교육과정 개혁을 위한 접근법**

3) Gay의 통합된 다문화 기본기술 접근법

Gay(1979)는 일반 교육을 구성하는 핵심 기술을 사회적 기술, 학습 또는 지적 기능, 문제 해결력, 그리고 기능적 생존 기술로 분류하였다. 여기서 사회적 기술이란 인간관계, 공부 습관, 적응, 공감, 협동 등의 능력이며, 지적 기능은 문제해결, 자료수집, 의사결정, 비판적 사고 그리고 갈등해결 능력이다. 기능적 생존기술은 기초직업능력, 문제해결력, 판단력 등과 연계되어 있다. Gay(1979)는 이러한 일반교육의 핵심 구성요소들을 다문화교육에 동일하게 적용될 수 있다고 제안하였다. 그래서 일반 교육과정과 다문화교육과정 계획 간의 상호 관계를 제시하기 위하여 통합적인 다문화 기본기술(Integrative Multi-cultural Basic Skills: IMBS) 모형을 구안하였다. 이 모형은 세 개의 영역이 상호보완적이고 상호 역동적인 관계로 구성되어 있다. 이 교육과정 모형의 실행을 위한 핵심은 기본적인 교육기술을 가르칠 때, 다양한 인종적 집단의 문화적 관점과 콘텐츠를 소개하고 경험하게 한다는 것이다.

첫 번째 영역으로 중앙에 위치하고 있는 것은 교육과정 결정의 중심 또는 중추를 형성한다. 여기서는 문해(문장이해 능력), 비판적 사고, 문제해결, 교과목의 구체적 기법 등과 같이 학교에서 일상적으로 가르치는 일반적인 기본 기술을 포함된다. 이러한 문해(문장이해 능력), 의사소통, 계산 능력 등의 기본적인 교육기술을 가르칠 때 다양한 인종적 집단의 문화적 관점과 콘텐츠를 소개하고 경험하게 한다.

두 번째 영역인 활동은 교육자들이 교육과정 생성에 있어서 가장 필수적인 것이다. 활동 영역에는 학생의 요구 진단하기, 수업의 내용 결정과 자료 선택하기, 학생의 학습활동과 교수행동 확인하기, 평가방법 선택하기 등이 포함된다.

세 번째 영역은 다문화/다인종 자원이다. 다양한 인종적 집단의 경험, 역사, 문화, 가치, 생활방식, 관점 등이 해당된다. 다문화/다인종 자원은 학생들에게 기본적인 능력을 가르치기 위해 필요한 교육과정 전략과 모든 수행 결정에 참조의 지침을 제공한다.

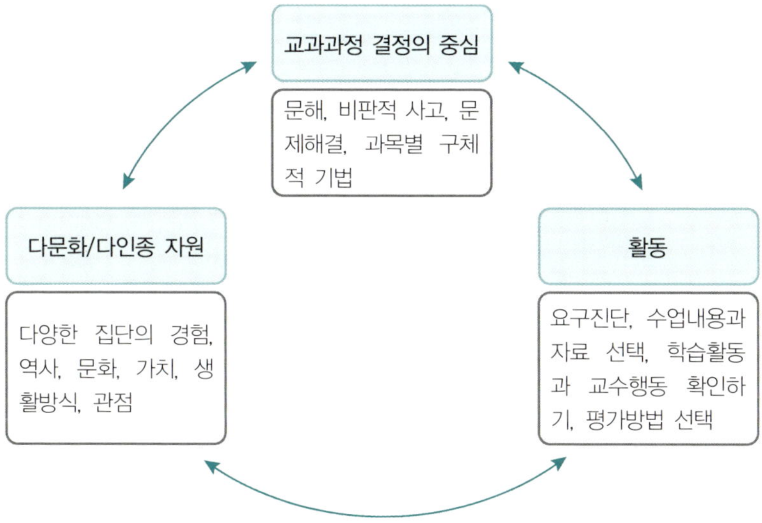

그림 4-5 **Gay(1979)의 통합된 다문화기본기술 모형**

만약 수업 프로그램을 계획하고 수행할 때 IMBS 모형을 사용한다면 기본 학문

기술을 배우기 위해서는 문화다원론에 대해서 이해해야 한다. 예로 이들 세 개 영역 간의 관계를 문장이해와 연관시켜 본다면, 문장이해의 내용이 다문화적 요소를 띠고 있고 문장이해를 지도하기 위해서는 다양한 집단에서 온 학생의 요구에 적합한 교수 방법인 활동을 선택해서 가르치기 때문에 다문화 자원은 자연스럽게 나머지 두 영역과 연계된다.

결과적으로 IMBS 교육과정 모형에 따르면, 어떤 교사라도 이러한 기술을 가르치는 데 다문화교육을 포함시키지 않는다면, 효과적으로 일반적인 교육기술을 가르쳤다고 할 수 없다. 즉, 이 교육과정 모형이 아이들을 위한 교육과정을 설계하고 실행하기 위해 사용된다면, 모든 학생들은 인종적 · 문화적 다양성에 대해 배우지 않고는 일반교육의 어떠한 기본적 기술도 배울 수 없을 것이다. IMBS 교육과정 모형이 일반교육기술의 가르침 속에서 다인종적 내용과 소재의 사용을 요구할 뿐만 아니라 다인종적으로 다양한 지식, 관점, 경험, 진단 기술, 교육, 학습활동, 평가과정에 침투할 것을 요구하고 있기 때문에 학생들은 기본기술의 학습을 통해 다문화교육의 포괄적인 영향을 받을 수 있다.

4) Sleeter와 Grant의 일반화된 접근법

Sleeter와 Grant(2003)는 다문화교육에 대한 저서들의 분석을 통하여 다문화교육의 일반화된 다섯 가지 기법을 제시하였다. 이 모형은 문화적으로 다른 학생들에 대한 교수, 인간관계, 단일집단 연구, 다문화교육, 다문화사회 정의 교육으로 구성되었다.

첫 번째는 소수 집단 학생들을 위한 교육(Teaching the Exceptional and the Culturally Different)적 접근법이다. 이는 문화적으로 다른 학생들에 대한 교수적(Teaching Students Different and Exceptional Culture) 접근으로 주류 출신이 아닌 학생들에게 주류사회에 적응하는 데 필요한 인지적 기술, 언어, 가치를 가르치는 단계이다. 문화 차이 및 문화 결손으로 학교에서 쉽게 어울리지 못하거나 학업성취가 낮은 학생들을 위한 보상적 교수전략(Compensative Teaching Strategy)을 활용하는 접근법이다. 문화 차이 및 문화결손의 원인과 범위를 분석하여 해결할 수 있도록 교육과정을 재구성한다.

두 번째는 인간관계(Human Relations)적 접근법이다. 인간관계적 접근법은 편견과 고정관념을 감소시키고 집단의 정체성과 자부심을 고양하여 화합과 관용을 강조하는 접근방법이다. 그래서 집단 간의 조화로운 삶을 유지할 수 있도록 지도하는 방법이다. 여기서는 이질적인 학생들과 함께 모든 학생들이 모둠활동, 역할놀이, 그리고 모의실험을 통해서 간접경험을 하도록 교육과정을 재구성한다. 이 접근방법에서 기대되는 결과는 다양한 집단 간 상호존중, 다양성에 대한 이해와 수용, 자기 존중, 그리고 집단과 개인의 독립성의 대한 이해 등이다.

세 번째는 단일집단 접근법(Single-group Studies)이다. 단일집단 접근법은 다문화사회 진입과 관련하여 특정한 집단을 선정하여 그 집단을 심층적으로 이해할 수 있도록 한다. 그래서 한 번에 한 집단에 대한 지식, 인식, 존중, 수용을 획득하는 데 강조점을 둔다. 이러한 접근법을 통해 억압받는 사람들의 권리를 증진시키고 연합을 강화하는 결과를 도출할 수 있다. 분석 대상이 되는 집단은 민족, 사회계층, 성별, 장애 등과 관련되어 있다. 학생들은 목표한 집단의 문화, 기여도, 억압의 형태와 함께 역사적 갈등, 관점, 경험을 배우게 된다. 이 접근법에서는 학생이 활동적인 학습자로서 끊임없이 진실과 지식을 추구하여 본인의 학습을 반성(Reflection)할 수 있다.

네 번째는 다문화교육(Multi-cultural Education)이다. 다문화 교육적 접근은 차별과 편견을 해소하여 사회정의 실현방안을 모색하는 것으로, 차별해소, 편견 감소, 평등한 교육기회, 사회정의, 그리고 문화 다양성의 인정을 강조한다. 단일집단 접근과 다른 점은 동시에 다수의 집단과 관련된 지식을 획득하고, 전체적인 학교 교육과정을 개혁하여 모든 학생이 문화감응 교수법을 통해 수혜를 받을 수 있도록 하는 것이다. 특히 교육과정 개혁의 관점은 개별 집단에서 집단을 이해할 수 있는 공통적 개념, 주제, 문제로 관심을 옮겨가는 것이다. 이러한 관점 때문에 다문화교육 교육자들은 문화의 다양성을 위해 학교 개혁에 필요한 개념적 틀, 경험적 배경, 사고방식, 학습 유형을 습득하고 있어야 한다. 그리고 이 접근방법에서는 다문화주의를 지지하는 기술과 확고한 지식을 기반으로 교육과정 개발을 모색하며, 학교 교육 전체를 변혁시키는 것을 추구한다.

다섯 번째는, 다문화사회 정의교육(Multi-cultural Social Justice Education)이다. 다문화사회 정의교육은 다문화사회 재건(Multi-cultural Social Reconstruction) 접근법이기도 하다. 이 접근은 학생들이 사회구조의 평등과 다문화주의를 고양시킬 수 있도록 학생들을 준비시키는 접근법이다. 여기서 인종, 종교, 성별 집단에 의해 사회적 · 경제적으로 계층화되어 있는 사회구조를 개혁하기 위해서는 어떻게 사회에 참여하고 실천하여야 하는지를 가르친다. 그래서 학생 스스로 권한을 가질 수 있도록 접근하고 본인의 목적을 조절할 수 있도록 하는 접근법이다. 즉, 학생들이 인종차별, 계층차별, 성차별, 장애차별 등과 같은 현재의 사회문제를 다룰 수 있도록 교육과정을 구성한다. 이를 통해 다양한 인종적 · 민족적 · 문화적 집단의 불평등, 차별, 편견, 그리고 억압을 제거하기 위한 사회 실천주의와 재건주의가 이루어질 수 있다. 이 접근법은 모든 인간의 고유한 특성으로서의 집단 내 또는 집단 간의 수많은 다양성을 수용하는 것을 의미한다. 또한 학교 민주주의를 실현시킬 수 있으며, 비판적 양심과 사회적 행동기능을 함양시킬 수 있다.

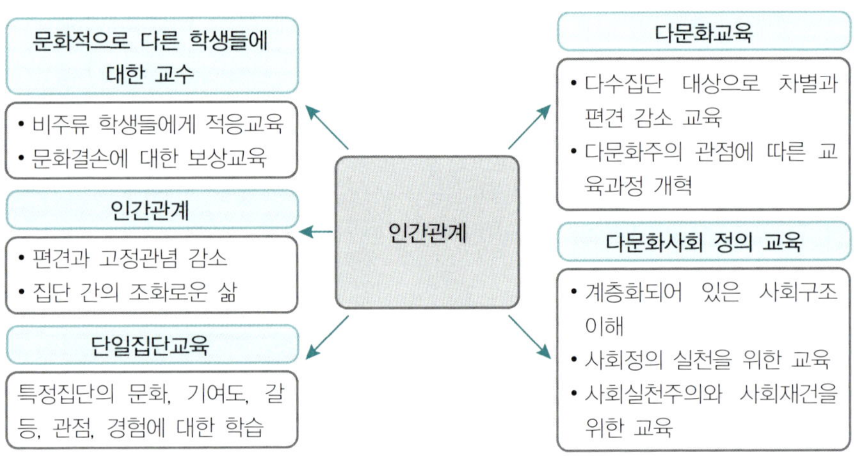

그림 4-6 Sleeter와 Grant(2003)의 일반화된 접근법

5) Gibson(1976)의 접근법

Gibson(1976)은 다문화교육에서 소수집단 학생교육, 문화차이 이해교육, 문화다원주의 교육, 이중 문화교육 그리고 일상적인 경험으로서의 다문화교육을 제시하였다.

첫 번째 접근법은 소수집단 학생교육(Education of the Culturally Different, Benevolent Multi-culturalism)이다. 이 접근법은 소수집단 학생들에게 동등한 학습 기회를 제공하는 것을 목적으로 한다. 이 접근법은 소수집단 학생들이 주류집단의 문화가 지배하는 학교에서 겪는 어려움에 주목하며, 소수집단 학생들이 학업에 실패하는 주된 이유가 소수인종 집단 학생들의 가정문화와 학교문화가 불일치하기 때문이라고 주장한다. 이러한 문제를 해결하기 위해서는 소수집단 학생들과 그 가정을 변화시키기보다는 학교문화가 바뀌어야 한다고 생각한다. 이 접근법에서 다문화교육의 대상은 학업실패를 경험하는 소수집단 학생들이다. 따라서 다문화교육의 목표는 소수집단 학생들의 학업성취도를 향상시키는 것이다.

두 번째 접근법은 문화차이 이해교육(Education about Culturally Different, Cultural Understanding)이다. 이 접근법은 모든 학생들에게 문화차이와 다양성의 가치를 가르치는 것을 목적으로 한다. 이 접근법에서는 한 사회의 문화적 다양성이 사회발전에 긍정적인 힘이자 가치 있는 자산이라고 강조하며, 주류집단으로의 동화는 물론 소수집단의 분리에도 반대한다. 학교에서는 다양한 문화공존이라는 가치와 다른 문화 구성원을 존중하는 태도를 가르쳐야 한다. 이를 통해 모든 학생들이 자기 문화에 대해 긍정적인 정체성을 형성하고, 다문화적인 사회가치를 인정하며, 문화적으로 다양한 사회에서 살아갈 수 있는 능력을 갖추도록 도와야 한다. 또한 인종차별 또는 편견을 감소시키고 사회정의를 증진하는 데 기여해야 한다. 이 접근법에서 다문화교육의 대상은 다수집단과 소수집단에 속한 모든 학생들이며, 문화차이 이해, 다양성의 존중, 차별과 편견 감소를 다문화교육의 주요 목표로 삼는다.

세 번째는 문화다원주의 교육(Education for Cultural Pluralism)이다. 이 접근법은 소수집단 학생들의 권한을 강화하고 문화 다원주의를 보존하고 확장하는 것을 목표로 한다. 이 접근법에서는 주류사회에 대한 동화(Assimilation)와 융합(Fusion)을 모두 바람직하지 않은 것으로 보며, 한 사회 내의 차별과 억압을 없애기 위해 소수집단의 권한을 강화하고 다수집단의 권한을 약화시켜 집단 간 힘의 균형을 유지하는 데 관심이 있다. 이런 관점에서 한 사회 내에서 문화 다양성을 유지하는 것이 특정 소수집단의 생존을 위해 필수적이라고 보며, 학교 교육프로그램을 통해 다원주의를 유지하고 확대해야 한다고 주장한다. 이 유형은 단기적으로 소수종족 집단의 문화를 보호하고, 소수집단의 권한을 증진시키고자 노력하지만, 궁극적으로는 주류집단 구성원의 권한을 약화시키고 변화시켜야 한다고 본다.

네 번째는 이중 문화교육(Bicultural Education)이다. 이 접근법은 학생들이 두 개의 문화 속에서 성공적으로 생활할 수 있도록 가르치는 것을 목표로 한다. 이 접근법 역시 동화 및 융합의 관점에 반대한다. 대신 소수집단이 집단의 고유한 문화를 보존하면서 일종의 대안문화이자 제2의 문화로 주류문화에도 적응해야 한다고 본다. 이중 문화교육은 소수집단 학생들뿐 아니라 주류집단 학생에게도 적용된다. 이 접근법은 모든 학생들을 대상으로 자신이 속한 문화와 그 외의 문화 속에서 성공적으로 살아갈 수 있는 능력을 키워주고자 한다.

다섯 번째는 일상적인 인간 경험으로서의 다문화교육(Multi-cultural Education as the Normal Human Experience)이다. 이 접근법은 모든 사회 구성원들에게 한 사회의 다양한 문화를 충분히 누릴 수 있는 역량을 키워주는 것을 목적으로 한다. 이 접근법에서는 교육과 문화에 대한 인류학적 관점에 기초하여 다문화교육의 범위를 학교교육으로만 한정하지 않는다. 또 문화를 인종이나 종족 집단과 동일시하지 않는다. 특정 종족집단의 구성원도 다양한 문화와 관련된 역량을 지니고 있다고 본다. 이 접근법에서는 문화를 소수문화와 주류문화라는 이분법적인 도식으로 구분하는 것에도 반대한다. 이 접근법은 모든 학생들이 자신이 발휘할 수 있는 문화적 역량의 범위를 인식하고 문화다양성을 충분히 누릴 수 있도록 돕고자 한다.

지금까지의 논의들을 종합해 보면, 학교 다문화교육과정 개발은 첫째, 다문화적 교육내용 개발, 둘째, 문화적으로 반응하는 다문화교육과정 개발, 셋째, 간문화적 다문화교육과정 개발, 넷째, 다문화적 관점의 지식 구성, 그리고 차별과 편견 감소를 위한 교육내용 등이다.

첫 번째로 다문화적 교육내용 구성이 필요하다. 문화 간 이해를 도울 수 있도록 사회에 존재하는 다양한 문화적 배경과 특징 등을 소수집단과 다수집단 모두가 인식하도록 교육내용을 구성해야 한다. 다문화 이해에 관한 활동이 여기에 속한다. 이 차원에서는 인종적·민족적 집단들의 권리와 요구를 확인하고 서로를 존중할 수 있는 교수 전략이 요구된다.

두 번째로, 문화적으로 반응하는 다문화교육을 위한 교육과정의 개발이 필요하다. 이 차원의 다문화교육과정은 소수집단에게 익숙한 문화적 내용을 수업에 적극적으로 활용하여 소수집단이 학업에서 적극적으로 참여할 수 있도록 해야 한다. 이에 따라 소수집단에 대한 학습증진이 유도될 수 있으며 학업성취도도 향상될 수 있다.

세 번째로 간문화적 다문화교육을 위한 교육과정의 개발이 필요하다. 주류집단의 문화뿐 아니라 비주류 집단의 문화를 포함하여 간문화적 다문화교육과정으로의 개발이 필요하다. 인종, 민족, 성, 언어, 종교 등이 주류집단의 것과 다르다는 명목으로 인해서 사회에서 차별받지 않도록 노력하는 차원의 접근법이다. 주류학생들은 그들과 다른 문화를 가진 비주류학생들에 대한 편견을 가지지 않도록 학습하고, 비주류학생들은 사회 속에서 그들의 역량을 발휘할 수 있도록 하는 일련의 활동이다. 그래서 모든 인종의 구성원들이 자신들의 정체성을 함양할 수 있도록 해야 한다.

네 번째로 다문화적 관점의 지식 구성, 편견과 차별 감소를 위한 교육내용이 교육과정의 기반이 되어야 한다. 이 차원에서는 문화다양성의 인식을 넘어서, 교육과정과 교과서를 비롯한 모든 교육시스템이 다문화적인 관점을 반영할 수 있도록 하는 차원의 활동이다. 다수를 차지하는 기존의 주류문화 속에 다른 문화를 소개하는 차원이 아닌, 다문화적인 관점에서 내용을 재구성하는 것이 이에 해당된다. 다양한 집단의 문화를 상호 존중하도록 하는 교육과정 개발과 다문화사회에서의 완전한 참여를 유도하는 교육과정 개발이 요구되는 단계이다. 그리고 모든 종류의 편견과 차별이 없는 정의를 향한 방식으로 학습환경을 재구성하는 차원의 활동이다.

Chapter 05

다문화교육 모형의 수업과정과 수업설계

Chapter 05

다문화교육 모형의 수업과정과 수업설계

학교현장에서의 교과수업은 주제별로 그리고 차시별로 수업이 진행되기 때문에 체계적인 다문화 수업모형을 개발하는 데 어려움이 있다. 그래서 Banks(2008)는 기존의 교육과정에 통합하여 다문화교육과정 개발 방법을 강구하였다. 그리고 Bennett(2007)은 다문화 목표와 내용에 근거하여 다문화교육과정을 제시하였다. 이러한 접근들에 기초하여 만들어진 다문화교육과정과 수업설계를 살펴보자.

01 통합적 모형을 활용한 수업과정과 수업설계

1) 기여적 접근모형을 활용한 수업과정과 수업설계

(1) 기여적 접근모형을 활용한 수업전개과정

다문화 기여적 접근(Multi-cultural Contribution Approach: MCA) 수업모형은 다문화 준거 개념이 전혀 들어 있지 않은 단원, 즉 다문화적 내용이 포함되거나 관련되어 있지 않은 단원의 수업에 적용하는 수업모형이다. 이를 활용한 수업방법은 수업의 도입 및 정리 단계에만 다문화와 관련되어 있는 사례, 일화, 쟁점, 동영상, 사진, 삽화, 기사 등을 간략하게 소개하는 것에 국한된다. 따라서 전체 수업에서 다문화와 관련된 언급은 1~2차례 또는 5분 이내로 하며 다문화 내용과 전혀 관련 없이 진행되는 수업에 이러한 교수·학습 모형을 적용할 수 있다.

다문화 기여적 접근(MCA) 수업모형은 우리나라의 정규 교육과정과는 따로 운영되어 교육과정에 덧붙여지는 접근방식이다. 따라서 다문화 기여적 접근(MCA) 수업모형은 특정 주제를 중심으로 진행되는 수업에 다문화적 요소를 적용할 수 있는 수업모형으로 도입 또는 정리 단계에만 다문화적 요소를 부가하는 방법이다. 이러한 모형은 수업내용 자체가 다문화와 관련이 없는 주류문화를 교육내용으로 하는 모형이기 때문에, 도입 또는 정리의 단계에서만 다문화적인 개념 또는 내용을 학습자들이 인지할 수 있는 정도로 투입하면 된다. 따라서 다문화 기여적 접근(MCA) 수업모형에서는 다문화적인 개념 또는 내용은 간략하게 소개되는 정도이다.

다문화 기여적 접근(MCA) 수업모형은 학교수업에서 일반적으로 적용되고 있는 기본적인 수업진행 절차인 '도입 → 전개 → 정리'처럼 3단계로 이루어진다. 도입 단계에서는 학습문제 제시에 앞서 학생들의 흥미를 이끌어내기 위한 동기유발 자료로서 소수종족 집단의 영웅, 공휴일 및 특정 문화재 등이 제시될 수 있다.

전개 단계에서는 다문화 개념 및 내용 요소가 언급되지 않은 채, 일반 수업에서와 마찬가지로 중심내용을 이해하기 위한 학습활동으로 이루어진다. 마지막 정리 단계에서는 학습내용을 정리하면서 자연스럽게 소수집단과 관련된 내용, 즉 다문화적 관점 또는 내용을 이야기할 수 있다. 이러한 단계별 과정 중에서 도입 또는 정리 단계에서 학생들에게 소수집단과 관련된 내용을 간단하면서도 쉽게 이해시킬 수 있다. 하지만 다문화 내용에 대한 언급은 수업의 결과 및 정리를 돕기 위한 하나의 도구가 될 뿐 수업과 관련된 핵심적 의미는 없다.

다문화 기여적 접근 수업모형에서의 수업전개과정은 〈표 5-1〉과 같다.

표 5-1 다문화 기여적 접근(MCA) 수업모형에서의 수업전개과정

단계	주요 학습 내용	다문화 개념 및 내용 적용
도입	동기유발 학습문제 제시	동기유발에서 다문화와 관련된 내용 제시
⬇		
전개	주류문화의 내용 학습 및 학습 활동	수업 전개과정에서는 다문화와 관련된 언급을 최대한 피하는 수업 진행
⬇		
정리	학습 내용 정리 및 평가, 차시예고	정리에서 다문화와 관련된 내용 제시

(2) 다문화 기여적 접근(MCA) 수업모형을 활용한 수업의 설계

도덕교과목에 활용된 다문화 기여적(MCA) 수업모형에서는 다문화와 관련된 사실을 간단히 소개하는데, 이 소개는 학생들이 본 수업의 내용 학습에 도움이 될 수 있는 동기유발의 목적으로 사용될 수 있다. 다문화 요소의 투입과 관련해서는 수업의 도입 단계에서 차별 또는 왕따를 당하는 다문화배경을 가진 친구들을 소개함으로써 본 수업에 임하도록 한다. 본 수업에서는 차별과 왕따에 관련된 활동을 통하여 차별과 왕따의 위험성을 학생들로 하여금 인식시키고, 자연스럽게 다문화배경을 가진 친구들도 자신과 같은 사람임으로 차별과 왕따를 받지 않아야 됨을 알 수 있게 한다.

2) 부가적 접근 수업모형을 활용한 수업과정과 수업설계

(1) 부가적 접근 수업모형을 활용한 수업전개과정

부가적 접근(Multi-cultural Addictive Approach: MAA) 수업모형은 다문화와 부분적으로 일치하는 단원에 적용할 수 있는 수업모형이다. 부가적 접근법을 활용한 다문화 수업 접근법은 수업의 본 내용이 진행되는 전개 단계에서 다문화 관련 자료나 텍스트를 제시하고 본시 주제 학습을 진행하는 수업방식을 취할 수도 있고, 다문화와 관련된 활동을 할 수도 있다. 보통 한 차시의 수업에서 다문화와 관련

표 5-2 기여적 접근(MCA) 수업모형을 활용한 수업의 설계

<table>
<tr><td rowspan="2">교과</td><td colspan="2" rowspan="2">도덕(72~75)</td><td>학년</td><td colspan="2">5학년 2학기</td></tr>
<tr><td>단원(차시)</td><td colspan="2">5. 서로 존중하는 태도(3/3)</td></tr>
<tr><td>본시 주제</td><td colspan="5">• 다른 사람의 권익을 존중하기 위한 행동 실천하기</td></tr>
<tr><td>학습 목표</td><td colspan="5">• 다른 사람의 권익을 존중하는 행동을 실천한다.</td></tr>
<tr><th>학습 단계</th><th>학습 흐름</th><th colspan="2">교수 · 학습 활동</th><th>시간</th><th>자료/유의점</th></tr>
<tr><td rowspan="2">도입</td><td>동기 유발</td><td colspan="2">★ '저희 엄마는 베트남 사람입니다.'라는 영상을 통하여 우리의 친구이지만 다문화가정 배경으로 인한 왕따나 차별 받음을 보여 줌</td><td>6</td><td rowspan="2">지식채널 e의 '저희 엄마는 베트남 사람 입니다.'라는 영상</td></tr>
<tr><td>학습 목표 확인</td><td colspan="2">동영상을 보고 느낀 점에 대해 발표하도록 유도하면서 학습목표 확인
★ 학습 목표
다른 사람의 권익을 존중하는 행동을 실천한다.</td><td>1</td></tr>
<tr><td rowspan="2">전개</td><td>학습 활동 안내</td><td colspan="2">★ 학습활동 안내
활동 1. 우리 주변 친구들의 어려움 알아보기
활동 2. 친구의 어려움을 인터뷰하고 상황극 만들기
활동 3. 상황극 발표하고 소감 말하기</td><td>5</td><td></td></tr>
<tr><td>학습 활동 전개</td><td colspan="2">★ 활동 1 - 우리 주변 친구들의 어려움 알아보기
• 동기유발 영상과 관련하여 우리 주변 친구들이 겪고 있는 왕따나 차별에 대해 이야기하기
• 이러한 왕따나 차별을 받는 친구들을 도와줄 방법에 대해 이야기하기
★ 활동 2 - 친구의 어려움을 인터뷰하고 상황극 만들기
• 조별로 왕따나 차별을 받는 친구들 인터뷰하기
• 인터뷰 내용을 바탕으로 도와주기를 포함한 상황을 만들고 대본 제작하기
★ 활동 3 - 상황극 발표하고 소감 말하기
• 준비한 상황극 발표하기
• 상황극에 대한 토론하기</td><td>5
10
10</td><td></td></tr>
<tr><td>정리</td><td>정리 및 차시 예고</td><td colspan="2">★ 정리하기
• 우리 친구들도 왕따나 차별을 받으면 좋지 않은 것처럼 문화적 배경을 다른 친구들을 왕따나 차별을 해서는 좋지 않겠죠.
★ 차시예고
• 문제를 민주적으로 해결하는 방법 알기</td><td>3</td><td>문화적 배경이 달라도 우리는 친구</td></tr>
</table>

된 내용을 1~3회 인용하거나 20분 이내의 수업 분량에서 다문화와 관련된 내용을 지도하거나 이용하는 것이 적당하다. 부가적 접근(MAA)식 수업모형은 본 수업목표는 바꾸지 않고, 목표 성취를 위해 다문화적 내용이 담겨 있는 자료, 예를 들어 Banks(2002)의 다문화교육의 5가지 차원 중 내용 통합적 성격을 갖는 자료를 본 수업에 아우르는 형식을 취한다. 부가적 접근(MAA) 수업모형은 기여적 접근(MCA)식 수업모형에 비해 다문화 개념이나 관련 내용이 도입, 전개 또는 정리 단계 중에서 어떤 곳이든 상관없이 부가될 수 있다는 점에서 차이가 있다.

이 수업모형은 일반 수업 목표를 달성하기 위해 진행되는 수업에서 다문화의 개념 및 내용을 함께 혼합하여 수업을 진행하는 방식이다. 따라서 부가적 접근(MAA) 수업모형에서는 교수 · 학습절차에 다문화적인 내용을 맞붙여 지도함으로써, 주류문화를 이루고 있는 하나의 내용으로 수업의 전개 과정에서 반드시 포함시키게 된다. 그리고 이를 통하여 주류문화 속에서 소수문화가 함께 속해 있음을 학생들이 인식하도록 하면 된다. 하지만 부가적 접근(MAA) 수업모형에서는 기여적 접근(MCA) 수업모형과 마찬가지로 학습목표가 다문화 이해를 위한 목표로 재구성되지는 않는다.

부가적 접근(MAA) 수업모형은 일반적으로 '문제인식 → 문제탐색 및 해결 → 적용 → 정리 및 발전'의 4단계로 구성된다. 첫 단계인 문제인식 단계에서 동기유발 자료로 다문화 개념과 관련된 내용을 덧붙일 수 있다. 문제탐색 및 해결 단계는 학습문제를 탐색하는 과정 및 문제를 해결하는 과정에서 다문화적 요소를 부가하는 것이다. 여기서 부가가 갖는 의미는 수업의 과정에서 주류집단과 관련된 학습 내용에 소수문화와 관련된 내용을 덧붙여 주류집단과 관련된 학습내용을 이해하는데 도움이 되도록 하는 것이다. 적용 단계에서는 개별 및 모둠 활동을 통해 주류 문화 속에서는 비주류문화가 반드시 포함되어 있음을 깨닫도록 한다. 정리 및 발전 단계에서는 동기 유발에서와 마찬가지로 다문화 사례의 언급을 통하여 학습 내용을 정리 및 내면화하도록 한다.

표 5-3 부가적 접근(MAA) 수업모형에서의 수업전개과정

단계	주요 학습 내용	다문화 개념 및 내용 적용
문제 인식	동기유발 학습문제 제시	동기유발에서 다문화와 관련된 내용 제시
⬇		
문제 탐색 및 해결	내용 학습 및 학습 활동	수업 전개과정에서는 다문화와 관련된 언급을 최대한 피하는 수업 진행
⬇		
적용	개별 활동 모둠별 활동	주류문화 속에 소수문화가 함께 존재함을 인식하는 활동
⬇		
정리 및 발전	학습 내용 정리 및 평가, 차시예고	정리에서 다문화와 관련된 내용 제시

(2) 부가적 접근모형을 활용한 수업 설계

수업 자체가 문화 다양성이라는 다문화 준거 개념을 포함하고 있지만 수업의 주제는 자연환경의 특성과 자연환경이 인간 생활에 미치는 영향에 대한 것으로 다문화교육과는 직접적인 관계가 없다고 할 수 있다.

교사는 자연적인 기후 현상이 인간의 생활모습과 건강에 매우 밀접한 관련이 있다는 자료제시를 통해 문제를 제시하고 기후 환경과 인간의 생활 및 건강은 매우 밀접한 관계가 있다는 논리를 학습하도록 안내할 수 있다. 그리고 이러한 기후현상은 다문화적 다양성과 관련된다는 것을 학습자에게 부가적으로 설명할 수 있다.

표 5-4 부가적 접근(MAA) 수업모형을 활용한 수업의 설계

교과	사회	학년	6학년 2학기
		단원(차시)	5. 다양한 기후 환경
본시 주제	• 다양한 기후 환경이 인간의 생활과 건강에 미치는 영향		

<table>
<tr><td>학습
목표</td><td colspan="4">• 다양한 기후 환경이 인간의 생활과 건강에 미치는 영향을 이해한다.</td></tr>
<tr><th>학습
단계</th><th>학습
흐름</th><th>교수 · 학습 활동</th><th>시간</th><th>자료/유의점</th></tr>
<tr><td rowspan="2">문제
인식</td><td>동기
유발</td><td>★ 몽골 사막 지역과 중국의 스모그 현상 등을 사진 또는 동영상으로 보여줌
• 사막화로 인한 황사
• 중국 스모그와 스모그 유입</td><td>6</td><td rowspan="2">지식채널 e의 ‘몽골 지역과 중국의 황사와 미세먼지 현상’을 보여주는 영상</td></tr>
<tr><td>학습
목표
확인</td><td>★ 학습 목표
한 지역의 기후 환경은 다른 지역의 기후 환경에 영향을 미쳐 그 지역의 생활과 사람들의 건강에 영향을 미친다.</td><td>1</td></tr>
<tr><td>문제
탐색
및
해결</td><td>문제
제시</td><td>★ 학습활동 안내
활동 1. 사막화 현상에 대한 자료 제시
• 벌목으로 인한 숲의 폐해
• 벌목 지역의 사막화
활동 2. 스모그 현상에 대한 자료 제시
• 화력발전소가 스모그에 미치는 영향
• 산업화가 스모그에 미치는 영향
• 미세먼지가 없는 날과 있는 날의 비교</td><td>10</td><td></td></tr>
<tr><td>문제
탐색
및
해결</td><td>문제
해결
방법
찾기</td><td>★ 활동 1. 사막화를 막을 수 있는 방법 찾기
• 벌목을 줄임
• 사막지역을 나무심기
★ 활동 2. 스모그 약화를 위한 방법 찾기
• 화력발전소를 줄이고 자연 에너지 활용하기
• 미세먼지를 일으키는 오염발생 장치 줄이기</td><td>15</td><td>본인의 경험이나 인터넷 또는 SNS에서의 정보 검색</td></tr>
<tr><td>적용</td><td>실천
동기
강화</td><td>★ 자료 수집 및 분석
• 황사 또는 미세먼지 있는 날과 없는 날의 날씨 묘사하기
• 황사 또는 미세먼지를 피하기 위해 사용하는 마스크에 대해 묘사하기
★ 검증
• 황사 또는 미세먼지가 사람들의 건강에 미치는 영향 조사
• 황사 또는 미세먼지로 인한 인간 사망률에 대해 조사하기 및 설명</td><td>5</td><td>본인의 경험이나 인터넷 또는 SNS에서의 정보 검색</td></tr>
<tr><td>정리</td><td>정리
및
차시
예고</td><td>★ 정리하기와 실천동기 부여
• 기후는 우리 인간의 생활양식과 건강에 영향을 미칩니다. 또한 우리나라의 기후가 다른 나라에도 영향을 미칠 수 있습니다. 우리 건강에 좋은 기후를 만들도록 노력합시다.
★ 차시예고
• 자연을 보호하는 방법 알기</td><td>3</td><td></td></tr>
</table>

3) 변환적 접근 수업모형을 활용한 수업과정과 수업설계

(1) 변환적 접근 수업모형을 활용한 수업전개과정

변환적 접근(Multicultural Transformative Approach: MTA) 수업모형은 다문화와 직접 관련이 있는 단원에 적용하는 수업모형이다. 수업방법은 도입, 전개, 정리, 평가 단계에서 다문화적 내용이나 텍스트 그리고 사례를 적극적으로 제공하는 동시에 수업의 목표 역시 다문화적 지식 · 기능 · 가치 · 태도를 함양할 수 있도록 구안한다. 이 수업모형을 활용한 수업은 교수 · 학습목표 자체가 다문화적인 지식 · 기능 · 가치 · 태도 형성에 중점을 두고 있기 때문에 교육과정 운영 방법 역시 다문화교육 목표 달성을 위한 방식으로 수업이 진행되며, 40~50분 수업 전체가 다문화적 내용을 가지고 진행된다.

변환적 접근(MTA) 수업모형을 활용한 다문화수업은 수업의 목표를 다문화교육의 목표를 달성하는 것으로 이해하는 동시에 수업의 내용이나 방법에 있어서도 다문화 개념을 반드시 포함시켜야 한다. 즉, 교사는 주류학생들을 대상으로 수업을 할 때, 수업의 내용 및 방법에서 의도적으로 소수민족의 다문화적인 요소들을 이해할 수 있는 내용으로 수업을 실행해야 하며, 학습목표 역시 다양한 민족적 집단의 입장에서 사안을 이해하고 이를 통하여 타문화를 이해하고 이를 실천할 수 있는 능력을 기르도록 하여야 한다.

변환적 접근(MTA) 수업모형을 활용한 수업에서는 학생들의 참여를 유도하기 위해서 상호적, 개별적, 협동적 수업전략 등과 같은 다양한 수업 전략이 실행되어야 한다. 따라서 교사는 다양한 인종 · 문화 · 언어 · 성별 · 종교집단에 관심을 기울일 수 있도록 수업환경을 재구성하는 동시에 구성 내용도 다문화적인 것으로 선택한다. 그래서 모든 학생들이 자신의 생각과 감정을 표현하고 또래 및 교사들과 상호작용하며, 다문화적 사안이 논의될 때 자신의 감정을 표현할 수 있는 충분한 기회를 제공하도록 한다. 예를 들어 '문화적 다양성'이라는 주제를 가진 수업의 경우 수업의 도입, 전개, 정리의 모든 단계에서 다문화적인 내용을 중심으로 수업이 진행되도록 한다. 교수방법에도 자료 제시 및 분석, 소집단 토론, 다문화 체험 등 타문화를 이해하고 이를 통해 문화적 편견을 극복할 수 있도록 다양한 소재 및 수업방법이 적용되도록 한다.

변환적 접근(MTA) 수업모형을 교육과정의 규준, 패러다임, 기본적인 가정을 변화시키고 학생들이 다양한 관점에서 개념, 사안, 주제와 문제를 점검해볼 수 있도록 구성한다. 그래서 이 수업모형의 중요한 목적은 학생들이 다양한 민족적·문화적 관점에서 개념, 사건, 그리고 인물을 이해하고 지식이 사회적 부가물이 아닌 구성물임을 이해하도록 도울 수 있다. 따라서 학생들은 변환적 접근(MTA) 수업모형이 적용된 수업을 통해 학생들은 주류집단과 비주류집단 모두의 입장을 이해할 수 있다.

변환적 접근(MTA) 수업모형의 중요한 목적은 학습내용을 비판적으로 사고한 후에 결론과 일반화를 도출하여 이를 증명하고 정당화하는 기능을 발달시키는데 있다. 이러한 이점을 지니는 변환적 접근(MTA) 수업모형은 크게 두 가지 모형으로 분류할 수 있다. 다문화교육이 추구하는 학습목적에 따라 〈표 5-5〉와 같이 다수자 중심 학습에서 구조적 변환을 추구하는 편견해소모형과 〈표 5-6〉과 같이 소수자 중심 학습에게 개혁적 변환을 추구하는 형평교수모형으로 구분할 수 있다. 그러나 편견해소모형과 형평교수모형 모두는 주 교육대상에 따른 구분이지, 소수자와 다수자를 구분하기 위한 교수모형은 아니다.

표 5-5 편견해소 학습모형(MTA 학습모형) 수업전개과정

단계	주요 학습 활동	주요 학습 내용
도입	갈등문제 제시	동기유발 학습문제 확인
		⬇
전개	다문화의 공존 인식	주제 관련 사실 인식 다양한 문화의 공존 인식
		⬇
심화	문화적 편견해소	다양한 문화의 유사점·차이점 이해 문화적 편견 제거
		⬇
실천	반편견 활동 실행	편견해소를 위해 할 수 있는 일 실천하기 실천 결과를 발표하고 반성하며 공유하기
		⬇
정리	가치의 내면화	학습내용의 내면화

표 5-6 형평성 추구 학습모형(MTA 학습모형 II)에서의 수업전개과정

단계	주요 학습 활동	주요 학습 내용
문제 사태 제시	문화적 갈등 사태 제시	관련 문제상황 제시 및 문제 공감하기 문제 설정(학습 문제 제시)
	⬇	
문제의 원인 확인	주류 문화 뒤집어 보기	문제 발생의 이유 가설 설정
	⬇	
문제 해결	문화적으로 낯설게 보기	정보 수집 잠정적 결론 내리기
	⬇	
대안 제시	소수자의 입장에서 생각하기	대안 제시
	⬇	
검증	다문화의 공존 모색	관련 사례 확인하기 학습내용 정리

(2) 변환적 접근(MTA) 수업모형 I을 활용한 수업설계

본 수업의 주제는 우리 사회에서 발생하는 차별 사례를 인식하고 이를 극복하는 내용이다. 본 수업안의 목표는 차이와 차별의 의미를 이해하고, 우리 사회에서 차별의 사례를 조사하여 이를 극복할 수 있는 방안을 모색하는 것이다.

본 단원은 다문화교육과정 분석에서 전면일치를 보이는 단원으로 해당 주제도 다문화교육 목표와 직접적으로 관련 있는 주제이다. 수업모형은 편견해소 모형인 변환적 접근(MTA) 수업모형 I이 적용된 것이다. 본 수업은 다문화교육 수업이며 목표 또한 다문화교육과 직접적으로 관련 있는 목표이다. 수업 내용 측면에서 학습자는 왕따라는 차별의 의미를 실제 사례를 통해 이해하게 되며, 이를 기초로 하여 차별은 편견과 타인 존중의 결여에서 발생함을 인식하게 된다. 특히 학습자가 차별의 원인이 편견과 같은 근거 없는 고정관념이라는 것을 인식하도록 하고, 학습자 자신이 편견을 갖고 있음을 자인하도록 할 수 있는 다양한 사진 자료와 발문을 활용한다.

표 5-7 도덕과 MTA 학습모형 Ⅰ의 수업설계안

<table>
<tr><td rowspan="2">교과</td><td rowspan="2">도덕(72~75)</td><td colspan="2">학년</td><td>5학년 2학기</td></tr>
<tr><td colspan="2">단원(차시)</td><td>5. 서로 존중하는 태도(3/3)</td></tr>
<tr><td>본시 주제</td><td colspan="4">• 다른 사람의 권익을 존중하기 위한 행동 실천하기</td></tr>
<tr><td>학습 목표</td><td colspan="4">• 다른 사람의 권익을 존중하는 행동을 실천한다.</td></tr>
<tr><td>학습 단계</td><td>학습 흐름</td><td>교수 · 학습 활동</td><td>시간</td><td>자료/ 유의점</td></tr>
<tr><td rowspan="2">갈등 문제 인식</td><td>동기 유발</td><td>★ '저희 엄마는 베트남 사람입니다.'라는 영상을 통하여 우리의 친구이지만 다문화가정 배경으로 인한 왕따나 차별 받음을 보여 줌</td><td>5</td><td rowspan="2">지식채널 e의 '저희 엄마는 베트남 사람입니다.'라는 영상</td></tr>
<tr><td>학습 목표 확인</td><td>동영상을 보고 느낀 점에 대해 발표하도록 하면서 차이와 차별의 의미를 비교하도록 유도하면서 학습목표 확인
★ 학습 목표
다른 사람의 권익을 존중하는 행동을 실천한다.</td><td>2</td></tr>
<tr><td>다문화의 공존</td><td>가치 인식</td><td>★ 권익의 가치이해 활동
활동 1. 우리 주변에서 차별을 받고 있는 친구와 차별받지 않는 친구들에 대하여 이야기하기</td><td>5</td><td></td></tr>
<tr><td>문화적 편견 해소</td><td>가치의 개념화</td><td>★ 활동 1 - 우리 주변 친구들의 어려움 알아보기
• 주변 친구들이 차별받는 이유에 대해 이야기하기
★ 활동 2 - 다문화 배경을 가진 친구들의 어려움 알기
• 다문화배경을 가진 친구들의 어려움 이야기하기
• 차별 원인 찾기
• 어려움을 해결방안 모색하기</td><td>5

5</td><td></td></tr>
<tr><td>반편견 활동 실행</td><td>가치 심화</td><td>★ 활동 3 - 인터뷰에 근거한 상황극 만들기
• 인터뷰 내용을 바탕으로 다문화적 상황에서 차별원인 해소하기 방안을 포함한 대본 제작하기
• 상황극 발표하기</td><td>15</td><td></td></tr>
<tr><td>가치의 내면화</td><td>정리 및 발견</td><td>★ 정리하기
• 우리 친구들도 왕따나 차별을 받으면 좋지 않은 것처럼 문화적 배경을 다른 친구들을 왕따나 차별을 해서는 좋지 않겠죠.
★ 차시예고
• 문제를 민주적으로 해결하는 방법 알기</td><td>3</td><td>문화적 배경이 달라도 우리는 친구</td></tr>
</table>

(3) 변환적 접근(MTA) 수업모형 Ⅱ를 활용한 수업설계

본 수업 안은 다문화교육과 전면 일치를 보이는 단원에서의 형평교수법 실행을 위한 수업계획이다. 이 수업 자체가 소수문화, 평등, 시민권 등 다문화 준거개념을 포함하고 있기 때문에 변환적 접근(MTA) 수업모형이 적합하고, 다양한 인종, 문화, 성, 사회계층에서 온 학생들이 학급의 구성원으로 포함되어 있는 학급의 수업에 적합한 모형이다. 물론 학급에 다문화가정이나 사회적 소수자가 없을 경우에도 얼마든지 수업이 가능하다. 본시 학습의 목표는 우리 사회에 존재하는 차별을 철폐하고 이를 위한 방법을 찾아보는 것이다. 따라서 학습문제는 우리 사회에서 소수자들이 차별받는 경우를 알아보고 이에 대한 차별을 철폐하는 방법을 학생들 스스로가 찾아보도록 하는 것이다.

수업의 진행은 우선 도입 단계에서 동남아 출신 가정주부의 이야기를 담은 동영상을 보고 이들이 한국에 살면서 힘든 점에 대해 학생들이 자유롭게 이야기하도록 한다. 이어 학습문제를 제시하고, 차별 발생의 원인을 가정해 보는 단계로 들어가는데 여기서는 우리 사회의 존재하는 다양한 차별과 소외현상을 알아보고, 이들에 대한 차별의 원인을 학생들이 가정해 볼 수 있도록 한다. 학생들 스스로 장애, 종교, 사회계층 등의 차이로 인해 차별을 받았던 경험을 발표하게 함으로써 우리 사회에 다문화현상으로 인한 차별현상이 심각함을 인식할 수 있도록 한다. 그리고 다음 단계인 차별의 원인 확인단계에서는 그동안 학생들 스스로가 주류인으로서 당연하다고 생각하고 있었던 차별의식을 스스로 인식해 보도록 하고, 우리 사회에 만연되어 있는 차별의 원인이 무엇인지에 대해 수집한 자료를 통해 검토 분석한다. 이러한 검토 분석과정을 통해 사회적 차별의 원인이 우리 개인과 우리나라의 사회구조적 문제에서 기인함을 찾아내도록 한다. 이어서 차별받는 소수자들이 실제로 수업에 참여하여 자신들의 경험을 이야기해 줌으로써 학생들에게 그들이 겪는 차별의 고통과 차별은 반드시 철폐되어야 하는 것임을 깨닫도록 한 후 모둠별 활동을 통해 이러한 차별을 철폐하기 위한 방법을 찾아보게 한다. 이어 정리단계에서는 차별 없는 사회를 실현함으로써 함께 공존하는 다문화사회를 만들기 위해 노력할 필요가 있음을 느끼게 한다.

◆◆◆ 표 5-8 도덕과 변환적 접근(MTA) 학습모형 II의 수업설계안

<table>
<tr><td rowspan="2">교과</td><td rowspan="2" colspan="2">도덕(72~75)</td><td>학년</td><td colspan="2">5학년 2학기</td></tr>
<tr><td>단원(차시)</td><td colspan="2">5. 서로 존중하는 태도(3/3)</td></tr>
<tr><td>본시 주제</td><td colspan="5">• 다른 사람의 권익을 존중하기 위한 행동 실천하기</td></tr>
<tr><td>학습 목표</td><td colspan="5">• 다른 사람의 권익을 존중하는 행동을 실천한다.</td></tr>
<tr><td>학습 단계</td><td>학습 흐름</td><td colspan="2">교수 · 학습 활동</td><td>시간</td><td>자료/유의점</td></tr>
<tr><td rowspan="2">문화적 갈등 사태</td><td>동기 유발</td><td colspan="2">★ '저희 엄마는 베트남 사람입니다.'라는 영상을 통하여 우리의 친구이지만 다문화가정 배경으로 인한 왕따나 차별 받음을 보여 줌</td><td>6</td><td rowspan="2">지식채널 e의 '저희 엄마는 베트남 사람입니다.' 라는 영상</td></tr>
<tr><td>학습 목표 확인</td><td colspan="2">동영상을 보고 느낀 점에 대해 발표하도록 유도하면서 학습 목표 확인
★ 학습 목표
다른 사람의 권익을 존중하는 행동을 실천한다.</td><td>1</td></tr>
<tr><td>주류 문화 뒤집어 보기</td><td>가치 인식</td><td colspan="2">★ 권익의 가치이해 활동
활동 1. 우리 주변에서 차별을 받고 있는 친구와 차별받지 않는 친구들에 대하여 이야기하기</td><td>5</td><td></td></tr>
<tr><td>문화적으로 낯설게 보기</td><td>차별 발생의 원인 가정</td><td colspan="2">★ 활동 1 - 우리 주변 친구들의 어려움 알아보기
• 동기유발 영상과 관련하여 우리 주변 친구들이 겪고 있는 왕따나 차별에 대해 이야기하기
• 차별의 원인에 대해 이야기하기</td><td>5</td><td></td></tr>
<tr><td rowspan="2">소수자 입장에서 생각하기</td><td>차별의 원인 확인</td><td colspan="2">★ 활동 2 - 다문화 배경을 가진 친구들의 어려움 알기
• 다문화배경을 가진 친구들과 어려움 이야기하기
• 차별 원인 찾기
• 어려움을 해결방안 모색하기</td><td>15</td><td></td></tr>
<tr><td>차별 철폐 방안 모색</td><td colspan="2">★ 활동 3 - 인터뷰에 근거한 상황극 만들기
• 인터뷰 내용을 바탕으로 차별원인 해소하기를 포함한 상황을 만들고 대본 제작하기
• 상황극 발표하기</td><td>5</td><td></td></tr>
<tr><td>다문화의 공존 모색</td><td>정리 및 발견</td><td colspan="2">★ 정리하기
• 우리 친구들도 왕따나 차별을 받으면 좋지 않은 것처럼 문화적 배경을 다른 친구들을 왕따나 차별을 해서는 좋지 않겠죠.
★ 차시예고
• 문제를 민주적으로 해결하는 방법 알기</td><td>3</td><td>문화적 배경이 달라도 우리는 친구</td></tr>
</table>

02 다문화교육과정 개념적 모형에 따른 다문화 수업설계

1) Bennett(2007)의 다문화교육과정의 개념적 모형

다문화교육의 주된 목적이 학생들의 지적·사회적·개인적 잠재력을 최대한 발달시켜 주는 것이라면, 이는 국가적으로 중요시되고 있는 교육적 우수성이라는 목적과 일치한다. 그리고 이것은 교사의 지식, 태도, 그리고 행동에 따라 달라질 것이며, 교사의 평등한 학습기회 제공 여부와 단일문화를 중심으로 구성된 교육과정의 변화 정도에 따라서도 달라질 것이다(Bennett, 2007).

Bennett(2007)는 다문화교육의 목적 6가지 중에서 가장 먼저 제기한 것은 다양한 역사적 관점의 이해이다. 다문화사회로 진행되는 과정에서 발생하는 다양한 현안을 이해하기 위한 방안으로서 우리들 대부분이 무관심했던 역사적 관점을 확대하려는 시도로 이해될 수 있다. 이 속에서 다양한 국가들의 관점에서 과거와 현재 발생하는 세계의 사건들을 이해하려는 시도와 소수집단과 다수집단 모두의 관점에서 지역적 사건과 국가적 사건을 해석하려는 노력이 포함된다.

두 번째, 문화다양성 인지를 위한 학습계획을 구성하는 것이다. 다양성에 대한 인지발달이라는 측면에서 첫 번째의 목적인 다양한 역사적 관점을 지니도록 하는 것과 밀접한 연관을 지니고 있다. 기본적으로 양도가 불가능한 권리, 인간존엄성, 그리고 자유를 향한 추구는 모두에게 공통적으로 제기된다. 특히, 세계적으로 이러한 목적의 달성을 위해서는 외국인을 대상으로 하는 법령을 제정하는 담당자가 문화의 다양성에 대해서 인지하고 있어야 함을 강조한다.

세 번째, 간문화적 역량(Intercultural Competence)을 강화하는 것이다. 간문화적 역량은 언어, 상징, 제스처 등과 같은 의도적인 의사소통 방식, 몸짓과 같이 무의식중에 보내는 일부의 신호, 그리고 자신의 것과는 다른 문화적 양식에서 나타나는 관습 등을 해석할 수 있는 능력을 말한다. 여기서 감정이입과 의사소통은 가장 중요한 요소로 제기된다. 간문화적 역량개발의 목적은 서로 다른 문화적 배경을 가진 사람들 간의 의사소통이 문화적으로 조건화된 가정들로 인해서 방해받을 수 있다는 점을 깨닫는 것이다.

네 번째, 인종차별주의, 성차별주의, 편견 및 차별 등과의 투쟁은 성, 다른 민족 및 인종집단에 관한 고정관념 및 편견을 줄이게 한다. 또한 기본적인 인간의 유사성을 강조한다.

다섯 번째, 지구와 지구적 역동상태에 대한 인식을 향상시키는 것이다. 이때, 세계는 단일하며 복잡한 지구적 시스템으로 가장 잘 이해되어야 하며, 개인의 사적·집합적 결정과 행동은 지구시스템의 미래에 좋거나 나쁜 영향을 미친다는 가정이 중요하게 제기된다.

마지막으로 사회적 행동기술을 개발하는 것이다. 사회적 행동기술 개발을 지향하는 목적은 학생들에게 적극적인 시민참여에 필요한 지식, 태도, 그리고 기술 등을 가르치는 것이다. 지구적 사고와 지역적 행동, 개인적 감각의 생성 및 정치적 효과, 그리고 참여적 태도 등은 지구공동체 내에서 시민간의 지구적 책임성 개발에 있어서 본질적인 부분이다. 학생들은 정치가가 아니더라도 스스로 대안적 선택들을 만들어가는 법을 학습하게 되고, 선택을 통해 야기될 가능한 결과들을 성찰할 수 있다.

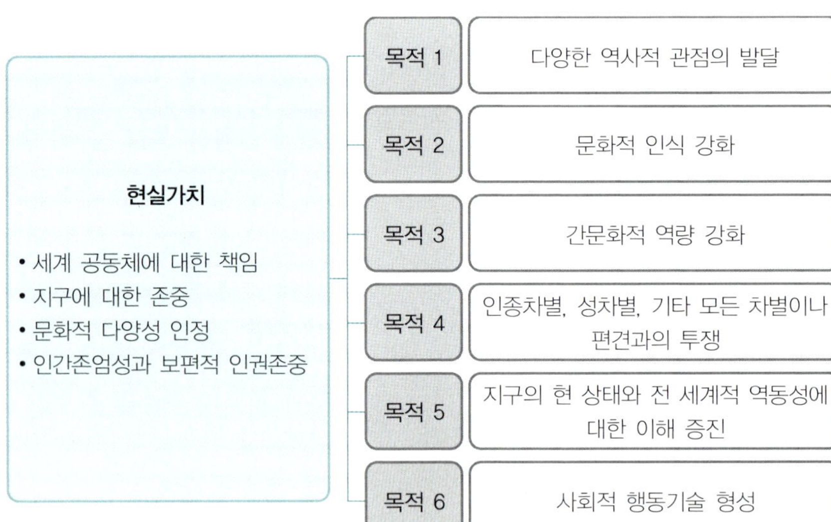

그림 5-1 Bennett(2007)의 다문화교육과정의 개념도

2) 다문화교육과정과 수업을 위한 종합적 모형

효율적인 다문화교육과정 개발을 위해서는 우선 개념화된 목표에 따라 구체적인 내용 요소들이 정립되어야 한다. 다문화교육과정의 목표에 근거하여 구체적인 학교 다문화교육의 목표 내용을 제시하면 〈표 5-9〉와 같다.

표 5-9 다문화교육과정 구성 내용

다문화교육과정 목표	다문화교육과정 내용
정체성	• 긍정적 개념 기르기 • 정체감 및 집단 정체감 형성
문화다양성(존중)	• 각 문화 간 유사점과 차이에 대한 이해와 존중감 기르기 • 다양한 개인과 집단의 존재 인정 • 차이에 대한 인정과 존중 • 타문화 인정 및 존중 • 사회적 소수자 존중
반편견	• 선입견, 편견, 고정관념에 대해 비판적으로 사고하기 • 다문화적 문제 상황에 대한 대처 능력 기르기
인권 및 평등	• 국가, 민족, 성, 계층에 대한 긍정적 태도 갖기 • 모든 인간이 평등하다는 신념 갖기
공존(협력)	• 다양한 사람들과 상호작용 및 협동 능력 배양하기 • 다문화 현상 조사 및 분석 능력 • 의사소통 기술 • 대인 및 집단 간 민주적 절차 준수 • 의사결정 • 갈등해결 • 협력

다문화교육을 학교와 수업에 구체적으로 적용하기 위해서 먼저 다문화교육의 목표설정과 목표에 따른 내용이 구성되어야 한다. 즉, 다문화교육과정을 구성한다는 논의는 교육목표 설정에 있어서 어떠한 의미를 기존의 교육과정에 추가할 것인가에 대한 논의와 동일한 선에서 해석이 가능하다. 또한 다문화교육에서 제기되는 교육목적은 전통적인 교육과정의 맥락에서 파악이 가능하며, 다문화교육의 핵심가치와 다문화교육의 구성차원이 다문화교육과정의 개념적 구조 속에서

어떤 맥락으로 구성되는가와 연결 지어서 논의될 수 있다. 대표적인 학자들의 학교 다문화교육과정의 목표는 〈표 5-10〉과 같다.

표 5-10 다문화교육과정 목표

구분	정체성	문화다양성(존중)	반편견	인권 및 평등	공존(협력)
Gay (1994)	개인적 발달	문화적 소양의 발전, 다문화적 사회역량	태도와 가치의 명료화	교육적 평등, 기초능력 향상, 권한 부여	
Banks (2008)	정체성	다양성	편견과 차별	인권	구성원들의 상호의존성
Sleet & Grant (2009)		문화적 다원주의, 다양한 사람들에 대한 존중		학교에서 기회 균등, 집단 간 힘의 균등을 위한 지원	
Tiedt & Tiedt (2010)	자긍심	다양성 존중		동등한 기회 제공	어울려 살기

Chapter 06

교사관련 요인에 의한 교육효과

교사관련 요인에 의한 교육효과

01 교육효과

오랫동안 교수방법의 변인에 관한 연구들은 교수방법 자체의 다양성과 가능성 또는 적합성에 관한 관심보다는 교육의 효과를 높이는 교사의 행동이 무엇인가를 집중적으로 입증하는 데 초점을 두어왔다. 즉, 어떤 교수가 잘 수행된 것인지 아닌지를 어떻게 그리고 무엇을 근거를 판단할 것인지, 또는 어느 교사의 수업이 효과가 있는지 혹은 없는지를 판단할 수 있느냐가 교수연구 변인에 관한 주요 대상이 되어 왔다. 따라서 교수방법의 변인연구도 자연히 교육효과를 입증하는 데 필요한 증거로서 제시되었다. 이러한 예의 하나로, 미국교육연구협회(America Educational Research Association, 1952)는 교수효과를 측정하기 위하여 교육효과의 기준을 위계적 모형으로 다음과 같이 제시하였다.

① 교사의 영향력 정도
② 교사의 가치관이나 태도
③ 교사의 교육심리나 정신건강에 대한 지식
④ 교사의 정서적 · 사회적 적응

⑤ 교사의 교육과정 구성방법에 대한 지식
⑥ 교사의 교과에 대한 지식
⑦ 교사의 교과에 대한 흥미
⑧ 교사의 교육실습에서의 성적이나 등급
⑨ 교사의 교직과목에서의 성적
⑩ 교사의 지능

위 모형에 따르면, 교육효과의 궁극적인 준거는 교사의 가르침이 학생들로 하여금 행복한 미래의 삶을 영유하는 데 얼마나 기여했는가와 같이 학생의 미래 삶에 대한 교사의 기여 정도를 나타난 것이다.

Mitzel(1960)은 교육효과를 판정하는 기준으로 첫째, 교사변인으로서 교사의 인성과 교사의 훈련, 둘째, 학생변인으로서 태도, 흥미, 능력, 셋째, 환경변인으로서 학교의 위치, 크기, 조직, 건물 등을 설정하였다. 그리고 교사의 행동이 학습자들의 행동 변화에 얼마만큼이나 효율적으로 작용했는가에 따라 교수효과를 판정할 수 있다고 보았다.

Rosenshine(1979)은 교육효과의 판정기준으로, 첫째, 수업에서 다루어지는 학습내용, 둘째, 학생이 학습하는 데 사용하는 시간의 양, 그리고 셋째, 학생의 수업참여도를 높이기 위한 학급분위기를 판정기준으로 제시하였다. 그의 주장에 의하면 학습의 효과는 학습자들이 배우는 내용이나 공부하는 시간의 양에 따라 달라진다고 보고 있어서, 교사변인보다는 학습자변인이 학습효과에 더 많이 영향을 미친다는 것을 짐작할 수 있다.

Piper(1978)의 연구도 Rosenshine(1979)의 연구결과와 비슷한 결과를 보여주고 있는데, 그는 교사가 얼마나 잘 가르치느냐의 효율성은 학생들의 학습능력, 학습기회, 학습유인 등에 의해서 좌우한다고 주장하였다.

이러한 주장들을 종합해 보면, 교수행위의 효율성은 교사의 단순한 교수능력, 즉 가르치는 기술적 능력에 의해서만 결정되는 것이 아니다. 또한 학생들의 학업성취가 반드시 교수방법에 의해서만 영향을 받는 것이 아니라는 것을 알려주고 있다.

따라서 Hyman(2001)은 교수방법에 대한 적합성에 초점을 두어 그 준거를 다음과 같이 제시하고 있다.

① 교수방법은 교사의 능력, 교과목에 대한 지식, 그리고 흥미에 적합해야 한다.
② 학생의 능력, 즉 언어적 능력과 심동적 능력(Psycho-motor Ability)[1]에 적합해야 한다.
③ 지식, 기능, 가치 등의 교육목적 유형에 적합해야 한다.
④ 시간 및 장소와 같은 교수 상황에 적합해야 한다.
⑤ 교과목에 적합해야 한다.
⑥ 학생의 흥미와 경험에 적합해야 한다.
⑦ 가르칠 학생 수에 적합해야 한다.
⑧ 학생과 교과목의 관계에 적합해야 한다.
⑨ 교사와 학생 간의 관계에 적합해야 한다.

이는 어떤 교수방법이 특정 수업에 적합한지를 결정함에 있어서 교사는 교수 상황 맥락, 즉 시간과 장소, 학생 수, 능력, 흥미, 사전경험, 교과목 수, 교사의 능력 및 취향 등을 고려해야 한다. 즉, 교사가 수업과정에서 강조하고자 하는 것과 같은 교수 상황을 고려해야 한다는 것이다. 또 교사는 자기가 선택한 방법과 관련하여 그 방법에서 요구되는 시간, 그 방법이 교사 및 학생에게 요구하는 것, 방법 사용 시 요구되는 자료, 방법이 초래할 결과와 같은 상황을 고려해야 한다는 것이다. 즉, 교사의 능력과 학습자의 능력, 교육목적, 교과목, 교수환경 등이 교수방법에 대한 주요 변인으로 작용하고 있다.

교수방법은 교수행동만으로 이루어지지 않으므로, 수업이 이루어지는 전체과정에서 교수방법을 이해할 필요가 있다. 교수방법 자체도 교수·학습이 이루어지는 전체과정에서의 한 요소이기 때문이다. 교수는 교사와 학생, 그리고 자료라

1) 심동적 능력이란 머리에서 인식작용이 일어난 것을 실행하는 능력을 의미한다. 특히 예·체능 교과목에서 그림을 그리거나 아니면 운동을 할 때 생각한 만큼 잘 그려지거나 동작이 제대로 안 나오는 경우가 있는데 심동적 영역이 발달하면 이런 활동들이 원활히 이루어진다.

는 삼자관계의 의미 흐름이다. 교사는 자료를 이용함으로써 학생이 지닌 경험의 의미를 변화시키기 위해 의도적으로 행동한다. 학생은 경험의 의미가 교사의 자료 사용을 통하여 어떻게 변화되는지를 이해하기 위해 의도적으로 행동한다. 따라서 교수방법은 적어도 무엇을 위하여, 누가, 무엇을 자료로 하여, 누구를, 그리고 어디에서 가르치고 배우는가와 필연적으로 관련되어 있다.

이성호(2000)는 교수방법은 목적, 주체, 자료, 대상 그리고 장소 등과 관련되어 있다는 전제 하에서 교수효과의 패러다임을 다음과 같이 제시하고 있다.

첫째, 목적은 교사에게 가르치는 목적이고 학습자에게는 배우는 목적이다. 그리고 교수방법은 교사에게는 가르치는 방법이고 학습자에게는 배우는 방법이다. 따라서 교사가 갖고 있는 목적과 교사가 선택하는 방법은 학습자가 갖고 있는 목적과 학습자가 선택하여 활용하는 방법에 합치되어야 한다.

둘째, 가르치고 배우는 목적이 무엇인가에 따라 내용은 달라져야 한다. 내용이 어떠한 것이냐에 따라 그것을 가르치고 배우는 방법에 대한 차이가 생기기 때문이다.

셋째, 가르치고 배우는 실제적인 경험적 관계는 교사와 학습자의 상호작용이다. 즉, 교수라는 것은 교수·학습에서 배우는 내용을 매개로 하여 형성되는 교사, 학습자 그리고 교수내용 간의 삼각관계이다.

넷째, 이들 목적, 내용, 그리고 방법으로 이어지는 모든 것들은 주변의 환경과 상호작용을 통하여 영향을 받기 마련이다. 이때 환경은 물리적·심리적·사회적 환경을 모두 포함하여, 적게는 교수학습이 이루어지는 교실 또는 학교와 같은 미시적 환경과 넓게는 사회 전체와 같은 거시적 환경의 영향을 받는다.

즉, 교수효과를 극대화하기 위해서는 첫째, 교사의 교수방법과 학습자의 학습방법은 합치되어야 한다. 둘째, 교수목적에 따라 학습이 내용이 달라져야 한다. 셋째, 교수·학습에서 교육내용을 매개로 교사와 학습자간의 상호작용이 일어나야 한다. 넷째, 교수환경의 영향을 고려해야 한다.

교육효과에 영향을 미치는 변인으로 교사, 학습자, 교과목, 교수환경 등으로 나누어 볼 수 있다.

02 교사 변인

교사변인은 교사의 교육관, 교사의 능력, 교사의 역할 그리고 인성적 특성이 교수방법에 영향을 미친다.

1) 교사의 교육관

교육관이란 인간에 대한 교사의 철학적 관점이라고 할 수 있다. 모든 교육은 인간이해의 양식에서 출발하며, 인간을 어떤 존재로 이해하느냐에 따라서 교육방식은 달라진다. 그리고 모든 교육은 인간을 가르치는 것으로 귀결된다. 우리가 흔히 수학을 가르치거나 혹은 영어를 가르친다고 할 때 타동사로서 '가르치다'의 목적어가 되는 수학이나 영어 같은 교과목을 가르치는 것으로 생각할 수 있으나, 교과목을 통해 학습자로 하여금 바라는 인간이 되도록 사람을 가르치는 것이다. 교과목은 단지 교사와 학생이 상호작용을 할 수 있도록 만남의 장 또는 매개수단을 마련해 주는 것이다.

수많은 교육이론에 나타나는 학습대상자로서의 학습자에 대한 인간존재 유형을 살펴보면, 미성숙한 존재, 무엇인가를 만들어 낼 수 있는 재료와 같은 존재, 식물과 같은 존재, 그리고 자기 주도적으로 자신을 형성해 가는 존재로 분류해 볼 수 있다.

만약 교사가 학습자로서의 인간을 미성숙한 존재로 이해한다면, 교수전략은 학습자의 요구나 흥미, 개성을 무시한 채 누군가가 원하는 인간상을 향해 필요한 지식을 전수하는 것이 될 것이며, 교사는 지도자, 안내자, 그리고 계도자의 역할을 수행할 것이다. 우리가 흔히 전통적 교육이론 혹은 이상적 교육이론이라고 부르는 것들이 여기에 해당된다.

또한 학습자가 무엇을 만들 수 있는 재료와 같은 존재로 인식된다면, 교수전략은 다양한 수업의 변인을 통제하여 원하는 인간행동을 조작하는 방법을 모색해야 할 것이다. 이때 중요한 것은, 원하는 대로 무엇을 만들어 냈는가와 같은 교수결과이지 학습자의 개성이나 요구가 반영되는 학습과정이 아니다. 따라서 교사의 역할은 공장의 수공업자나 감독자의 역할과 같은 것이다. 학습자를 무엇을 만들어 낼 수 있는 존재로 인식하는 방식은 행동주의 교육이론에서 그 전형을 찾아볼 수 있다.

학습자가 식물과 같은 존재로 인식된다면, 교수전략은 교사의 간섭은 지극히 소극적이며 학습자로 하여금 자신의 타고난 가능성을 찾아갈 수 있도록 조장해 주고 치유해 주는 방법을 모색해야 할 것이다. 교사로 하여금 정원사의 역할을 요구하는 자연주의 교육이론이 바로 학습자를 식물과 같은 존재로 인식하는 방식을 추구한다. 학습자를 자기 주도적 형성자로 인식하는 방식은 학습자 중심의 교육에서 찾아 볼 수 있다.

학습자에 대한 인간존재의 이해방법이 교육의 출발점이라면, 교육을 받은 인간으로서의 이해는 교육의 방향과 목적이 된다. 즉, 교육받은 인간은 어떤 인간이 되어야 하는가라는 물음에 모든 사회는 합의를 이루고 있으며, 이것은 시대에 따라 변화되어 왔다. Omstein과 Miller(1980)는 미국의 변천사에 기초하여 교육목적으로서의 인간상을 제시하고 있는데 교육방법과 관련시켜 이를 네 가지로 분류하고 있다(김정환, 1995에서 재인용).

첫째, 10세기 말까지는 종교적 · 도덕적으로 강인한 청교도 정신을 이상적인 인간이 갖추어야 할 본질로 보고, 연습과 기억 위주의 권위주의적인 교수방법을 취했다. 따라서 교수자의 역할은 공사현장의 감독자가 되어야 했다.

둘째, 20세기 초반에는 아동중심 교육운동의 영향을 받아 개인차에 대한 고려가 요구되면서 성장하는 창의적인 인간이 교육목적으로 제시되었으며, 교수방법도 아동들의 성장을 도울 수 있는 문제해결자로서의 역할이 강조되었다.

셋째, 20세기 중반에는 지적인 인간, 과학적으로 탐구할 줄 아는 인간을 교육목적으로 요구하였고, 교수방법 역시 특정 분야의 학자가 행하는 것과 유사한 탐구과정을 추구하였다.

넷째, 20세기 후반에 접어들면서, 미국사회에서 요구하는 바람직한 인간상은 인본주의적 사상에 영향을 받아 협동하는 인간으로 인식하고, 교수방법도 인본주의적인 방법으로 이루어져야 한다고 믿게 되었다.

이러한 면에서 볼 때, 교수방법과 교육목적은 일치되어야 한다. 민주시민 양성을 교육목적으로 하면서 교사 중심의 일방적 교수방법을 사용한다면, 민주시민의 양성은 그저 지식으로서의 암기의 대상으로 그칠 뿐이다. 민주시민양성의 목적을 달성하기 위해서는 민주적 원리를 바탕으로 하는 토의식 교수방법이 적절할 것이다. 각 교수방법은 나름대로의 교육목적을 지니고 있기 때문이다.

이처럼 인간을 이해하는 방법인 인간관은 교수방법의 유형을 결정하는 데 가장 중요한 요소이다. 그리고 교육관은 지식으로서가 아니라 신념으로 적용되어야 한다. 즉, 인간존재에 대한 객관적 대상으로서의 이해나 인식은 행동으로 이어지는 데 제약을 받는다. 인간에 대한 이해나 인식이 교사의 마음속에서 내면화되어 신념으로 바뀌어야만 행동으로 전환된다.

2) 교사의 능력

교사가 자신의 담당 교과목과 관련된 지식과 지식 전달과정에 대해 철저히 알고 있어야 함은 교사의 능력이자 책임과 의무이다. 따라서 대부분의 교육이론과 방법에서는 교사들에게 요구하는 나름대로의 능력 또는 자질이 있다. 예컨대, 전통적 교육은 교사들에게 첫째, 문화유산이나 진리들을 체계화하여 학습자들에게 전달하는 능력, 둘째, 교사에게 미성숙자들인 학습자들에게 영향을 줄 수 있는 성숙한 성인으로서의 인격, 셋째, 사회가 요구하는 가치, 신념 등을 내면화시키기 위해 사회적 통제를 가할 수 있는 능력, 넷째, 상하의 개념에 근거하여 위에서 아동을 이끄는 지도자로서의 권위 등을 확보하도록 요구한다. 진보주의에서는 교수행위보다는 학습행위에 초점을 맞추기 때문에 아동을 중심으로 한 생활적응 교육을 강조하며, 아동이나 학습자들의 자유를 최대한 보장할 것을 주장한다.

김윤태 등(1984)에 의하면 진보주의 교육이론에서는 다음과 같은 교사들의 능력이 요구된다.

첫째, 학습자의 욕구와 흥미를 찾아내어 이것을 학습활동의 동기로 활용하는 능력

둘째, 학습자가 스스로 학습할 수 있도록 도와주는 친절한 조언자, 협조자, 그리고 민주적인 지도자로서의 능력

셋째, 사회생활의 계속적인 변화에 성공적으로 적응할 수 있도록 교수내용과 방법을 수정하고 보완하는 능력

넷째, 문제해결식, 가설도출 방식의 교육방법을 활용하는 능력

다섯째, 학습자를 민주적인 문제해결 집단으로 조직·운용하는 능력

그러나 학문중심교육에서 요구하는 교사의 능력은 학교가 일차적으로 개인의 성장·발달을 돕는 데 있다고 보고, 교사의 지적인 기능이 중시되고 있다. 학문중심 이론가들은 학문을 중요한 지식근원으로 보아 학문의 유용성을 높이기 위한 지식의 구조에 대한 탐구학습 또는 발견학습을 강조한다. 따라서 이들이 교사들에게 요구하는 능력은 다음과 같이 요약할 수 있다.

첫째, 교사는 가르칠 교과의 기본구조와 새로운 지식에 정통해야 한다.

둘째, 발견 또는 새로운 것에 대한 이해 등과 같은 내적 보상에 대한 학습동기를 자극하고 지적 흥분을 유발시킨다.

셋째, 탐구방법을 통해 학생들 스스로 학습하는 방법을 배우도록 지도한다.

넷째, 탐구방법에 의거하여 아동들을 학문으로 유도하는 학문 실천가가 되어야 한다.

다섯째, 사실이나 정보 하나하나에 얽매이기보다는 기본 아이디어에 중점을 두어 가르치도록 한다.

정보화 시대를 맞이한 오늘날, 교사들에게 정보매체를 활용할 수 있는 능력이 요청되며, 수행평가를 실시하고 있는 현행 교육과정 운영 체제에서는 다양한 평가방법의 특성과 목적 그리고 절차 등을 숙지하고 있어야 할 것이다. 적합성의 측면에서 본다면, 교사는 자신이 지닌 능력이 무엇인지 정확히 파악하고 개발함으로써 개인적 특성이 교수기법에 활용되도록 해야 할 것이다. 예컨대, 웅변술과 유머 감각이 뛰어나다면 강의식 수업을 선택해야 할 것이다. 지금까지 교사 중심에서 강의법이 주로 활용되었기 때문에 마치 강의법이 곧 교사 중심 교육에서는 사용하는 것처럼 오인되기도 하였지만, 질문법이나 교수매체를 활용하여 교수전

략을 잘만 수립한다면 학습자 중심의 교육에서도 충분히 활용될 수 있다.

3) 교사의 역할과 인성 특성

교사가 수업시간에 해야 할 역할은 무수히 많다. Reedle와 Watenberg(1951)는 교사와 학생의 심리적 관계를 중심으로 교사의 역할을 14개의 항목으로 제시하였다.

① 사회 대표자로서의 역할
② 판단자로서의 역할
③ 지식자원으로서의 역할
④ 학습 조력자로서의 역할
⑤ 심판관으로서의 역할
⑥ 훈육자로서의 역할
⑦ 동일시[2] 대상으로서의 역할
⑧ 불안 제거자로서의 역할
⑨ 자아 옹호자로서의 역할
⑩ 집단 지도자로서의 역할
⑪ 부모 대리자로서의 역할
⑫ 친구로서의 역할
⑬ 적대감정의 표적으로서의 역할(응석받이의 역할)
⑭ 애정 대상자로서의 역할

이러한 교사의 역할은 고정되어 있는 것이 아니라 상황에 따라 변해 간다. 수업의 과정이나 절차에 따라 또는 교실의 안과 밖의 상황에 따라 교사가 해야 할 의무로서의 역할이 바뀐다. 예컨대, Brophy와 Good(1986)은 교수활동을 여러 가

2) 동일시는 자기 자신에게 의미 있는 사람이나 자기의 흥미를 불러일으킬 만한 행동을 보이고 있는 타인의 특징을 흉내 내는 것.

지 형식 내지는 영역으로 분류하면서, 교사가 다양한 교수내용을 전달하고 설명하는 활동, 다양한 종류의 질문을 제기하는 활동, 학생의 응답에 대응하는 활동, 그리고 과제를 제공하고 감독하는 활동으로 분류하면서 각 영역마다 교수의 역할이 달라야 함을 지적하고 있다. 교사에게는 가르치는 교수자로서의 역할뿐 만 아니라 지도자, 상담자, 평가자, 안내자 등과 같은 교사로서 해야 할 역할과 임무가 주어진다. 이러한 의미에서 때로는 교사에게 generalist[3])로서의 역할이 요구된다. Pullias와 Young(1973)은 교사의 규범적 역할에 초점을 맞추어 안내자(Guider), 교수자, 사회변화 주도자(Leader or Mover), 모범자(Role Model), 탐색자(Investigator), 상담자(Counsellor), 조장자(Promoter), 권위자(An Authority), 비전 제시자, 각성자(Awakener), 조언자(Advisor), 현실을 직면케 하는 자(Meditator), 평가자(Evaluator) 등을 교사의 역할로 제시하면서 역할수행을 위한 능력 개발을 촉구하고 있다.

Mann 등(1970)은 교사들이 학생들의 눈에 어떠한 모습으로 비추어지는가에 따라 교사의 역할을 집중적으로 연구하였다. 즉, 교수방법에 대한 학생들의 평가라고 할 수 있다. 그 결과에 의하면, 교사들은 전문가, 형식적인 권위자, 사회 촉매자(Trigger), 조장자(Promoter), 이상적 자아의 모습 그리고 평범한 인간으로서 비추어졌다. 즉, 전문가, 형식적 권위자 그리고 사회 촉매자로서의 교사들은 비교적 교과내용 중심의 교수성향을 띠고 있고, 반면에 조장자, 이상적 자아, 그리고 인간의 모습으로서의 교사들은 학습자 중심의 교수성향을 띠게 된다.

Witkin(1976)은 교사들의 인지유형에 따라 교수방법이 어떻게 다른가를 살펴보았다. 즉, 정보를 처리하고 관계를 구성하는 문제를 해결하는 데 있어서 교사가 갖고 있는 특징적이면서도 일관된 행동양식이 교수방법에 어떻게 나타나느냐 하는 것이다. 교사인지 행동양식을 보면 장 의존형(Filed Dependent Type)과 장 독립형(Filed Independent Type)으로 나누어지는데, 장 의존형 교사들은 교수·학습 상황 속에서 형성되는 지각의 장 또는 상황에 강하게 지배받는다. 즉, 수업이 이루어지는 상황의 맥락에 따라 크게 관심을 기울인다는 말로 바꾸어 표현할 수 있다. 이러한 인지유형을 갖는 교사들은 학습자 중심의 교수성향을 띠면서 학습이

3) Generalist는 다방면에 지식 또는 재능을 가진 사람을 의미한다. 일반적으로 모든 것을 할 능력을 가진 사람이란 의미에서 만능자(萬能者) 또는 여러 분야의 지식을 가진 사람이란 의미에서 전문가(專門家)로 해석되기도 한다.

이루어지는 환경이나 학습자의 변화에 크게 주의를 집중한다. 따라서 수업의 전체과정은 매우 융통성이 있으며 다양한 교수방법들이 동원될 수 있는 여지가 크다. 이에 반하여 장 독립형의 인지유형을 갖는 교사들은 유동적인 교수·학습 환경 내에서의 지각의 장 또는 상황에 관심을 두지 않는다. 오로지 처음부터 계획된, 구조화된 교수절차에 철두철미하게 따라가는 교수방법을 고집한다. 따라서 수업에서의 모든 절차는 사전에 매우 분명하게 결정되어 있으며, 가야할 방향이 매우 구체적으로 설정되어 있다. 교수방법은 지극히 교사 중심의 지시적인 특성을 지니게 되며, 학생에 대한 환류(Feedback)도 일방적인 치유와 교정을 위한 환류에 가깝다.

03 교과목 변인

교과목이란 교육내용의 분류체계이다. 그리고 교육내용이 학생들이 배워야 할 지식이나 기능이라면, 이들 각각은 나름대로의 독특한 개념 및 경험체계 또는 구조를 지니고 있을 것이며, 그것들은 교수방법의 결정에 영향을 미칠 것이다. 여기서 구조란 지식과 지식 간의 상호관계를 의미하며, 어떠한 학문이 단순한 지식들의 모임이 되지 않기 위해서는 이러한 구조가 있어야 한다.

각 과목 간의 교수방법에 대한 차이를 이해하기 위해, 이론 교과와 실기 교과의 차이를 단순화시켜 보면 쉽게 이해가 될 것이다. 도입 → 전개 → 정리과정 중 도입과 정리의 과정에서 두 교과가 비슷하다 하더라도 실기 교과의 전개과정은 시연과 실습, 평가의 과정이 순환적으로 이루어져야 한다. 기능적 영역에 속하는 능력을 키워주기 위해서는 교수방법, 매체, 학습상황이 인지 교과와 상이할 수밖에 없다. 각 과목 간의 차이가 크진 않더라도 각 과목 간에는 교과선(Subject-matter Line)이 있기 마련이고, 교수원리는 같더라도 교수방법에는 차이가 날 수밖에 없다.

과목의 분류는 지식의 영역에 따라 일반적으로 인문과학, 자연과학, 사회과학으로 분류되는 바, 지식의 영역을 분류하는 기준은 매우 다양하고 학자마다 다르다. 예컨대, 사고방법, 지식의 기능, 인간의 이해양식, 지식의 관계망 등이 그 준거가 되어 연구되었다. 이처럼 지식의 분류가 가능하다는 것은 지식에 대한 교수·학습방법이 확연히 구분된다는 것을 보여주고 있다. 지식의 본질이 무엇인가라는 질문, 즉 인식론의 차이도 교수방법에 영향을 미친다. 만약 지식이 절대적이라는 입장에 서 있다면, 교사들은 무엇을 배워야 할지를 선택하는 일에 관여하는 학습자들의 미숙련된 입장을 허락하지 않는다. 그 이유는 학습자들이 틀린 것을 선택하거나 그들의 분석이 부정확하게 되기 때문이다. 그러므로 비판적 점검 없이 일련의 사건이나 가치에 대해 학습자들에게 영향을 주는 주입식이 논리적으로 암시된다. 따라서 교사는 엄격해야만 된다. 교재가 교육과정이 되기 때문에 교사의 수첩이나 교수요목에 사용할 교수방법도 제시하게 된다. 자주 사용하는 기법인, 암송을 뒤따르게 하는 강의는 절대적인 본체론을 반영하고 있다. 강의는 교과의 내용을 조직적이고 체계적으로 전달하는 방법으로 생각된다. 교사가 강의하고 학생이 배운 것을 받아쓰고, 그런 다음 그것을 정확하게 해석하고 기억했는지를 평가한다. 반면에 지식이 상대적이라고 생각하는 사람의 입장에서는 교육과정과 교수방법의 분리를 찬성하지 않을 것이다. 왜냐하면 가르치는 방법의 문제는 습관과 태도를 형성하는 것이라고 생각할 것이기 때문이다. 사고의 습관을 형성하는 방법의 문제는 호기심을 불러일으키고 지도할 조건을 설립하는 문제이다. 따라서 상대론적 관점에서 볼 때, 가르치는 것은 지식을 강조하는 질문의 방법을 배우는 방법을 발전시킬 것이다. 교수방법은 학생들의 반성적 사고를 이끌어 가도록 안내해 주는 경험을 중시하는 과정이며, 문제를 효과적으로 야기시키고 문제에 종속된 조건을 만족하도록 대답을 마련해 주는 어떤 기술로서 바람직하다. 교사와 학생 간의 말을 주고받는 토론은 문제를 야기시키고 입장을 명료화하며 관련된 자료를 소개하고 탐구하며 교사와 학생 모두에게 비판적 사고를 이끌어 내도록 계획된다. 이러한 입장은 강의, 답사, 연습, 시범, 혹은 다른 어떤 교수방법도 제한하지 않는다. 가르치는 것이 문제해결방법에 기초하고 있는 한 어떤 적절한 방법도 사용할 수 있다.

04 환경변인

교육의 환경은 교수방법을 결정하는 데 매우 유용한 준거 틀이다. 사실 대부분의 교수이론들은 학습 당 인원수를 20여 명 이내로 가정하고 수립된다. 그것은 서구의 교실환경이 그 수준이기 때문이라고 판단된다. 따라서 서구의 교수이론을 우리의 교실에 그대로 적용하는 데는 한계가 있기 마련이다. 교수 · 학습에 적용하는 환경은 그 범위를 기준으로 미시적 · 거시적 환경으로 나누어 볼 수 있고, 학습자의 상호작용적인 측면으로 볼 때, 물리적, 사회 · 심리적으로 나누어 볼 수 있으나, 여기서는 교수방법과의 관계를 고려하여 편의상 각론으로 간단히 다루어 볼 것이다.

학급 인원수가 많고 책상과 의자가 고정되어 있는 교실환경이라면, 교사 중심의 교수방법에는 적합할지 모르나 그 밖의 교수방법은 실제적으로 어려울 것이다. 도서관, 박물관, 과학관 등의 교육 인프라가 구축되지 못한 환경이라면, 자기주도적 또는 개별학습을 수행하기가 어렵다. 교육환경이 교육방법에 얼마만큼 영향을 미치는가의 증거는 현장의 교사들이 열린교육을 실시하는 데 있어서 환경의 제약 때문에 가장 어렵다는 불만에서도 쉽게 찾아볼 수 있다. 입시제도 역시 교수방법에 영향을 미치는 환경요인이다. 지금과 같은 결과 위주의 획일적인 평가체제에서는 지식의 전달에 효과적인 강의식 교수법이 선호될 수밖에 없다.

이성호(2000)에 따르면, 학교환경이 어떤 체제를 가지고 운영되는가에 따라 다음과 같이 두 가지로 분류해 볼 수 있다. 하나는 폐쇄적인 학교 환경체제이고, 다른 하나는 개방적인 환경체제이다. 전자가 정적이라면 후자의 경우는 동적인 환경체제인데 교육행위의 측면에서 볼 때 폐쇄적인 환경에서는 모든 교수 · 학습과정이 사전에 구조화되어 있고, 또 그것이 교사나 학습자들에게는 따라야만 할 원칙으로 제시된다. 교사의 교수과정에 대한, 그리고 학습자의 학습과정에 대한 인식도는 매우 낮을 수밖에 없으며, 교수와 학습이 맹목적인 그리고 무책임한 전달제시와 수용의 관계로 전락하기 쉽다. 폐쇄적인 환경체제 학교에서는 일반적으로 외적인 동기유발체제를 교사나 학습자에게 마련하기 마련이다. 그러나 개방적인 환경체제에서는 교사와 학습자의 욕구가 존중되며, 교사나 학습자 모두 교수·학습과정에 대한 이해도가 높고 교수자의 전문성이 존중된다. 따라서 학교 측에서는 교사나 학습자 모두에게 내면적인 동기유발이 형성될 것을 기대하며, 그것이 이루어지도록 조장한다.

지금까지 교수방법을 결정하는 데 중요한 변수로 작용하는 요인을 살펴보았다. 각 변인은 교수방법 선정에 독립변수로 작용하기도 하지만, 중요한 것은 각 변인은 상호 유기적으로 관련되어 있음을 알 수 있다. 동시에 교사가 지니고 있는 인간관, 인식론이 주도적인 역할을 하면서 교수방법의 변화를 이끌어 가고 있다. 따라서 각 변인 간의 논리적인 협치 관계가 성립될 때 최적의 교수활동이 수행될 수 있을 것이다. 이성호(2000)는 각 변인과 교수방법과의 관계를 〈표 6-1〉과 같이 제시하고 있다.

표 6-1 이성호(2000)의 교육 변인과 교수방법

요소 / 방법	교수학습 목적	중심 요소	교수자의 역할	학습자의 역할	교수·학습 환경	구체적 방법의 예
고전적 교수방법	지식의 전달	내용 및 교사	전문가, 권위자, 전달자	수동적 순종	교사 지향	강의법, 발문법
지력 개발 교수방법	정보의 조작과 처리	내용 및 학습자	전문가, 조장자, 이상적 자아	내면화	학습자 지향	탐구법, 창의력 개발법
상호작용 촉진 교수방법	사회적 상호작용	교사 및 학습자	관계형성자, 인간 조장자	동일시	상호작용, 간접경험	토의법, 역할극
개별화 교수방법	자아개발	학습자	조장자, 중재자, 진단자	내면화	학습자 지향	개별화교수법, 계약학습, 개방교실
공학적 교수방법	정보처리 및 자아개발	내용	전문가, 중재자	순종, 내면화	자동화, 간접경험, 직접경험	시청각교수법, 컴퓨터 활용교수법
치유적 교수방법	문제의 진단 및 치유	학습자	전문가, 진단자, 이상적 자아	내면화	직접경험, 학습자 지향	행동수정교수법, 심리치유교수법

Chapter 07

학습자 변인에 의한 교육효과

Chapter 07 학습자 변인에 의한 교육효과

학습자의 여러 가지 인성적 특징이나 능력 및 학습에 임하는 태도 등은 교수방법을 결정하는 데 매우 유용한 준거들로 작용한다. 이성호(2000)에 의하면, 심리적으로 불안을 느끼는 학생들은 지극히 구조화된 또는 조직화된 교사 중심의 교수·학습체제에서 더 효과적으로 학습하는 반면에 심리적으로 불안을 느끼지 않는 학생들은 토의와 같은 상호작용을 중시하는 개방적 교수·학습체계에서 효과적으로 학습한다는 것이다. 또한 학생들의 지적인 능력과 교수방법의 부합관계를 중심으로 살펴보면, 지적인 능력이 낮은 학생들은 직접 참여하고 응답하는 식의 교수방법, 교정적인 환류의 교수방법, 잘 구조화된 교수방법으로부터 더 큰 도움을 받는 반면에 지적능력 수준이 높은 학생들은 사전에 구조화되지 않은 교수·학습체제에서 보다 풍부하고 복잡한 경험을 통하여 효과적인 학습을 하게 된다는 것이다.

01 장 독립성과 장 의존성 인지양식

학습자의 인지양식 분류 중의 하나인 장 독립(Field Independence)과 장 의존

(Filed Dependence)의 개념은 사물을 지각할 때, 사물을 둘러싸고 있는 배경을 지각하는 여부에 따른 성향을 의미한다. Witkin 등(1977)은 장 독립적 성향을 지닌 학습자들은 사물을 지각할 때, 사물의 배경과 관계없이 사물만을 독립적으로 지각한다. 반면에 장 의존성은 사물을 지각할 때, 그 사물을 둘러싼 배경, 즉 장에 의존하는 성향으로 정의되고 있다. 이러한 장 독립성과 장 의존성은 양극적이며 가치중립적이다. 즉, 장 독립성과 장 의존성은 각각의 인지양식에 맞는 일정한 구체적인 상황 아래에서 가치가 있기 때문에 어느 것이 좋거나 나쁘다고 말할 수 없다.

또한 장 독립적인 학습자들과 장 의존적인 학습자들이 가지고 있는 학습 양상은 서로 반대되는 경우가 많다. Saracho(1989)도 장 독립적인 사람은 사물을 경험할 때, 그 배경들과는 별개의 것으로 지각하며, 이것은 숨은 도형 찾기에서 주변을 착란 시키는 도형의 영향을 극복하는 능력으로 반영된다고 주장한다.

인지양식의 심리적 차원과 관련하여 Saracho(1989)는 장 의존적인 사람들은 환경적 장과 권위에 의존하며, 정보를 위하여 자신의 주변 사람들을 얼굴을 살피며, 사람들과 함께 있는 것을 선호하는 반면에 장 독립적인 사람들은 환경적인 장으로부터 요소들을 분리해 낼 수 있고, 맥락으로부터 중요한 요소들을 확인하는 문제들을 해결할 수 있으며, 권위에 의존하지 않고, 사회로부터 초연함을 유지하면서, 분석적인 경향이 있다고 밝히고 있다.

그는 장 독립적인 사람들은 논리적 사고와 문제해결에서 장 의존적인 사람들보다 더욱 유리하다고 말하고 있다. 따라서 장 의존적인 사람은 사회적 분위기에 민감하게 반응하여 사회적 상호작용을 그 분위기에 일치시키는 경향이 있다면, 장 독립적인 사람은 의사결정과정에서 독립적이며 사회적 상호작용에서 더욱 경쟁적이다. 장 의존성과 장 독립성의 특성 간의 차이는 〈표 7-1〉과 같이 요약할 수 있다.

◆◆◆ 표 7-1 인지양식에 따른 행동의 차이

	장 의존성	장 독립성
심리사회적 행동	통합적인 양식	변별적인 양식
지각방식	장에 민감	장 독립성
	장에 의존	장 독립성
전체 개념	전체적	분절적
동기행동	협동적	경쟁적
	사적	공평무사
	권위에 의존	독립적
인간관계	협동적	경쟁적
	사적	공평무사
직업적 선호	남을 돕는 일 사교적 직업을 선호함	공평무사하고 전문화된 직업 예술가
학습 양식	모방적/연역적	독립적/귀납적
	관계 지향적	분석적
	표준화된 시험에 약함	표준화된 시험 선호
사회화 양식	지배적인 가정환경	자율적인 가정환경
	의존성	독립성
	규칙 통제적	자기 지시적
	혹독한 훈육에 의한 학습	자기 학습
	전통적	현대적, 개방적

02 불안

불안(Anxiety)의 사전적 정의는 '마음이 편하지 않고 조마조마한 심리적 상태, 또는 그러한 감정'이다. 그렇지만 일반적으로 교육에서 불안은 학습자가 학습을 하면서 교실 내·외에서 갖게 되는 모든 심리적 상태를 일컫는다. 불안은 실망,

두려움, 불확실, 걱정과 같은 감정, 자부심 그리고 자신감의 측면에서 학습자의 심리를 다루는 복합적인 개념이다.

불안은 사람이 태생적인 성격상 불안감이 높은 기질 불안과 평소에는 불안하지 않은데, 시험을 볼 때와 같은 특별한 상황에서 생기는 상태 불안으로 나뉜다. 학습에서 생기는 불안은 학습자의 성격과 연관되어 상시 존재하는 기질불안이라기 보다는 상황에 따라서 경험하는 상태 불안으로 본다. 상태 불안은 특정 상황에서 작용하기 때문에 학습 상황과 관련이 있다(Goldberg, 1993).

학습에서의 불안의 원인은 다양하다. 그렇지만 주원인은 또래 또는 교사와의 의사소통에 대한 걱정, 또래 또는 교사로부터의 부정적인 평가를 받는 것에 대한 두려움 그리고 시험에 대한 불안감이다(Horwitz et al., 1996). Price(1991)는 수업의 난이도, 교과목에 대한 학습자 개인의 인식, 완벽주의와 같은 학습자의 성격적 요소 그리고 교실 상황에서 받는 스트레스가 모두 학습자에게 불안을 야기할 수 있다고 주장했다. 한편 Young(1991)은 '학습자, 교사, 교육환경'이라는 세 가지 측면에서 불안을 일으킬 수 있는 여섯 가지 잠재적인 원인을 밝혔다. Young(1991)에 의하면 불안은 ① 개인 불안과 사람과 사람 사이의 불안, ② 교과목 학습에 대한 학습자의 소신, ③ 교육에 대한 교사의 소신, ④ 교사와 학습자 사이의 상호관계, ⑤ 교실 상황에서의 진행 절차, ⑥ 시험(평가)에 의해 유발되며, 이 원인들이 서로 상호작용한다고 할 수 있다.

불안, 인지 그리고 행동 사이에는 순환적 관계가 존재하는데, 불안은 입력(학습), 처리(기억) 그리고 출력(발표, 평가, 상호작용)과 관련된 학습의 모든 단계에 개입한다(MacIntyre, 1999). 따라서 학습의 전체 과정의 관점에서 불안의 원인과 결과를 이해하는 것은 학습자의 발전에서 매우 중요하다.

Young(1986)은 학습과 관련하여 발생하는 불안을 특정 상황에서 일어나는 특정 불안으로 보고, 성적, 시험, 또는 학업성취도 등에 긍정적으로 작용하는 촉진적(유익한) 불안과 부정적인 영향을 끼치는 쇠진적(해로운) 불안으로 구분하였다. 촉진적 불안은 추진력을 향상시켜 수행능력을 높인다. 언어를 배우면서 범할 수 있는 실수를 언어 학습과정의 일부로 받아들여 더 열심히 공부하도록 자극하는 것이 촉진적 불안의 예이다. 즉, 어느 정도의 불안은 학습에서 학습자를 긍정적으로 자극하여 학습의지를 강화한다. 반면에 쇠진적 불안은 학습을 방해한다. 쇠진적 불안을 경험하는 학습자는 불안감과 두려움을 겪어 수행능력이 떨어지며 학습을 포기한다(Steinberg & Horwitz, 1986). 너무 많은 불안이 성공적인 학업을 방해하는 것과 마찬가지로 너무 적은 불안도 성공적인 학업을 방해한다(Brown, 2007). 따라서 학습에서 어느 정도의 적절한 불안이 유지되어야 한다.

03 자아존중감

자아존중감(Self Esteem)은 자신감, 자기존중, 자기수용, 자아개념 등과 혼용되어 학자들에 따라 다양하게 정의되고 있는데, 가장 광범위하게 인용되고 있는 Coopersmith(1967)의 정의에 따르면, 자아존중감은 개인이 자신에 대하여 형성하고 습관적으로 유지해 나가는 자기평가이며, 자신에 대한 인정 혹은 불인정의 태도이고, 자신이 능력 있고 의미 있는 사람으로서 성공적이고 가치 있는 사람이라고 느끼는 정도이다.

Rosenberg(1979)도 자아존중감은 자아에 대한 긍정적 또는 부정적인 평가 태도와 관련되는 것으로서 자기존경의 정도와 자신을 가치 있는 사람으로 생각하는 정도를 의미한다고 보고 있다. Gurney(1988)는 자아존중감은 개인이 자신의 자아개념을 지각하고 평가하는 가치감의 상대적인 정도이고, 의미 있는 타인이나 개인의 이상적인 자아에 의해 영향을 받는다고 하였다. Branden(1992)은 자아존중감은 자기 자신이 삶의 도전에 대처해 나가는 유능성이 있고, 가치로운 존재로서 자기의 삶을 책임지고 다스려 나갈 수 있는 행복감을 갖고 있다는 것을 경험하는 힘이라고 하였다. 또한 이차선(2000)에 의하면 자아존중감은 자기 효능감(개인적 유능감)과 자기 존경감(개인적 가치감)의 이중적 구조로 이루어져 있으며, 이 두 가치는 건전한 자아존중감의 양대 축으로서 어느 한쪽이라도 결핍되면 자아존중감이 손상을 입게 된다.

이숙정(1990)도 자아존중감을 개인이 자신의 자아개념에 부여한 가치로서 일종의 자기 가치감으로 보고, 이러한 자아존중감은 자신이 다른 사람에게 중요하게 여겨지는 믿음에서 싹트고 작은 성취나 칭찬 또는 성공을 통해서 형성되는데, 이는 개인적 요인뿐 아니라 정서적 지지와 사회적 인정 및 사회적 환경 등에 영향을 받기 때문이라고 보고 있다.

04 내재적 동기와 외재적 동기

인간이 어떠한 행동을 하게끔 유발시키는 힘의 근원이 외적인 보상을 받기 위해 수행하는 것이 아니라 개인의 내부에서 스스로 발생하는 것, 또는 그 행동 자체가 즐거움과 흥미 때문에 수행하는 것을 내재적으로 동기화되었다고 한다. 즉, 본질적으로 흥미로우며 활동 자체를 즐길 수 있는 것을 의미한다. 이에 반대되는 개념인 외재적 동기는 어떠한 활동을 하는 데 그 활동의 본질과는 분리된 외적인 결과를 달성하려는 것을 의미한다(Ryan & Deci, 2000).

인간이 내재적으로 동기화되었을 때와 외재적으로 동기화되었을 때 그 행동에 대한 경험과 수행 결과의 정도에는 큰 차이가 있으며 이러한 이유 때문에 교육 분야에서는 학습자를 내재적으로 동기화시키는 것을 매우 중요한 것으로 보고 있다.

일반적으로 동기를 외재적 동기와 내재적 동기 두 유형으로 구분하고 있다. 그래서 동기는 행동을 유발시키는 에너지의 근원이 외부에서 오는 자극(외재적 동기)에 있거나 개인 내부에서 발생(내재적 동기)하는 것으로 보고 있다. 외재적 동기는 보상이나 벌과 같은 목적을 달성하기 위한 수단으로 발생하며 자기결정성(Self-determination)의 부재상태에서 수행되는 행동과 관련이 있고, 내재적 동기는 어떤 행동을 수행함에 있어서 갖게 되는 만족감이나 기쁨과 같은 개인적 요인들에 의해서 발생하며 자기결정성에 의해 수행되는 행동과 관련이 있다.

Ryan과 Deci(2000)는 이 두 가지 내적 그리고 외적 동기는 상호대립적인 관계가 아니라 자기결정성이라는 하나의 연속선상에서 정도의 차이로 존재하는 것으로서 이분법적 분류가 아닌 몇 가지 유형으로 제시하고 있다.

자기결정성 이론은 개인의 행동조절 유형을 자율성 혹은 자기 결정적 기능을 나타내는 정도를 가지고 구분하므로 내재적 동기는 자율적 행위들의 원형이다. 즉, 사람들이 내재적으로 동기화되면 그들은 자기 결정적이다. 반면에 외재적으로 동기화된 행위들은 더 통제적인, 즉 덜 자율적이다. 자기결정성 이론은 외재적 동기의 유형을 외적 동기가 내재화된 정도를 가지고 구분한다. 즉, 외적 동기가 보다 더 충분히 내재화되고 자신과 통합될수록 자율적 행동을 위한 기초가 될 것이라는 것이다(김아영, 2002).

자기결정성은 내재적 동기의 중요한 요인이기는 하나 내재적 동기만이 자기 결정적 동기의 유일한 유형이 아니며, 실제로 사람들의 행동이 전적으로 내재적 동기화 혹은 외재적 동기화되는 경우는 드물다. 그리고 한 개인은 외적인 동기요인들의 개입이 있다하더라도 어느 정도의 자기결정성을 가질 수 있으며, 동기들의 관계도 단순히 대립적이기보다는 서로 상호작용하면서 공존하는 것으로 볼 수 있다는 것이다. 그래서 자기결정성의 정도에 따라 각기 다른 유형의 외재적 동기가 하나의 연속선상에 놓여지며, 아무런 동기가 없는 무동기(Amotivation)로 시작하여 극단적인 외재적 동기와 내재적 동기 사이에 각기 다른 유형의 동기들이 존재한다는 것이다(Ryan & Deci, 2000).

이에 따라 자기결정성의 개입이 낮은 순서대로 동기를 분류할 경우, 무동기, 외적 조절, 주입된 조절, 동일시 조절, 내적 조절 등이 연속선상에 놓이게 된다. 첫째, 무동기는 자기결정성이 전혀 없는 것으로 행동하려는 의지가 결핍된 상태이다. 둘째, 외적 조절은 외재적 동기 중에서 자기결정성이 없고, 보상과 같은 전형적인 외적 제약에 의해서 행동하는 것을 의미한다. 셋째, 주입된 조절은 행동을 위한 원인을 이제 막 내면화시키기 위한 시작단계로 자기 자신의 의지가 개입되는 상태이다. 그러나 근본적으로는 외부의 압력에 기초한 것이므로 자기 자신과 다른 사람의 인정을 받거나 비판을 회피하기 위해 행동한다. 넷째, 동일시 조절은 개인이 행동의 목표를 자신의 것으로 완전히 내면화시키지는 않아도 그 가치를 인정하여 수용한 상태를 말한다. 따라서 스스로 그 행동이 가치 있다고 판단하여 행동을 하지만, 그것 자체에 대한 자기만족보다는 어떤 목표를 달성하기 위한 행동이기 때문에 완전히 내재화된 것은 아니다. 다섯째, 내적 조절은 행위를 하는 그 자체가 만족스럽기 때문에 하는 것으로 완전히 내재화된 경우를 말한다(Ryan & Connell, 1989).

Hayamizu(1997)는 자기결정성 동기가 적은, 즉 외적 동기가 강한 학생들은 수동적 대처행동 혹은 부적응 대처행동을 보이는 반면, 자기결정성 동기가 많은, 즉 내적동기가 강한 학생들은 능동적 대처행동을 보인다고 하였으며, 김아영 등(2001)도 내재적 동기에서 외재적 동기로 갈수록 능동적 대처를 적게 한다고 하여서 같은 결과를 보이고 있다.

05 자기 주도적 학습

자기 주도적 학습이란 학습자가 자신의 선택과 통제 하에 자신의 학습욕구 확인, 학습 욕구 충족을 위한 필요행동 및 자원의 탐색, 학습욕구 발생 시의 실제행동 및 자원 파악, 필요행동과 실제행동 간의 격차를 수정 및 보완하기 위한 학습목표의 설정, 학습목표 달성을 위한 학습계획 수립, 학습계획에 따른 학습실행, 학습결과에 대한 평가 등을 수행하는 과정으로서 이 과정을 독자적으로 수행할 수도 있고 타인의 도움을 받아 수행하는 것을 의미한다(김해영, 2000).

자기 주도적 학습(Self-directed Learning)이란 교사가 전달해 주는 학습내용을 그대로 받아들이는 수동적인 학습태도에서 벗어나 학습자 각자의 능력과 성향을 최대한 발휘하여 적극적으로 문제를 해결하고, 나아가 창의적인 생산력을 기르는 학습체계를 말한다.

Knowles(1975)는 자기주도 학습을 '학습경험을 계획하고 요구를 진단하며 자원을 찾고 학습을 평가하는 데 있어서 개인이 주도권을 갖는 과정'이라고 하여 학습과정의 측면에서 정의하고 있는 반면, Piskurich(1993)는 '주어진 학습과제를 완수하는데 있어 교수자의 도움 없이 학습자의 속도로 진행시켜 가도록 하는 교수설계'라 하여 교육프로그램의 측면에서 정의하고 있다. 최성희(2002)도 자기 주도적 학습은 학교 교육과정의 테두리 안에서 교육을 시행하되 학습자가 교육의 주체로서 교수·학습과정에서 적극적으로 참여하는 학습활동을 의미한다. 이는 학습자의 능동적인 사고를 전제로 하여 학습자가 학습된 내용이나 과정, 방법 등에 직접 참여하며, 학습자가 학습의 중심이 되는 학습방법이라 하고 있다. 또한 김우영(2001)은 자기주도 학습을 개인적 특성으로 정의하고 있는데, 학습자가 자기자신의 교육을 실행하고자 하는 의지와 능력을 가지고 학습상황에서 자신의 학습목표를 정하고 실행하고 평가하는 개인적 특성으로 보고 있다.

한편, Zimmerman(1986)은 자기 주도적 학습자란 자신의 학습과정에서 초인지적으로, 내적동기 적으로, 행동적으로 적극적인 참여자라 하고 있다. 즉, 자기 주도적 학습자는 학습과정의 많은 단계에서 학습을 스스로 계획하고 조직하며, 자기지시, 자기점검, 자기평가 등을 하는 초인지적인 측면이 있고, 자기 자신을 유능하고 효율적이며 자율적이라고 생각하는 동기를 갖고, 학습을 극대화시키기 위하여 학습환경을 스스로 선택하고 구조화하고 창의적인 행동을 하는 측면을 가지고 있다는 것이다.

이처럼 자기 주도적 학습은 학습과정, 교육과정, 학습자 특성의 측면에서 의미를 찾고 있다. 이러한 다양성을 고려하여 Long(1992)은 넓은 의미에서 자기 주도적 학습은 교육내용, 교사, 학습자 사이의 관계에 의해 형성되는 교수과정, 교수방법, 심리적 과정 등을 모두 포괄하는 것이고, 좁은 의미로는 그 중 하나에 초점을 맞추는 것이라 하고 있다. 이를 타인주도 학습과 비교하여 그 개념을 명확히 제시하면 〈표 7-2〉와 같다.

표 7-2 자기 주도 학습과 타인 주도 학습의 개념 비교

자기 주도 학습	타인 주도 학습
비교적 독립적임	비교적 의존적임
자기 주도적인 것에 가치를 둠	타인 지향적인 것에 가치를 둠
긍정적인 자아효능감을 가짐	제한된 자아효능감을 가짐
초인지적인 인식이 가능	초인지적인 인식에 제한
내적으로 동기화됨	외적으로 동기화됨
학습과정에 깊이 있는 참여	학습과정에 형식적인 참여
지적인 활동에 있어 집중적임	지적인 활동에 있어 산만함

결국 자기 주도 학습의 핵심은 학습의 자기 주도성과 학습자의 자기관리이다. 이는 다음과 같은 세 가지 개념을 내포하고 있다. 첫째, 자기학습의 목적과 수단에 대한 타인의 통제로부터의 독립성, 둘째, 타인의 도움을 받는 경우에도 자기가 통제력을 가지고 자기의 학습욕구를 진단하고 학습목표를 공식화하며, 학습자원을 파악하고 학습전략을 선택하고 실시하며, 학습결과를 평가하는 일련의 학습과정에서의 주도성, 셋째, 학습의 의미 이해와 학습을 통해서 실현되는 가치와 관련되는 학습을 스스로 선택할 수 있는 자율성 등이다.

결국 자기주도 학습을 효과적으로 수행할 수 있는 학습자의 특성을 밝히려는 Guglielmino(1977)에 의하면 자기주도 학습이 되기 위해서는 첫째, 학습기회에 대한 개방성, 둘째, 효과적인 학습자로서의 자아개념, 셋째, 학습에서의 주도권과 독립성, 넷째, 자신의 학습에 대한 책임감의 수용, 다섯째, 학습에 대한 애정, 여섯째, 창의성, 일곱째, 긍정적 미래 지향성, 마지막으로 기초학습 능력과 문제해결 능력 등이 학습자에게 필요하다.

06 학습 스타일

경험주의 관점에서 보면 어떤 학습자도 동일한 방법으로 학습을 하지 않는다. 학습자들은 학습을 경험하는 동안 다루어야 하는 각기 다른 자신의 강점과 약점을 가지고 있기 때문이다. 따라서 이러한 경험주의 학습 이론의 관점에서 보면, 교육의 목적도 바로 학습자들이 이 같은 자신의 약점을 극복하고 강점을 최대화할 수 있도록 돕는 데 있다.

Kolb(1985)는 학습 스타일 목록(Learning Style Inventory)은 정보를 이해하고 처리할 때 선호하는 방법을 측정하는 것으로 학습의 과정의 4단계가 순환적으로 일어나는 경험적 학습과정을 제시하였다. 학습과정은 구체적인 경험, 명상적 관찰, 추상적 개념화, 능동적 실험 등과 같이 4단계로 나타나며 이는 특정한 단계에서만 일어나는 것이 아니라 주기적으로 돌아가며 일어난다. 각 단계에서 나타나는 특징은 다음과 같다.

구체적 경험단계에서는 새로운 경험에 자신을 치우침 없이 완전하게 개방적으로 몰입시키고, 명상적 관찰 단계에서는 여러 다양한 시각에서 이러한 경험들을 곰곰이 생각하고 관찰할 수 있으며, 추상적 개념 단계에서는 자신의 관찰 결과를 논리 정연한 이론으로 통합하는 개념들을 만들어 내고, 능동적 실험 단계에서는 이러한 이론들을 바탕으로 의사결정을 하고 문제를 해결하는 데에 사용한다.

추상적 개념 단계와 구체적 경험 단계는 같은 연속선의 양극단으로 주변에서 겪는 경험을 인식할 때 선호하는 방법을 제시하고, 명상적 관찰과 능동적 실험단계는 인식된 정보를 변형시키거나 처리하는 과정에서 선호도를 나타낸다. 추상적 성향의 학습자는 정보를 개념적이면서 추상화시켜 이해하고 구체적 성향의 학습자는 직접 경험한 것을 토대로 한다. 능동적 성향의 학습자는 외부환경을 직접 조작하는 범주까지 확장을 시키고, 명상적 성향의 학습자는 외부세계를 내부성찰로 이끈다. 이를 요약하면 [그림 7-1]과 같다.

		경험인식 방식	
		구체적 경험 단계	추상적 개념 단계
정보 변형 · 처리 방식	명상적 관찰단계	분산자적 스타일 (Diverger Style)	융합자적 스타일 (Assimilator Style)
	능동적 실험단계	적응자적 스타일 (Accommodator Style)	수렴자적 스타일 (Converger Style)

그림 7-1 **경험인식 방식에 근거한 학습 스타일**

Jonassen과 Grabowski(1993), Kolb, Rubin과 MacIntyre(1971)에 따르면 각 학습 스타일에 따른 특성 및 장점과 단점은 다음과 같다.

수렴자(Converger)는 학습능력을 주로 추상적 개념화와 능동적 실험에 의존하고 있으며, 장점은 자신의 아이디어를 실제로 적용한다는 것이다. 특히, 한 가지 질문이나 문제에 대해서 오직 하나의 정답이나 해결안이 존재하는 전통적인 지능검사 같은 상황에서 가장 학습을 잘하며, 가설-연역적 추론을 통해서 해당 지식을 특수한 문제에 집중시키는 방법으로 지식을 구축해 나간다. 흥미를 느끼는 분야는 기술적인 방면으로 자연공학을 전공으로 선택하는 경향이 있다(Kolb, Rubin, & MacIntyre, 1971). 문제 상황에서 결정하는 능력이 뛰어나고, 체계적이면서 과학적인 접근을 시도하므로 분석적이고 추상적인 과제에 적합하다. 사고와 행동을 새로운 방법으로 시도하고 실험적인 경향을 지니고 있다(Jonassen & Grabowski, 1993). 한편 단점으로는 관심의 영역이 좁은 편이고 상대적으로 감성적이지 않으므로 사람과 감정에 대해 관심을 기울이지 않고, 직관적 사고와 구체적인 과제를 기피하고, 관찰을 선호하지 않는다(Jonassen & Grabowski, 1993).

분산자(Diverger)는 학습에 있어 수렴자와는 반대되는 성향으로 구체적 경험과 명상적 관찰에 뛰어나므로 상상력이 매우 풍부하다. 다각도로 구체적인 상황을 관찰하는 학습을 선호하므로 브레인스토밍 아이디어 회의와 같이 아이디어 산출을 요구하는 상황에서 가장 큰 성과를 올린다. 분산자들은 사람들에게 흥미를 지니고 감성적인 경향이 있으므로 인문 · 교양 분야를 교육배경으로 한 사람들이 많다. 카운슬러, 조직개발전문가, 인사 관리자 등에 이와 같은 학습유형이 현저한 편이다.

즉, 사고를 하는 편으로 사람들과 관계를 선호하면서 넓은 영역에 있는 정보를 수집할 수 있는 유형이다. 다만, 결정을 내려야 하는 문제 상황이나 이론 및 일반화에 집중을 해야 하는 경우에는 적합하지 않다(Jonassen & Grabowski, 1993).

융합자(Assimilator)의 특성은 추상적 개념화와 명상적 관찰이다. 장점은 이론적 모형을 만드는 능력으로 귀납적 추론과 분산되어 있는 관찰들을 통합하여 설명하는 능력이 뛰어나다. 사람들에게는 흥미를 덜 느끼며 추상적인 개념에 더욱 관심이 높지만, 이론을 실제로 적용해 보는 데에는 별로 흥미를 느끼지 못한다. 이론이 논리 정연하고 정확해야 하는 것이 훨씬 더 중요하므로 이론이나 계획이 사실과 맞지 않는 상황에서는 사실을 무시해 버리거나 재조사하는 경향이 있다. 그러므로 이러한 학습유형은 기초과학이나 수학에 더 가깝다. 조직에서는 이러한 학습유형은 연구부나 기획부에서 빈번히 발견된다(Kolb, Rubin & MacIntyre, 1971). 한편 사람들이나 감정에는 관심을 기울이지 않으며, 사적인 개입을 기피하는 편으로 이론을 실제로 적용시키는 상황에는 능력을 발휘하기 어렵다(Jonassen & Grabowski, 1993).

적응자(Accommodator)는 학습행위에서 융합자와 반대되는 강점을 지니고 있다. 구체적 경험과 능동적 실험에서 학습을 잘하며, 새로운 경험을 하는 상황에서는 몰두하므로 다른 세 학습유형에 속한 사람들보다 더 위험을 부담하는 경향을 보이며, 긴박한 상황에 직면했을 경우 자신을 적응시켜 뛰어난 능력을 보이는 경향이 있다. 이론이나 계획이 사실과 부합되지 않는 상황에서는 계획이나 이론을 폐기해 버리는 경향이 있다. 자기 분석능력보다 다른 사람이 제공해 준 정보에 의존하여 직감적인 시행착오 방식으로 문제를 해결하는 경향이 있다. 전공은 사업과 같은 기술적이거나 실질적인 분야에 있으며, 조직에서는 행위지향적인 부서인 마케팅이나 판매부서에서 발견된다(Kolb, Rubin, & MacIntyre, 1971). 개방적인 사고를 지니면서 다른 사람과의 관계를 지향하는 편인 반면, 문제 해결에서는 시행착오의 성향을 띤다.

김은정(1999)은 학습자의 인성적 특성에 따라 학습유형이 달라진다고 보고, 정보지각방식과 정보처리방식의 조합으로 이루어지는 네 가지 학습양식 유형의 특성과 이에 반영되어 있는 인성적 특성을 도식화하면 [그림 7-2]와 같다.

		정보지각 방식	
		경험적 지각	추상적 지각
정보처리 방식	반성적 처리	확산적 학습양식	동화적 학습양식
	행동적 처리	조절적 학습양식	수렴적 학습양식

그림 7-2 **정보지각 방식에 근거한 학습 스타일**

첫째, 확산적 학습양식을 가진 학습자는 구체적인 경험을 통해 지각하고, 반성적으로 관찰하는 유형의 학습자이다. 그들은 상상력이 뛰어나고 한 상황을 여러 관점에서 조망할 수 있으며, 많은 아이디어를 낼 수 있다. 흥미 분야가 넓으므로 다양한 분야에 대한 정보를 수집한다. 또한 학습과정에서 교사나 동료 학습자와 좋은 인간관계를 맺을 수 있으며, 느낌 지향적인 특성을 갖는다.

둘째, 수렴적 학습양식을 갖는 학습자는 추상적으로 개념화하여 지각하며, 활동적으로 실험하면서 정보를 처리하는 특성을 가진다. 그들은 아이디어와 이론을 실제적으로 응용해 낼 수 있으므로 의사결정이나 문제해결능력이 뛰어나다. 느낌보다는 이성에 의존하는 수렴적 학습자들은 가설을 세우고 연역적으로 추론하며, 과제에 대해 체계적이고 과학적으로 접근한다. 이들의 인성적 특성은 사고 지향적이어서 사회적인 문제나 사람들과의 관계에 능숙하지 못한 대신, 기술적인 과제와 문제를 잘 다룬다.

셋째, 조절적 학습양식을 가진 학습자는 구체적인 경험을 통해 지각하며 활동적인 실험을 통해 학습정보나 상황을 처리한다. 그러므로 직접 경험해 봄으로써 깨달음을 얻는다. 그들은 계획 실행에 뛰어나며, 새로운 경험을 추구하고 새로운 상황에 적응을 잘 한다. 학습특성을 통해 추출할 수 있는 인성적 특성으로는 모험적이고 감각적이며, 실험적인 점을 들 수 있다. 또한 논리적으로 분석하기 보다는 감각적이며 느낌에 따라 행동하므로, 문제를 해결할 때 자신의 기술적인 분석에 의존하기 보다는 사람들에게 의존한다. 그리고 지도력이 탁월하다.

마지막으로 동화적 학습양식을 가진 학습자는 추상적으로 개념화하여 지각하고 반성적으로 관찰하며 정보를 처리한다. 동화적 학습자는 논리성과 치밀성이 뛰어나고, 귀납적 추리에 익숙하므로 이론화를 잘 한다. 그들은 넓은 범위의 아이디어를 잘 종합해내며, 다각적으로 이해할 수 있으므로, 이론적으로 모형을 만드는 일을 잘 할 수 있다. 과학적이며 체계적인 사고를 하며, 분석적 · 추상적인 사고에도 강하다. 이러한 특성에서 추출될 수 있는 인성적 특징은 사람과의 관계나 감정보다 객관적이고 과학적인 사고를 중시한다는 점이다. 그러므로 동화적 학습자는 정보에 관한 일이나 과학에 관련된 일을 할 때 효과적이다.

학습자들의 능력이나 인성적 특성에 따라 학습자들이 이처럼 다양한 학습양식을 나타낸다면, 교사들의 능력이나 역할도 이에 적합하도록 교수전략을 수립해야 한다.

07 학습전략

학습전략은 크게 학습기법(Learning Technique), 탐구기술(Study Skill), 학습방법(Study Method), 학습습관(Study Habit) 등과 같이 학습자가 학습을 하는 동안 사용하는 학습방법으로 분류하는 입장과 정보전략 및 인지전략 등과 같이 학습자가 학습과정에서 사용한 정보처리 관점에서 학습전략을 체계화하는 입장이 있다.

1) 인지적 관점에서의 학습전략의 개념

오늘날 학습전략은 학습자의 주의력, 동기, 이해력 등에 교수유형이 어떻게 영향을 미치는가에 강조점을 두고 있다. 이러한 인지적 정보처리 입장에서 Weinstein과 Underwood(1985)는 학습전략의 기능이나 능력을 다음 네 가지로 구분하고 있다.

(1) 인지적 정보처리전략

인지적 정보처리전략은 새로 유입되는 정보(지식)를 더 의미 있게 만들기 위하여 재조직하거나 정교화[1)]시키는 학습기법을 의미한다.

(2) 능동적 학습전략(Active Study Strategy)

능동적 학습전략은 학습활동과 직접적으로 관련된 학습행위를 의미한다.

(3) 보조전략

보조전략은 공부계획, 과제해결이나 시험에 대처하고 집중적인 주의력을 기울이는 전략을 의미한다.

(4) 메타인지 전략(Metacognitive Strategy)

메타인지 전략은 학습자가 이미 알고 있는 지식과 알지 못하는 것과의 간격을 인지해 내고 새로운 정보를 획득하고 그 정보를 평가할 수 있는 전략을 의미한다.

Mayer(2008)는 학습전략과 관련지어 인간의 정신구조를 다음의 4개의 통제과정으로 구성되어 있다고 본다.

첫째, 정보처리의 주의집중 과정을 목적으로 하는 학습전략은 질적으로 좋은 주의집중이 얼마나 많이 주어지느냐에 따라서 얼마나 많은 정보가 단기기억으로 전이되는지에 영향을 미칠 수 있다. 또한 학습전략은 선택적 주의집중에 영향을 미칠 수 있다. 따라서 어떤 종류의 정보가 단기기억으로 전이되는지에 영향을 미칠 수도 있다.

둘째, 시연과정을 목적으로 하는 학습전략은 시연이 얼마나 많이 일어나느냐에 따라서 정보가 단기기억에 얼마나 오래 지속될 수 있는지에 영향을 미칠 수 있다. 한편 학습전략은 일어나는 시연의 유형에 따라 단기기억에 지속되는 정보

1) 정교화는 새로운 정보에 기존에 알고 있던 정보를 추가하거나 의미 있게 만드는 것.

의 유형을 결정짓기도 한다.

셋째, 부호화[2]는 정보를 단기기억으로부터 장기기억으로 전이하는 단계이다. 장기기억에 지속되는 정보는 영구적이지만 간섭 때문에 인출이 곤란할 수 있다. 약호화[3] 과정을 목적으로 하는 학습전략은 정보가 얼마나 빨리 약호화되는지에 그리고 얼마나 많이 약호화되는지에 영향을 미칠 수 있다. 또한 학습전략은 약호화 과정의 질, 즉 새 정보가 기존 지식과 통합되는 정도에 영향을 미칠 수 있다.

넷째, 인출이란 지식을 장기기억으로부터 단기기억으로 전이하는 것을 말한다. 학습 중 선행지식의 인출은 전체 학습량에 영향을 미칠 수 있지만, 어떻게 정보가 장기기억에 저장되는지에는 영향을 미치지 않을 것이다.

이상에서 살펴본 통제과정들은 학습 중 학습자의 인지적 처리의 차이는 무엇이 학습되는지에 영향을 미칠 수 있음을 가정하고 있다. 예컨대 기울인 주의집중의 양, 시연의 양, 그리고 부호화의 강도 각각은 얼마나 많이 학습되는지에 영향을 미칠 수 있다. 또한 주의집중 과정은 정보의 선정에, 시연과정은 새 정보 내에 구축되는 내적 연결에, 그리고 부호화 과정은 새 정보와 기존 지식의 통합에 영향을 미칠 수 있음을 시사한다. 학습전략들은 중요한 분류차원에 따라 다양하게 분류될 수 있지만 모든 범위의 학습자와 학습영역을 취급하는 통합된 분류학은 없는 것 같다. 이러한 학습전략의 유형들이 때에 따라 중복되는 점이 많지만 비교적 일반성이 높은 정보처리기능을 중심으로 ① 주의집중전략(Attentional Strategy), ② 시연전략(Rehearsal Strategy), ③ 정교화 전략(Elavolation Strategy), ④ 조직화 전략(Organizational Strategy), ⑤ 정의적 전략(Affective Strategy), 그리고 ⑥ 메타인지전략(Metcognitive Strategy) 등으로 분류할 수 있다.

2) 부호화는 새로운 학습 내용을 기존 지식에 연결하여 학습내용을 잘 이해하고 기억하도록 하는 전략으로 구체적 사례제시, 유추하기가 대표적인 부호화전략이다. 유의미한 부호화 전략으로는 정교화, 조직화, 심상화, 맥락화가 있다.

3) 약호화는 말이나 글로 된 정보를 잘 기억할 수 있도록 시각적 이미지 등의 기억부호를 형성하는 것이다. 예를 sunflower라는 영어 단어를 기억할 때, 태양을 바라보는 꽃을 이미지를 떠올리면서 기억하는 방법이다.

2) 정보처리능력의 발달과 학습전략

(1) 주의집중전략

주의집중과 관련된 Reynolds와 Shirey(1988)의 연구에서 ① 초등학교 3학년 학생들은 흥미 있는 정보에 주의집중을 할당할 수 있으나 특별히 교과적인 전략은 아니다. ② 4학년 학생들은 흥미 있다고 생각하는 정보에 주의집중을 할당한다. ③ 6학년 학생들 중에서 하위능력을 지닌 학생들은 중요한 것으로 간주되는 정보에 주의집중을 더 많이 할당하지만, 학습을 증진시키지 않기 때문에 효과적이 아니다. ④ 미성숙한 학습자들은 주의집중 할당을 효과적으로 사용하지 못한다. ⑤ 상위능력의 6학년 학생들만이 주의집중을 효과적으로 사용할 수 있다는 것을 알 수 있다. 즉, 저학년 학생들은 고학년 학생들보다 새로운 학습 자료의 중요한 부분이나 학습하지 않은 부분에 주의집중을 잘 기울이지 못함을 알 수 있다. 따라서 학습자의 연령이나 학습능력에 맞는 주의집중전략의 지도가 필요하다.

(2) 시연전략

시연이란 기본적 학습과제의 경우 학습 중 제시된 항목들을 능동적으로 암송하거나 이름을 부르는 것을 일컫는다. 이러한 시연활동의 목표는 작업기억[4]으로 전이될 항목을 선정·획득하는 것이다. 학습 중 시연전략의 자발적 사용은 연령이 증가함에 따라 발달된다.

(3) 정교화 전략

정교화란 학습하고 있는 정보에다 새로운 의미를 첨가하는 과정이다. 즉, 정보처리 과정에서 논리적 추론, 연장, 예, 세부사항 또는 정보들을 연결하는 기능들이 추가될 수 있다. 정교화 전략의 한 가지 주요 인지목표는 학습할 자료 속에서 둘 이상의 항목들 간에 내적 연합을 형성하는 구성이다(Weinstein & Mayer, 1984). 교재학습과 같은 복잡한 학습과제에 적용될 수 있는 정교화 전략들에는 의역하

4) 작업기억은 경험한 것을 수초 동안만 머릿속에 받아들이고 저장하고 인출하는 정신기능을 의미한다.

기, 요약하기, 유추하기, 노트하기, 질의 · 응답하기 등이 포함된다. 이런 기법들의 한 목표는 제시된 정보와 선행지식과의 통합, 즉 기억을 장기기억으로부터 작업기억으로 전이시켜서 들어오는 정보를 이 지식과 통합하는 것이다(Weinstein & Mayer, 1984).

Wittrock(1986)에 의해 개발된 학습모형에 의하면 새 정보를 의미적 기억 내에 이미 존재하고 있는 개념이나 도식과 관련짓기 위해 학습자가 사용하는 통합과정은 새 학습과 후속 수행의 주요 결정인자이다. 학습할 정보와 기존 내용 및 방법적 지식 간의 연결을 만드는 것, 즉 정교화는 도식이론(Chema Theory)에 기초된 대부분의 지식습득 틀들의 주요 구성요소이다. 또한 이러한 정교화는 학습에서 유의미 학습(Meaningful Learning)의 중요한 방법이다.

(4) 조직화 전략

조직화란 지식집합을 하위집합들로 나누고서 하위집합들 간의 관계성을 조합하는 과정이다. 개요작성, 주제, 요지 찾기 등은 조직화 전략의 전통적인 방법들이다.

(5) 정의적 전략

많은 심리학자들은 학습의 기저를 이루는 지적 기능화에 있어서 정의적 영역의 역할을 강조하여 왔다.

교실학습에서 적절한 학습환경을 만들고 점검하여 통제함에 있어서 학습자의 역할을 강조한다. 집중력 유지, 수행불안 관리, 동기 유발 및 유지 그리고 효과적인 시간 관리를 위해 사용하는 전략들이 정의적 전략에 포함된다.

(6) 메타인지전략

일반적으로 메타인지는 '자신의 인지에 관한 지식', '인지 대상 또는 과정에 대한 각성을 지칭하는 상위수준의 지식', '자신의 인지과정 및 인지과정과 관련된 산물 또는 어떤 것에 관한 지식', '어떤 인지작용의 어떤 양상을 그 대상으로 다루거나 통제하는 지식 또는 인지활동으로서 인지에 관한 지식', '자신의 학습체계 그리고 학습체계에 들어오는 정보에 어떻게 작용할 지에 관하여 내리는 결정에 대해 학습자가 갖고 있는 지식' 등으로 정의된다.

Flavell(1979)은 메타인지를 메타인지적 지식과 메타인지적 경험으로 구분한다. 메타인지적 지식은 인지적 사상에 대한 축적된 서술적 및 방법적 지식을 뜻하며, 개인, 과제, 및 전략의 세 범주로 나누어질 수 있다. 개인범주는 정보처리자로서의 사람에 관한 지식과 신념을 포함한다. 과제범주는 과제정보와 과제요구의 정보 처리적 의미에 관한 지식을 뜻한다. 전략범주는 인지 및 메타인지적 전략에 관한 지식을 포함한다. 메타인지적 경험은 방금 읽은 것을 이해하지 못한다는 갑작스러운 느낌과 같이 인지적 사안과 관련되는 인지적, 정의적 경험이다. 메타인지 전략의 예로서 정확성을 예측하는 능력, 미리 계획하는 능력 및 그런 계획의 효율성에 관한 지식, 그리고 학습하거나 기억하려는 시도의 성과를 검토·점검하는 능력의 과정 등이 있다.

3) 학습방법으로서의 학습전략

(1) 학습방법으로의 학습전략의 개념

전략은 어떤 문제나 과제를 해결해 가는 방법, 정해진 목적을 달성하기 위해서 사용하는 방식, 어떤 정보를 통제하고 조작하기 위한 구체적 계획을 의미한다. 또한 학습전략은 직면하는 문제를 해결하기 위해 학습자가 사용하는 순간순간의 기술이며 개인 안에서도 다양한 양상을 갖고 있다.

학습전략에 대한 정의는 다양하다. 학습전략은 학습의 활성화를 목표로 학습자에 의해서 계획적으로 사용되는 것(Weinstein & Mayer, 1986), 학습자가 새로운 정보를 이해하고 기억하기 위해서 사용하는 특별한 생각이나 행동(O'Malley & Chamot, 1989), 학습자들이 자신의 학습을 향상시키기 위해서 사용하는 구체적 행동, 수단, 또는 기법, 학습과업의 수행을 도와주는 절차이며 대부분 의식적으로 사용되고 특정한 목표에 의해 유도되는 것(Chamot, 2005) 등으로 정의된다.

학습전략은 첫째, 학습자가 학습에 실제로 참여하는 학습 행동이며, 둘째, 학습자 자신이 사용하는 전략에 관해서 알고 있는 전략적 지식이고, 셋째, 학습자가 자신이 사용하는 전략뿐만 아니라 학습의 여러 가지 측면에 대해 알고 있는 것(Wenden, 1991)이다.

학습전략은 학습을 향상시키기 위해 학습자들이 사용하는 방법으로 학습기법이나 학습법의 학습(Learning to learn)으로 불린다. 학습전략의 특징은 의사소통 능력을 함양시키는데 도움을 주고, 자기 주도적 학습활동을 하게 하며, 교사의 역할을 새롭게 확장시키고, 학습자가 사용하는 특정한 행동이며, 학습을 직접적, 간접적으로 도와준다. 또한 학습전략은 항상 관찰되어지는 것은 아니며, 유동적이므로 많은 요인에 의해 영향을 받을 수도 있으며 학습될 수도 있다.

(2) 학습전략의 분류

학습전략의 분류는 1970년 중반부터 여러 학자들에 의해 시작되었고 전형적으로 크게 세 범주로 분류되었다.

상위인지 전략(Meta-cognitive Strategy)은 학습의 계획, 학습과정에 대한 사고, 이해에 관한 점검, 학습에 대한 자기 평가를 위한 것이다. 인지전략(Cognitive Strategy)은 특정한 학습 과제에 한정되며, 학습 내용을 직접 다루는 전략을 일컫는다. 사회 · 정의적 전략(Socio-affective Strategy)은 의미를 전달하기 위해 타협하는 활동뿐만 아니라 다른 사람들과의 상호작용과 관련된 것을 말한다.

O'Malley, Chamot와 동료들(1989)은 학습전략을 상위인지 전략, 인지 전략, 사회 · 정의적 전략으로 나누고, 상위인지 전략으로 사전 조직, 직접적 관심, 선택적 관심, 자아관리, 자아 평가 등이 있으며, 인지 전략으로는 반복하기, 번역하기, 분류하기, 메모하기, 연역하기, 재결합하기, 개념화하기, 전이하기 등이 있고, 사회 · 정의적 전략으로는 협동하기와 확인을 위한 질문하기 등을 포함시켰다.

Oxford(1990)는 학습자들이 학습에 직접 적용하는 직접전략과 학습자들이 학습과정을 통제하는 간접전략으로 나누었다. 직접전략은 기억전략, 인지전략, 보상전략 등으로 구성되는데, 이들 전략들에는 효과적으로 기억하는 방법, 인지과정의 사용 그리고 부족한 지식의 보충이 포함되며 구체적 내용은 〈표 7-3〉과 같다.

표 7-3 Oxford의 직접전략

분류	전략	기술(방법)
기억 전략	머릿속에서 관련짓기	그룹 만들기 연상하기/다듬기 새로운 정보를 맥락 속에서 이해하기
	이미지와 소리 이용하기	이미지 이용하기 의미지도 그리기 핵심어 이용하기 기억속에 소리 새겨 넣기
	복습하기	체계적으로 복습하기
	동작 이용하기	신체적 반응과 감각 이용하기 실용적인 기법 이용하기
인지 전략	연습하기	반복하기 소리와 쓰기 체계를 연습하기 고정 표현을 인식하고 이용하기 재구성하기 자연스런 상황에서 복습하기
	메시지 주고받기	개념을 신속하게 파악하기 메시지 주고받기에 참고 자료 이용하기
	분석과 추론하기	연역적으로 추론하기 표현 분석하기 언어를 대조적으로 분석하기 번역하기 전이시키기
	체계적으로 입력과 출력하기	메모하기 요약하기 중요한 부분을 강조하기
보상 전략	사전 지식을 토대로 짐작하기	언어적 단서 이용하기 비언어적 단서 이용하기 모국어로 전환하기 도움 구하기 몸짓 이용하기
	말하기와 쓰기에서 부족한 점 극복하기	의사소통의 일부 또는 전부를 회피하기 화제를 전환하기 메시지를 조정하거나 비슷하게 만들기 새 단어를 만들기 우회적 표현이나 동의의 사용하기

Oxford(1990)의 간접전략에는 상위인지전략, 정의적 전략, 사회적 전략 등으로 구성되는데, 이들 전략들에는 학습의 조직과 평가, 정서의 관리, 그리고 다른 사람과의 상호작용을 통한 학습이 포함되며 구체적 내용은 〈표 7-4〉와 같다.

표 7-4 Oxford의 간접전략

분류	전략	기술(방법)
상위 인지 전략	학습에 집중하기	전체를 보고 이미 아는 내용과 연결하기 주의 기울이기 말하기를 지연하고 듣기에 집중하기
	학습의 준비와 계획	언어 학습에 대해 알아보기 조직하기 목적과 목표 세우기 언어 과제의 목적 파악하기 언어 과제 수행을 위한 계획 세우기 연습기회 찾기
	학습을 평가	자신을 점검하기 자신이 학습을 평가하기
정의적 전략	불안감 낮추기	점진적 긴장완화, 심호흡, 명상 이용하기 음악 이용하기 웃음 이용하기
	스스로 격려하기	긍정적인 말하기 현명한 모험을 하기 스스로 보상하기
	감정 통제	자기 몸에 귀 기울이기 체크리스트 이용하기 언어학습 일기 쓰기 다른 사람과 자신의 감정에 대해 토론하기
사회적 전략	질문하기	명확성 또는 확인을 요청하기 수정을 요청하기
	다른 사람과 협력하기	또래와 협력하기 능숙한 외국어 사용자와 협력하기
	감정 이입	문화 이해력 높이기 다른 사람의 생각과 감정을 인식하기

Chapter 08

다문화사회에서의 발문을 활용한 교수·학습

Multi-Culture

다문화사회에서의 발문을 활용한 교수·학습

학생들이 학습목표에 도달하거나 성취할 수 있도록 교사는 수업실행을 해야 한다. 즉, 교사가 가르치는 것이고 학습자는 학습하는 것이다. 모든 효과적인 교수방법의 기본적인 것이 발문이라 할 수 있다. 교실에서 교사는 학생들의 수업에 대한 이해 정도를 점검하기 위해서, 수업의 효과를 평가하기 위해서, 학생들의 사고력을 증진시키기 위해서와 같은 다양한 이유로 인하여 질문, 즉 발문을 하게 된다.

발문은 모든 교과, 학년, 그리고 교사의 인성과 관심에 관계없이 사용될 수 있는 필수적인 교수전략이라 할 수 있다. 발문을 효과적으로 사용하면, 학생들의 참여를 조장하고, 학습자들의 학습을 강화시키며, 학생들의 동기유발을 촉진하고, 그리고 교사와 학생 모두에게 학습의 과정 또는 학습의 진전에 대한 중요한 피드백을 제공받게 된다(Eggen & Kauchak, 2004). 모든 질문이 다 효과적인 것은 아니지만 어떠한 질문이라도 의미는 있을 수 있다. 그러나 효과적인 질문이 되려면, ① 간단하고, ② 명료하고, ③ 핵심적이고, ④ 관련이 있으며, ⑤ 구성적이며, ⑥ 중립적이고, ⑦ 발전적이어야 한다. 또한 효과적인 발문을 강화시키기 위해서는 질문을 잘 계획하고, 학생들의 반응을 들으며, 질문을 적게 하는 것이 필요하다고 하였다(Dillon, 1988, 1982).

Blosser(1973)는 발문의 목적으로 분석, 비교, 정의, 해석 또는 판단을 요구하며, 반성적 사고를 자극하여 이해와 태도의 개발에 도움을 주고, 평가의 힘과 습관을 계발하며, 개인 또는 학습 집단 정보의 배경, 흥미, 성취도를 결정하고, 관심의 창출, 목적의 각성, 그리고 정신의 계발을 제시하였다.

Cole과 Chan(1987)도 학습자의 언어적 상호 작용을 장려하고 의사소통을 원활히 하고, 주제의 특징 및 특이한 점에 관심을 집중시킬 뿐만 아니라 교과에 대한 학생의 지식과 이해 정도를 평가하며 교과속의 본질적인 내용을 복습하도록 하는데 도움을 주기 위해서 발문이 필요하다고 밝히고 있다. 그리고 발문은 학생들의 특정한 사고 유형과 인지적 활동을 자극하고, 사회적응 행동을 통제한다고 보았다.

교사들이 발문을 사용하는 목적을 종합적으로 정리해서 Turney(김유미 외, 2009에서 재인용)는 교사들은 ① 어떤 주제와 관련된 흥미나 호기심을 불러일으키기 위하여, ② 특정한 쟁점이나 개념에 대해 주의를 집중시키기 위해서, ③ 학습에 대한 적극적인 참여를 유도하기 위해서, ④ 학생들이 자신과 다른 사람에게 질문하도록 자극하기 위해서, ⑤ 학습이 극대화될 수 있도록 어떤 과업을 조직화하기 위해서, ⑥ 학습을 방해하는 요소를 찾아내기 위해서, ⑦ 수업의 참여가 기대되고 집단의 모든 구성원들의 참여가 존중되는 교수·학습 상황을 만들기 위해서, ⑧ 학생들이 정보를 이해하고 숙고할 수 있는 기회를 제공하기 위해서, ⑨ 추론적 인지작용이 사고 기술을 도울 것이라는 가정 하에 학생들이 추론적 인지를 사용하게 하기 위해서, ⑩ 집단의 다른 구성원들의 반응에 대해 학생들이 숙고하거나 견해를 밝히는 능력을 개발하기 위해서, ⑪ 학생들이 토론을 통해서 학습을 하는 기회를 제공하기 위해서, ⑫ 학생들의 사고와 감정에 대해 진정한 관심을 표현하기 위해서 등의 목적으로 발문을 사용한다고 밝히고 있다.

01 교실에서의 발문전략의 적용

교사들은 교실에서 발문을 할 때 다음을 스스로 고민해 보아야 한다.

① 당신은 학생들이 단순히 정보를 회상하거나 기억하도록 요구하는 질문을 합니까?
② 당신은 학생들이 보다 높은 수준의 인지영역의 정보를 처리하도록 요구하는 질문을 합니까?
③ 당신은 수업에서 많은 학생들이 토의에 참여하도록 합니까?
④ 만약에 학생들이 당신의 의도된 반응을 표현하지 못한다면 당신은 어떻게 합니까?
⑤ 당신의 의도된 반응을 한 학생으로부터 보다 많은 표현을 원한다면 당신은 어떻게 합니까?

1) 발문의 수준

교사들은 일반적으로 다음과 같은 목적을 달성하기 위하여 발문을 사용한다고 알려져 있다.

① 수업에 학생을 참여시키기 위해서
② 학생들의 사고력과 이해력을 촉진시키기 위해서
③ 중요한 내용을 복습시키기 위해서
④ 학생을 통제하기 위해서
⑤ 학생들의 발달 정도를 평가하기 위해서

다양한 발문의 유형은 시기에 따라 다르며, 교사는 다음과 같은 이유 때문에 발문을 사용하게 된다.

① 교사는 학생들이 수업에 적극적으로 참여하도록 하기 위하여 발문을 사용한다.
② 질문에 답하는 동안, 학생들은 자신의 생각과 아이디어를 표현할 수 있는 기회를 갖는다.

③ 학생에게 발문함으로써 다른 학생들은 다양한 자료에 대한 동료의 설명을 들을 수 있다.
④ 질문을 통하여 교사는 수업의 속도를 조절하고 학생들의 행동을 조정할 수 있다.
⑤ 학생들에게 발문함으로써 교사는 학생들의 학습을 평가하고 필요하면 수업을 조정할 수 있다.

(1) 낮은 수준의 질문

지식수준은 학생들이 배우고 장기기억 속에 저장한 정보를 기억하도록 요구하는 것인데 낮은 수준의 질문은 이러한 지식수준과 관련이 있다.

교사는 여러 가지 목적을 달성하기 위하여 낮은 수준의 질문을 사용한다.

① 학생들의 배경 지식을 평가한다.
② 중요한 정보를 상기시킨다.
③ 고차원적인 수준에서 사용될 정보의 기저를 제공한다.

종종 낮은 수준의 질문은 "예" 또는 "아니오"와 같은 반응을 요구하는 것으로 구성이 되는데, 학생들이 정보를 제대로 개념화했는지를 확신할 수 없기 때문에, 이러한 유형의 질문을 활용하는 것은 제한되어야 한다.

(2) 높은 수준의 질문

어떤 목적을 성취함에 있어서는, 낮은 수준의 질문이 중요한 가치를 가지기도 한다. 그러나 한편으로 학생들은 내용을 연결하고 사고를 확장시킬 필요가 있다. 즉, 높은 수준의 질문이 필요하다. 낮은 수준의 질문과 높은 수준의 질문의 차이점은 다음과 같다.

첫째, 높은 수준의 질문은 학생들에게 지식을 처리하거나, 또는 아이디어를 관련짓거나 변형시키기를 요구한다.

둘째, 낮은 수준의 질문은 정보가 회상되는 정도인 기억하는 것을 의미한다.

인지목표 분류학에서 구분하는 기억, 이해, 적용, 분석, 평가, 창의 등의 목표 중에서 낮은 수준의 질문은 기억 수준을 목표로 하고, 높은 수준의 질문은 이해, 적용, 분석, 평가 수준을 목표로 한다.

높은 수준의 질문은 학생들에게 이전에 학습한 정보를 회상하는 것 이상으로 요구하는 질문이다. 높은 수준의 질문은 학생들에게 높은 난이도를 요구한다.

높은 수준과 낮은 수준 발문의 상대적 장점에 관한 연구에서는 교수의 복잡성과 명확한 목적의 중요성을 강조한다(Good & Brophy, 2003). 높은 수준의 질문이 낮은 수준의 질문보다 본질적으로 더 나은 것 같다. 왜냐하면 높은 수준의 질문들이 도전적이기 때문이다. 그러나 교사들은 학생들의 지식을 강화하고 확장하기 위하여 낮은 수준의 질문도 고려해야 한다. 이것은 교사가 먼저 특별한 질문을 하는 목적과 이유를 고려해야 한다는 것을 의미한다. 만약 목적이 수학적 사실과 같은 특별한 정보를 확인하고 강화하는 것이라면, 낮은 수준의 질문이 적합하다. 교수목표가 학생들이 배우고 있는 내용을 생각하도록 하는 것이라면, 높은 수준의 질문은 그 목적을 달성하는데 보다 효과적이다. 결론적으로 고차원적 질문 그 자체가 학업의 성공을 보장하지는 못한다는 것이다. 또한 학습자들이 복잡한 사고 과제에 참여하기 위해서는 기본 지식이 선행되어야 한다.

수업진행과정에서 학생들에게 "왜 그렇게 생각하니?"와 같은 질문을 시작함으로써, 교사는 학생들의 사고를 기억 이상으로 확장시킬 수 있다. 학생들은 사전지식을 통합하여 높은 수준에서 학습하여야 한다.

학생들의 사고력을 조장하는 또 다른 대안은 학생들에게 추상적인 개념에 관한 예를 제시하고 설명하도록 하는 것이다. 예를 들어 "지금까지 언급되지 않은 다른 예를 하나 들어 줄래?"라는 질문에 대답하는 학생은 이전의 정보를 기초로 하여 새로운 예를 만들어야 한다. 그것은 학생들이 내용을 깊게 생각할 것을 요구하기 때문에 고차원적 사고력을 자극하는 훌륭한 방법이 된다.

고차원적 질문을 하는 또 다른 효과적인 방법은 학생들에게 자신의 말로 생각이나 정의를 진술하도록 하는 것이다. 예를 들어, "역사는 미래를 반영한다."라는 문장이 의미하는 바를 학습자들의 언어로 말하게 하는 것이다.

고차원적 질문을 하는 가치 있는 또 다른 방법은 저자의 동기, 관점, 준거의 틀을 고려하는 것이다. 예를 들어, 한 신문의 사설을 읽고, 사설이 추구하는 방향, 동기, 이유, 철학적 관점들을 발표하게 하는 것이다.

2) 질문의 초점

질문이 학생의 사고에 미치는 영향에 대하여 생각하는 또 다른 방법에는 수렴적 질문과 확산적 질문이 있다.

(1) 수렴적 질문

수렴적 질문은 정답만을 요구한다. 수렴적 질문은 정답이 하나 있는 문제에 답하거나 사실을 확인하는 데 유용하다. "2 더하기 5는?", "프랑스의 수도는?" 등과 같이 일반적으로 수렴적 질문은 낮은 수준이거나 사실이나 회상을 요구하는 질문이다. 각 질문에 대한 정답은 하나이고, 그 답은 이전에 학습한 정보를 회상하는 것이다.

이 규칙의 예외는 적용이나 분석이 요구되는 문제를 해결하는 것으로 "높이가 4미터이고 넓이가 8미터인 담장이 있다. 직사각형 형태로 벽돌을 쌓으려고 한다. 높이가 10센티미터이고 넓이가 20센티미터인 벽돌이 몇 장 있어야 하는가?" 이것은 고차원적인 질문이지만, 정답이 하나이기 때문에 여전히 수렴적 질문이다.

(2) 확산적 질문

수렴적 질문이 하나의 정답을 요구하는 데 반하여, 확산적 질문은 다양한 답이 가능하기 때문에 수렴적 질문과는 반대이다. 수많은 학생들이 확산적 질문에 참여하는 동안, 교사는 확산적 질문을 통해서 학습자들의 이해력을 평가할 수 있다. 예를 들어 다음과 같은 질문들을 생각해 보자.

① 경주와 전주의 비슷한 점은 무엇인가?
② 역사적으로 가장 중요한 날은 언제인가?

이들 질문들에 대한 반응으로 다양한 답들이 나올 수 있다. 명백하게 많은 답들이 나올 수 있지만, 확산적 질문이 많은 학생들이 동일한 질문에 반응하게 함으로써 학생들의 참여를 조장하기 위해서 사용될 수 있음을 보여준다. 게다가, 확산적 질문은 학생들이 자신들의 반응을 탐험하고 반성할 수 있도록 활용될 수도 있다. 그것은 구성주의적 관점에 따라서 학생들이 알고 있는 것을 다시 생각하게 함으로써 사고를 확장시킬 수 있다. "이 답을 어떻게 도출했나요?"와 "이 문제에 어떻게 접근했나요?"와 같은 질문은 학생들에게 비판적 탐험과정을 위해 사용될 수 있다.

02 발문전략의 활용

1) 학생참여 증가를 위한 개방형 질문과 방향전환 질문 활용하기

효과적인 발문전략을 개발하는 중요한 목적은 수업에 참여하는 학생들의 양을 증가시키기 위한 것이다. 일반적으로, 상호작용 패턴은 교사의 질문과 그 질문에 대한 학생의 자발적인 반응과 관련이 있다. 활동이 진행되면서, 아는 것이 많고 말을 잘하는 학생들은 계속해서 참여하는 반면에, 참여하지 않는 다른 학생들은 이러한 질문과 대답활동에서 이탈하게 된다(Eggen & Kauchak, 2001; Good & Brophy, 1997). 이러한 패턴은 적극적으로 참여하는 학생, 거의 반응을 하지 않는 학생, 그리고 활동에 참여조차 하지 않는 학생으로 이루어진다. 결과적으로, 교사는 종종 일부 학생들에게만 신경을 쓰게 된다. 그것은 일부 학생들만 학습한다는 것을 의미한다. 게다가, 교사는 학생들이 개념을 형성했는지를 또는 형성하지 못했는지를 측정할 때, 우수 학생 중 한 사람의 반응을 판단 기준으로 사용해서는 안 된다. 대신에 교사는 모든 학생들의 대표적 표본을 대상으로 발문을 통해서 의사소통해야 하며, 그들이 학습한 내용을 정확히 부연 설명하고 요약할 것을 대표적 표본에게 요구해야 한다(Eggen & Kauchak, 2001).

일반적으로, 교사는 낮은 성취도를 보이는 특정 학생에게는 질문을 하지 않는 경향을 가지고 있다. 개인에게 질문을 할 때, 높은 성취자로 알려진 학생들이 낮은 성취자 학생들보다 훨씬 더 많이 호명된다(Good & Brophy, 1997). 이러한 현상과 관련하여 흥미롭고 아이러니한 것은 교사들이 이러한 패턴을 잘 모르고 있거나 인식하지 못하고 있다는 것이고, 수업 후에 즉각적으로 관찰자가 이러한 패턴을 지적했음에도 불구하고, 종종 그들의 현상을 부인한다는 것이다.

모든 학생들이 참여할 수 있는 학습환경을 만들기 위해서, 교사가 이러한 패턴을 깨는 것이 중요하다. 다양한 상호작용 패턴이 설정될 때, 효과적인 결과가 발생할 수 있다. 한 가지 효과적인 패턴은 개방형 질문과 방향전환 질문 교수전략을 관련짓는 것이다. 비록 개방형 질문의 특성이 다른 유형의 질문과 구별되는 것은 아니지만, 개방형 질문은 종종 다양한 답을 요구하는 문제로 생각되어 진다. 아마도 개방형 질문의 본질적인 특성은 학생들의 문제해결 방법에 거의 제한을 두지 않고 학생들로 하여금 다양한 방법으로 문제에 접근하도록 한다는 것이다. 쉽게 질문하고, 쉽게 대답할 수 있으며, 학생들의 참여를 촉진시키는 데 있어서 효과적인 개방형 질문의 두 가지 다른 형태는 기술적인 질문과 비교질문이다. 기술적인 질문 유형은 학습자에게 예증, 논설, 지도, 그림, 표, 진술 등과 같은 방법을 사용해서 대상이나 사건을 관찰하고 기술하도록 하는 것이다. 대화는 교사의 다음과 같은 진술에 의해 시작된다.

① "여기에 있는 게 뭔지 알겠니?"
② "이것에 대하여 말해 보세요."
③ "관찰한 것이 뭐죠?"
④ "네 앞에 있는 대상을 설명해 주세요."

이러한 기술적인 질문은 참여와 사고를 촉진시키는 데 효과적인 방법이라고 할 수 있다.

비교질문 유형은 학습자에게 두 개 이상의 사물, 진술, 예시, 논증을 보게 하고 이들 간의 유사점과 차이점을 확인하도록 하는 것이다. 학생들이 유사점을 확인하게 되면, 학생들은 궁극적으로 개념이나 일반화를 가져올 수 있는 패턴을 설정하게 된다. 예를 들어, 학생들에게 다음과 같은 세 가지 문장을 제시한다고 가정해 보자.

① 그는 꾀꼬리처럼 노래를 잘 한다.
② 그는 표범처럼 잘 달린다.
③ 그는 코끼리처럼 크다.

"이 문장들에서 나타나는 비슷한 점은 뭐죠?"라는 질문을 통해서, 학습자는 궁극적으로 직유(直喩)하는 개념의 특성을 구체화시키는 패턴을 찾아내야 한다. "~처럼"이라는 표현은 두 개의 사물이나 아이디어 간의 자유로운 비교로 사용될 수 있다는 것을 학습자 스스로 구체화시켜야 한다.

방향전환 질문 교수전략은 교실에서 학생들로 하여금 높은 수준의 상호작용과 사고력을 촉진시킨다. 방향전환 질문 교수전략은 다양한 반응이 일어날 수 있는 질문을 만들고, 여러 학생들의 다양한 반응들을 인정하고 받아들이는 것을 포함한다. 다음의 사례는 방향전환 질문 교수전략이 교실에서 어떻게 일어나는 가를 보여준다.

"우리나라 임금들 중에 누가 가장 위대하다고 생각하나요? 영미?"
"세종대왕이요."
"준수?"
"영조대왕이요."
"수진, 다른 임금은?"
"광개토대왕이요."
"모두 훌륭한 선택이네요. 이제 그들에 대하여 이야기해 볼까요?"

교사는 학생들의 대답에 대하여 반응하거나 논의하지 않았음을 주목해야 할 필요성이 있다. 반응하거나 논의하지 않는 대신에 교사는 초기 질문의 방향을 전환하였다. 질문의 방향을 전환함으로써 교사는 소수의 학생이 토론을 지배할 가능성을 제거하였고, 또한 학생들의 참여를 증가시켰다. 이러한 방법의 또 다른 이점은 초기 대답에서 표현한 내용을 정교화하고 범위를 확장할 수 있다는 것이다. 개방형 질문은 또한 높은 수준의 사고력을 촉진시키는 데 사용될 수 있다. 다음의 사례를 살펴보자.

"위대한 임금에 대한 여러분들의 생각이 서로 다르네요. 왜 그들이 위대하다고 생각하나요? 진수?"

"세종대왕은 한글도 만들고, 여러 가지 과학기구를 발명하였어요. 광개토대왕은 고구려의 영토를 넓혔어요."

"진수의 생각에 대하여 보충할 사람 없나요. 수미?"

"세종대왕은 임신한 노비를 위한 제도도 만들었어요."

"계환, 다른 것은 없나요?"

"그들 모두는 백성을 생각하고, 백성을 위해 정치를 잘했어요."

세 학생이 동일한 사람을 다루지는 않았지만, 세 학생 모두가 교사가 제시한 동일한 질문에 대답한 것 자체가 중요하다. 대부분의 방향전환 질문은 확산적이지만, 수렴적 발문으로 전환하는 것도 가능하다.

"오는 더하기에 대하여 공부했어요. 5 더하기 4는 뭐죠? 수진?"

"5 더하기 4는 9입니다."

"어떻게 생각하나요, 재민?"

"맞는 것 같아요."

교사는 첫째, 다른 학생들의 이해 정도를 확인하기 위해서, 둘째, 다른 학생들을 수업에 참여시키기 위해서, 셋째, 수업내용이 교사와 학생에게 적합한지에 대한 의사소통을 위해서 수렴적 방향전환 질문을 활용할 수 있다.

방향전환을 용이하게 하는 질문은 설명과 비교를 요구한다. 예를 들어 직유개념의 사례를 이용해 보면, 교사는 "그는 표범처럼 잘 달린다."와 같은 문장을 제시하고, 그것에 대해 다른 점을 말하도록 유도하면서, 많은 학생들에게 문장을 설명하도록 지시할 수 있을 것이다. 다음의 상호작용을 살펴보자.

"이 문장에서 알게 된 것이 무엇인가요? 수진?"
"주어와 동사로 이루어진 문장입니다."
"다른 것은 없니, 계환?"
"'그는 잘 달린다 표범처럼'이라고 해도 뜻은 통해요."
"다른 것은 없나요. 진수?"
"비교하는 문장입니다."

이러한 과정은 교사가 원하는 한 계속적으로 지속될 수 있고, 수업이 진행될 준비가 되어 있는 것처럼 보일 때까지 가능하다.

효과적인 다음 단계는 교사가 두 번째 사례를 제시하고 비교를 하게 하는 것이다. 예를 들면, 교사가 "그는 꾀꼬리처럼 노래를 잘 한다."와 "그는 코끼리처럼 크다."의 문장을 제시하고, "두 문장의 공통점과 차이점은 뭐지?"라고 질문을 하게 되면, 반응은 다양할 것이고, 질문은 몇몇 학생들에게로 방향전환이 될 것이다.

방향전환은 서로 다른 학생들에게 질문을 하는 것이다. 방향전환이 개방형 질문과 결합할 때, 그것은 학생들의 참여와 동기를 향상시키고 성취도를 높일 수 있을 것이다.

2) 단서 제공

수업활동에서 의미 있는 수많은 상호작용은 교사와 학생 간 또는 학생 간의 다양한 토의에서 발문으로 이루어진다. 발문은 도움이 되거나 해가 될 수 있다. 도움이 되는 발문에 대한 조작적 정의는 학생들이 잘 못 생각하고 있는 답을 최종적으로 정답으로 바꾸는 것이다. 해로운 발문이란 학생들이 질문한 후에 정답을 오답으로 바꾸는 경우를 말한다. 또한, 학생들에게 질문했을 때 학생들이 틀리게 답하거나 응답을 하지 않은 것은 왜 그런가? 일반적으로 교사는 흥미와 분위기를 유지하기 위하여 다른 학생들에게 질문을 한다(Eggen & Kauchak, 2004). 불행히도, 이렇게 하는 것에는 문제가 있다. 대답을 할 수 없는 학생들은 종종 당황하게 되고, 낙담하게 되며, 심리적으로 토론에서 제외될 수가 있다. 우리는 학생이 참여하기를 바라지만, 대답을 잘 못하거나 대답을 하지 않는 학생들을 수업에서 어떻게 해야 하는가?

이러한 문제를 해결하는 한 가지 방법으로 단서를 제공하는 것이다. 이것은 힌트 또는 단서를 제공하여 학생들로 하여금 성공적으로 대답할 수 있도록 도움을 주는데 사용된다.

또한 단서제공은 답이 틀렸을 때에도 사용될 수 있다. 학생들은 틀린 답을 말한 경우에, 교사의 간단한 일련의 질문들, 즉 학생들이 정답에 도달하는데 단서가 되는 질문을 제기함으로써 학생들에게 도움을 제공할 수 있다. 이것은 종종 학생들에게 정답을 알려 주고, 다른 학생에게 물어보고, 다른 학생이 오답을 바로 정정할 수 있도록 도와주는 것보다 좋다. 왜냐하면 학습자들이 제공된 단서를 통하여 정답을 알게 된다는 것은 학습자 스스로가 자신의 논리를 만들고 있기 때문이다.

다음의 두 문장을 생각해 보자.

"그녀는 돌처럼 단단하다."
"그녀의 힘은 돌과 같다."

교사는 첫 번째 문장을 직유로, 두 번째 문장을 은유로 학습자들이 정의 내리기를 바랬을 것이며, 그것을 위하여 확산적 질문을 통하여 기술과 비교를 했을 것이다. 그러나 학생들이 문장들과 관련된 개념을 인식하지 못한다고 가정했을 때, 이 문제를 해결하는 한 가지 방법은 학생들이 정답을 도출해 내도록 단서를 제공하는 것이다.

"두 번째 문장에서 '그녀'와 '돌'과 관련하여 무엇을 알았지? 수진?"
"그녀와 돌이 하나라는 거예요."
"그 문장에서 그녀가 실제로 돌이라는 것일까?"
"아니요."
"그럼, 이 문장의 비교의 한 유형일까?"
(….)
"그럼 첫 번째 문장과 두 번째 문장의 차이점은 무엇일까?"
"'~처럼'이에요."
"그래요. '~처럼'이 없으면 유사예요. 그것을 뭐라고 부를까요?
"은유라고 해요."

단서 제공은 효과적이면서도 학습자 중심적인 교사가 수업에서 사용하는 전략이면서도 기술이다. 그러나 실제 수업 상황에서 단서 제공을 하는 것이 어려울 수도 있으며, 종종 원하는 대로 활용되지 않거나 의도하지 않은 결과가 나올 수도 있다. 단서제공이 어려운 이유는 아마도 단서 제공은 순간적으로 판단하는 것을 요구하기 때문일 것이다. 많은 교수 절차와 기술들이 사전에 계획되고 연습될 수 있지만, 단서 제공은 실제 수업 상황에서만 일어날 수 있기 때문이다.

3) 탐색

지금까지 개방형 질문, 방향전환, 단서제공전략을 통하여 학생들의 참여를 향상시키는 방법에 대하여 살펴보았다. 첫 번째 두 전략인 개방형 질문과 방향전환은 학생들에게 표현의 수가 증가하면서도 복잡하고 창의적인 표현을 할 기회를 제공하고, 세 번째 전략인 단서제공은 학생들의 견문을 넓히고 인간적인 방식으로 잘못된 반응을 다루는 전략이다. 그러나 때때로 학생들의 대답이 정확하지만 깊이가 부족해서 불충분할 때가 있다. 그런 경우에 교사는 학생들이 보다 더 정확하면서도 깊이가 있는 완벽한 답을 할 수 있도록 추가 정보를 제공하는 것이 중요하다. 이 전략을 탐색이라 부른다. 예를 통하여 탐색이 어떻게 활용되는지 살펴보자.

"나무가 인간의 생활에 중요하다고 생각하나요? 수진?"
"예."
"왜 그렇게 생각하나요? 제인?"
"나무들은 공기를 정화시켜줘요?"
"무슨 의미죠?"
"탄소를 흡수하고, 산소를 배출시켜요."
"잘 했어요. 요즘 나무를 심고, 탄소를 배출할 수 있도록 하는 제도를 시행하고 있어요. 그것을 무엇이라고 하나요?"
"탄소배출권이라고 해요."

탐색의 과정을 통하여, 교사는 학생들의 반응을 입증하거나 학생들로 하여금 심도 있는 설명을 하도록 한다. 탐색은 토론의 깊이를 더하는 것이다. 이것은 또한 학생들이 표면적인 반응에서 벗어나도록 도움을 준다.

4) 대기시간

학생들에게 사고를 촉진시키는 질문을 할 때, 학생들이 생각하기를 바란다. 이렇게 하기 위한 한 가지 방법은 대기시간의 과정을 거치는 것이다. 대기시간에는 두 가지 형태가 있다. 첫 번째 형태는 질문 후에 교사가 멈추는 시간으로 정의될 수 있다. 이것은 일반적으로 교사가 말하는 것을 멈출 때를 시작으로 하여 학생들이 대답하거나 교사가 다시 말할 때 끝나게 된다. 두 번째 형태는 학생이 논평하거나 또 다른 질문에 응답한 후에 교사가 기다리는 시간으로 정의될 수 있다.

연구자들은 교사들이 일반적으로 학생들이 대답하는 데 1초 또는 그 미만 동안 기다린다는 사실을 발견하였다. 생각할 시간을 좀 더 주게 되면, 학생들의 대답의 질이 개선될 수 있다. Rowe(1974)는 교사가 약 3초 또는 그 이상 기다렸을 때, 학생들의 대답의 질이 개선되는 것을 발견하였다. 학생들에게 대답할 시간을 더 주는 이런 단순한 과정은 학습에 긍정적인 영향을 준다. 학생들의 인지능력을 평가할 때, 어떤 질문이나 결단에 필요한 대기 시간을 제한적으로 더 주게 되면, 학생들의 기능 수준을 더 정확하게 측정할 수 있는 것은 당연하다. 수업을 하는 동안 확장된 대기시간은 학생들에게 더 정확하게 반응하도록 해주고, 반응에 더욱 도전하도록 해준다.

학생들에게 질문할 때, 교사들은 학생들이 대답할 수 있도록 몇초 동안 기다리려고 노력해야 한다. 처음에 침묵의 시간이 어색할 수도 있지만, 금방 익숙해 질 것이다.

대기시간의 장점은 학생들로 하여금 토론에서의 참여를 증가시키고, 답을 입증하기 위하여 추론을 더 활용하고, 보다 반성적인 반응을 하도록 한다는 것이다. 교사가 학생의 반응에 논평하기 전에 대기시간을 사용하면, 이와 유사한 이점이 발생할 수 있다.

대기시간을 충분히 줌으로써 학생들은 다음과 같은 긍정적인 효과를 얻을 수 있다(Rowe, 1974).

① 반응의 길이가 400~800% 증가한다.
② 자발적이고 적절한 반응 수가 증가하며, 반응하지 못하는 사례가 감소한다.
③ 반응의 다양성이 증가한다.
④ 학생 발문의 빈도가 증가한다.
⑤ 교사 발문의 수와 종류가 변한다.

03 교실에서의 다양성

1) 발문전략을 통한 욕구 촉진하기

학생들은 문화이해 정도, 학습 정도 그리고 학습능력에서 상당한 정도의 차이를 갖고 학습에 임한다. 효과적인 의사소통은 교사가 학생들에 대한 이해를 쌓고 반성하는데 매우 중요한 요소이다. 집단들은 자신들에 대한 정보를 처리하거나 노출하는 것에 반대하는 경향을 가지고 있기 때문에, 그들은 자신들의 정보가 저장되기를 희망한다. 개별탐구 대 집단과정, 능동적인 참여 대 수동적인 참여, 정보에 관한 인지적 대 정의적 교환, 효과적인 발문전략과 활용은 교사로 하여금 개별 학생들의 다양한 장점을 활용할 수 있게 한다. 예를 들어, 교실에서 차이를 보이는 학생들은 처음에 교실활동에 참여하는 데 주저할 수도 있다. 특히 언어적인 활동의 경우에서 더욱이 그렇다. 앞에서도 언급했듯이, 교사가 수업에서 대기시간을 활용하는 것은 수업의 효율성을 높일 수 있다. 특히, 평균 대기시간이 더 길어지면, 예전에 답하지 못한 학습자들도 토론에 보다 적극적으로 참여하게 되고, 더 높아진 참여도를 통하여, 교사가 학습자의 능력을 판단할 때, 결국에는 학습자의 수준이 향상됨을 알 수 있게 된다.

게다가 개방적 질문은 학생들에게 ① 이미 알고 있는 내용, ② 학생들이 명료화할 필요가 있는 것, ③ 학생들이 대답할 필요가 있는 질문 등을 학생들에게 제기함으로써 개인의 욕구와 인식을 학습자들 스스로가 알아내는데 도움이 된다.

개방적 질문에 대한 대답은 차시 수업을 개발하는데 상당히 유용한 정보를 제공할 수 있다. 개방적 질문은 학생들의 반응 조절을 가능하게 하고, 쉽게 지루해하는 학생들에게 흥미를 갖게 하고, 그리고 소외된 잠재적 영재아를 확인하는데 유용할 수 있다. 그렇지만, 확산적 사고를 하는 학생들은 동료들에게 논리적이다. 그러나 흔하지 않지만 빗나간 답을 제공할 때, 확산적 사고를 하는 학생들은 자아존중감이라는 문제를 갖게 된다.

발문전략을 적절하게 실행하는 것은 그 자체로 언어적 상호작용의 질을 향상시키고, 학생들의 다양한 욕구를 충족시키는 데 중요한 요소가 된다. 교사는 학생들의 배경과 차이뿐만 아니라 능력 수준을 잘 파악하여 학생들의 욕구를 조절해야 한다. 이러한 정보를 활용하여, 교사는 학생들의 능력수준에 적합한 질문을 할 수 있어야 한다. 그것은 학생들의 이해력을 향상시키고 불안감을 줄일 수 있다.

04 발문기술

1) 인지적 영역과 비판적 사고

교사들은 교실에서 학습내용에 대한 학생들의 이해를 돕고 학생들이 더욱 비판적이고 분석적으로 생각하고 사고하도록 가르치기 위하여 발문전략을 사용한다. Browne과 Keeley(1990)에 의하면 비판적 사고는 다음과 같이 정의될 수 있다.

① 일련의 상호 관련된 비판적인 질문 인지
② 적절한 시기에 비판적인 질문을 제기하고 답하는 능력
③ 비판적인 질문을 적극적으로 활용하고자 하는 욕구

고차원적인 질문은 인지적 영역의 5가지 수준을 적용하여 심층적인 사고력과 비판적 사고력을 증진시킬 수 있다. 학생들에게 적용, 분석, 평가를 요구하는 질문의 주된 목적은 학생들의 고차원적인 사고기술을 증진시키는 것이다. 이러한 과제를 성취하기 위해서, 교사는 재미있고 도전적인 질문을 해야 하고, 그것은 주제와 관련이 있고, 학생들의 사고력을 촉진시키기 위해 질문들이 설계되어야 한다. 문제 확인, 분류, 유목화, 분석, 종합, 해석과 같은 기술들은 학생들이 비판적인 사고를 확장시킬 수 있는 기술들로서, 구조화된 교사 주도의 집단토론을 통

하여 강화될 수 있다.

Millar와 Osbome(1998)은 비판적 사고를 증진시키기 위한 질문과 판단을 다음과 같이 제시하고 있다.

① 만일 무슨 일이 일어난다면

② …처럼 예측된다.

③ 서로 비슷한 점과 차이점은…

④ 서로 다른 점은…

⑤ 서로 구분되는 것은…

⑥ 여러분이 어떻게 평가할 것인지…

⑦ 평가한다.

그러나 그런 질문을 하는 것으로 충분하지 않다. 여러분들이 사고력과 분석력이 중요하다고 생각되는 교실분위기를 조성하는 것 또한 매우 중요하다(Millar & Osbome, 1998). 교실에서 발문을 할 수 있도록 긍정적인 환경을 조성하기 위해서 갖추어야 할 조건은 다음과 같다.

① 학생들이 발언에 대하여 진심으로 관심 갖기

② 학생들의 생각에 대하여 호기심 갖기

③ 학생들의 생각에 기초하여 재진술(Restatement)하기

④ 학생들이 과제나 문제를 직접 확장하거나 심화할 수 있도록 확산적인 추가 질문을 활용하기

확산적 질문의 사용은 비판적 사고력 증진을 위한 기회를 종종 제한하는 사실적 질문 또는 예/아니오의 질문의 과도한 사용을 방지한다. 사실의 기억이 중요하기는 하지만, 교사가 학생들에게 정보를 적용, 분석, 종합, 평가하게 하는 질문을 할 때 학업성취도와 학습 동기는 모두 증가될 수 있을 것이다.

2) 발문을 통한 동기유발

다양한 질문의 수준, 확산적 질문과 수렴적 질문, 단서 제공, 탐색, 방향전환 등에 대하여 살펴보았는데, 이들 전략들이 다양한 교수 상황에서 체계적으로 적용될 때, 학생들을 동기화시키는 데 강력한 기술들이 될 수 있다.

학생들이 학습할 수 있도록 동기화시키는 기술은 교사 효율성의 핵심이며 기초이다(Good & Brophy, 2003). 그러나 동기는 단지 지난 몇 년 전부터 교육자들로부터 주목을 받기 시작했다. 지금까지 교사들은 동기를 가르치는 일로 생각하고, 마지못해 하는 학습자를 동기화시킬 수 없다고 생각해 왔다. 또 다른 어떤 경우에는 동기를 우연히 발생되는 장난과 같은 것으로 생각했다. 이제, 모든 것들이 변화되었다. 소외된 아이들, 성공하지 못한 학생들, 그리고 높은 중퇴율에 대한 관심이 동기를 재조명하는 데 기여하였다.

비록 실제 수업에서 발문전략을 사용하는 것은 노력과 성실을 필요로 하지만, 과정은 상당히 단순하다. 본질적으로, 학생들의 동기를 유발시키기 위하여 발문전략을 사용할 때, 우리는 두 가지를 기대한다. 첫째, 교사들은 학습활동을 하는 동안에 학생들이 모두 호명될 것이라는 것을 알기를 바란다. 교사는 모든 학생들을 동등하게 호명하는 훈련을 일반적으로 받는데, 이것은 학습 공동체의 일부분인 학생들과 의사소통하는 것이고, 교사로서 학생들이 수업에 참여하여 배우기를 기대하는 것이다. 그러나 일반적으로 교사들은 학습활동에서 모든 학생들을 똑같이 호명하지 못하고, 지원자 중에서는 10~15% 정도만 호명하고 있다. 이것은 여러분이 손을 들지 않은 학생들을 호명하기 위해서는 상당한 시간이 더 필요함 의미한다. 그러나 이것은 개방형 질문과 방향전환을 활용함으로써 가능하다. 이러한 것들은 특히 방향전환이 설명과 비교를 요구하는 확산적 질문과 결합될 때 효과적일 수 있다. 그러나 질문의 유형이 그들이 대답하기 위해 호명될 것이라는 것을 아는 상황만큼 중요하지 않다. 학생들이 수업하는 과정의 어떤 시점에서 호명될 수 있다는 것을 알 때, 그들의 집중은 놀랍게도 향상된다.

'나는 그렇게 할 수 없어요.', '내가 곤란한 질문으로 아이들을 곤혹스럽게 만들어 예전보다 더 나빠지게 할 수도 있어요.'라고 일부 사람들은 주장할지도 모른다. 이것은 우리에게 두 번째 기대를 가져다준다. 학생들이 호명되었을 때, 학생들은 교사들이 자신들이 대답할 수 있는 질문을 하려고 하는 것을 알고 있다. 학생들은 교사가 받아들일 수 있는 대답을 할 것이다. 그리고 거의 호명되지 않았거나 정답을 말하지 못한 학생들의 경우에, 이러한 경험은 매우 긍정적일 수 있다. 결과적으로, 그들은 다음번에 호명될 것에 대하여 덜 불인하게 되고, 내답하기 위하여 더욱 더 노력하게 될 것이다.

3) 효과적인 발문전략 촉진하기

효과적으로 발문전략을 활용하기 위해서는 발문에 있어서 양적·질적 고려를 해야 한다. 교사는 학생중심, 구성주의 학습환경을 조장하기 위하여 수업활동에서 저차원적인 질문과 고차원적 질문을 통하여 정보를 회상하고 처리하는 광범위한 질문을 사용한다. 질적으로 교사는 참여를 늘리고, 부정확한 것에 반성하며, 반응을 명확하게 하기 위해서 공학적 방법을 활용한다. 이것이 지나치게 부담스러운 일이 될 수도 있지만, 질문을 전자적으로 저장, 배열, 편집하는 능력이 있으면, 이러한 과제를 단순하게 하는 데 크게 기여할 것이다. 템플릿에 전자적으로 저장된 구체적인 수업계획의 내용 부분에 핵심 질문을 첨부함으로써 교사는 사용된 언어가 명확하고 단순한지를 반성할 수 있고, 질문과 전략이 목적을 달성하는데 효과적이었는지를 반성할 수 있으며, 학생들의 후속 학업 성취를 위하여 어떤 질문을 활용할 것인지에 대하여 반성할 수 있다. 수업에서 실행할 중요한 질문은 선행조직자로써 사용되거나 수업 시간에 고려해야 할 주요 사항들을 Beam Project나 OHP 활용을 통하여 강조하여 제시할 수 있다.

발문전략의 효과적인 사용은 수업의 핵심이기 때문에 다양한 발문수준, 발문방향, 발문전략은 교사가 갖고 있는 전반적 교수전략에 기여할 것이다. 때로는 고차원적 질문이 매우 바람직하지만, 다른 사람들에게는 낮은 수준이 적합할 수도 있다. 수업에서 확산적 질문과 수렴적 질문 모두 사용할 수 있다. 질문의 수준과 방향은 수업의 목표와 연관되어 있지만, 발문기술의 구체적인 목적은 다음과 같다.

① 모든 학생들에게 질문에 대답할 기회를 동등하게 제공한다.
② 질문에 답할 때 학생들의 성공률을 증가시킨다.
③ 질문하는 동안 학생들의 참여 수를 최대화한다.

개방형 질문, 방향전환, 탐색, 단서 제공, 대기시간은 모두 학생들의 참여를 높이고, 성공률을 높이고, 긍정적이고 정서적으로 안정된 학습환경을 조장하는 데 사용되는 전략들이다. 질문의 수준과 방향에 따라, 이들 전략은 수업의 목적을 달성하기 위하여 사용되어야 한다. 그러나 모든 수업은 학생들을 참여시키고, 동기를 유발하며, 그리고 비판적인 사고 기술을 촉진시키고자 하는 부가적인 목적을 가지고 있다. 질문전략이 체계적으로 통합된다면, 이러한 목적을 달성하는 데 도움이 될 수 있다. 발문을 준비하고 실행할 때 다음과 같은 것들을 고려해 볼 필요가 있다.

① 수업계획 속에, 깊이 생각하여 작성한 인지적인 질문들을 충분히 계획적으로 포함시켜라.
② 교사들은 의도한 목적과 질문을 일치시켜라.
③ 학생들을 호명하기 이전에 잘 작성된 질문을 제기하라.
④ 교사는 너무 말을 많이 하여 학생들을 몰아세우지 않도록 하라.
⑤ 질문한 후에, 학생들에게 생각할 수 있는 적절한 대기시간을 주어라.

그리고 차경수(1996)는 효과적인 발문 구성을 위한 일반적인 원칙을 종합적으로 정리하여 다음과 같이 제시하고 있다.

① 발문은 인지적인 수업목표의 여러 단계에 적절하게 맞추어서 구성한다.
② 한 가지 모형의 발문을 하는 것보다는 다양한 모형을 섞어서 한다.
③ 쉬운 것에서 어려운 것으로 점진적으로 올려 가면서 발문을 구성한다.
④ 다양한 학생들의 반응들을 최대로 가져오는 발문을 구성한다.
⑤ 수렴적 사고보다는 확산적 사고를 촉진하는 발문을 한다.

⑥ 평균 이하의 학생을 위해서 사실에 관한 낮은 수준의 인지 발문도 포함한다.

⑦ 많은 학생들의 반응을 유도하기 위해서 발문하기 전에 학생을 지명하지 않는다. 만약 먼저 지명하면 그 학생만이 대답을 준비할 것이기 때문이다.

⑧ 학생의 대답에 만족하지 말고 다시 캐묻는 발문을 많이 한다.

⑨ 발문을 일부의 학생들에게 편파적으로 하지 말고, 모든 학생들에게 고르게 한다.

⑩ 발문을 한 후 4~5초를 기다린다. 기다리는 시간은 고급 사고력을 증진한다는 실험보고서가 있다.

⑪ 부드럽고 유쾌한 학습 분위기를 유지한다.

⑫ 한 번에 하나의 발문만 명확하게 한다.

⑬ 학생들의 적극적인 참여를 유도한다.

⑭ 발표를 한 학생 자신이 자기의 발표 결과에 대해서 스스로 알 수 있는 분위기를 형성한다.

⑮ 학생의 대답이 틀리더라도 당장 다른 학생을 부르지 말고, 발문의 말을 바꾸거나 비슷한 다른 발문을 함으로써 그 학생이 아이디어를 발표하게 한다.

⑯ 학생들이 발문을 많이 하도록 항상 연구하고 격려한다.

Chapter 09

다문화사회에서의 학습자 중심 교수 · 학습

Multi-Culture

Chapter 09 다문화사회에서의 학습자 중심 교수·학습

학습자 중심 교육은 하나의 교육이론이라기보다는 교육실천이며 교육운동이라고 할 수 있다. 이러한 교육운동의 사상적·이론적 배경은 실존주의, 진보주의, 인본주의, 열린교육 그리고 구성주의 교육 등에서 찾아볼 수 있다. 이들 교육철학과 이론을 통해 학습자 중심 교육의 교수방법을 이해하기 위한 변인별 특성을 살펴보자.

01 교사변인

1) 교사의 교육관

학습자 중심 교육을 위해서 교사는 학습자를 자신이 의도한 대로 만들 수 있다거나, 이미 운명에 의해서 자신들의 미래가 결정된 존재로 이해해서는 안 된다. 교사는 학습자를 지식의 창조자이며, 자기 자신을 스스로 형성해 나가는 자기주도적인 존재로 인식해야 한다. 학습자가 자기주도적인 존재이기 위해서는 다음과 같은 특성이 수반된다.

첫째, 학습자는 선천적으로 현명하며, 자기 자신이 개발능력을 가지고 있는 한 발달할 것이다. 이는 인간 본성에 대한 성선설의 입장을 지지하는 것이다. 따라서 혹독한 훈련중심의 양육과 교육 대신 학습자가 갖고 있는 잠재력을 스스로 발현하도록 자유스러운 분위기에서 능동적인 경험활동을 통한 양육과 교육을 강조해야 한다. 어디까지나 인간의 잠재 가능성은 자연의 법칙에 의해서 개발되어야 한다. 교육은 자연적인 과정이 내적 발전과정에 의해서 이루어져야 하지, 결코 인위적인 과정에 의한 외부의 강요가 되어서는 안 된다.

둘째, 인간은 고정적인 불변의 존재가 아니라, 항상 자기를 형성해 가는 과정으로서의 역사적 존재이다. 병아리는 커서 닭이 되고, 강아지는 커서 개가 될 수밖에 없는 이미 고정된 존재이지만, 아기는 커서 무엇이 될지 알 수 없는 어떤 사람이 된다. 즉, 동물적 존재를 의미하는 '사람임'이 아니라 인간적 존재를 의미하는 '사람됨'을 의미한다. 인간은 자유로운 자기규정과 자기 결단 안에서 스스로의 가능성을 항상 새롭게 실현해야 하는 존재인 것이다. 인간이 자기를 실현하는 과정에서, 인식은 세계와 존재하는 전체성 안에서 방향성을 결정하는 데 기여한다.

셋째, 인간은 자신의 실현에 자유로운 존재이다. 인간이 자유롭지 못하다면 스스로의 결단으로 방향을 정하는 근거가 상실될 것이다. 사유(思惟)하고 인식(認識)하는 인간의 전제조건으로도 자유로운 정신은 필수적이다. 의욕(意欲)[1]의 자유는 인식의 정신과 서로 연결되어 있다. 우리가 정신활동을 통해 무엇을 인식할 경우, 그리고 그 인식을 통해 자기실현을 지향할 경우, 인식과 그에 따른 방향 설정은 모두 자유로운 스스로의 결단을 전제로 할 때에만 가능할 수 있는 것이다. 사유하는 존재로서의 인간이 정신적 · 인간적 자기완성은 자유로운 의욕과 행동을 통해서 비로소 가능한 것이다. 이런 의미에서 인간은 자유의지를 가진 존재이다.

넷째, 학습자는 그 자신의 경험을 지속적으로 해석하고 재조직하는 활동을 하는 문화적 존재로 여겨진다. 학습자는 다른 사람들과의 소통, 즉 사회적 상호작용을 통해서 성장할 수 있기 때문에 공동체 안에서 생활하는 것을 배워야 하며,

1) 의욕(意欲)은 적극적으로 무엇을 하고자 하는 마음이나 욕망을 의미함.

공동체에 협력하고, 사회적 요구와 열망에 스스로 그리고 지성적으로 적응할 수 있도록 배워야 한다.

다섯째, 인간은 자아실현의 경향을 가진 유기체(有機體)이다. 즉, 인간은 하나의 기본적인 성향과 욕구를 가지고 있으며, 인간은 경험을 통해서 자신을 실현하고 유지하며 향상시키려는 존재이다. 그래서 인간은 능동적으로 자기 자신의 문제 상황을 헤쳐 나갈 수 있는 자유롭고 건전한 존재이다.

마지막으로, 인식론과 관련되는 것으로 학습자는 지식을 수동적으로 받아들이는 존재가 아니라 스스로 지식을 창조하는 존재이다. 학습자는 일차적으로 주체로 간주되어야 한다. 즉, 학습자는 개인적으로 적절한 해석적 방식을 가지고 세계의 지식을 구성하고 배열하는 데에 능동적으로 참여하는 존재이다. 이것은 구성주의 교육의 기본원리, 즉 지식은 인지하는 주체에 의해 능동적으로 구성되며 인지는 주체가 경험세계를 조직화하는 데 사용된다.

2) 교사의 능력

교사의 능력은 학습자들로 하여금 가르쳐지고 있는 사고방법을 형성하는 데 도움이 되는 학습자 자신들의 문제들을 생성하고 해결하도록 학습자들을 도와주는 데 있다. 이를 위해서는 교사들에게 요구되는 역할과 그에 따르는 능력이 정의되게 마련이다. 학습자 중심의 교육을 위한 일반적인 교사의 능력을 다음과 같다.

첫째, 교사들은 가르치고 있는 특수한 영역보다 훨씬 더 폭넓은 분야에 대한 견해와 지식을 지니고 있어야 한다. 교사들은 지식의 고유한 상대성을 알고 있어야 하며, 학습자들에게 지식을 구축하는 방법에 대한 적합한 견해를 제공하는 것이 사실들의 획득보다 훨씬 더 가치 있다는 것을 알아야 한다. 교사는 학생들이 그 문제를 어떻게 보고 있으며, 그들이 해결책을 스스로 탐색할 수 있도록 안내해야 한다.

둘째, 교사들은 학습자들의 반성적 사고를 육성하는 전략과 방법을 수립할 수 있어야 한다. 한 가지 예로, 소수집단을 구성하여 활동하게 한 후 활동이 가정적다고 판단되는 조를 선정하여 그들의 결과를 발표하게 한다. 그렇게 되면 자신들의 생각에 대한 반성도 얻을 수 있으며, 다른 집단에게도 더 많은 생각을 하도록 기회를 주는 것이다.

셋째, 사회적 상호작용을 위한 전략과 방법을 제시할 수 있어야 한다. 교사는 학습자들에게 전체적인 주제를 제시하고 학습자들은 이것을 하위주제로 나누어 협동학습하며, 그러한 학습과정에서 교사는 관찰자로서의 역할을 해야 한다. 즉, 교사는 학습자들이 상호작용하는 과정에서 어떻게 지식의 의미를 형성해 가는지를 참여를 통한 관찰을 할 수 있어야 한다. 타인들과의 상호작용은 대부분 언어를 통해 이루어지기 때문에 교사는 학습자들이 사용하는 언어의 의미와 그 의미의 뜻을 정확히 파악할 수 있어야 학습자의 지식 형성을 도와줄 수 있다.

David Nigman(심성보 등 공역, 1998)에 의하면 교사와 학생이 공통된 언어와 의사소통이 가능한 공통된 방법을 사용한다면, 교사에게는 다음과 같은 책임이 부여된다.

① 자신들이 가르치려고 마음먹은, 그리고 다른 사람들에 의해 가르치도록 선택된 분야의 지식과 가치를 알 것
② 지식과 가치가 어떻게 이루어졌는지 그리고 교사가 그것들을 이해하는 방식에서 지식과 가치가 어떻게 조합되었는지를 알 것
③ 선행학습 된 것들은 의미 있는 개념들을 만들기 위한 현재의 상태이기 때문에, 학습자가 이미 알고 있는 것이 무엇인가와 그들이 가르치는 장면에 들어올 때 가지고 오는 것이 무엇인지를 알 것
④ 의미 있는 의사소통에 발생할 수 있는 조건들의 구성방법을 알 것
⑤ 사회체제마다 의미는 복합적이라는 것을 알 것
⑥ 교사와 학생이 공유된 의미를 습득하기 전까지는 어떤 교수행위도 발생하지 않는 다는 것을 알 것
⑦ 학습자로서 학생이 학습에 대해 책임을 가지며, 이는 교사가 학생이 자발적으로 수행하는 학습양식을 무시하거나 간섭해서는 안 된다는 것을 의미한다는 것을 알 것

⑧ 학생들이 학습에 책임이 있다는 말이 교사가 단지 학습될 교과내용을 던져 주는 데만 책임이 있다는 것을 의미하지 않는다는 것을 알 것

학습자 중심의 교수를 위해서 교사는 자신의 역할과 가르친다는 행위에 대해 구체적인 실천방안을 제시할 수 있어야 한다. 예를 들면, 교사는 학습자들이 각 교과에 맞는 학습활동을 할 수 있도록 지원하는 상황을 제공해야 하며, 둘째, 교사는 학습자들의 행동에 타당성을 가져야 하며, 학습자들의 시각에서 그들의 해결책을 이해할 수 있어야 한다. 셋째, 교사는 학습자들의 오류나 혼동이 그들의 현재 상황을 나타내는 것이라는 사실을 인식해야 한다. 넷째, 교사는 학습은 장기간 동안 사회적인 상호작용을 통하여 일어난다는 것을 알아야 한다.

3) 교사의 역할

학습자 중심의 교수·학습 환경을 조성하기 위한 교사의 역할은 기존의 정보 제공자로서의 역할을 벗어나 학습자의 수준에 맞추어 자신이 계획한 교육과정을 끊임없이 분석하고 그에 따른 수업의 전략을 탐구하는 것이다.

학습자가 중심이 되는 교육에서는 학습자 자신이 지식의 획득과정에서 적극적인 역할을 하고 학교에서 학습된 지식이 실제에 적용될 수 있는 맥락적 지식을 중요시한다. 맥락적 지식, 즉 실생활과 관련된 지식이 중요하기 때문에 학습자 중심의 수업을 계획하고 실행하기 위해서는 기본적으로 교육에 대한 교사의 획기적인 인식전환이 필요하다. 즉, 기존의 교사 중심 수업의 관행에서 벗어나 학습자의 사고과정을 중시하고, 그들과의 의사소통을 통한 담론을 형성하기 위해서는 우선적으로 교사의 인식 전환에 따른 도전적인 교수·학습과정의 구성이 필요하다.

학습자 중심 교육의 수업을 위해서 수업의 진행과정에 따른 교사가 해야 할 역할은 다음과 같다.

① 전체적인 수업 단원과 과제들을 안내하는 과정에서 교사가 주도하기보다는 학습자에게 질문을 유도하여 그것을 활용하도록 한다.
② 학습자들의 어떤 아이디어라도 수용하고 그것을 격려해 준다.
③ 학습과정에서 학습자가 주도성을 가지고, 협동하고, 정보를 종합하여 활동할 수 있도록 학습지를 촉진한다.
④ 학습과제의 수행에서 학습자의 사고, 경험, 그리고 흥미를 활용한다.
⑤ 학습자들이 정보를 수집하기 위해 인쇄매체뿐 아니라, 그 분야의 전문가를 활용하는 등의 다양한 대안을 낼 수 있도록 격려한다.
⑥ 학습자들이 어떤 일의 상황과 그 원인들을 제시하고 그 결과를 예측할 수 있도록 격려한다.
⑦ 학습자들 간에 서로의 아이디어와 개념 정립에 대하여 도전적일 수 있도록 격려한다.
⑧ 학습자들이 학습내용에 대해서 반성하고 분석할 수 있도록 적절한 시간을 배려해 준다. 그런 경우에 학습자들이 생성해 내는 모든 아이디어들을 존중하고 활용해 볼 수 있도록 한다.
⑨ 학습자들이 자기를 분석하고, 자신의 아이디어를 지지하는 실제적인 증거를 모으고, 새로운 지식에 비추어 자신의 사고를 재형성할 수 있도록 격려해 준다.
⑩ 학습자가 실제 생활의 문제해결에 적용될 수 있는 정보를 구할 수 있도록 적극적으로 활동하게 한다.
⑪ 수업 시간, 교실, 또는 학교 등의 장소의 제약을 초월할 수 있는 학습을 확장시켜 나간다.
⑫ 교사는 언어적 의사소통을 촉진한다.
⑬ 교사는 사회적 상호작용을 촉진한다.
⑭ 교사는 직접 가르치기보다는 도움을 주는 안내자 역할을 한다.

02 학습자 변인

학습은 경험의 의미를 재조직하고 재구성하는 것이며, 이 재구성은 인간이 자발적으로 통제할 수 있는 것이다. 간단히 말하면, 학습경험은 행하고 겪는 또는 받아들이고, 실제로는 흡수하는 것이다. 겪어서 자신의 산물을 만들어 내는 일은 자유로운 활동을 통해서만 가능하다. 재조직하거나 재구성하기 위하여 학습자는 활용 가능한 의미내의 경험을 어떤 의미에서는 창조해 내야 한다. 이러한 의미에서 학습은 근본적으로 학습자의 개별적인 것이다. 학습자 중심 교육에서의 학습자에 대한 이해는 학습자의 능력이나 인성적 특성이 다양하다는 것을 전제로 한다. 그러므로 자기 주도적 학습과 개별화 수업이 강조된다.

자기 주도적 학습을 위해서는 학습자들은 행위에는 나름대로의 이유가 있다는 것을 인정해야 한다. 따라서 교사들은 학습자들의 현재의 관점에서 그의 문제해결을 검토할 수 있어야 한다. 학습이란 지식을 습득하는 과정에서 자기 조정적이며, 학습자 스스로 반성과 추상화를 통한 개념적 구조를 쌓아 가는 것이다. 그러므로 학습자가 문제를 해결한다는 것은 그 문제를 자신의 문제로 보고, 자신이 선택한 방식으로 풀어가는 것이다. 학습을 계속 유지할 수 있도록 동기유발이 되어야 하며, 자신이 경험하고 선택한 문제를 풀면서 즐거움을 계속 경험할 수 있어야 한다.

개별수업은 어떤 두 명의 인간 개인도 같지 않다는 가정에 기초하고 있다. 인간에 관한 이러한 기본적 가정으로부터 아래의 몇 가지 가설적 상정을 학습 및 교수와 관련시켜 설정하는 일은 개별수업의 출발이 된다.

① 학습자 개인들은 상이한 학습진도를 보인다.
② 학습자 개인들은 공부하는 기술에 있어서 상이하다.
③ 학습자 개인들은 서로 꼭 같은 방법으로 문제를 해결하지 않는다.
④ 학습자 개인들은 상이한 흥미 경향을 가지고 있다.
⑤ 학습자 개인들은 상이한 학습동기를 가지고 있다.

⑥ 학습자 개인들은 특정시점에서 꼭 같은 학습준비도를 가지고 있지 않다.
⑦ 학습자 개인들은 특정시점에서 꼭 같은 학습능력을 가지고 있지 않다.

학습자 중심 교육은 그 개념 자체에 내포되어 있듯이 학습자가 중심이 되기 때문에 학습자에게 다음과 같은 역할과 책임이 부여된다.

① 학습은 학습자가 학습과제 자체에 몰입할 수 있어야 가능하기 때문에 학습의 과정에서 학습자가 문제해결의 주도권을 가져야 한다.
② 학습의 과정에서 학습자는 사회적 협의의 과정을 거칠 수 있어야 한다. 학습의 과정에서 학습자는 사회적 협의 과정을 이해할 수 있어야 한다. 사회적 협의 과정을 통해서 학습자는 다른 학습자의 관점을 이해하고자 시도하게 되며, 그들의 조망을 자신이 구성한 내용과 조절해 볼 수 있는 기회를 갖게 되기 때문이다.
③ 학습자는 학습내용을 다중적인 조망을 통해서 검토할 수 있어야 한다. 학습내용을 보다 전체적으로 충분히 이해하기 위해서는 학습내용을 다양한 맥락 속에서 해석해 볼 수 있어야 한다.
④ 학습자는 자신이 학습한 것과 그 학습과정을 반성할 수 있어야 한다. 자신의 학습을 반성할 수 있는 능력은 대단히 중요하다. 왜냐하면 그것은 학습자로 하여금 자신이 선택한 학습전략을 이해할 수 있게 하며, 이에 따라 새로운 인지구조를 구성하는 데 도움을 받는다.

03 교과목 변인: 교육내용 특성

학습자 중심 교육을 실시하면서 전문교과 담당교사들은 교과목 간의 특수성과 차이점을 정확히 인지해야 할 것이다. 그리고 무엇보다도 앞에서 제시했던 인지론적 관점, 즉 지식은 인지하는 주체에 의해 능동적으로 구성되며, 인지는 주체가 경험세계를 조직화하는 데 사용된다는 사실을 이해하고, 각 과목의 학문적 구조와 배열을 학습자 중심 교수원리에 맞게 적절히 설계해야 한다. 교과목을 통해 가르치고자 하는 것이 지식에 관한 것이라면, 지식이 무엇이고 어떻게 획득되는지를 알아야 한다. 학습자의 중요한 기능은 특정 교과목을 형성하고 있는 인식론적 가정과 관점을 이해하는 것이다. 그렇게 될 때, 학습자는 진정한 의미로 배우는 방법을 배우게 된다. 이를 위해 교육내용을 설계할 때 고려해야 할 점들을 구성주의 교육을 활용하여 김관수 외(2000)는 다음과 같이 제시하였다.

첫째, 학습자 중심의 교수·학습과정을 실천하기 위해서는 교육내용 자체를 학습자들이 융통성 있게 상상할 수 있도록 만들어야 한다. 학습자들이 교육내용에 관하여 개념적으로 이해하기 위해서는 깊은 반성적 추상작용의 기회를 많이 가져야 하며, 이를 위해서는 추상적 사고를 촉진시키는 상황의 설정이나 질문들이 제시되어야 할 것이다. 왜냐하면 구성주의적 원칙에서 보았을 때, 학습이란 학습자가 개별적으로 의미를 형성해 나가는 과정이며, 그러한 의미 형성을 위해서는 교육과정에서의 과제 자체가 학습자들이 의미를 부여할 수 있도록 조직되어야 하기 때문이다.

둘째, 학습자 중심의 교수방법을 위한 교육내용은 학습자들이 실제적으로 경험하고 있는 문제들과 관련될 수 있어야 한다. 교사는 학습자들이 그들의 세계를 어떻게 구성하고 있는가에 대하여 지식을 가지고, 서로 비교해 보고, 대조해 볼 수 있도록 격려할 수 있는 활동을 구상하여 학습자 스스로 구성해 나갈 수 있는 학습활동이 이루어져야 할 것이다.

셋째, 학습자 중심의 교수·학습 과정을 위한 교육 내용은 주요한 개념들을 모아 전체적으로 구조화하여 제시될 수 있어야 한다. 어떤 정보를 문제나 질문으로 된 개념들을 중심으로 전체적으로 제시하면, 서로 분리되고 고립된 부분으로 제시하는 내용보다 학습자들의 참여도가 훨씬 높다.

04 환경변인

학습자 중심의 교수·학습 환경을 위해서는 교수환경에서 학습이 조장되고 지원되는 학습환경으로 전환되어야 한다. 학습이 조장되고 지원되는 학습환경을 김관수 등(2000)은 다음과 같이 제시하고 있다.

① 큰 개념을 강조하는 교육과정으로서 전체적인 것을 먼저 제시한 뒤 부분적인 것을 제시한다.
② 학습자들에게 의문을 갖게 하는 것에 높은 가치를 둔다.
③ 교육과정활동은 기초적인 자료의 원천이나 직접 다루려는 자료에 따라 달라진다.
④ 학생들을 세계에 대한 이론을 만들어 내는 사고가라고 여긴다.
⑤ 교사들은 학생들을 위하여 환경을 중재해 주면서, 상호작용적인 방식으로 행동한다.
⑥ 교사들은 이후의 수업에서 사용하게 되는 개념을 학생들이 어떻게 이해하고 있는지 알아보기 위해 학생들의 관점을 살펴보고자 한다.
⑦ 학습에 대한 평가는 수업과정에서 함께 이루어지며, 수업 중의 학생 관찰이나 학생들의 작품이나 포트폴리오를 통해 이루어진다.
⑧ 학생들은 기본적으로 집단을 구성하여 공부한다.

또한, 학습자 중심으로의 환경변화란 교사 중심의 내용전달 수업에서 학생주도의 내용탐구활동으로의 전환을 뜻한다. 이를 위해서는 다음과 같은 학습환경이 조성될 필요가 있다.

첫째, 수업은 기존의 지식에 대한 의문을 갖고 새로운 것을 탐색하는 과정이기 때문에 질문과 발견의 과정을 중심으로 하는 학습환경이어야 한다.

둘째, 교사의 언어적 진술보다는 학생이 스스로 사고할 수 있는 조건과 환경을 만들어야 한다.

셋째, 지식의 창출을 위해서 기본적 개념과 원리를 깊게 사고하도록 해야 한다. 학생은 이성적 판단으로 동의할 수 있을 때 개념과 원리를 발견하게 된다.

넷째, 많은 내용을 피상적으로 가르치는 것이 아니라 적은 양의 지식을 깊게 이해하고 탐색하도록 가르칠 수 있는 환경을 조성해야 한다.

다섯째, 유의미한 경험으로 학습한 것이 실제 생활에 전이가 잘 되고, 전이가 되는 지식이 유용하며, 유용한 지식을 통해서 새로운 지식이 창출될 수 있기 때문에 학습과제는 학생에게 유의미하게 제시해야 한다.

여섯째, 자신의 말로 설명할 수 있고, 보기를 들 수 있고, 사용할 수 있어야 지식이 습득된 것으로 보기 때문에, 학생이 자신의 학습에 책임을 지도록 유도할 수 있는 학습환경이 되어야 한다.

학습자 중심의 교수 · 학습 환경이 조성되기 위해서는 먼저 다음과 같은 사항을 고려해야 한다.

첫째, 교사와 학습자 간의 변화된 관계, 즉 평등하고 협력적인 관계가 중요시되어야 한다.

둘째, 학습을 위한 풍부한 자료와 활동중심의 교육과정 구성이 중요시되어야 한다. 즉, 교사와 학습자가 학습과정에서 흥미와 아이디어를 공유하는 협력이 이루어지고 교사가 지식의 원천으로서가 아닌, 다양한 정보의 통로를 제공해 주는 안내자로서의 역할을 할 수 있을 때, 학습자 중심의 수업은 이루어 질 수 있다.

셋째, 학습자의 구성적 관점을 이해하고 그것을 귀중한 수업의 자원으로 활용할 수 있어야 한다. 학습자의 학습과정을 이해한다는 것은 학습에서의 기본원리이며, 교사가 이러한 학습자의 학습에 대한 관점을 이해하기 위하여 노력하여야 한다는 것은 학습자 중심의 교육을 실현하기 위한 필수적인 요소라고 할 수 있다.

이를 위해서는 이러한 활동을 가능토록 하는 환경의 설계가 있어야 한다. 양용칠(2000)은 학습자 중심의 교육을 위한 교수 · 학습 환경을 아래와 같이 제시하였다.

첫째, 구성적 활동을 촉진하는 교수 · 학습 환경

둘째, 사고력 개발을 강조하는 교수 · 학습 환경

셋째, 학습 원리와 법칙을 활용하는 교수·학습 환경
넷째, 협동적 활동이 이루어지는 교수·학습 환경
다섯째, 공학적 매체를 활용하는 교수·학습 환경

정리해 보면, 넓은 공간, 풍부한 교육시설, 그리고 개방적인 교육환경이 필요하다는 것이다. 사실 책상이 바닥에 고정되어 있고, 공간적인 여유가 별로 없는 교실에서는 흥미 있는 교수·학습방법이 이루어 질 수 없다. 책상을 쉽게 이동할 수만 있어도 그 가능성은 높아질 것이다. 학습자들이 다양한 학습활동을 할 수 있게 되면 그러한 환경 자체가 학습자의 활동을 구조화시킬 수 있는 가능성이 형성된다.

05 학습자 중심 교육을 위한 교수전략

학습자 중심의 교수원리는 한마디로 학습자로 하여금 스스로 학습을 잘할 수 있도록 도와주는 것이다. 엄밀한 의미에서 학습자 중심 교육은 교수이론이 아니라 학습이론이다. 그리고 그것은 어느 특정 교수이론이나 교수기법으로 고정되어 있지 않다. 즉, 학습자 중심의 교수·학습 과정은 교수양식의 일률적인 배열이나 잘 정렬된 수업기술로서 제시되기 어렵다. 그것은 구성주의적 교육이 그렇듯이, 가장 효과적인 교수·학습의 과정은 그 수업이 이루어지는 상황에 따라 달라질 수 있다는 것을 전제하기 때문이다. 교수방법의 적합성, 다양성, 통합성이 갖추어진다면, 그 어떤 교수기법도 학습자를 위해 활용할 수 있다. 여기서 적합성이라 함은 교수변인 간의 상호관계가 논리적으로 합치되어야 함을 의미하며, 다양성이라 서로 다른 목적과 기능을 배재하고 있는 다양한 교수방법의 가능성을 활용하는 것이다. 그리고 통합성이란 이 모든 것들이 학습자 중심 교육의 기본 원리에 부합되어야 함을 의미하며, 이는 곧 학습자 중심의 정체성을 정립하는 것이다.

학습자 중심 교육의 이러한 경향 때문에 모범답안으로서의 교수전략을 제시하기란 쉽지 않다. 홍기철(1998)은 여러 학자들의 학습자 중심 교육의 교수원리가 될 수 있는 내용들을 종합하여 다음과 같이 제시하고 있다.

① 학습자에게 의미 있는 과제를 제시하여 자기 주도적 그리고 능동적으로 학습하게 하라.
② 수업매체를 통해 학습자들이 의미를 구성하는 과정을 보조하라.
③ 교사는 학습자를 돕는 조언자, 동료 학습자의 역할을 수행하라.
④ 구체적 상황을 배경으로 실제적으로 복잡한 성격의 과제를 그대로 제시하라.
⑤ 동료와 상호작용을 촉진하는 협동학습 환경을 제공하고, 대안적 관점을 검증하는 것을 격려하라.
⑥ 실제 전문가와의 상호작용이 가능케 하라.
⑦ 학습내용과 학습과정에 대해 반성해 볼 수 있는 기회를 제공하고 격려하라.

학습자 중심 교육의 추가적 교수전략은 다음과 같다.

첫째, 학습자 중심의 주요한 원리는 자율성과 관계성이다. 그러므로 수업에서는 학습자들의 감각 운동적 활동과 정신적 활동을 격려하고, 의사소통이 일어날 수 있는 사회적 상황을 조성해야 한다.

둘째, 교사는 교육적 가능성이 풍부한 환경을 창조해야 한다. 이것은 교사가 적절한 교육환경을 구성할 것을 요구하는 원리로서 열린교육에서 환경원리라고 부를 수 있다. 교사는 교실에서 교육적이면서도 흥미로운 많은 활동을 할 수 있도록 환경을 구성해야 한다.

셋째, 풍부하고 다양한 경험의 기회를 제공하기 위해 시청각 자료, 컴퓨터를 활용한 수업, 현장학습 등을 활용할 필요가 있다.

넷째, 반성적 사고를 이끌어 내기 위해 발문의 기법과 전략을 습득해야 한다.

다섯째, 학습결과의 평가는 능력참조평가를 활용할 수 있어야 한다. 능력참조평가란 학생이 지니고 있는 능력에 비추어 얼마나 최선을 다했느냐에 초점을 두는 평가이다. 학생 개인의 능력 발휘에 관심을 두므로 개인 위주의 평가가 될 수 있다.

미지막으로, 교수방법에 적절한 교사 사신의 능력과 특성을 발굴하고 다른 교사들의 그것과 상호 협조할 수 있는 통로를 마련해 두어야 한다.

Chapter 10

다문화사회에서의 협동학습

Multi-Culture

다문화사회에서의 협동학습

협동학습은 집단의 협동을 증진시키고 학생들과의 상호작용을 통한 학습효과를 향상시키기 위하여 설계된 교수전략을 지칭하는 일반적 용어라고 할 수 있다. 이러한 모든 전략들의 공통점은 학생들이 공동의 목표를 달성하기 위하여 소집단 또는 모둠 속에서 협력하는 것이다. 그리고 협동학습의 전략들의 대부분은 교실에서 발견되는 경쟁을 제거하기 위하여 설계되었다. 경쟁은 "승자와 패자"를 양성한다. 결국 이러한 교실은 학생들 간에 도움을 주지 못한다(Johnson & Johnson, 2006). Slavin(1979)에 따르면 협동학습은 학습 배경 및 수준이 모두 다른 학생들이 공통된 학습목표를 가지고, 이 목표를 달성하기 위해 소집단내에서 함께 협력하며 활동하는 수업방법이다. 이렇게 공통된 학습목표를 달성하기 위한 과정에서 소집단 구성원들은 서로 돕고 칭찬함으로써 정의적 영역에도 긍정적인 영향을 미치고, 학습부진도 어느 정도 해소할 수 있다. 그렇지만 협동학습은 기존의 소집단 학습에서 동떨어진 새로운 개념의 학습방법이 아니라 소집단 학습의 무임승차 현상, 빈익빈 부익부 효과 등과 같은 단점을 보완하고 구성원들의 상호작용을 촉진시키기 위해 보상과 같은 기술을 추가한 것이다. 이에 따라 협동학습전략은 학생들이 협동하도록 조장하고, 공동의 목표를 달성하기 위하여 서로를 도울 수 있도록 설계되었다. 이러한 이유 때문에 협동학습전략은 다문화교실에서 내용학습뿐만 아니라 집단 간 긍정적인 태도를 증진시키는 데도 효과적이다(Banks, 2006c). 협동학습전략이 이러한 목표를 어떻게 달성하고 있는지, 고등학교 교실을 살펴보자.

김민재 선생님은 다양한 인종과 문화적 배경을 지닌 학생들이 다니는 고등학교에서 1학년 수학수업을 시작하기에 앞서 사전 검사를 실시한 후, 사전검사의 결과에 그는 충격을 받았다. 학생들은 인종, 문화 그리고 수학에 대한 배경 지식도 학생들에 따라 너무나 다양하였다. 어떤 학생들은 미분과 적분을 할 수 있지만, 어떤 학생들은 곱하기와 나눗셈과 같은 수학의 기초 연산문제에 어려움을 보인다.

이러한 다양성을 해결하기 위하여, 교사는 학생들을 4명씩 집단으로 편성하였다. 집단 구성은 사전 점수와 인종적 · 문화적 배경을 기초로 하였다. 수학을 가르치는 것 이외에 교사는 학생들끼리 서로 협동하고, 서로 다른 인종적 · 문화적 집단과 어울리도록 학생들을 도와야 할 필요성을 인식하였다.

다음날, 김민재 선생님은 학생들이 미분을 이용한 문제해결 과정을 복습하면서 수업을 시작하였다. 그녀는 미분을 이용한 문재해결이 일부 학생들에게는 쉬울 수도 있지만, 다른 학생들에게는 어려울 수도 있다는 것을 알았다. 그래서 그녀는 복습을 한 후에, 학생들을 팀으로 나누어 각 집단에 학습지를 제공하고, 각 팀의 수행능력이 어떻게 팀 구성원의 점수에 의해 결정되는지를 설명하였다. 불평하는 학생들이 있기 때문에, 김민재 선생님은 "팀은 사전 점수와 인종적 · 문화적 배경에 기초하여 균형 있게 배치하였으며, 학생들은 다른 사람과의 직접적인 경쟁이 아닌, 개인의 능력향상에 의해서 평가된다."고 설명하였다.

소집단 별로 문제지를 해결하는 동안에, 김민재 선생님은 교실을 순회하면서 팀 간의 협동을 격려하였고, 학생들에게 친구의 학습을 돕는 방법에 대해 알려주었다. 수업 시간이 끝날 무렵 학생들은 퀴즈를 풀었다. 교사는 채점하고 다음날 나누어 주었다. 김 선생님은 팀 점수에 기초하여 점수를 주었다.

협동학습의 유형과 방식은 여러 가지로 매우 다양하지만 양립할 수 있는 목적을 달성할 수 있다. 협동학습은 전통적인 학습목표, 기초 기능, 고차원적인 사고력을 가르칠 수 있다. 또한 대인관계 기술을 가르치거나 다양한 인종을 돕고 서로 함께 학습하는 것을 돕는데 효과적인 전략이다. 협동학습은 일반교실에 특수아동들을 통합하여 수용하는 것을 조장하는 데 사용되어 왔다(Johnson & Johnson, 2006). 따라서 이러한 협동학습은 다문화사회에서 적용될 수 있는 교수 · 학습방법이라고 할 수 있다.

Johnson과 Johnson(2006)은 학습목적이 어떤 것이라도 관계없이, 모든 협동학습 전략에는 다음과 같은 다섯 가지 본질적인 요소가 포함되어 있다고 밝히고 있다.

첫째, 사회적 상호작용은 학습을 촉진하기 위해 사용된다.
둘째, 학생들은 배당된 과제를 집단과 함께 협동하여 해결한다.
셋째, 학습목표는 집단의 학습활동을 지시하는 집단목표가 된다.
넷째, 교사는 학생들에게 개별적으로 학습에 대한 책임을 지운다.
다섯째, 학생들은 내용목표를 학습하면서 협력 기술을 개발해 나간다.

Eggen과 Kauchak(2004)에 따르면, 학생들 간의 대면적인 상호작용은 몇 가지 이점이 있다. 첫째, 대면적인 상호작용은 학생들이 자신들의 복잡한 사고를 말로 표현할 수 있도록 해준다. 둘째, 대면적인 상호작용은 사고력과 학습을 촉진시키는 인지적인 요구 과제이다. 셋째, 대면적인 상호작용은 다양한 관점을 공유하게 하고, 학생들이 다양한 관점으로 아이디어를 볼 수 있도록 도와준다. 넷째, 대면적인 상호작용은 다른 사람들의 아이디어에 기초하여, 학생들이 지식을 함께 구성할 수 있게 해준다.

학습의 목표는 학생들의 열정이 합의되고 공유된 학습과제에 집중시킨다. 김민재 선생님의 수업에서 집단의 목표는 모든 구성원들이 미분을 이용하여 문제를 해결하는 것이었다. 집단의 목표는 학생들이 서로를 돕게 하는 동기가 되었고, 그것은 다시 다른 사람의 성공을 위해 노력하도록 하였다. 이러한 견해를 뒷받침하기 위하여 연구자들은 성공적인 집단은 내용을 중심으로 상호작용을 확장하고, 집단의 목표는 학생들이 동료들에게 내용을 설명하도록 격려해 준다는 사실을 알아냈다(Webb, Farivar, & Mastergeorge, 2002). 이와 함께, 집단의 목표는 학생들에게 도움을 청하거나 도움을 주도록 격려하는 것이다. 교사들은 집단 전체의 수행능력을 향상시키기 위하여 학생들에게 보상을 주는 점수 체제를 설정함으로써 집단의 목표를 촉진시킬 수 있다. 팀 수행능력에 대한 보상은 학생들에게 중요한 것이 될 수 있는데, 보상으로는 자유 시간, 성취도 인증, 보너스 점수 등이 있다.

학생 책무성은 집단에 있는 각 개인이 퀴즈, 시험, 개별과제를 통하여 본질적인 내용학습에 대하여 학습자에게 책임을 지게 하는 것이다. 개별 책무성은 집단의 성적과 보상이 개인의 퀴즈 점수 평균에 기초를 두었을 때 집단의 목표와 결합이 된다. 개별 책무성이 없다면, 집단에서 유능한 학생들이 모든 활동을 하게 되어, 동료들이 무시되거나 무임승차할 수 있다.

협동학습의 마지막 특징은 학생들이 내용과 사회적 상호작용기술 모두를 배운다는 점이다. 이러한 상호작용기술에는 교환하기, 듣기, 합의하지 않은 방법 배우기, 피드백 주기, 합의에 도달하기, 집단의 모든 구성원들이 참여하기 등이 포함된다. 이러한 협력기술은 협동학습 활동에서 배우는 가장 중요한 기술들 중의 일부분이고, 종종 배워야 하며 개발되어야 한다. 협동학습활동 이후의 집단과정은 구성원들에게 그들 집단의 효과를 반성하도록 한다. 이것은 집단을 더 효과적으로 만들고 개인들에게 그들의 행위가 집단의 활동에 어떻게 기여하는지를 이해하게 해준다.

01 협동학습의 시작

협동학습에서 중요한 요인 중 하나는 집단의 구성방법이다. 집단 구성방법은 비슷한 학습수준의 학생들로 구성하는 동질집단 구성과 각기 다른 수준의 학생들을 모아서 구성하는 이질집단 구성방법이 있다. 변영계와 이인자(1996)는 소집단의 적정인원은 2~6명이며, 협동학습에 익숙하지 않은 학생들의 경우에는 상호작용을 연습할 필요가 있으므로 2~3명이 적당하며, 협동학습에 익숙한 학생들에게는 6명까지가 적당하다고 하였다. 그렇지만 소집단 크기가 6명 이상이 되면 소외되는 학생과 무임승차하는 학생이 발생하여 효율적인 협동학습을 할 수 없다고 하였다. 변영계와 이인자(1996)는 효율적인 소집단 편성방법에 대하여 다음과 같이 제시하고 있다.

첫째, 소집단을 이질집단으로 구성해야 한다. 왜냐하면 학습수준이 비슷한 학생들끼리 동질집단으로 소집단을 편성하면 단순한 기능 등을 학습할 수 있다. 그러나 여러 관점에서 살펴보는 것과 같은 복합적인 기능을 다루는 학습에서는 어려움이 야기될 수 있다. 수업의 효과성을 높이기 위해서는 학습 수준별 상·중·하 학생들을 고루 분포시킨 소집단처럼 이질집단으로 구성하는 것이 더욱 효율적이다.

둘째, 학습에 소극적으로 참여하는 학생과 학습에 적극적으로 참여하는 학생을 한 팀이 되도록 하여 모든 학생들이 학습에 대한 의욕을 느낄 수 있도록 구성하는 것이 좋다. 열심히 하는 학생들의 태도가 소극적인 학생들에게 본보기가 될 수 있기 때문이다.

셋째, 학생들에게 소집단 구성을 자율적으로 맡기면, 상위권 학습자들은 상위권 학습자들끼리, 하위권 학습자들은 하위권 학습자들끼리 같은 소집단을 형성하는 경향이 있다. 따라서 교사가 소집단을 구성함에 있어서 모든 수준의 학생들이 고루 섞이도록 해야 한다.

넷째, 학생들의 학습 능력뿐만 아니라 학생들의 사회성도 고려해야 한다. 학습자들마나 성향이 달라 활발한 성격의 학생과 달리 소극적인 성격의 학생들은 소외될 우려가 있다. 따라서 소외된 학생이 없도록 친밀한 교우관계의 학생들끼리 구성을 하는 것이 바람직하다. 소외된 학생이 발생할 경우, 학습 능력이 우수한 학생과 사회성이 좋은 학생들이 소외된 학생을 잘 도울 수 있도록 같은 집단으로 편성하는 것이 좋다.

성공적인 협동학습 활동은 저절로 일어나는 것이 아니다. 성공적인 협동학습은 사려 깊은 계획과 준비의 결과라고 할 수 있다. 학생들이 이러한 수업전략에 관하여 제한된 경험을 갖고 있다면, 학생들에게 협동학습을 도입하기 위해서는 특별한 노력을 해야 한다.

Vaughn, Bos, Candace와 Schumm(2006)은 교실에서 협동학습 전략을 실행하는 교사는 다음과 같은 잠재적인 문제점들을 확인해야 한다고 주장하고 있다.

첫째, 과제이탈 행동
둘째, 함께 어울리지 못함
셋째, 비행
넷째, 집단 시간의 비효과적인 활용

1) 과제이탈 행동

과제이탈 행동은 크게 두 가지 요소에 기인한다고 볼 수 있는데, 첫 번째 과제이탈 행동은 과제의 목표가 명확하지 않거나 책무성이 부족할 때 발생한다. 학생들을 소집단으로 나누기에 전에, 교사는 활동의 목적을 명료하게 제시하고 결과로서의 구체적 산물을 제시해야만 한다. 이와 함께, 학생들이 과제를 완성해야 하는 시간을 구체적으로 제시하여야 한다. 학생들에게 협동학습을 처음 소개한다면, 짧고 단순한 과제에서 시작하고 목표와 방향을 명료하게 해야 한다. 두 번째 과제이탈 행동은 결과를 명확히 기록하지 않는 것으로부터 발생한다. 결과를 명확하게 기록하는 것은 책무성과 관련이 있다. 학생들이 결과에 대하여 정확히 알면, 학생들은 목적을 달성하기 위하여 명확한 목표를 가지게 된다.

2) 함께 어울리지 못함

효과적인 협동학습은 자동적으로 나타나는 것이 아니다. 사회적 기술이 개발되어야만 효과적인 협동학습이 일어난다. 많은 학습활동에서 학생들은 다른 학생들과 고립되어 조용히 앉아 있는 경우가 많은데, 협동학습에서는 말하고, 듣고, 서로의 학습을 돕는 기술들이 절실하게 요구된다. 그러나 이질적인 학습 집단에서는 협동학습에서의 필수적인 요소인 말하고, 듣고, 그리고 서로의 학습을 돕도록 하는 과정은 더욱 복잡하다.

Johnson과 Johnson(2006)은 학생들의 상호작용기술을 개발시키기 위해서 교사는 다음과 같은 협동학습 팀 만들기 연습을 활용해야 한다고 제안하고 있다.

(1) 이름 알기

집단을 형성할 때 초기에 학생들이 서로의 이름을 알 수 있도록 시간을 배정할 필요가 있다. 다른 팀 구성원들이 그들의 파트너 이름을 알도록 게임이나 퀴즈를 사용한다면 서로에게 친근감을 느끼도록 하는 출발점이 될 수 있을 것이다.

(2) 면접

이름 알기 연습의 확장으로 학생들이 서로의 흥미, 취미, 좋아하는 음식 또는 서로에 대하여 알지 못하는 점들을 인터뷰하게 하는 과정이 필요하다. 또한 학생들에게 면접을 통하여 알게 된 것들을 같은 반 학생들에게 간략하게 소개하도록 한다. 이러한 면접과정과 소개과정을 통하여 반 학생들에 대한 이해를 통하여 소집단뿐만 아니라 한 학급이라는 공동체 소속감을 형성할 수 있다.

(3) 팀 이름 또는 로고 만들기

학생들에게 소집단의 이름과 로고를 만들도록 한다. 학생들이 소집단의 이름을 정할 때, 학생들이 모두 참여할 것을 강조하고, 합의를 하도록 하며, 개인의 권리를 존중하도록 한다. 팀 이름과 로고 만들기는 소집단에 대한 소속감을 형성하고, 소집단 활동에 구성원 모두의 참여를 유인하고, 소집단 활동에 있어서의 합의를 유도하면서도 개인의 권리를 존중할 수 있도록 만들 수 있다. 특히 협동학습에서, 그리고 일반적으로 수업에서의 중요한 목적은 학생들이 서로 예의 바르고 존중하는 방법을 배우는 것이다. 이러한 규칙을 깨는 것은 여러분의 수업시간에 중요한 과실을 범하는 것이다. 노력과 인내를 통하여 여러분들은 이러한 규칙을 강조할 수 있고, 친구들하고만 공부하기를 원하는 학생들과 관련된 많은 문제점들도 사라질 것이다.

3) 비행

협동학습 전략의 상호작용 성격 때문에, 자유와 구조화가 부족하면 결과적으로 학생들의 관리 문제가 증가된다(Emmer, Evertson, & Worsham, 2006; Evertson,

Emmer, & Worsham, 2006). 이러한 문제점을 해결하기 위하여 구체적인 과제 요구, 책임설정, 책무성, 주의 깊은 학생 관찰 등이 요구된다.

학생들의 역할과 기대가 명료하지 않을 때, 다양한 관리 문제가 발생한다. 교사들은 학생들을 집단으로 나누기 전에 집단의 모든 학생들이 자기들이 무엇을 해야 할 것인지를 알도록 해야 한다. 단지 학생들에게 과세반을 기술하지 말고, 학생들이 사용하려는 동일한 학습자료를 가지고 학생들에게 직접적으로 시범을 보여 주어야 한다. 학생의 책무성은 구조를 형성하고 학습관리 문제를 최소화하는 데 도움이 된다. 학생들이 기대되는 결과 또는 퀴즈가 제공될 것을 알게 되면, 그들의 노력은 보다 직접적으로 학습과제에 초점을 맞추게 된다.

4) 집단 시간의 비효과적인 사용

학생들이 집단에 있을 때, 교실을 순회하면서 관찰하고 각각의 집단을 도와주어야 한다. 때때로 뒤에 서서 교실 전체를 관찰해야 한다. 어떠한 집단이 활동을 잘 하는가? 어떠한 학생들이 분주하고, 어떠한 학생들이 빈둥거리거나 놀고 있는가? 도움이 더 필요한 집단에게는 시간을 더 제공해야 한다. 효율적으로 활동하는 집단에게 긍정적인 말이 담긴 보상을 주어야 한다. 그리고 효율적인 집단에 대하여 전체 학생들의 주의를 끌 수 있도록 노력을 해야 한다.

02 협동학습의 유형

협동학습은 널리 사용되고 있는 수업방법이다. 왜냐하면, 협동학습은 대부분의 교과와 학년에서 넓은 적용가능성이 있기 때문이다. 교실에서 협동학습방법이 사용되는 유형에는 집단학습, 학생 팀 성취분담 협동학습모형(Student Teams

Achievement Division), 팀 게임 토너먼트 모형(Team Game Tournament), 팀 보조 개별학습(Team Assisted Individualization), 협동적인 통합 독해와 장문, 집단탐색, 그리고 Jigsaw 모형 등이 널리 활용될 수 있다. 협동학습이 교실에서 어떻게 진행되는지 살펴보자.

1) 집단학습

집단학습은 교사 중심의 수업 또는 강의와 같은 수업전략을 사용하는 수업에서 수업의 효과를 보충하기 위하여 학생들과의 협동을 활용하는 수업이다. 집단학습은 낮은 수준의 목적과 높은 수준의 목적 모두를 가르치는 데 사용될 수 있다. 낮은 수업의 목적의 예에는 다음 내용이 포함된다.

① 기초적인 수학 사실
② 역사적인 이름과 시기
③ 화학 기호와 과학적인 용어
④ 언어에서의 발음과 문법

집단 활동은 또한 동일한 내용에 대한 학생들의 사고력을 촉진시키기 위하여 사용될 수 있다(Ginsburg-Block, Rohibeck, & Fantuzzo, 2006; Harris, Graham, & Mason, 2003).

① 학생들이 문제해결 기술을 향상시킨다.
② 사회과목에서 경향과 인간관계를 이해하는 데 도움을 준다.
③ 과학에서 실험 설계 방법을 가르친다.
④ 초고에 대하여 피드백을 제공한다.

집단학습은 수업의 목표, 집단의 크기와 구성, 학습과제에 따라서 많은 형태가 있다. 가장 단순한 집단학습 방법은 짝으로 구성된 학습방법이다. 학생들이 서로 옆에 앉아서 짝과 함께 학습하는 집단학습방법은 기존의 수업에 쉽게 통합될 수 있다. 널리 사용되고 있는 두 가지 집단학습방법 중에서 첫 번째는 생각하고 – 짝을 이루고 – 공유하기 방법이고 두 번째는 짝 점검하기 방법이다.

생각하고 – 짝을 이루고 – 공유하기 방법에서 교사는 정형화된 질문을 하지만, 한 학생에게 대답하도록 강요하기보다는 모든 학생들이 답에 대하여 생각해보고, 동료와 함께 논의하도록 한다. 잠시 후에, 교사는 전체 학생들과 함께 학생들과 생각을 공유하기 위하여 각 짝 중 한 학생에게 질문한다. 생각하고 – 짝을 이루고 – 공유하기 전략은 전체 집단을 대상으로 한 교사 중심 수업에 한하여 사용될 때 가장 효과적이다.

다음의 네 가지 요소가 이 전략의 효과에 도움이 된다.

① 학급의 모든 학생들에게 반응을 유도하고 적극적인 학습을 조장한다.
② 짝들의 개별 구성원들이 참여할 것으로 기대되기 때문에, 집단 활동에서 가끔씩 발생하는 무임승차를 줄일 수 있다.
③ 계획하고 실행하는 것이 비교적 용이하다.
④ 학습자에게 다른 전략보다 복잡한 집단 활동 전략으로 옮겨가는 데 도움을 줄 수 있다.

학교에서 널리 사용되고 있는 두 번째 형태의 집단학습은 짝 점검 학습이다. 이 전략은 학생들이 짝을 이루어 함께 수렴적 답을 요하는 질문에 중점을 두어 학습해 나간다. 이 전략은 통상 개념과 기능을 가르치고 학생들에게 해결자와 점검자의 역할을 교차하여 주제에 대하여 연습할 기회를 제공한 후에 실시한다. 짝은 정답 또는 오답이 있는 수렴적인 문제나 질문이 담긴 과제에 관한 유인물을 받는다. 여기에는 수학문제, 절차, 문법, 구두점 등에 관한 문제가 있다. 짝 중의 한 명은 두 개 또는 세 개의 문제를 해결하고 다른 한 명은 답을 점검한다. 그런 다음 역할을 바꾼다.

학생들이 학습할 때, 교사는 학습과정을 조정하고, 학생들이 정답에 대한 이유에 대하여 적절한 시기에 토론하도록 격려한다. 만약 학생들이 토론을 잘 못하면, 짝은 개별 학생들이 책 뒤에 있는 답을 확인하는 것만 못한 결과를 가져올 수도 있다. 이외에 불일치 또는 혼란스러운 부분에 대한 전체 학급 토론을 하기 위하여 활동 끝 부분에 시간을 남겨 두어야 한다.

2) 학생 팀 성취분담학습

(1) 학생 팀 성취분담학습의 특징

학생 팀 성취분담학습(Student Teams Achievement Divisions: STAD)에서는 능력이 높고 낮은 학생들이 짝을 이루어 4~5명이 팀을 이루고, 팀 점수는 개인의 향상 점수에 의하여 받게 된다(Slavin, 1995). 학생 팀 성취분담학습의 중요한 특징은 학생들에게 팀 수업에 따라 보상이 주어진다는 것이다. 따라서 집단의 협동을 조장하게 된다.

학생 팀 성취분담학습(STAD)의 단계는 다음과 같다.

① 사전검사를 실시한다. 이것은 이전 단원에서의 활동 또는 실제적인 사전검사가 될 수 있다.
② 학생들을 서열화한다.
③ 각 팀의 학생들은 능력이 높은 학생, 중간 학생, 낮은 학생으로 4~5명씩 구성된다. 각 팀은 성과 인종과 관련하여 다양하다.
④ 평상시처럼 학습내용을 제시한다.
⑤ 학습할 내용이 담긴 학습지를 배부한다.
⑥ 학습발전을 위하여 모든 집단을 관찰한다.
⑦ 개별 학생에게 개별 퀴즈를 실시한다.
⑧ 개인이 획득한 점수에 기초하여 팀 점수를 배정한다.

학생 팀 성취분담학습(STAD)의 효용성과 특징은 다음과 같다.

① 기본적인 학습의 능력 차이에 관계없이 모든 학습자들의 학습동기를 유발

시키는 협동학습 모형이다.

② 수업절차와 점수 계산 방식이 간단하여 실제 수업에 적용하기 쉽다. 수업절차도 간단하고 향상점수제라는 독특한 보상 체제의 구조가 활발한 모둠 구성원 간의 상호작용과 학습동기를 촉진시켜 준다.

③ 성취분담학습은 소집단에 대한 보상이라는 특징을 가지고 있다. 이 보상은 개별적 보상이 아닌 집단 전체에게 하는 보상으로서 소집단 전체의 기준과 목표로 작용한다. 이 기준과 목표를 충족시켜야 보상을 얻을 수 있기 때문에 기준과 목표를 충족시켜 보상을 얻기 위해서는 소집단의 구성원들이 서로 돕고 도움을 받으려 한다. 이 과정에서 학생들이 상호작용 및 협동을 증진시킬 수 있다.

④ 성취분담학습은 개별적 책무성이라는 특징을 가지고 있다. 개별적 책임이란 소집단의 성공을 위해서는 잘하는 학생만이 아닌, 소집단 구성원의 모두의 성취가 중요하다는 것이다. 따라서 과제를 성취하기 위해 집단과 개인의 책임이 동시에 이루어져 구성원 각각의 능력을 최대로 발휘하게 된다. 또한 서로의 도움이 있어야만 소집단이 성공할 수 있도록 구성되어 있다.

⑤ 성취분담학습은 균등한 성공 기회의 제공이라는 특징을 가지고 있다. 많은 협동학습은 상위 학생들의 주도로 집단의 성공이 이루어지는 경우가 많은데, 집단별 성취분담 협동학습은 학습 수준에 관계없이 성공의 기회가 주어져 학습수준이 낮은 학생들도 학습에 대한 책임을 갖고 학습에 임할 수 있다. 구성원들이 자신들의 이전에 본 평가에서 받은 점수보다 본 평가에서 점수를 향상시키면 기준에 따라 향상 점수를 얻게 되어, 학습 수준에 관계없이 팀에 기여를 할 수 있게 된다. 이는 무임승차 학생이 발생하는 것을 방지할 수 있다.

학생 팀 성취분담학습(STAD)의 원칙은 다음과 같다.

① 집단의 목표 제시

② 과제의 분업으로 개별적 책무성의 강조

③ 집단에 기여할 수 있는 개별적으로 균등한 성공기회 제공
④ 집단 간의 경쟁으로 구성원 결속력 및 학습동기 촉진

학생 팀 성취분담학습(STAD)에서의 집단 구성 원칙은 다음과 같다.

① 집단은 학력, 성별, 성격 등 고려하여 이질집단으로 구성
② 4명으로 구성하는 것이 가장 이상적이며, 수준별로 상위권 1명, 중위권 2명, 하위권 1명 등으로 집단을 구성
③ 학력이 균등하게 소집단 편성

(2) 학생 팀 성취분담학습의 절차

학생 팀 성취분담학습(STAD)의 학습절차는 5단계로 구성되어 있다.

① 학습과제 제시 또는 수업소개
② 주어진 정보를 이해시키기 위한 집단구성원들 간의 소집단 활동
③ 개인별 성취정도를 측정하기 위한 형성평가 형태의 쪽지시험 퀴즈
④ 개별 학생의 향상점수 계산, 집단별 성취정도 결정
⑤ 가장 높은 성취를 나타낸 집단을 칭찬하고 보상함

① 수업소개

교사는 수업의 초반에서 단원의 개요에 대하여 설명한다. 이때, 이 주제와 관련된 선수 학습의 내용을 제시한 후 핵심 기능을 복습하고, 이번 단원의 학습목표와 관련된 주요한 학습 내용과 기능을 제시하며 학생들이 학습에 대한 방향을 인지하도록 돕는다. 또한 학생들의 학습내용에 대한 이해를 점검하기 위한 질문을 한 후에 이해가 부족한 학생이 있다면 구체적인 예를 제시하여 이해를 돕고, 해당 단원을 학습하는 이유를 명확히 익히게 해 주어야 한다. 이를 통해 학생들은 소집단에서 달성해야 할 목표와 이를 위해 해야 할 활동과 활동방향을 익힐 수 있다.

② 소집단 활동

소집단의 학업성취 능력이나 성별 등 다양한 사항을 고려하여 소집단을 이질적으로 구성한다. 학생들은 교사가 제시하는 학습활동 및 학습지, 그리고 교재로 수업시간 동안 소집단 구성원 간의 상호작용을 활발히 하면서 학습한다. 또한 소집단의 동기부여, 신뢰감 및 팀워크 형성을 위해 소집단 이름 및 구호를 만드는 등의 활동을 한다. 이러한 과정에서 가장 강조할 점은 소집단 구성원들이 서로를 도와주기 위해 노력해야 한다는 것이다. 구성원들은 과제 수행을 위해 서로 지지해 주고 또한 자신들이 다음의 성공을 위해 할 일이 무엇인지를 적게 하는 등 반성적 사고를 할 수 있는 과정을 통해 소집단의 활동의 발전을 유도할 수 있다.

학생 팀 성취분담학습(STAD)에서의 소집단별 학습활동은 〈표 10-1〉과 같다.

표 10-1 학생 팀 성취분담학습(STAD)에서의 소집단별 학습활동

활동	활동 내용
집단별 학습지 배부	• 2명의 짝에게 학습지를 1장 나누어 준다. 짝꿍끼리 1장의 학습지만을 가지고 공동 협력하여 함께 학습하도록 한다.
집단별 학습과 지켜야 할 것	• 교사의 수업 안내 후 수업내용에 대한 학습지를 소집단별로 공부함. 소집단별 학습활동의 주된 목적은 모둠 구성원들이 퀴즈문제를 잘 풀도록 하기 위함 • 소집단구성원 각자 역할분담-리더, 기록, 자료, 점수담당 등 협업활동 강조 • 소집단을 구성하여 서로 질문/토의하면서 학습지를 풀면서 내용을 학습토록 함 • 과제가 어려워 해결되지 않을 경우, 소집단 내에서 해결토록 하고 교사에게 도움을 청함 • 개별학습 활동 지양, 소집단끼리 상호작용을 활발히 하게 유도 • 소집단 학습활동을 하는 동안 교사는 순회하며 우수 소집단 칭찬 및 소집단 구성원 활동 관찰 기록(수행평가)
집단별 학습 마무리와 정답 맞히기	• 다른 소집단이 끝날 때 까지 퀴즈에 대비하여 서로 묻고 대답하는 시간 갖기 • 퀴즈 학습지를 다 풀면 정답지를 나누어 줌. 2명의 짝에게 1장만 나누어 줌. 단순히 정답이 맞는지 확인하는 것이 아니라 서로에게 왜 답이 되는지를 설명하도록 함

학생 팀 성취분담학습(STAD)에서 사용되는 학습지에는 다음과 같은 것들이 있다.

1. 암기 위주의 퀴즈형 학습지
2. 빈칸 채우기 핵심요약형 학습지
3. 생각표현을 위주로 하는 글쓰기형 학습지
4. 감성표현 위주로 하는 이미지형 학습지
5. 이미지를 위주로 하는 스토리텔리형 학습지
6. 토론과 토의를 위주로 하는 논술형 학습지
7. 예화/질문을 위주로 하는 NIE형 학습지
8. 체크리스트형 학습지
9. 체계잡기를 위주로 하는 마인드맵형 학습지
10. 생각을 키우고 이야기하는 나눔형 학습지 등

③ 형성평가 문제

협동학습을 활용한 수업 종료 후에, 학생들에게 개별적으로 형성평가를 실시한다. 이 과정에서 학생들은 협동을 할 수가 없고, 오직 개인적으로 퀴즈를 풀어야 한다. 또한 이 과정에서 교사가 제시하는 형성평가는 학생들이 10~30분 정도면 해결할 수 있는 간단한 평가이어야 한다. 형성평가가 끝난 후 개인별 점수를 계산하고 학생들의 과거 점수 대비 향상도에 따라 개인의 향상 점수를 부여받게 된다.

④ 개별·집단별 향상 점수

형성평가가 끝난 후에 구성원의 개인별 향상 점수를 바탕으로 소집단별 점수를 계산한다. 개인별 향상 점수를 산정하는 방법은 다음과 같은데, 먼저 학생들에게 이전에 치른 형성평가 점수의 평균인 기본 점수가 있다. 이 기본 점수를 이번에 실시한 형성평가의 점수와 비교하여 향상 점수를 부여한다. Slavin(1979)이 제시한 향상 점수 산출기준과 같은 기준으로 개인별 향상 점수를 산출하여 모두

더한 후 소집단의 인원수로 나누면 소집단별 향상 점수가 산출된다. 이러한 향상 점수의 산출은 소집단의 모든 구성원들이 자신을 넘기 위해 다른 사람과의 경쟁이 아닌 자기 자신과의 경쟁을 유도할 수 있고, 모든 학습자가 평등한 성공의 기회를 가질 수 있기 때문에 인지적 · 정의적 영역에서 매우 긍정적인 효과를 줄 수 있다.

표 10-2 Slavin(1979)의 학생 팀 성취분담학습에서의 향성 점수 부여 체계

형성평가 점수	향상 점수
기본 점수에서 10점 이상 낮을 때	5
기본 점수에서 1~9점 하락	10
기본 점수에서 0~9점 높을 때	20
기본 점수보다 10점 이상 상승	30
만점일 때(기본 점수와 상관없이)	30

학생 팀 성취분담학습(STAD)에서의 점수 종류는 〈표 10-3〉과 같다.

표 10-3 성취분담학습(STAD)에서의 점수 종류

점수 유형	반영 방법
기본 점수	이전에 치른 여러 번의 퀴즈 점수의 평균
개별향상 점수	퀴즈문제를 풀어 얻은 점수가 기본 점수에 비해 얼마나 향상되었나를 비교하여 부여하는 점수
집단 점수	집단 구성원의 개별향상 점수 총합의 평균 점수

⑤ 집단 점수의 게시와 보상

단원의 형성평가가 끝난 후 바로 점수를 발표하는 것이 효과적이다. 왜냐하면 소집단별 점수에 따라 차등적인 보상을 하여 학생들의 학습에 대한 동기를 높일 수 있기 때문이다. 보상을 실시하면 하위권 학생들은 보상이라는 외부동기가 작용하여 좀 더 학습에 적극적으로 참여할 수 있으며, 상위권과 중위권 학생들 역시 집단의 향상 점수를 높이기 위해 하위권 학생들을 잘 도와주려는 마음을 갖

게 되어 협동을 극대화시킬 수 있다. 보상은 일정한 점수 또는 기준을 충족시킨 집단에게 칭호를 주거나, 구체적인 상품, 즉 스티커 또는 간식 등을 주는 방법을 사용할 수 있다.

이러한 학생 팀 성취분담학습(STAD)의 수업 절차를 표로 나타내 보면 [그림 10-1]과 같다.

수업 절차	활동 내용
교사의 수업 안내	① 단원의 전체개요 설명, 학습활동 방향 안내 ② 학습 가용자원 이용(비디오, 강사, 팀티칭) ③ 도입, 전개, 과제 수행 연습의 순으로 전개
집단별 학습	① 능력별 이질적인 모둠구성, 역할분담 ② 소집단 구성원들이 협동하여 과제 해결 ③ 2인당 1장씩 학습지를 배부 후 짝끼리 서로 질문하고 토의하면서 학습지 해결
형성평가	① 모든 학생들에게 개별 퀴즈(쪽지시험)를 실시함 ② 교사설명, 모둠학습 내용을 퀴즈를 통해 해결 ③ 짝과 학습지를 바꾸어 채점하고 점수 계산함
향상 점수 산출	① 개인향상점수 산출 ② 퀴즈점수 향상 정도에 따라 개인향상점수 부여 ③ 소집단별 개인 향상 점수를 합하여 소집단 향상 점수 산출 ④ 소집단 향상 점수에 따라 우수 소집단 선정
점수의 게시와 보상	① 우수 모둠에 보상함 ② 게시판에 퀴즈 결과와 우수 소집단 공고

그림 10-1 **학생 팀 성취분담학습(STAD)의 수업 절차 및 활동**

3) 집단조사

집단조사는 학생들에게 공통적인 문제를 해결하거나 조사하기 위하여 팀을 3~6개로 구성한다(Tan, Sharan, & Lee, 2007). 이 방법이 사용되는 교과에는 과학 또는 사회과의 실험, 가정과 프로젝트, 예술에서의 디오라마(Diorama)[1] 또는 미술의 콜라주(Collage)[2]가 있다. 학생들은 집단 목표 설정, 개별 책무성 부여, 프로젝트 완성에 대한 책임이 있다. 협동은 공동 집단의 목표를 통하여 증진되고 점수는 전체 프로젝트에 의해서 결정된다.

집단 조사전략은 다음과 같이 6단계로 구성된다.

① 주제 선정: 학생들은 일반적인 영역에서 조사할 주제를 선정한다.
② 협동학습 계획: 교사의 도움을 받은 학생들은 자료를 수집하는 방법과 인터넷 또는 도서관 자료 조사와 같은 다른 활동을 계획한다.
③ 실행: 학생들은 다양한 학습전략과 자료 원천을 통하여 자신들이 고안한 계획을 실행한다.
④ 분석 및 종합: 학생들은 지금의 집단 또는 다른 집단에서 수집된 정보를 분석하고 조작한다.
⑤ 최종 보고서 발표: 학생들은 정보를 공유한다.
⑥ 평가: 학생들은 결과와 관점을 비교하고 유사점과 차이점에 대하여 논의한다.

다양성을 수용하기 위하여, 교사는 집단을 이질적으로 구성해야 한다. 다양한 집단 구성원들은 모두 최종 보고서 작성에 참여해야 한다.

이러한 집단조사의 수업 절차와 활동을 표로 나타내 보면 [그림 10-2]와 같다.

4) Jigsaw 모형 교수 · 학습 방법

Jigsaw는 공통 주제를 조사하기 위하여 학생들을 소집단으로 나누는 협동학습

1) 하나의 장면이나 풍경을 일정 공간 안에 입체적 구경거리로 구성한 것. 무대장치적인 원근법과 조명 연출에 의한 전시 방법이다. 한편 파노라마(panorama)는 전경(全景)이라는 뜻인데 다면적으로 볼 수 있는 조감도적인 구성으로 배경과 근경을 합성한 전망식 실경 전시다. 디오라마가 한 화면을 대상으로 한 입체 전시인 데 반해 파노라마는 전경을 담고 있다는 점에서 구별된다.

2) 벽지, 낡은 책의 삽화, 사진, 무늬가 있는 천 등을 모아 붙여서 화면을 구성하는 기법. 캔버스와는 이질적인 재료 혹은 신문, 잡지 등 대중매체의 사진이나 기사 등을 오려 붙여 부조리한 충동이나 아이러니한 이미지의 연쇄반응을 노리는 기법을 말한다. 그래픽 디자인 및 광고에 폭넓게 응용되고 있는데 소재를 다루는 방식에 따라서 특이한 효과를 낼 수 있다.

수업 절차	활동 내용
주제 선정	• 조사할 주제를 선정
협동학습 계획	• 자료를 수집하는 방법 • 다른 활동을 계획
실행	• 고안한 계획을 실행
분석 및 종합	• 집단 또는 다른 집단에서 수집된 정보를 분석하고 조작
최종 보고서 발표	• 정보 공유
평가	• 결과와 관점을 비교하고 유사점과 차이점에 대하여 논의

그림 10-2 **집단조사 수업의 수업 절차 및 활동**

전략 중의 하나이다(Aronson, Wilson, & Akert, 2005). 이러한 주제의 범위는 방대하여 개별 구성원들에게 주제의 세부내용들이 배당된다. 그런 다음 개별 구성원은 구체적인 세부내용에 대한 연구와 학습에 책임을 지고, 다른 구성원들에게 이 주제를 가르친다. 모든 학생들은 주제와 관련된 모든 정보를 학습하게 하고, 종합적인 퀴즈는 이것이 제대로 이루어졌는지를 평가하기 위한 집단보고서를 보충하기 위하여 활용될 수 있을 것이다.

Jigsaw라는 이름은 모집단이 전문가집단으로 갈라졌다가 다시 모집단으로 돌아오는 모습이 마치 Jigsaw Puzzle과 같다고 하여 붙여졌다. 이 모형은 학생들에게 자기주도적인 학습능력을 길러주는 교수·학습방법으로서 특히 외국의 대학교육에서 많이 응용되고 있으며 그 효과가 입증되고 있는 모형이다.

교실에서의 Jigsaw 모형은 1978년 Aronson에 의해 처음 개발되었다. 그 후 Slavin 등이 Jigsaw 모형을 수정하여 Jigsaw Ⅱ를 만들었기 때문에 기존의 Jigsaw 모형은 Jigsaw Ⅰ이 된 것이다. Jigsaw 모형은 계속해서 Jigsaw Ⅲ까지 나오게 되었는데, Chris Harrison에 의해 '협동 Jigsaw Ⅰ과 협동 Jigsaw Ⅱ'를 개발함으로써 Jigsaw 모형은 다양하게 분화되었다. Kagan(1985)에 의하여 자율적 협동학습모형도 Jigsaw 모형의 많은 성격을 공유하고 있다.

(1) Jigsaw Ⅰ 모형

① Jigsaw Ⅰ 모형의 특징

Jigsaw Ⅰ 모형은 다음과 같은 특징을 가지고 있다.

첫째, 각 구성원의 역할과 책무성이 뚜렷하다.

둘째, 학생들 각자는 자기가 맡은 소주제에 대해서 전문가가 되어 성취나 팀 기여도에 대한 자신감과 긍지를 갖게 된다.

셋째, 학생간의 상호 의존성이 보장된다.

넷째, 이질적인 학생들의 교우관계의 증진에 효과가 있다.

② Jigsaw Ⅰ 모형의 수업절차

Jigsaw Ⅰ 모형은 학습과제를 4~6등분하여 같은 학습과제를 받은 학습자끼리 전문가집단을 구성하게 된다. 전문가집단에서 학습과제를 완전학습한 구성원들은 각자의 모집단으로 돌아와 자기가 전문가집단에서 학습한 내용을 모집단 구성원들에게 가르친다. 그러므로 학습자들은 전문가집단에서는 상호작용을 통해 학습 자료를 연구하고 이해해야 하며, 모집단으로 돌아 와서는 한 분야의 전문가로서 자기가 맡은 부분을 팀원들에게 서로 가르치는 상호작용을 통해 다시 상호 학습하게 된다.

Jigsaw Ⅰ은 팀별 평가는 실시하지 않고 단지 개별 점수 및 개별 평가만 실시하는 것이 특징인데, 그 전형적인 수업절차는 '모집단 활동', '전문가 활동', '모집단 재소집'의 세 단계이다(Aronson et al., 1978; Slavin, 1995).

가. 모집단(Home Team) 활동

처음에 교사는 한 단원의 수업 주제를 선택하여 이번 수업의 계획을 대체적으로 설명해 준다. 그런 다음 5~6명으로 구성된 모집단에 몇 가지의 하위 주제가 질문의 형식으로 적혀 있는 전문가 용지(Expert Sheet)를 배포한다. 이 하위 주제들을 소집단 구성원 각자에게 하나씩 할당되게 하며, 각 주제를 맡은 구성원은 그 하위 주제에 한하여 전문가가 된다. 모집단에서 학생들은 하위 주제 외에 각자가 소집단 내에서 해야 될 역할들, 예컨대 리더나 기록자와 같은 역할을 정한다.

나. 전문가(Expert Team) 활동

각각의 소집단에서 동일한 주제를 맡은 각 소집단의 전문가끼리 따로 전문가 소집단을 형성하여 함께 학습활동을 한다. 만약 한 학습의 소집단이 5개라면 전문가별로 모인 5명의 전문가로 구성된 전문가 소집단의 수도 5개가 될 것이다. 학생 수가 많아서 소집단이 8개라면 8명의 전문가가 전문가 집단을 이루어야 하므로 이는 현실적으로 소집단 학습을 하기가 어렵게 만드는 원인이 되기도 한다. 이때는 8개 소집단을 두 부류로 나누어 각각 4명씩 전문가 집단으로 구성하여 운영하는 것이 좋다. 전문가 활동은 주로 그 하위 주제를 공부한 다음 각자의 모집단에 돌아가서 모집단의 동료들에게 어떻게 핵심내용을 전달해 줄 것인가를 중심으로 토론하게 된다. 이를 위해 교사는 전문가 소집단에서 다루어야 할 학습의 요점과 범위를 안내해 주는 자료도 제공하는 것이 좋다.

다. 모집단의 재소집(Home Team Reconvene)

전문가 집단의 활동이 끝났으면 다시 모집단으로 돌아와서 자기의 전문적 지식을 소집단 내의 다른 학습자들에게 전수한다. 다른 동료들은 자기가 전문으로 선택한 것 외에는 전혀 학습을 하지 않았기 때문에 자신이 전공하지 않은 영역은 전적으로 동료 전문가의 지식에 의존할 수밖에 없다. 따라서 동료의 가르침을 적극적으로 수용하게 된다. 그 과정이 끝나면 전체 과제를 범위로 개인 평가를 받는다.

라. 평가

소집단 학습이 끝난 후 학생들은 교과의 특성에 따라 퀴즈나 지필시험 등의 다양한 방법으로 평가를 받게 된다. 이때 성적으로 개별적으로 부여할 수 있으나 그럴 경우 집단의 응집력(협동력)이 저하되거나 자신의 지식을 성실히 전달하지 않음으로써 협동학습의 취지를 손상시킬 수 있다. 따라서 집단별 성적 부여의 방식이 권장된다.

이러한 Jigsaw Ⅰ 모형의 수업 절차와 활동을 표로 나타내 보면 [그림 10-3]과 같다.

수업 절차	활동 내용
모집단 활동	• 5~6명으로 소집단 구성 • 전문가 용지 배포 • 리더 선발
전문가집단 활동	• 주제에 대한 토론 • 핵심 내용 전달 방법에 대한 토론
모집단 활동	• 전문적 지식을 소집단 내의 학습자에게 전수 • 동료의 가르침을 전적으로 수용
평가	• 퀴즈나 지필시험 등의 다양한 방법으로 평가 • 집단별 성적 부여

그림 10-3 **Jigsaw Ⅰ 모형의 수업 절차 및 활동**

(2) Jigsaw Ⅱ 모형

Jigsaw Ⅱ는 원래의 Jigsaw Ⅰ 교수·학습방법에서 팀 구성원마다 서로 다른 학습자료를 만들어서 제공하는 것이 어려워 Slavin, Sharan, Kagan, Hertz-Lazarowitiz, Webb와 Schmuck(1985) 등이 Jigsaw Ⅰ을 수정한 것이다.

Jigsaw Ⅱ 모형에서 각 팀은 4~5명으로 구성하고, 각 학생은 별도의 자료를 받는 것이 아니라 모든 학생이 공통적인 자료를 읽고, 팀의 각 학생은 전문가가 될 주제(topic)을 부여받는다. 서로 다른 팀에서 같은 주제를 부여받은 학생들이 모여 전문가 집단을 이루어 토의를 통한 학습을 한 후, 자기 팀으로 돌아가 맡은 부분을 다른 학생에게 가르친다. 그 다음은 STAD와 같은 절차로 진행된다.

① Jigsaw Ⅱ모형의 수업절차

가. 모집단 활동

교과에서 한 단원을 선택하여 이를 4가지 기본 주제로 나눈 다음 4~5명으로 구성된 소집단을 주어진 기준에 의해 조직하고, 그 소집단이 집단명을 정하고 정체성을 갖도록 유도한다. 각 소집단에 4가지 주제가 질문의 형식으로 적혀있는 전문가 용지를 배포한다. 이 주제들을 소집단 구성원 각자에게 하나씩 할당되게 하며, 다섯 명일 경우 두 명이 한 주제를 맡게 한다. 각 주제를 맡은 구성원은 그 주제에 한하여 전문가가 된다. 즉, '이순신 장군의 어린 시절은 어떠하였는가?'를 맡은 구성원은 이 주제에 관해 자신의 소집단에서 유일한 전문가가 된다는 것이다. 여기에는 두 가지의 의미가 있다. 첫째는 동료들을 대신하여 이순신의 어린 시절을 정확하고 깊이 있게 연구·학습해야 되며, 차후에 학습한 내용을 다른 동료들에게 잘 가르쳐주어야 한다는 것이다. 둘째는 다른 세 주재에 관해서는 다른 동료에게 전적으로 의존해야 한다는 것이다. 즉, 모든 구성원은 자신이 맡은 주제에 대해 책임과 의무를 지고 있는 것이다. 만약 자신의 주제를 소홀하게 학습한다면 그 결과는 다른 동료들에게 좋지 않은 영향을 끼치게 되므로 각각의 전문가들은 중요한 인물이 되는 것이다. 그러므로 협동학습에서는 그들의 능력에 관계없이 소외되는 학생은 아무도 없다. 모든 학생에게 단원 전체를 읽게 하되, 특히 자신이 맡은 주제를 중심으로 읽게 한다. 이렇게 하는 이유는 자신이 선택한 주제를 전체적인 맥락에서 이해하기 위해서이다.

나. 전문가집단 활동

단원 전체를 다 읽었으면, 각 전문가 집단이 모여서 자신들의 주제에 관해 토론하게 된다. 이때 교사는 4개의 주제를 맡은 학생들을 손들게 해서 모든 학생들이 자신과 같은 주제를 선택한 전문가들이 누구인지 얼굴을 알 수 있도록 해준다. 전문가 집단이 모일 때도 4~5명이 넘지 않도록 하는 것이 좋다. 예를 들어 한 학급이 50명이고 5명으로 구성된 소집단이 10개 되었다면, 가칭 동부리그와 서부리그 식으로 나누어 전문가 집단을 만든다. 가령 동쪽에 자리한 5개 소집단은 동부리그라 칭하여 전문가 집단을 모이게 하면 5명씩 모이게 될 것이고, 서쪽에 자리한 5개 소집단도 마찬가지로 모이게 하면 될 것이다. 전문가 집단이 모이면 교사는 전문가 학습지를 제공해 주는 것이 바람직하다. 전문가 학습지의 기능은 전문가 집단이 같이 학습을 할 때 학습할 범위와 방향을 안내해 준다. 중·고등학생들이나 대학생들은 자신들이 판단해서 적절한 범위의 학습을 할 수 있지만, 초등학생들은 어느 정도 범위와 깊이로 학습해야 할지에 대한 판단력이 부족하기 때문에 일정한 범위와 깊이의 학습 안내를 해주는 것이 바람직하기 때문이다. 그리고 그러한 안내가 없으면 우왕좌왕하고 학습이 진전되지 않는다.

다. 모집단 재소환

전문가 토론이 끝나면 모집단에 가서 단원 전체를 학습하게 한다. 즉, 각 주제의 전문가들이 되어 돌아온 구성원들이 돌아가면서 자신이 학습한 주제를 다른 동료들에게 가르쳐 준다. 이 과정에서 학생들은 표현하는 기능과 듣는 기능을 익히고, 색다른 학습 경험을 하게 될 것이다.

라. 평가

소집단 학습이 끝나면 단원 전체에 대해 개인적 시험을 치르고 소집단점수를 공개하고, 학습 신문이나 게시판에 팀의 성적을 공고한다. 소집단점수는 향상점수에 기초하여 계산된다. 위의 평가를 반복하며, 개인의 향상점수에 기초한 소집단점수를 다시 계산하여 새로운 소집단순위를 게시한다.

Jigsaw Ⅱ 모형의 수업절차를 정리하여 보면 다음과 같다.

1. 한 단원을 선택하여 4가지 기본 주제를 나누기
2. 각 소집단에 4가지 주제가 질문의 형식으로 적혀있는 전문가 용지 배포
3. 주제들을 구성원에게 하나씩 할당하며, 각 주제를 맡은 구성원은 그 주제에 한하여 전문가가 됨
4. 모든 학생에게 단원 전체를 읽게 하되, 특히 자신이 맡은 주제를 중심으로 읽게 하고 전문가 집단은 모여 자신들의 주제에 관해 토론
5. 전문가 토론을 마친 후 자신의 소집단에 가서 단원 전체를 학습하고, 소집단 학습이 끝나면 단원 전체에 대해 개인적 시험을 치른다.
6. 소집단 점수를 공개하고, 소집단 점수는 향상점수에 기초하여 계산
7. 개인의 향상 점수에 기초한 소집단 점수를 다시 계산하여 새로운 소집단

순위를 게시

이러한 Jigsaw Ⅱ 수업모형의 수업 절차와 활동을 표로 나타내 보면 [그림 10-4]와 같다.

수업 절차	활동 내용
모집단 활동	• 4~5명으로 모집단 구성 • 전문가 용지 배포 • 단원 내용 읽기
전문가집단 활동	• 주제에 대한 토론 • 전문가 학습지 학습
모집단 재소환	• 전문가 집단 학습내용을 모집단 학생에게 전수
평가	• 개인적 시험을 통한 평가 • 소집단 점수 게재

그림 10-4 **Jigsaw Ⅱ 수업모형의 수업 절차 및 활동**

② Jigsaw Ⅰ모형과 Jigsaw Ⅱ모형의 차이

Jigsaw Ⅰ모형과 Jigsaw Ⅱ모형의 차이점은 다음과 같다.

1. Jigsaw II는 모든 학생에게 단원 전체를 접할 수 있는 기회를 제공한다.
   - Jigsaw II는 Jigsaw Ⅰ에 비해 학습자 간의 상호의존성이 약화되는 단점이 있다.
   - Jigsaw I과 같이 학습내용을 재조직할 필요 없이 기존의 교과 단원을 그대로 이용할 수 있다는 점에서 더욱 실용적이고 경제적이다.
2. Jigsaw II는 STAD의 평가방법을 사용하고 집단보상을 한다는 점이다.
   - STAD의 평가방법은 집단 목표의식을 갖게 하고 모든 구성원이 집단 성공에 기여할 수 있는 기회를 제공하기 위한 방법이다.
   - 이를 위해 STAD와 마찬가지로 기본 점수, 향상 점수, 소집단 점수의 3가지 점수가 반영된다.

3. Jigsaw Ⅰ이 대부분 5~6명으로 이루어지지만 Jigsaw Ⅱ는 집단 구성원을 4명으로 할 것을 강력히 권장한다.
4. Jigsaw Ⅱ는 Jigsaw Ⅰ에서와 같이 소집단의 조직과 훈련의 과정이 생략되며 소집단 리더를 임명하지도 않으며, 소집단 구성원의 자율을 강조한다.

(3) Jigsaw Ⅲ 모형

Jigsaw Ⅱ를 좀 더 정교화하고 수정한 Jigsaw Ⅲ의 절차는 다음과 같이 세분화된다(Steinbrink & Stahl, 1994).

① 도입(Getting Started)

도입부에서는 교사가 수업의 절차와 학생의 역할에 대해서 안내를 한다. 이때 교사는 학생들에게 모집단과 전문가 집단에서 생산적인 활동을 할 것과 자기에게 주어진 자료의 전문가가 될 것, 모집단의 동료들이 자신과 똑 같은 전문가가 될 수 있도록 잘 가르칠 것, 이 단원의 평가에 좋은 점수를 얻기 위해 획득하고자 하는 지식과 기능을 잘 배울 것에 대해 주의 사항을 준다.

② 모집단 활동

교사는 학생들을 소집단으로 조직한다. 이때 소집단 조직은 협동학습에서 보편적으로 사용하는 이질적 구성을 한다. 집단 구성이 끝나면 학생들에게 역할을 부여하고, 각 역할에 대해서 설명을 해 준다. 다음은 단원의 소개와 학습과제와 역할의 점검을 한다. 교사는 단원 또는 수업에 대해 안내를 할 때는 학생의 선수지식, 인지적 기능, 그리고 흥미를 자극하는 방법을 동원하되 귀납적으로 하는 것이 좋다.

③ 전문가집단 활동

전문가집단 활동 단계에서는 전문가 집단조직, 전문가 과제 수행, 순회지도와 격려의 활동이 있다. 전문가 집단을 조직하고 전문가들이 해야 할 절차들을 설명해 주고, 과제를 배포한다.

전문가들은 주어진 과제지의 각 항목에 전문가들의 토론을 통해서 얻어진 정답을 적어 나간다. 교사는 전문가 집단을 순회하면서 활동을 관찰하되 학습자 자신들이 문제를 해결하게 하며, 오직 집단 지도자와만 의사소통을 하고, 교사는 전문가들이 모집단에 돌아가 자신들이 배운 전문적 지식을 동료들에게 잘 전달할 수 있도록 준비하는 것을 격려하고 도와준다.

④ 모집단의 재소집

교사는 모집단의 재소집을 지시하고 전문가에게 자신의 모집단으로 돌아가서 자신의 전문지식을 가르치게 한다. 다른 동료들은 잘 듣고, 공부하고, 토론하면서 전문가 과제지의 정답을 이해하고 확인한다. 이 과정을 경험해 보지 못한 학생들에게는 재소집된 모집단의 절차를 설명해 준다. 모집단 활동이 끝나면 교사는 전체 학급단위의 요약(Whole Class Summary)을 지시한다. 즉, 수업한 내용을 전체 학급에서 정답을 확인하고 토의한다. 이것은 각 소집단에서 잘못된 교수활동을 최소화하기 위한 절차이다.

이 단계에서 교사는 소집단에게 얼마나 함께 협력적 활동을 잘 했는지를 질문함으로써 소집단 활동에 대한 평가를 한다. 이는 학생들로 하여금 이 수업의 중요한 목표가 하나의 협력적 활동임을 상기시키는 의미에서 매우 중요한 단계이다.

⑤ 휴식기

일단 수업이 일단락되었으나 바로 평가를 하지 않고 일정한 평가 유예기를 두어서 수업을 통해 배운 것을 정리할 수 있는 여유를 위해 설정해 둔 시기로서 별다른 수업절차는 없다.

⑥ 평가 대비를 위한 모집단의 재소집

평가를 앞두고 모집단이 소집되며 지도자가 주축이 되어 모든 소집단 구성원이 평가를 잘 치를 수 있도록 서로 도와주는 소집단 활동이다. 특히 전문가 과제지를 점검하며 학업 성적이 낮은 학생을 가르치고 격려하는 활동이 주가 된다.

⑦ 평가와 추수 지도

교사는 전문가 과제지와 수업목표에 근거해서 개인별 시험을 치른다. 이때 교사는 학생의 성취를 평가하여 STAD 향상점수를 계산하고, STAD 방식으로 개인과 소집단을 보상한다.

이러한 Jigsaw Ⅲ 모형의 수업 절차와 활동을 표로 나타내 보면 [그림 10-5]와 같다.

수업 절차	활동 내용
도입	• 수업절차에 대한 설명 • 학생 역할에 대한 설명
모집단 활동	• 이질적 집단으로 모집단 구성 • 단원, 학습과제, 역할에 대한 소개
전문가집단 활동	• 과제지 해결을 위한 토론과 학습
모집단 재소집	• 전문가 집단에서 배운 것을 모집단을 대상으로 수업 • 과제지를 통한 학습 • 전체 학급단위의 요약
휴식기	• 배운 것을 정리하기 위한 시간
평가대비 모집단 소집	• 평가에 대비한 모집단 협동학습
평가와 추수 지도	• 개인별 평가 • STAD 방식의 성취도 평가 • 평가 결과에 따른 개인과 소집단 보상

그림 10-5 Jigsaw Ⅲ 모형의 수업 절차 및 활동

(4) 협동 Jigsaw Ⅰ 모형과 협동 Jigsaw Ⅱ 모형

협동 Jigsaw Ⅰ은 Chris Harrison에 의해 고안된 것으로 협동을 위한 협동학습의 요소와 정보획득을 강조하는 Jigsaw Ⅰ을 혼합한 것이다. 협동 Jigsaw Ⅰ는 Jigsaw Ⅰ의 전문가 집단에서 단순히 토론만 하고 모집단으로 돌아오는 것이 아니라 전문가 집단에서 토의하고 정리한 내용을 학급에서 발표하는 것이다. 여기

서 교사의 피드백이 필요하다.

Jigsaw Ⅱ가 전문가 집단들은 학급 전체를 대상으로 발표를 하지 않지만, 협동 Jigsaw Ⅱ에서는 각 전문가집단들이 학급을 대상으로 다룬 내용을 가지고 발표를 한다. 학생들은 기본적인 원리와 정보를 배우기 위하여 전문가 집단으로 간다. 그들이 자신의 모집단으로 돌아오면, 특수한 문제를 풀기 위하여 자신이 배운 정보와 원리들을 적용한다. 협동 Jigsaw Ⅱ는 매우 유동적이며, 거의 모든 교과에 이용될 수 있다. 예를 들어 초등학교 저학년에서 계절이라는 단원에서 협동 Jigsaw Ⅱ를 적용하면 다음과 같다.

각 팀은 4명으로 구성하여 각각에게 봄, 여름, 가을, 겨울에 관한 전문가를 두게 된다. 각각의 주제를 맡은 학생들은 같은 주제를 맡은 전문가 집단을 구성하여 자신의 계절에 관하여 공부하게 된다. 이때, 사진을 구하기 위하여 잡지를 활용하고 주제에 관하여 토의를 한다. 예를 들어 겨울에 관하여 공부하기로 한 집단에서는 눈, 옷, 음식, 설경 등을 오려 볼 수 있다.

학생들이 자신들의 팀으로 되돌아갔을 때, 팀 구성원을 서로 가르치면서 전문가 집단에서 배운 내용을 자기 집단에게 적용시킨다. 여기서 교사가 각 집단마다 발표 내용을 자기 집단에서 적용시킨다. 여기서 교사가 각 집단마다 발표 내용을 조정할 수 있다. 예를 들어, 교사는 집단마다 음식, 옷, 날씨, 전경 등을 계절에 따라 어떻게 변화가 되는지를 발표하게 할 수 있다. 각 집단 내에서 학생들은 발표준비를 한다. 그래서 계절에 따라 옷의 형태가 어떻게 변화되는 것인지, 각 계절에 따라 날씨가 어떻게 변화하는지에 대하여 발표할 수 있다.

5) 팀 보조 개별 학습(Team Assisted Individualization)

팀 보조 개별 학습은 Slavin과 Madden(1984) 등이 개발한 수업모형이다. 집단별 성취분단 협동학습 모형으로 소집단을 이질집단으로 구성한다. 협동학습을 실시하기 전에 진단평가를 통하여 학생들의 수준을 파악한다. 그후 학생들은 수업 주제를 학습한 후 자신의 수준에 해당하는 문제를 푼다. 그리고 그들의 답안을 같은 소집단 동료에게 검사를 받는다. 주어진 문제를 모두 올바르게 해결했다면 다음 주제를 학습하게 되고 만약 모두 해결하지 못했다면, 소집단 동료 및 교사에게 도움을 요청하여 다시 문제를 푼다. 개별학습을 통하여 모든 학습 주제를 학습한 후 해당 단원의 형성평가를 실시하고 두 명씩 짝을 지어 문제지를 교환하여 재섬한다. 80% 이상의 섬수를 받으면 개별적으로 최종 시험을 보게 되는데, 이때에는 동료나 교사의 도움을 받을 수 없으며 채점은 교사가 한다. 따라서 학생들은 어떠한 도움을 받을 수 없는 최종 시험에서 좋은 결과를 얻기 위해 최종 시험 전 집단 동료 간의 협동을 최대화한다. 매주 말에 교사는 학생들이 충실히 한 숙제나 만점을 획득한 시험에 대해 보너스 점수를 주고, 모든 팀 구성원들이 완성한 학습 주제의 수를 합하고 최종시험에서 통과한 수에 따라 정해진 기준을 달성한 팀에게 보상을 해 준다.

이러한 팀 보조 개별학습의 수업 절차와 활동을 표로 나타내 보면 [그림 10-6]과 같다.

수업 절차	활동 내용
소집단 구성	• 진단평가를 통한 학습자 수준 파악 • 이질 집단으로 소집단 구성
소집단 활동	• 자신의 수준에 맞는 문제 풀기 • 문제를 풀지 못할 경우 소집단 동료 또는 교사에 도움 요청 • 학습한 내용을 짝을 이루어 풀고 채점 • 개별 평가 이전에 좋은 점수를 얻기 위한 협동학습
평가와 보상	• 교사에 의한 개별 평가 • 보너스 점수와 완전학습을 한 주제의 수, 기준을 통과한 학생 수를 기준으로 보상

그림 10-6 **팀 보조 개별학습의 수업 절차 및 활동**

6) 팀 게임 토너먼트 모형(Team Game Tournament)

팀 게임 토너먼트 모형은 동등한 성공기회를 갖는다는 점에서 모둠별 성취분담 협동학습 모형과 유사하다. 그러나 토너먼트 형식으로 진행되어 학생들의 학습동기를 강화시키는 점이 모둠별 성취분담 협동학습과 다르다.

소집단을 이질적으로 구성하고, 토너먼트 형식의 게임을 이기기 위하여 소집단 협동학습이 이루어진다. 협력적인 학습을 한 후, 학습자들은 자신의 학습수준과 비슷한 다른 소집단 구성원과 토너먼트 게임을 하게 되며 비슷한 수준의 학생들끼리 게임을 하기 때문에 학습수준에 관계없이 동등한 성공기회 및 소집단 공헌의 기회를 갖게 된다. 흥미도가 낮거나 지루한 학습내용을 진행할 때 다른 모형에 비하여 외적 동기유발이 쉽다는 장점이 있지만, 게임 진행에 많은 시간을 배정하기 때문에 협동학습이 줄어들 수밖에 없다.

따라서 팀 게임 토너먼트 모형은 보상중심의 협동학습으로 학습에 대한 내적 동기가 줄어들 수 있으나, 외적 동기는 매우 높일 수 있다. 그렇기 때문에 단순한 암기 또는 훈련의 성격을 가진 학습을 진행할 때 사용하면 효과적이다.

이러한 팀 게임 토너먼트학습의 수업 절차와 활동을 표로 나타내 보면 [그림 10-7]과 같다.

수업 절차	활동 내용
소집단 구성	• 진단평가를 통한 학습자 수준 파악 • 이질 집단으로 소집단 구성
소집단 활동	• 문제를 풀기 위한 협동학습 • 학습한 내용을 짝을 이루어 풀고 채점 • 학습 수준이 비슷한 학생들끼리 토너먼트 게임
평가와 보상	• 팀 점수 산출 • 우수팀 게시와 집단 보상

그림 10-7 **팀 보조 개별학습의 수업 절차 및 활동**

03 협동학습을 통한 교실에서의 다양성

불행히도, 사람들은 겉으로 나타난 것보다 다르게 보이거나 행동하는 사람들 또는 자신들과 다른 배경을 가진 사람들을 경계하는 경향이 있다. 이러한 경향은 사회적 상황에서는 흔한 일로서 학교에서도 발생한다. 특별한 인종 집단의 학생들은 대부분의 시간을 함께 보내려고 하는 경향이 있다. 그래서 그들은 우리가 서로 다르다기보다는 훨씬 더 유사하다는 사실을 모른다.

교사로서, 우리는 서로 다른 배경을 가지고 있는 학생들 간의 인내심, 신뢰, 우정을 강요할 수 없다. 그러나 우리는 학생들을 협력하면 긍정적인 결과와 건강한 관계가 생기는 협동상황에 학생들을 배치할 수 있다(Johnson & Johnson, 2006).

협동학습 집단에서 공부하는 학생들은 사회적 기술을 향상시키고, 특수아동을 더욱 수용하고, 학업성취도, 인종, 그리고 성별이 다른 학생들과의 우정과 긍정적인 태도를 발달시킨다.

협동학습이 인종적, 대인 간의 태도에 미치는 긍정적인 결과는 다음과 같은 세 가지 요소에서 생겨난다.

① 다양한 유형의 학생들이 공동프로젝트에 함께 학습할 수 있는 기회
② 참여자에 대한 동등한 지위 역할
③ 다양한 유형의 학생들이 개인으로서 서로에 대해 배울 수 있는 기회

대인관계에 대한 협동학습의 긍정적인 효과는 집단 간 벽을 허물고 우정을 경험하는 기회로부터 생겨난 것이다. 학생들이 협력할 때, 그들은 인종집단과 능력집단을 막론하고 모든 집단에 걸쳐 우정을 개발해 나간다. 다른 집단 간의 우정을 쌓게 해주면 동료 집단의 벽을 허물거나 부드럽게 하는 경향이 있다. 이러한 긍정적인 결과를 달성하기 위하여 교사는 주의 깊게 계획하고 전략적으로 실행할 필요가 있다.

효과적인 상호작용은 저절로 발생하지 않는다. 이것은 계획하고 가르쳐야 한

다. 이러한 효과적인 상호작용 속에서 '도움'행동이 학습될 수 있으며, 이들 기술은 특히 소수 학생들에게 중요하다. 그들은 종종 도움을 구하고 받는 행위에 망설이는 경향이 있다. 유용한 상호작용 기술을 위한 지침에는 다음과 같은 것들이 있다.

① 경청과 발문

다른 학생들에게 그들이 이해한 것을 말로 표현하도록 격려하고, 다른 사람을 비판하지 않고 다른 사람의 아이디어를 경청하기

② 이해력 점검하기

대답이 불완전할 때 정교화를 위한 요구하기

③ 과제 참여하기

토론이 초점에 맞추어져 있는지, 그리고 시간제한은 잘 지켜지는지 확인하기

④ 정서적인 지원

오답에 대한 부연 설명 제공하기

역할놀이, 교사 모델링, 그리고 효과적인 집단에 관한 영상자료들은 학생들이 이러한 기술을 배울 수 있도록 돕는 데 사용될 수 있다.

다양성 수용을 성공적으로 촉진하기 위해서는 협동과 의사소통이란 과제가 필요하다. 학생들이 돌아가면서 리더 역할을 하게 함으로써 교사는 모든 집단 구성원들이 참여할 수 있게 하고, 리더나 공격적인 학생이 활동을 지배하지 않도록 할 수 있다. 의사소통과 협동을 조장하기 위해 사용될 수 있다.

모든 집단은 초반에 꾸준한 관찰과 지원을 필요로 한다. 학생들의 학업성취도는 집단에서의 상호작용의 양과 질에 관련된다. 교사들은 초기에 개별집단에서의 대인관계 문제를 다루어야 한다. 이러한 문제가 지속된다면, 교사들은 토론, 추가적인 시범, 역할 놀이를 하기 위하여 학생들을 재소집할 수 있다.

Chapter 11

다문화사회에서의 토론 · 토의 교수 · 학습

Multi-Culture

다문화사회에서의 토론 · 토의 교수 · 학습

01 토론과 토의를 통한 교수 · 학습의 효과

토론과 토의는 고차원적 학습목표를 달성하기 위한 일차적 수단으로서 교사와 학생, 학생과 학생 간의 상호작용을 활용하는 수업전략이다. 토론과 토의의 특징은 교사에 대한 초점이 감소되고, 학생과 학생의 상호작용은 증대되고 학생의 참여수준은 높아진다. 토론과 토의가 효과적으로 활용되면, 토론과 토의는 학생들의 사고력을 자극시키고, 태도와 신념을 바꾸고 대인 간의 기능을 발달시킨다.

토의 · 토론 수업은 학생들이 다른 사람과의 상호 작용을 통하여 직접 사고하고 판단하기 때문에 인지 발달, 창의적인 사고력 증진, 의사소통 기능 발달, 문제해결력 신장 등에 긍정적인 영향을 주는 일반적인 특성을 지닌다. 특히 과학 학습에서 토론과 토의는 과학이 결과로서만 의미를 갖는 것이 아니라 설명의 근거와 이유의 중요성을 깨닫게 할 수 있기 때문에 중요하며(Meyer & Woodruff, 1997), 학생들의 활발한 수업 참여와 개념 이해를 향상시키는 데 효과적이다(강석진 등, 2002). 또한 토론과 토의를 통한 수업은 학생들이 스스로 자신의 사고 과정을 드러내게 함으로써 논의기술 향상에도 기여하는 것으로 밝혀졌다(강순민 외, 2004). 탐구중심의 수업을 위한 토론과 토의 수업은 과학 수업에 효과적이지만 쉽게 적용되지 못하고 있다(김찬종 외, 1999). 많은 초등학교 교사들이 과학 수업에서 토론과 토의 활동이 효과적이며 필요하다는 것을 인식하고 있으면서도 실제 토론과 토의방법에 대해 잘 알지 못하거나 자료의 부족으로 토의수업이 잘 이루어지지 않고 있는 실정이다(김자희, 2012).

토론과 토의전략들은 개념이나 일반화와 같은 구체적인 내용을 가르치기 위하여 고안된 것이 아니다. 오히려, 토론과 토의전략은 다음과 같은 중요한 수업 목표에 도달하기 위하여 사용된다.

① 아이디어 간의 연결과 관계 이해하기
② 적극적인 경청자 되기
③ 지도성 기술 개발하기
④ 집단의 의견 요약하기
⑤ 자기주도 학습 기술 개발하기
⑥ 분석, 종합, 그리고 평가기술 개발하기
⑦ 합의 도달하기
⑧ 의견에 대한 모순점과 차이점 다루기

학생들은 학급 토론과 토의에 적극적으로 참여함으로서 이들 기술을 학습한다. 토론과 토의 중심의 수업과 교사 중심의 수업 사이의 두 번째 차이점은 교사의 역할과 관련이 있다. 토론과 토의에서 교사는 학습의 감독자이기보다는 촉진자이다. 여러 가지 면에서, 이러한 촉진자의 역할은 보다 어렵다. 왜냐하면, 교사는 수업의 방향과 속도를 덜 통제하기 때문이다. 그럼에도 불구하고, 교사의 역할은 중요하다. 학생과의 상호작용과 아이디어 교환을 통하여, 교사는 학습을 촉진시킬 수 있다는 확신이 있어야 한다. 이것은 집단활동을 주의 깊게 준비하고, 자료를 수집하고, 지원하고, 조정하고, 평가함으로써 달성될 수 있다.

02 토론과 토의수업 계획

토론과 토의수업의 계획과 실행에 관련하여, 가장 중요한 것은 조직이다. 토론과 토의활동을 세심하게 조직하는 것이 중요하다. 그렇지 않으면, 토론과 토의활동은 결과적으로 학습이 이루어지지 않거나 혼란에 빠질 수 있기 때문이다. 토론과 토의의 가장 큰 문제점은 학생들이 수업의 주제나 핵심 영역에서 벗어나려는 경향이 있다는 것이다. 주의 깊은 계획과 조직만이 이러한 문제들을 예방할 수 있다.

토론과 토의 활동을 계획할 때에 다음의 다섯 가지 결정은 필수적이다.

첫째, 교사는 목표를 신중하게 고려해야 한다. 토론과 토의의 목적은 내용 목표뿐만 아니라 의사소통 기술과 사회적 기술을 습득하는 데에 있다.

둘째, 교사는 대집단에서 교사 중심으로 토론과 토의를 실행할 것인지 혹은 소집단에서 학생 중심으로 토론과 토의를 실행할 것인지를 결정할 필요가 있다. 이것은 교사의 목표와 관련이 있다. 토론과 토의의 일차적인 목적이 의사소통 기술의 개발, 적극적으로 경청하기, 또는 다른 것과 관련된 상호작용 기술의 개발이라면, 소집단 활동이 효과적일 것이다. 반대로, 아이디어 관계를 탐색하거나 분석, 종합, 그리고 평가 기술의 개발이 목표라면 이것은 교사 중심의 토론이 더 효과적일 것이다.

셋째, 교사는 학생들의 배경과 경험을 고려해야 한다. 어리거나 경험이 없는 학생들은 토론과 토의 방향이 명료하고, 비교적 토론과 토의 과제가 단순하며, 그리고 기간이 짧은 형태의 구조화를 필요로 한다. 학생들이 경험을 습득하게 되면, 학생들은 보다 자발적으로 토론과 토의를 수행할 수 있다. 토론과 토의의 목적은 발달적이어야 한다. 이 수업방법이 성공하기를 바라는 교사는 충분한 시간을 갖고 학생들의 보다 효과적인 토론과 토의기술을 개발시켜 나가야 한다.

넷째, 토론과 토의는 요약, 나열, 일련의 결과와 같은 구체적인 결과물이 있거나, 구체적인 것을 수업에서 공유할 수 있어야 한다.

마지막으로, 교사는 토론과 토의활동을 위한 시간을 배당할 필요가 있다. 일반적으로, 배당시간이 짧아야 한다. 우리가 학생들을 집단에 배치하고, 과제를 해결하는 데 긴 시간이 주어졌을 때, 학생들은 친구에 관한 이야기에서부터 날씨에 이르는 이야기까지 모든 것들에 대하여 대화하는 것을 경험할 것이다. 과제에서 벗어나는 이러한 현상은 소집단에서 발생하는 문제 중의 하나이다.

이것은 구체적인 결과물과 구체적인 시간 구조 안에서 책임을 다하도록 함으로써 해결될 수 있다.

03 토론과 토의수업의 실행

토론과 토의전략을 실행할 때, 교사는 구조화를 위하여 수업계획을 사용하고, 학생들을 지도하기 위하여 수업 중에 발문전략을 활용한다.

1) 번갈아 말하기

협동학습 중에 가장 많이 활용하는 것이 바로 '돌아가며 말하기(Round Robin)'와 '번갈아 말하기(Rally Robin)'이다. 어떤 학습주제에 대해서 돌아가면서 이야기하는 것으로 2인이면 번갈아 말하기이고, 4인이면 돌아가며 말하기이다. 번갈아 말하기는 교사가 제시하는 여러 가지 답이 포함된 주제에 대해 생각나는 것을 짝과 번갈아가며 이야기하는 활동이다. 짝끼리 한 번씩 이야기를 한 후에도 더 이야기할 수 있으면 여러 번 번갈아 말하기를 할 수 있다. 수업 중 도입부분에 사용하여 학습주제에 관심을 가지게 할 때 사용하면 좋다.

(1) 번갈아 말하기 진행 절차

① 교사가 다양한 해결책, 방법, 그리고 경우가 있는 주제를 제시한다.

② 짝을 지어 학생들은 번갈아 가면서 해결책을 말한다. 마주보면서 '얼굴 짝', 같이 앉은 친구는 '어깨 짝'이라고 할 수 있다.

③ 서로 물어보는 것도 가능하고, 다양한 답을 돌아가며 말을 할 수 있다.

(2) 번갈아 말하기의 활용

① 가장 간단하지만 유용하게 활용할 수 있는 토론과 토의방법으로 모든 학생들이 잘 참여할 수 있도록 좋은 학습 분위기를 조성하도록 해야 한다.

② 주제에 대한 생각이 끝나면 짝과 자신의 생각을 번갈아 말한다.

③ 번갈아 말하기를 할 때 모형 마이크를 사용하면 좋으나 모형 마이크가 없으면 대용으로 말하기 칩, 대화공, 연필을 사용하는 것도 좋다.

④ 번갈아 말하다가 더 말할 내용이 없으면 짝과 손뼉을 치고 칠판이나 교사를 바라보는 행동을 약속할 수 있다.

2) 창문열기

(1) 창문열기의 특징

창문열기는 모둠 내에서 토의를 통해 정보를 나누고 정리하는 데 사용하는 방법이다. 창문 모양의 네 칸에 1부터 4까지 동의한 학생의 수를 표시하고 모둠구성원의 의견을 듣고 난 후 동의한 학생 수에 해당하는 칸에 의견을 적어 모둠구성원 전원이 동의한 의견을 결정한다. 또한 다양한 정보를 내놓고 의사결정 과정을 거쳐 다양한 생각이나 의견들을 분류함과 동시에 공통점과 차이점을 쉽게 찾아낼 수 있도록 해주고, 서로의 생각에 대한 차이점을 이해하고 존중할 수 있도록 해주는 활동에도 많이 활용되고 있다.

(2) 창문열기의 진행 절차

① 리더 학생부터 주제에 대한 생각을 말한다. (예를 들어 물질의 성질에 맞는 박물관 이름을 생각해 본다.)

② 박물관 이름을 듣고 난 후 나머지 모둠구성원들은 손을 들거나 엄지손가락을 올려 의사 표시를 한다.
③ 기록이 가능한 학생이 동의한 숫자만큼 해당 칸에 해당 단어(박물관 이름)를 기록한다.
④ 돌아가며 박물관 이름을 이야기하고 동의한 숫자만큼 해당 단어를 기록이 가능한 학생이 기록한다.
⑤ 모든 모둠구성원이 좋아하거나 동의한 것을 박물관 이름으로 정한다.

(3) 창문열기의 수업 활용

① 모둠이름뿐만 아니라 다른 학습활동에도 다양하게 사용될 수 있다.
② 다소 절차가 복잡하므로 처음 활동할 때는 천천히 또박또박 사용방법을 알려준다.
③ 주어진 주제에 대한 모둠구성원들의 의견을 알아볼 때 사용할 수 있다.
④ 각 번호가 적힌 칸에 각 번호의 학생들이 자신의 의견을 정한 후 공통된 의견은 가운데 상자에 적어 넣는다. 이를 통해 모둠구성원들의 생각의 차이와 공통된 의견을 한 눈에 볼 수 있다.
⑤ 모둠구성원의 의견을 한 눈에 알 수 있으며 들어주고 의견을 조율할 수 있는 사회적 기술을 기를 수 있는 활동이다.

3) Allwrite Consensus

(1) Allwrite Consensus의 특징

Allwrite Consensus는 교사가 다양한 응답 또는 해결책이 있는 문제를 제시하면, 각 모둠구성원은 문제에 대한 응답 또는 해결책을 돌아가면서 말한다. 이때, 각 모둠구성원이 제시한 응답 또는 해결책에 모든 모둠구성원이 동의를 하면 그 응답 또는 해결책을 기록하는 활동이다. 여러 가지 생각이나 의견을 선정할 때나 일정한 절차가 있는 활동의 순서를 정할 때 적절한 활동이다.

(2) Allwrite Consensus의 진행 절차

① 교사가 다양한 응답 또는 해결책이 있는 문제를 제시한다.

② 각 모둠구성원은 문제에 대한 응답 또는 해결책을 돌아가면서 말한다.

③ 각 모둠이 제시한 응답 또는 해결책에 모든 모둠구성원이 동의를 하면 그 응답 또는 해결책을 기록한다.

(3) Allwrite Consensus의 수업 활용

① 제시한 의견에 대해 엄지를 위로 올리는 등의 행동을 통해 동의를 표하며 만장일치가 된 사항만 기록한다.

② 주어진 실험 도구를 보고 실험 순서를 정하는 활동을 할 경우이다.

③ 한 모둠구성원이 첫 번째 실험 순서를 말한다.

④ 나머지 모둠구성원이 첫 번째 실험 순서에 동의하는지 여부를 표시한다. 엄지를 올리거나 YES 팻말을 들 수 있다. 동의하지 않을 때 아무런 행동을 하지 않거나 NO 팻말을 들 수 있다.

⑤ 모든 모둠구성원이 첫 번째 실험 순서에 동의하면 Flow map 학습지 첫 번째 칸에 기록을 한다. 만약 모든 모둠구성원이 동의하지 않으면 첫 번째 실험 순서로 기록을 할 수 없고 다음 사람이 의견을 말한다.

⑥ 실험 순서를 다 기록할 때까지 (반)시계 방향으로 돌아가며 '③~④'를 반복한다.

⑦ 만장일치를 하는 과정에서 의사소통 및 의사결정을 경험하게 되며 상대방의 이야기를 경청할 수 있도록 도와준다.

⑧ 신속한 의사결정이 필요할 때 사용하기 좋으며 모둠 토의에서 활용하면 좋다.

4) Know, want to know, learned(KWL)

(1) KWL 차트 토의 · 토론의 특징

KWL(Know, want to know, learned) 차트 토의 · 토론은 학생들의 배경지식을 활

성화하여 아동의 독해력을 향상시키기 위한 것으로 추론과 정리에 효율적으로 활용할 수 있고, 설명식 교재의 의미화 과정에서 많이 사용 된다. Know(이미 알고 있는 것: 사실, 사전 지식), want to know(알고자 하는 것: 사실, 탐구할 내용, 탐구 목적), learned(알게 된 것: 사실, 지식)를 기록하는 활동이다. 과제를 탐구하기 전에 모둠구성원 간에 이미 알고 있는 것은 무엇이며 무엇을 탐구할 것인가에 대해 미리 토론을 통해 알아봄으로써 관찰 및 탐구 목적의 초점을 정확히 할 수 있다. 또한 모둠구성원들이 탐구한 주제나 과제에 대한 모든 과정을 고스란히 보여주며, 그 속에 지식과 정보를 나누고 습득할 수 있도록 도와주는 자료가 될 수 있다.

(2) KWL 차트 토의 · 토론 진행 절차

① 주제에 대해 모둠별로 알고 있는 것에 대해 브레인스토밍을 한다.

② 각 모둠별로 알고 있는 것에 대해 범주화하여 요약하여 기록한다.

③ 다음 단계로 알고 싶어 하는 것에 대해 브레인스토밍을 하고 범주화하여 질문을 만든다.

④ 알고 싶어 하는 것에 대한 질문을 중심으로 관찰 또는 실험활동을 통해 새롭게 알게 된 사실을 기록하도록 한다.

(3) KWL 차트 토의 · 토론의 수업 활용

① KWL 차트 토의 · 토론은 주어진 주제에 대해 '알고 있는 것'과 '알고 싶은 것'을 개별로 포스트잇에 기록한다. 1개의 포스트잇에 1가지씩만 기록한다.

② '새롭게 알게 된 내용'을 발표할 때 꼭 알아야 할 내용이 빠졌을 경우 교사가 질문을 통해서 중요한 내용을 확인시키고 올바른 내용으로 정리해 줄 수 있도록 한다.

③ KWL 차트 토의 · 토론 판은 큰 것으로 포스트잇은 작은 것으로 준비하면 포스트잇을 바로 붙일 수 있다. 따라서 토론 시간에서 기록하는 시간을 줄일 수 있다.

④ 나머지 모둠구성원이 첫 번째 실험 순서에 동의하는지에 대한 여부를 표시

한다. 엄지를 올리거나 YES 팻말을 들 수 있다. 동의하지 않을 때 아무런 행동을 하지 않거나 NO 팻말을 들 수 있다.

◆◆◆〉 표 11-1 KWL 차트

탐구주제		기록자	
		집단명	
K (know: 이미 알고 있는 것)	W (want to know: 더 알고 싶은 것)	L (learned: 새롭게 알게 된 것)	

5) 만장일치

(1) 만장일치의 특징

만장일치 토론은 만장일치를 통해 모든 학생들이 존중받으면서 토의·토론을 경험하게 하려는 목적을 가지고 있다. 만장일치란 누구나 거부권을 가지고 있다는 것을 뜻한다. 거부권을 가지게 되면 그 만큼 자아존중감이 높아진다. 원래 만장일치 토의와 토론은 정답이 있는 순위 결정의 상황을 제시하고 그 순위에 대해 학습자들이 의견을 나누어 만장일치로 결정하는 방식의 토의나 토론이다. 모든 학습자들이 거부권을 가지고 있기 때문에 의견이 통일되기 위해서는 토론과 토의를 통해 상대방을 설득시켜야 하는 과정이 필요하다. 이를 통해 학습자들은 상대방을 존중하고 논리적으로 설득하려는 노력을 기울이게 된다. 만장일치 토론은 순위를 매기는 활동 이외에도 관찰한 결과를 바탕으로 원리를 찾거나 개념을 정리하는 것과 같이 다양하게 활용할 수 있다.

(2) 만장일치의 진행 절차

① 순위를 결정해야 하는 상황을 제시한다.

② 상황에 대하여 아이들에게 자세하게 설명하며 정확한 이해를 위해 질의 응답시간을 갖는다.

③ 순위에 대한 개인별 의사결정으로 개인별 순위를 정한다.

④ 모둠별로 토론과 토의를 하여 순위를 결정하는데, 반드시 만장일치로 결정해야 한다.

⑤ 정답을 공개하고 채점하며 활동에 대한 반성의 시간을 갖는다.

(3) 만장일치의 수업 활용

① 만장일치의 방법은 각 모둠별로 다를 수 있다. 개인별 의견을 모아 종합하거나 의견을 하나씩 점검할 수도 있다. 아이들이 합의했다면 그러한 방법 모두가 만장일치의 방법이 될 수 있다. 모둠구성원들이 진행에 어려움을 겪는 경우가 아니라면 모둠구성원들이 진행하는 방식에 교사는 가급적 개입하지 않는 것이 좋다.

② 순위를 결정하지 않는 만장일치 토론과 토의를 할 때는 포스트잇을 활용하여 자신의 의견을 적고 활동할 수도 있다.

③ 한 명씩 돌아가며 자신의 생각을 말하면 다른 친구들은 의견을 듣고 손을 들거나 엄지손가락을 위로 올린다. 한 명이라도 거부권을 행사할 경우 논리적으로 설득할 수 있는 시간을 주어도 좋다. 시간이 부족한 경우 다수결의 의견을 따라도 좋으나 소수의 의견도 들을 수 있는 기회를 주어야 한다.

④ 만장일치 토론에서 사용하는 일반적인 토론과 토의 활동지 예시는 다음과 같다.

표 11-2 개인별 순위 적는 활동지

해결책 (답변)					
순위					

표 11-3 집단별 토론 순위 활동지

답변	집단에서 정한 순위	순위 결정에 대한 집단의 의견	실제 순위	점수

6) Know/Need to know(K/NK) 활동

(1) K/NK의 특징

K/NK(Know/Need to know)는 의미 그대로 '알고 있는 것'과 '알아야 할 것'을 기록하는 활동이다. 학습자가 이 문제 상황에 대하여 선행지식으로 무엇을 알고 있고, 무엇을 알아야 하는지를 기록해 봄으로써 문제해결책을 찾기 위한 정보를 수집할 때 초점을 제공해 준다. 이러한 활동은 학습자가 문제 상황에 대하여 어떤 생각을 갖고 있는지 인식할 수 있도록 한다. 문제 중심 교수 · 학습 과정은 1단계 문제 만나기, 2단계 문제해결 계획 세우기, 3단계 문제해결하기, 4단계 발표 및 평가에서 K/NK 활동은 두 번째 단계인 문제해결 계획 세우기의 핵심 내용이 된다. 이 단계에서의 활동은 논리적 사고를 촉진시켜 문제 해결력을 높인다는 장점을 갖고 있다. 또한 문제 중심 학습의 경우 지금까지 배운 지식만을 활용하는 것이 아니라 정보와 지식을 더 알아야하는 복합적인 문제를 제공하기 때문에 문제해결 계획을 세우는 과정이 매우 중요하다. 이를 위해 문제해결 계획은 문제 해결을 위해 K/NK 활동, 즉 '알고 있는 것', '알아야 할 것', 조금 더 나아가 '알아내는 방법'으로 체계화하여 계획해야 한다.

(2) K/NK 진행 절차

① K/NK 활동은 주어진 문제(과제)에 대해 '알고 있는 것'부터 개별로 포스트

잇에 자신의 생각을 기록한다. 1개의 포스트잇에 한가지의 생각만 기록하며 브레인스토밍을 하여 여러 가지 생각을 기록한다.

② '알고 있는 것'을 기록한 포스트잇은 K/NK 활동판 '알고 있는 것' 란에 기록한 포스트잇을 붙인다.

③ K/NK 활농판에 각자 '알고 있는 것'을 발표한다. 모눔 전체가 발표한 후 장의적 사고기법 히트와 하이라이팅을 이용해 '알고 있는 것'을 분류 정리한다.

④ '알아야 할 것'도 위와 같은 방법으로 진행한다.

⑤ 히트와 하이라이팅은 수렴적 사고기법으로 히트는 매우 중요한 데이터를 의미하며 하이라이팅은 데이터의 성격이 유사한 것을 분류하여 같은 범주로 묶는 것을 말한다.

(3) K/NK의 수업 활용

① K/NK 활동에서 무엇보다도 중요한 것은 학생들의 몰입으로 보다 많은 정보를 알고자 하는 학생들에게 필요성의 분위기를 조성한다.

② K/NK 활동은 문제 중심 학습에서 문제해결 계획 세우기 단계에서만 활용하는 것이 아니라, 문제 중심 학습 전체 과정 어디에서나 활용이 가능하다.

③ 문제나 과제를 이해하고 정보를 찾는 데 학생들이 주도할 수 있도록 하며, 모든 학생들이 그들의 생각을 조리 있게 말할 수 있도록 학습환경을 조성한다.

7) 동시다발적으로 돌아가며 쓰기

(1) 동시다발적으로 돌아가며 쓰기의 특징

동시다발적으로 돌아가며 쓰기는 어떤 주제에 대해 돌아가며 쓰기 구조를 보완한 것으로 돌아가며 쓰기의 경우는 모둠 내에서 한 장의 활동지와 한 개의 연필로 활동을 하는 데 비해 동시다발적으로 돌아가며 쓰기는 모둠 내에서 인원수만큼 각기 다른 주제나 질문이 적혀 있는 활동지가 존재하고, 각각의 모둠구성원은 활동지를 한 장씩 가지고 주어진 시간만큼 활동하는 것이다.

(2) 동시다발적으로 돌아가며 쓰기의 진행 절차

① 교사는 학습주제를 제시한다. (배추흰나비의 한살이 과정인 알, 애벌레, 번데기, 성충의 각각의 활동지를 제시한다.)

② 모둠구성원은 각자 자신의 생각을 활동지에 기록한다. 모둠구성원들은 각각 알, 애벌레, 번데기, 성충에 대해 자신에게 주어진 활동지에 알게 된 사실을 적는다. 이때 정해진 시간을 줄 수도 있고 한 문장씩만 쓰도록 정할 수도 있다.

③ 모둠구성원들은 각각의 활동지를 돌리면서 서로의 생각을 교환하게 된다.

(3) 동시다발적으로 돌아가며 쓰기의 수업 활용

① 동시다발적으로 돌아가며 쓰기에서 교사의 신호에 동시에 활동지를 정해진 방향으로 돌리도록 해야 먼저 끝내고 노는 학생이 생기지 않을 수 있다.

② 학생들은 자기에게 오는 활동지의 내용을 읽어 보고, 이미 다른 사람이 쓴 것에 대해 추가할 수도 있다.

③ 서로 다른 색깔 펜을 사용한다면 누가 어떤 내용을 기록했는지 나중에라도 점검할 수 있다.

④ 모둠별 개인별 시간을 잘 준수하도록 하며 누구나 동등하게 쓰기 활동에 참여하도록 한다.

8) 키워드 문장 만들기

(1) 키워드 문장 만들기의 특징

키워드 문장 만들기는 키워드 글짓기 활동을 변형시킨 활동이다. 키워드 글짓기활동은 학생들이 선생님이 제시한 단어들을 조합해 결말이 있는 하나의 이야기를 만들어 보는 활동이다.

(2) 키워드 문장 만들기의 진행 절차

① 학습주제와 관련된 키워드 단어를 제시한다.

② 개별 또는 모둠별로 제시된 단어를 한 번 이상 사용해서 문장을 만든다.
③ 작성된 문장을 발표한다.

(3) 키워드 문장 만들기의 수업 활용

① 젖은 수건이 마르는 까닭을 설명하기 위해 수증기, 물, 증발, 공기 등의 단어를 제시할 수 있다.
② 완성한 문장을 색지에 기록하거나 자석 칠판에 기록하여 게시하는 것도 좋으며 칠판 나누기와 함께 병행하여 활용하면 효과적일 것이다.
③ 모둠별 활동을 하게 되면 집단 사고과정을 통하여 창의적인 사고력을 기를 수 있다.

9) 플로우맵(Flow Map)

(1) 플로우맵의 특징

플로우맵이란 순서를 정해 일정한 규칙과 기준에 따라 정렬하는 사고기법으로 학습의 계열, 순서, 스케줄, 주기, 단계, 사건의 진행 과정 등을 정리할 때 활용한다. 좌측에서 우측으로 혹은 위에서 아래로 정리하며, 정보를 시간 순서대로 재구성하거나 시간에 따른 변화를 알아보는 활동에 유용하게 활용될 수 있다.

(2) 플로우맵의 진행 절차

① 학습주제를 제시한다(알갱이의 크기가 다른 이유 추리하기).
② 현무암과 화강암의 알갱이의 크기가 다른 이유를 암석이 만들어지는 위치, 마그마가 식는 속도, 같은 성분끼리 모일 시간, 알갱이의 크기 순서로 추리하는 단계별로 작성한다.
③ 작성된 플로우맵을 모둠별로 발표를 한다.

(3) 플로우맵의 수업 활용

① 플로우맵은 사건의 진행 과정을 순서대로 정리할 때 유용한 사고 기법이므

로 마그마에서부터 현무암과 화강암이 생성되는 과정을 생각해 본다.

② 개인 – 짝 – 모둠의 순으로 토의를 확장해 갈 수 있으며, 탐색 단계 또는 정리활동에서 토의 활동으로 활용할 수 있다.

10) Thinking Map

(1) Thinking Map의 특징

Thinking Map은 사고와 학습을 돕기 위해 주요 사고 기능 및 과정을 일반화한 시각적 언어이다. Thinking Map의 기법은 학생들이 어려운 문제에 부딪쳤을 때 그 문제를 해결해 나가는 데 필요한 창의적 사고능력을 길러줄 수 있으며 성장 후에도 평생교육 차원에서 도움이 되는 창의적인 사고 기법이다. 여덟 가지로 일반화된 각각의 맵은 비교와 대조, 계열화, 위계화, 원인과 결과와 같은 기본적인 인지 기술에 기초하고 있다. 이 맵들을 Thinking Map이라고 부르는 것은 언어를 둘러싼 각각의 시각적 틀이 모든 학습자들이 그들이 사고한 것과 사고한 방식을 명백하게 표현하여 의사소통하도록 안내하기 때문이다.

(2) Thinking Map의 8가지 유형

Thinking Map은 사고 유형에 따라 여덟 가지로 일반화된다. 여덟 가지 맵에 덧붙여 Frame을 각각의 맵의 가장자리에 그려 활용할 때, 이것은 맵 안에서 발견되는 정보에 대한 개인의 판단 준거를 나타내고 공유하기 위한 상위인지 도구로서 개인적 이력, 문화, 미디어, 동료 그룹의 영향을 나타낼 수 있다.

① 서클맵(Circle Map): 개념(용어) 정의하기

서클맵이란 어떠한 개념이나 용어에 대해 정의하거나 사실 관계를 나타내는 사고기법을 뜻한다. 예를 들어 이중 원 안에 자신의 이름을 적고 자신에 대해 관계되는 여러 가지 사실들을 적든가, 우주라는 개념을 이해하기 위하여 우주와 관계되는 다양한 지식과 정보를 원 주위에 적는 기법이다.

② 트리맵(Tree Map): 분류하기

트리맵이란 여러 가지 사물이나 지식을 일정한 기준에 따라 분류하거나 그룹을 만드는 사고기법으로 맵의 양식은 개념과 아이디어들이 연역적 · 귀납적 · 계열성을 갖도록 한다. 일반적인 개념과 아이디어는 트리의 꼭대기에 세부내용은 아래가지에 둔다. 트리맵은 학습자가 선호하는 방식에 따라 일반적인 개념부터 작성할 수도 있고, 세부 내용부터 완성해 갈 수도 있다.

③ 버블맵(Bubble Map): 묘사하기

버블맵이란 어떠한 사물이나 지식에 대하여 묘사하는 사고기법을 뜻한다. 버블맵의 가운데에는 주제어를 쓰고 주변의 버블에는 주제와 관련된 여러 가지 정보를 연결한다. 주변의 버블에는 주로 형용사나 속성을 나타내는 낱말을 활용하는데 글을 쓰거나 작품을 구성하는 초기에 많이 활용된다. 앞서 제시된 서클맵이 대상에 대해 자신이 가지고 있는 생각을 정리하는 양식이라면 버블맵은 대상 자체의 속성을 열거하는 것이다.

④ 더블 버블맵(Double Bubble Map): 비교/대조하기

더블 버블맵은 벤다이어 그래프에서 발전된 것으로 서로 다른 사물이나 개념을 비교하여 공통점과 차이점을 알아보거나, 두 가지를 놓고 서로 대조해 보는 사고기법이다. 한 가지 주제에 대한 버블맵을 작성하여 유사성이 발견된 버블을 다른 주제의 중심 버블과 연결지어 확정하며 더블 버블맵을 발전시킬 수 있다. 따라서 한쪽 주제와 연결된 버블은 공통점을 나타내고 한쪽 주제와 연결된 버블은 차이점을 나타낸다.

⑤ 플로우맵(Flow Map): 순서 정렬하기

플로우맵이란 순서를 정해 일정한 규칙과 기준에 따라 정렬하는 사고기법으로 학습의 계열, 순서, 스케줄, 주기, 단계, 방향성을 나타낸다. 플로우맵에서 각 단계를 나타내는 상자의 개수는 학습자에 따라 다를 수 있다. 각각의 상자 아래에 세부단계를 나타내는 작은 상자와 화살표를 그려 더 자세한 단계를 설명할 수 있다.

⑥ 멀티 플로우맵(Multi Flow Map): 원인/결과 분석하기

멀티 플로우맵은 어떤 사건이나 현상에 대해 원인과 결과를 분석하여 인과관계를 찾아내는 사고기법으로서, 주로 어떤 일에 대한 영향과 효과를 규명하는 기법이다. 왼쪽에 있는 상자가 오른쪽에 있는 상자의 원인이 되며, 한 가지의 원인이 여러 가지 결과를 나타낼 수 있음을 맵을 통해 한눈에 알아 볼 수 있다. 방향성이 있다는 점이 플로우맵과 유사하지만 양쪽의 상자가 인과관계를 맺고 있다는 점이 다르다.

⑦ 브레이스맵(Brace Map): 부분/전체 파악하기

브레이스맵은 부분과 전체에 대한 물리적 관계를 파악하기 위한 사고기법으로 전체와 부분, 부분과 하위 부분을 분석하여 나타냄으로써 공간적 유추와 물리적 경계를 결정하는 방식을 이해하도록 돕는다.

⑧ 브릿지맵(Bridge Map): 유추하기

브릿지맵은 한 가지 사실을 통하여 또 다른 사실을 유추하는 사고기법이다. 한 가지 정보가 갖고 있는 기준과 원리가 또 다른 정보에도 적용될 수 있는지 유추해 볼 때 유용하다. 추리와 은유적 개념을 발전시키는 데 효과적이다.

(3) Thinking Map 수업의 효과

Thinking Map을 훈련함으로써 학생들은 어떠한 정보를 받아들이고 분석하고, 전개하고, 평가하는 등의 기본적인 사고능력을 발달시킬 수 있다. 또한 사물이나 개념에 대한 정의를 내리고 그것을 묘사하거나 분류하고, 순서를 정해 열거할 수 있는 능력 또한 신장시킬 수 있다. 또한 학생들은 Thinking Map을 사용할 때 반성적으로 자신의 사고를 되돌아보고, 자아 조절적인 학습자가 될 수 있다. Thinking Map의 활용은 낮은 성취를 보이는 학생들을 지원하는 도구가 될 수 있다.

Chapter 12

다문화사회에서의 인지적 유연성 교수 · 학습

다문화사회에서의 인지적 유연성 교수 · 학습

01 인지적 유연성의 정의

유연성은 새롭게 변화하는 상황에서, 예상하지 못한 것들에 대해 대처할 수 있는 역량을 말한다. 또한 유연성은 인지적인 영역과 대인적인 영역, 관리적인 영역 등에서 다양하게 사용되고 있는데, 인지적 유연성은 복잡하고 새로운 상황을 회피하지 않고, 적응할 수 있는 능력으로 널리 인식되고 있다.

학교에서 배우는 지식이 실제 세계의 복잡한 상황에서 적용되기 어렵다는 관점에서 근거한 Spiro의 인지적 유연성 이론(Cognitive Flexibility Theory: CFT)에 따르면, 특수한 사례에서 적용되는 지식은 상위지식으로, 단순한 지적 표상이 아닌 복잡한 지적 표상을 요구한다. 즉, 상위지식을 습득하기 위해서 기존에 지나친 내용의 조직을 단순화시켜 생각하던 방식을 재개념화할 필요가 있다고 주장한 것이다. 이러한 맥락에서 Spiro와 Jehng(1990)는 인지적 유연성을 이해 혹은 문제를 해결해야할 상황적 요구에 적합하도록 다양한 지식을 적응적으로 재조합하는 능력으로 정의하였다. 그 외에도 강인애(2003)는 인지적 유연성이 전통적으로 교수 · 학습 방법의 대안으로 등장한 것으로 상황과 문맥에 대처할 수 있는 인지구조의 효율성과 유동성을 언급하였다. 또한, 장수정(1997)은 인지적 유연성은 적용할 다양한 사례적 특수성을 고려해야 한다고 주장하였다. 뿐만 아니라, 박기범(2008)은 급격하게 변하는 실제 상황에서 요구들에 대해 융통성 있게 대응하기 위한 다각적인 방법을 고안하고, 자신의 지식을 자발적으로 재구성하는 능력을 언급하면서 인지적 유연성을 사용할 때, 주체의 자발성이 중요하다고 주장하였다.

지금까지의 인지적 유연성에 대한 정의를 종합하여 보면, 인지적 유연성이란 "익숙하지 않은 다양한 상황에 적응적으로 대응해야 하는 요구에 따라 자신의 지식을 자발적으로 재구성하는 인지적인 능력과 태도"라고 정의할 수 있다.

02 인지적 유연성 향상 원리

인지적 유연성을 향상을 위한 원리로는 첫째, 다양성, 둘째, 통합성, 셋째, 실제성, 넷째, 상호작용 등을 들 수 있다.

1) 다양성

인지적 유연성이 새로운 상황에 대한 적응과 관련이 있기 때문에, 그리고 다양한 환경이 인지적 향상과 관련이 되어 있기 때문에 가르치는 내용이 다양해야 한다. 그 중에서도 내용의 형식이 다양해야 한다. 그리고 가르치는 순서가 항상 일정하지 않게 하는 등의 방법으로 단순화된 교수법을 피할 필요가 있다.

또한 제시하는 사례가 다양하여 다양한 문맥과 관점을 통해 인지적 유연성을 향상시킬 수 있으며, 다양한 관점을 경험하기 위해서 자신의 관점을 표현하고, 다른 관점도 직접 경험하여 비교, 분석하는 것도 필요하다. 그리고 내용을 해석하는 방식이나 지식을 표상하는 과정이 다양할 때 인지적 유연성이 향상될 수 있다.

2) 통합성

통합성의 원리는 다양성의 원리와 관련한 원리이다. 즉, 지식, 내용, 방법, 형식 등의 다양한 개체들이 서로 연관성이 있다는 것을 나타내야 한다는 원리이다. 다양함과 통합이 동시에 인식되어질 때, 인지의 구조가 확대되어 인지적 유연성이 가능하다는 것이다. 통합을 위해서는 개별 지식은 맥락과 연결 지어져야 하며, 그 지식은 의도적으로 지식 간의 연관성이 고려되어져야 하고, 반복, 심화를 통해 그 연관성을 탐색하여야 한다. 그리고 다양한 관점도 그 특수성에 맞게 연관성을 고려해야 하고, 사용되는 자료 또한 관련이 높으면 인지적 유연성 향상에 도움이 된다.

3) 실제성

실제성의 원리는 인지적 유연성을 향상시키기 위해서 대상이 현실에서 느끼는 것과 같다는 생각을 하도록 해야 한다는 원리이다. 대부분의 인지적 유연성과 관련한 문헌에서 실제성을 위해 사례를 많이 접해야 한다고 하였으며, 특히 사례가 인위적이지 않고 실제적인 상황이어야 한다. 또한 규모는 대상에 적합한 수준이어야 하고, 친숙하지 않은 실제적인 상황이어야 한다. 따라서 사례를 통해 생각하는 내용도 현실과 관련된 구체적인 지식이어야 한다.

4) 상호작용

상호작용의 원리는 인지적 유연성 향상을 위해 대상간의 활발한 상호작용이 필요하다는 것이다. 특히 수업의 상황에서 인지적 유연성 향상을 위해 교수자와 학습자, 학습자 간, 학습자와 내용 간의 상호작용이 충분히 이루어져야 한다. 인지적 유연성 향상을 위해 학습자, 교수자, 내용이 지원될 수 있다는 것이다. 학습자는 다른 학습자와의 토론, 대화를 통해서 자신의 생각을 명료하게 하고, 상대방의 생각을 이해하는 경험을 해야 한다. 또한 보조적 도구와 학습 프로그램을 지원함으로 인지적 유연성은 향상될 수 있으며, 교수자는 학습자 가까이에서 촉진자로서 학습자의 부족한 부분을 안내하고, 스키마가 증가하고 활성화될 수 있도록 교수자로서 개인적으로 이끌어줘야 할 역할이 있다.

03 인지적 유연성과 학습

인지적 유연성을 교수·학습 맥락에서 연구되기 시작한 것은 Spiro와 Jehng(1990)의 연구를 통해서였다. 인지적 유연성 이론(CFT)은 의대생들이 경험하는 학습상의 어려움에 대한 연구에서 도출되었다. 잘 구조화된 지식은 학문에 입문하게 된 학습자에게는 유용할 수 있지만, 많은 지식이 요구되는 복잡한 지식, 비구조화된 지식을 배울 때에는 그렇지 않다는 것이다. 그것은 지식을 전이하는데 다양한 지식이 필요하고, 다양한 지식도 복잡한 구조로 연결되어 있는 관계이기 때문이다. Spiro와 Jehng(1990)은 이러한 복잡한 지식을 습득하기 위해 인지적 유연성 이론을 제안하였고, 그것을 적용한 방법으로 하이퍼텍스트를 언급하였다.

Spiro와 Jehng(1990)이 언급한 인지적 유연성을 기본으로 교수·학습 원리의 핵심은 다음과 같다.

첫째로, 다양한 방식의 유추나 분석 방법, 설명을 통해서 개념이 복잡한 다양한 지적 표상(Multiple Representation)을 갖는 학습환경을 조성해야 한다는 것이다.

둘째로, 상호 관련성(Inter-relatedness)이다. 복잡한 지식이 서로 관련성이 있으며, 단절되지 않는다는 것이다.

셋째로, 맥락성과 개념적 다양성이다. 배운 지식은 모든 상황에 맞는 방식으로 해석되는 것이 아니라, 다른 상황에 다른 방식으로 개념이 해석되어야 한다는 것이다.

넷째, 사례를 중심한 교수 방법이다. 실제 맥락을 고려하여 가르쳐야 맥락적이고 복잡한 지식을 가르칠 수 있다는 것이다.

마지막으로 학습의 위계를 고려해야 한다는 점이다. 전통적인 단순화된 지식 전달방법이 오히려 학습을 악화시킬 수 있기 때문이다.

Jonassen, Mayes와 McAleeese(1993)은 학습 활동을 위해 다양한 내용의 표상이 제공되어야 하고, 지나친 단순화를 피하고, 맥락 의존적인 지식을 제공해야 함을 제시하였다. 또한 지식을 전달하는 학습 방법이 아닌 사례 기반의 지식 구성이 강조되어야 함을 주장하였다. 마지막으로 내용이 상호 연계성이 있어야함을 강조하였다. 우리나라에서도 인지적 유연성이 학습과 관련이 있다는 연구가 이루어지고 있는데, 특히 강인애(2003)는 인지적 유연성을 구성주의의 대표적인 교수 학습모형과 연결시켜 생각하였다. 특히 인지적 유연성을 학습에 적용하기 위해 상황성과 복잡하고 실제적인 과제를 중시하는 측면이 대표적인 구성주의 교수·학습모형들과 매우 유사하다고 언급하였다.

인지적 유연성 이론을 통한 교수·학습 모형의 특징은 다음과 같다.

첫째, 전통적 교수·학습원칙에 근거한 단순화된 지식습득을 지양한다.
둘째, 지식의 복잡성과 비규칙성이 포함된 과제와 학습환경을 제공한다.
셋째, 복잡하고 다원적인 개념의 지식을 재현하여 지식을 재구성한다.
넷째, 인지적 유연성을 획득하는 데 초점을 둔다.

04 인지적 유연성 이론의 교수 설계

1) 주제 중심의 학습(Theme-based Search)

상황에 기초한 스키마의 연합체를 형성하도록 하기 위해 주제 중심의 학습을 하도록 한다.

2) 다양한 소규모의 사례 제시

학생들이 충분히 다룰 수 있을 정도의 복잡성을 지닌 과제로 세분화하고, 다양하고 복잡한 소규모의 사례를 제시하여 상황과 문맥에 따라 효율적이고 유동적으로 대처할 수 있는 인지구조를 획득하도록 유도한다.

3) 임의적 접근 교수(Random Access Instruction)

인지적 유연성이론에 근거한 수업은 특정한 과제가 주어졌을 때, 다양한 문맥과 관점에서 접근하며, 학습하는 순서도 다양하게(비순차적)하면서, 가능한 한 많은 사례들을 다루어 보도록 하는 임의적 접근법을 사용한다.

4) 하이퍼미디어(Hypermedia)를 활용한 수업

인지적 유연성 이론의 구체적인 교수학습 프로그램은 하이퍼미디어를 활용하고 있다. 컴퓨터상에서 다양한 유형의 매체를 넘나들며 학습하도록 하는 하이퍼미디어를 활용할 경우 임의적 접근 학습전략을 잘 구현할 수 있기 때문이다.

05 인지적 도제학습

1) 인지적 도제학습 개념

인지적 도제라는 용어는 Collins, Brown과 Newman(1989)이 수업모형을 개발하면서, 전통적 도제 개념에 기초하여 사용하였고, 인지 심리학에서는 Rogoff(1990)

가 근접발달 영역에서의 인지발달 과정을 설명하면서 인지적 도제란 용어를 사용하였다. 이들은 전통사회의 도제와 마찬가지로 인지발달에서도 초보자가 유능한 타인과 함께 조직적 활동에 함께 참여하는 도제 과정에서 더욱 유능해진다고 보았다. 인지적 도제학습이론은 지식 구성의 주요 요인을 개인이 참여하고 속해 있는 사회, 문화, 역사적 상황에 주안점을 두는 사회적 구성주의에 그 이론적 기초를 두고 있다.

사회적 구성주의는 인간의 인지적 발달과 기능은 사회적 상호작용이 내면화되어 이루어지는 것으로 간주하며, 이러한 이론적 관점을 교수·학습과정에 적용한 인지적 도제학습이론은 기존의 교육이 추상적이고 탈맥락적이 되어 복잡한 문제의 성격을 제대로 반영하지 못함을 비판하면서, 이에 대한 대안으로 전통적인 의미의 도제원리를 통해 전문가적 수행의 성격을 밝히고 그러한 수행을 효과적으로 습득할 수 있는 방법을 고안해 보려는 데서 비롯되었다. 즉, 실생활에서 이루어지는 전통적인 도제방법을 장점을 최대한으로 수용하되, 이를 현대사회의 요구에 비추어 창의적, 반성적 사고와 문제해결 등과 같은 내적인 고등정신 기능을 학습하는데 적합하도록 재구성한 교수·학습방법이다.

또한 학습이란 그 특정 사회집단으로의 문화적 이해를 의미하는 것이며 문화적 이해가 이루어지기 위한 세 가지 요소로서 과제, 과제물을 해결할 수 있는 도구, 그리고 이들의 배경이 되는 문화라고 규정 짓는다. 전문가의 인지과정은 특정 분야에서의 문제해결에 필요한 잘 짜여지고 정리된 인지적 활동과 과정의 틀을 지니고 그것에 비추어 새로운 문제에 대한 능동적이고 기능적인 해결을 모색하는 것이라고 보았다.

따라서 인지적 도제 모형은 교사와 학생이라는 두 축을 중심으로 어느 특정 사회집단에 참여하여 지속적으로 실제적 과제들을 해결해 나가는 과정을 통해서 개념을 발전시켜 나가고 학습해 나가는 것을 말한다.

2) 인지적 도제학습 과정

안근환(2007)은 인지적 도제 교수설계 모형의 기본 방향과 인지적 도제교육의 방법을 종합하여 [그림 12-1]과 같이 제시하고 있다.

그림 12-1 안근환(2007)의 인지적 도제이론의 교수설계 모형

3) 인지적 도제학습의 교수 방법

인지적 도제학습 환경을 조성하기 위한 교수 방법은 크게 세 단계로 나눈다.

첫 번째 단계는 인지적 도제의 핵심인 시범, 안내, 그리고 발판제공으로서의 모델링, 코칭, 스캐폴딩(Scaffolding)[1)]이라 하며 관찰, 안내, 지원이 제공되는 실행을 통해 기술을 획득하는 데 도움이 되도록 설계한다.

두 번째 단계는 명료화와 반성적 사고로 전문가가 문제를 해결하는 과정을 관찰하는 것에 초점을 두고, 학생이 자신의 문제해결 전략을 조절할 수 있도록 설계한다.

세 번째 단계는 탐색으로 전문가의 문제해결 과정을 수행하는 것이 아니라 해

1) 스캐폴딩(scaffolding)은 교수자가 학생에 대하여 적절한 교수·학습적 도움을 제공함으로써 유의미한 학습을 수행할 수 있도록 하는 것으로 특히 학습자들로 하여금 자신의 현재 기능수준을 넘어서 다음 단계의 수준까지 이르도록 돕기 위해 제공되는 지원을 의미한다.

결될 문제를 정리하거나 형성하는 데 학습자의 자율성과 자아를 격려하도록 설계한다.

(1) 모델링(Modelling)

전문가나 교사, 컴퓨터와 같은 매체를 활용하여 실제 수행 상황과 유사한 상황에서 시범이나 설명을 통해 과제를 수행하는 과정을 보여주고, 학습자는 그 과정을 관찰한다. 학습자는 관찰을 통하여 과제 수행과 관련된 지식과 전략을 활용하는 법에 대한 이해 기반을 형성할 수 있다.

(2) 코칭(Coaching)

학습자가 과제를 수행하는 동안, 전문가나 교사, 컴퓨터와 같은 매체는 이를 관찰하고 필요에 따라 힌트와 피드백 등 외부적 도움을 제공한다. 모델링 과정에서 관찰할 수 없었던 측면에 주의를 기울이고 학습자의 문제해결과 탐색공간을 마련하여 스스로 능동적인 인지활동이 이루어지도록 한다. 코칭은 과정에서 과제수행을 보조하기 위해 제공되는 것으로, 교사와 학습자가 공동으로 과제를 수행하며 학습에 도움을 주는 디딤돌 역할을 한다.

(3) 비계 설정(Scaffolding)

교사가 공급하는 지원 체제로, 학생이 어려워하는 부분을 돕기 위해 발판을 대주는 과정이다. 스캐폴딩은 학습자가 도움이 꼭 필요한 경우에만 제공되고, 초보자가 과제수행에 익숙해짐에 따라 점차 감소되어, 더 이상 필요가 없는 경우에는 제공되지 않는다.

(4) 명료화(Articulation)

학습자가 학습내용에 대해 자신이 구성한 지식과 이해 그리고 수행에 대해 시범을 보이거나 명료하게 설명하도록 한다. 이것은 자신의 행동과 자신의 결정과 방략(方略)[2]에 대한 이유를 생각할 기회를 가짐으로써 지식을 보다 명확하게 인식할 수 있는 계기가 된다.

(5) 반성적 사고(Reflection)

학습자가 자신의 과제수행 과정을 되돌아보고, 자신의 수행을 분석하는 과정으로 자신의 문제해결 과정을 전문가나 다른 학습자 그리고 궁극적으로 특정 영역에 자신이 갖고 있는 인지적 전문지식과 비교, 분석하도록 하여 과제수행 영역에 대한 자신의 이해와 추론에 대해 다시금 반성적으로 숙고하도록 한다. 반성적 사고를 통해 초보자는 전문가의 수준에 도달할 때까지 자신의 과제수행을 조절할 수 있게 된다.

(6) 탐색(Exploration)

학습한 지식과 기능을 새로운 방식으로 활용하는 방법이나 가설 등을 탐색하도록 하는 것을 말하는 것으로 성취 가능한 목적을 스스로 설정하고 가설을 설정하여 검증하며, 자신이 설정한 문제를 스스로 해결하는 방법을 익힌다. 즉, 자신이 해결할 수 있는 문제를 다양하게 탐구하여 가설을 설정하여 검증하는 것이다.

2) 방략(方略): 어떤 일을 꾀하고 행하여 이루기 위한 방법과 계략.

Chapter 13

다문화사회에서의 행함(Doing)을 통한 교수 · 학습

다문화사회에서의 행함(Doing)을 통한 교수·학습

01 문제 중심 교수·학습

문제 중심 수업은 탐구와 문제해결 기술, 내용과 자기주도 학습 능력 등을 가르치기 위해 고안된 광범위한 수업전략이다. 문제 중심 학습은 문제 자체를 학생들이 탐구하고 조사하기 위한 핵심 상항으로 삼는다(Gijbels, Dochy, Van den Bossche, & Segers, 2005). 문제 중심 수업형태에 포함될 수 있는 교수방법은 탐구, 문제해결, 프로젝트 중심 교수, 사례중심 수업, 앵커드 수업 등이 있다. 이들 전략 모두는 문제에 답하거나 문제를 해결하기 위해 학생들이 적극적인 참여를 수반한다는 점에서 동일하다.

1) 문제 중심 수업의 개관

문제 중심 수업은 교육철학자인 John Dewey의 연구에 기반을 두고 있다. Dewey(1910)는 경험을 통한 학습의 중요성을 강조했으며, 기본적으로 아동들은 환경을 탐색함으로써 학습하는 사회적으로 적극적인 학습자라고 믿었다. 학교는 외부의 세계를 교실 내로 끌어들여 외부의 세계를 이용하고 공부하기 용이하게 하여 이러한 자연적 호기심을 이용해야만 한다. Dewey는 학생이 배운 지식은 책에서 발견되거나 강의에 의해 전달되는 비활성적 지식이 되어서는 안 된다고 믿었다. 그 대신 지식이 모종의 문제해결에 적용될 때는 유용하고 생동감이 있어야 한다. Dewey의 연구는 미국의 진보주의 교육운동에 주된 영향을 미쳤으며 프로젝트 중심 학습, 주제단원, 간학분석 수업과 같은 영역에 영향을 미쳤다.

Gijbels 등(2005)에 의하면 문제 중심 학습 전략은 다음과 같은 공통적인 특징을 공유하고 있다.

첫째, 수업은 문제나 질문의 형식으로 시작된다. 이것은 학생들이 탐구할 것에 대한 핵심을 제공한다. 고등학교 의사소통 수업시간에 질문은 학생들의 탐구를 위한 초점을 제공하기 위한 광고의 유형, 길이, 빈도이다. 중학교 과학 수업시간에 교사는 학생들의 탐구를 위한 틀로서 점심식사 메뉴를 활용할 수 있다.

둘째, 학생들은 문제를 탐구하고 질문을 추구하는데 일차적인 책임이 있다. 이러한 책임은 수업과 동기관점에서 매우 중요하다. 왜냐하면 문제 중심 수업에서 학생들은 행함으로써 배우기 때문이다(Pintrich & Schnuk, 2002).

셋째, 문제 중심 학습에서 교사의 역할은 촉진자이다. 교사가 직접적으로 정보를 전달하는 내용중심의 수업과 달리 문제 중심 학습은 교사가 문제나 질문을 제기하고, 도움을 주고, 질문을 철저히 조사함으로써 간접적으로 도와주어야 한다.

2) 문제 중심 학습의 수업목적

문제 중심 수업은 서로 관련된 세 가지의 목적이 있다.

첫째, 문제 또는 질문을 체계적으로 탐구하는 능력을 발달시키는 것이다. 구조화된 문제 중심 활동에 참여함으로써 학생들은 종합적이고 체계적인 방법으로 유사한 문제를 해결하는 방법을 배운다.

둘째, 문제 중심 학습은 학습자로 하여금 자기주도 학습을 발달시키는 것이다. 학생들 스스로 탐구에 책임을 지기 때문에 학생들은 학습을 조절하고 통제하는 것을 배운다.

셋째, 문제 중심 수업은 내용 습득을 목적으로 한다. 교사와 학생 모두 탐구가 어디에서 이루어질지 정확히 모르기 때문에 문제 중심 수업에서 학생들이 배우는 상당수의 내용들은 함축적이고 부수적이다. 이러한 이유로, 문제 중심 전략은 교사 지시적 수업 또는 강의·토의수업과 같은 교사 중심의 수업전략에 비해 내용을 가르치는 데 덜 효과적일 수도 있다. 그러나 이러한 방법으로 학습된 정보는 오래 기억되고 전이도 더 잘 된다.

3) 문제 중심 학습의 수업과정

문제 중심 학습의 수업과정은 5단계로 구성이 된다.

1단계는 문제 만나기 단계이다. 이 단계는 문제를 해결하고자 하는 욕구와 호기심, 흥미와 같은 정의적 영역을 자극하는 단계로서 문제를 파악하고 그 범위를 좁혀 나가는 활동을 통해 창의성과 문제해결능력을 기를 수 있다.

2단계는 문제해결 계획세우기 단계이다. 문제해결 계획세우기 단계는 학생이 알고 있는 것, 알아야 할 것, 알아내는 방법을 체계적으로 계획하는 단계이다. 문제해결을 위해 다양하고 적절한 계획을 세우는 활동을 하면서 학습자는 자기 주도적 학습능력, 창의성, 그리고 문제해결 능력을 기를 수 있기 때문에 문제 중심 학습에서 가장 중요한 단계이다.

3단계는 탐색 및 재탐색하기 단계이다. 문제해결 계획세우기 단계에서 계획한 문제해결을 위해 알아야 할 지식이나 정보를 탐색하는 단계로서, 적절한 정보를 찾아내는 과정을 통해 학습자는 문제해결 능력을 기를 수 있다.

4단계는 해결책 고안하기 단계이다. 해결책 고안하기 단계는 탐색과정을 통해 찾아낸 지식과 정보를 활용하여 직접적인 해결책을 만드는 단계로, 학습자가 소집단 활동을 통해 새롭고 다양한 해결책을 고안해 내면서, 문제해결 능력과 의사소통, 그리고 협동 능력을 향상시킬 수 있다.

5단계는 발표 및 평가하기 단계이다. 발표 및 평가하기 단계는 고안한 해결책을 발표하고 평가하는 단계로서, 다양한 방법으로 해결책에 대해 발표하고 동료들의 해결방안 중 최선의 것을 선택, 평가하는 과정을 통해 창의성과 문제해결

능력을 기를 수 있다.

문제 중심 학습의 수업과정을 종합하면 [그림 13-1]과 같이 나타낼 수 있다.

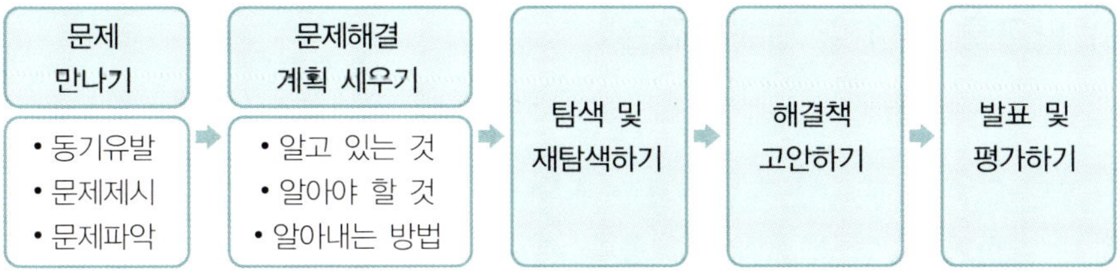

그림 13-1 **문제 중심 학습의 수업과정**

4) 문제 중심 학습에서의 평가

(1) 교사의 평가, 자신의 평가, 팀원 간의 평가, 팀 간의 평가 포함

문제 중심 학습에서의 평가는 교사의 평가뿐만 아니라, 학습자의 자기평가, 그리고 팀원 간의 평가, 팀 간의 평가 등이 모두 포함된다.

(2) 학습의 전 과정을 통한 평가

평가는 학습의 처음부터 끝까지 지속적으로 매시간 이루어지는 것으로 학습과정에 대한 평가를 그 결과만큼이나 중요시한다.

(3) 종합적 평가

학습자의 반추노트, 질문 등을 포함한 다양한 자료를 활용하여 종합적인 평가를 한다.

(4) 내용, 과정, 일반화에 대한 평가

학습자와 팀이 과연 얼마만큼 관련분야의 전문적 지식을 습득했는지에 대한 내용평가, 이 문제를 통해 과연 얼마만큼의 문제해결력이 향상되었는지에 대한 과정평가, 팀원으로서의 활동, 그리고 개별적 경험의 일반화에 대해 평가를 한다.

문제 중심 학습에서의 평가는 교사의 평가뿐 아니라, 학습자의 자기평가, 그리고 팀원 간의 평가, 팀 간의 평가 등이 모두 포함된다.

5) 탐구를 통한 문제해결학습

탐구는 사실과 관찰의 논리적인 검토에 기초하여 질문에 대답하고 문제를 해결하는 과정이다. 탐구 전략은 내용을 가르치고 학생들을 분석적으로 생각하는 데 도움을 주기 위하여 이러한 과정을 활용한다. 탐구수업은 학생들에게 내용과 관련된 문제를 제공함으로써 시작된다. 이러한 문제는 학생들의 연구 활동의 핵심으로 작용한다. 문제를 해결할 때, 학생들은 가설을 설정하고 문제에 대한 잠정적인 해결책을 제시하고, 이들 가설과 관련된 자료를 수집하고, 결론을 도출하기 위하여 이들 자료를 평가한다. 탐구수업을 통하여 학생들은 미래의 문제를 해결하기 위한 전략을 함께 배운다.

탐구수업은 네 가지 부분으로 이루어진다.

첫 번째 단계는 교사가 학생들에게 문제를 제시하는 단계이다.

두 번째 단계는 가설 설정 단계이다. 전반적으로 가설은 세상이 돌아가는 방식에 대한 잠정적인 진술이 된다. 수업에서 가설은 질문에 대한 잠정적인 대답이거나, 탐구활동의 첫 번째 단계에서 제시된 문제의 해결책이다.

세 번째 단계는 자료수집 단계이다. 가설의 타당성을 검증하기 위하여 자료를 수집한다.

마지막 단계는 자료분석 및 결론 도출 단계이다. 자료를 활용하여 가설을 분석하고 결론을 도출한다.

표 13-1 학생 입장에서의 탐구수업 절차

학생의 입장에서 본 탐구수업 절차	
학생	1. 문제 확인 2. 가설 설정 3. 자료수집 4. 자료분석 및 결론 도출

탐구는 교사의 수업 전문성에 있어서 가치 있는 도구일 수 있다. 이에 대한 이유로는 다음과 같은 것들이 있다.

첫째, 탐구는 학생들에게 체계적인 탐구기술을 가르치기 위한 수단이 된다. 교실에서 어떠한 질문을 할 수 있는가를 관찰함으로써, 학생들은 그들이 삶의 영역에서 질문을 만들어 내고 대답하는데 모델을 제시할 수 있다. 또한, 이 탐구모형의 단계는 학생들에게 정보 수집과 분석을 연습하게 하고, 삶의 다양한 측면에 이러한 기술을 폭넓게 적용할 수 있도록 한다.

둘째, 탐구는 학생들의 고차원적인 사고기술을 연습하는 데 훌륭한 도구가 된다.

셋째, 탐구는 교사 중심의 수업에 익숙한 학생들에게 내용을 가르치기 위한 또 다른 수업방법이다. 학생들이 각 단계에서 적극적으로 참여하기 때문에 탐구 활동은 다른 수업방법에 비하여 동기의 한 대안이 될 수 있다.

(1) 탐구수업 계획

탐구활동을 계획할 때, 첫 번째 단계는 문제를 설정하는 것이다. 본질적으로 문제를 설정하는 것은 여러분이 가르치려는 서로 다른 주제를 조사하고, 탐구에 기초한 교수방법을 활용하여 가르칠 수 있는지를 결정하는 것이다. 이것은 항상 가능한 것은 아니다. 그러나 가능하면 교사는 내용과 탐구 기술을 동시에 가르칠 수 있다.

종종 탐구질문이나 문제는 다른 수업의 과정에서도 자연스럽게 나타날 수 있다. 탐구수업은 이전 수업시간에서 자연스럽게 제기된 질문이나 문제로부터 시작되는데, 두 가지 이유에서 탐구수업을 하는 데 효과적인 방법이다. 첫째, 학생들은 수업을 교사에 의해 설정된 인위적인 주제가 아니라 학생들의 요구에 대한 기능적인 반응으로 생각한다. 둘째, 학생들은 자신들이 생활하면서 직면하는 문제를 해결할 때, 탐구 과정이 활용되고 전이가 증가하는 것을 알 수 있다.

그러나 종종 탐구수업은 수업 시간에 발생하는 문제로부터 자연스럽게 나타난 것은 아니다. 그렇지 않다면, 교사는 학생들이 배워야 하는 특별한 주제가 있어야 할 것이다. 이들과 같은 상황에서, 교사는 탐구활동이 언제 유용한지를 인식하고, 내용을 효과적으로 구성해야 한다. 탐구 전략은 인과관계의 몇 가지 유형이 내용 영역에 수반될 때 가장 적절하다.

탐구수업을 계획할 때, 두 번째 단계는 수집된 자료를 정리하는 것이다. 때때로 이미 있는 자료를 활용할 수도 있지만, 교사는 필요할 때, 이용할 수 있는 자료를 미리 계획해야 한다.

(2) 탐구수업 실행

탐구수업의 첫 단계는 문제를 제시하는 것이다. 이 문제는 수업 시간에 초점을 제공하고, 다음 단계의 방향을 제시하고, 가설을 설정하는 데 도움을 준다. 이전 수업에서 제기된 상황의 결과로서 문제가 나타날 수도 있고, 교사에 의해서 제시될 수도 있다. 교사가 문제를 제시할 때, 학생들의 주의를 끌 수 있는 핵심이 되는 사건을 제공하는 것이 도움이 된다. 예를 들어, 음식을 보관하는데 영향을 주는 요인을 가르치려고 하는 교사가 사과 2개를 가져와서 학생들에게 두 개 사과의 조건을 관찰하고, 왜 이러한 차이점이 발생했는지를 설명하도록 했다. 핵심이 되는 사건은 탐구수업의 자연적이면서도 확실한 출발점이 된다.

다른 형태의 탐구수업을 위해 유사한 사건을 구성할 수 있다. 예를 들어, 텔레비전 광고에 관한 수업에서 교사는 수업을 시작하기 전에 텔레비전을 켜고 학생들에게 다양한 광고를 관찰하도록 한다. 여러 가지 예에서, 핵심적인 사건을 학생들이 관련지을 수 있는 구체적인 경험을 제공한다. 핵심적인 사건이 시각을 끄는 것이라면 동기부여가 될 수 있고, 학생들이 그들 주변의 문제와 관련성을 파악하도록 하는 데 도움이 될 수 있다(Eggen & Kauchak, 2004). 그러나 문제를 학생들에게 제시할 때, 그것의 형식적인 진술은 모든 학생들이 볼 수 있고 생각할 수 있도록 칠판이나 OHP에 제시되어야 한다.

탐구수업의 두 번째 단계는 가설 세우기이다. 학생들이 문제에 대하여 생각할 시간이 있으면, 교사는 학생들에게 해결책을 생각하도록 격려해야 한다. 종종 이러한 가설들이 자연스럽게 만들어진다. 평소에는 교사가 학생들에게 가설을 세우도록 촉진할 필요가 있다. 예를 들어, 학생들이 음식의 손상과 저장에 영향을 미치는 요소에 학생들이 초점을 맞추기를 원하는 교사는 다음과 같이 질문을 할 수 있다. "음식을 상하지 않게 하기 위하여 부엌에서 어떤 것을 할 수 있지?"라든가 "여러분들이 한 주 동안 등산을 한다면, 어떤 음식을 가지고 갈까?"와 같은 질문이 가설설정에 도움이 된다. 이들 질문에 대한 대답은 학생들에게 가설이 되는 요인들을 확인하는 데 도움을 줄 수 있다.

탐구수업의 세 번째 단계는 가설 검증하기이다. 가설이 세워졌다면, 학생들의 다음 과제는 가설을 검증하기 위한 자료를 수집하는 것이다. 자료를 수집하는 과정은 몇 가지 방식으로 일어날 수 있다. 수업시간 내 집단 활동이나 방과 후 개별 활동으로 일어날 수 있다. 여기서 주로 고려해야 할 사항은 시간과 자원이다. 수업시간이 부족하거나 교실에서 이용가능한 자원이 없다면, 자료 수집과정은 방과후 활동을 부과될 수 있다. 학생들이 집에서 자료를 수집하는 것은 몇 가지 장점이 있다. 하나는 탐구가 단지 교실에서만 실행되는 것이 아니라는 생각을 강화시켜 나갈 수 있다. 또한, 학생들이 집에서 자료를 수집함으로써, 부모들은 자녀들의 학습에 참여할 기회를 갖게 된다.

탐구의 마지막 단계는 자료 분석이다. 이 단계의 주목적은 학생들이 동의하는지를 판단하기 위해 수집한 정보를 분석하는 동안 가설을 검토하는 것이다. 만약 학생들이 동의하지 않는다면, 가설은 수정될 필요가 있고 대안적인 결론이 내려질 필요가 있다. 본질적으로, 수업의 이 부분은 학생들이 수업활동을 요약하여 결론을 맺도록 하는 것이다. 결국 이러한 결론은 수업의 주요 내용결과로 이루어지는 것이다. 이것 때문에, 모든 학생들이 보고, 노트필기를 할 수 있도록 이러한 결론을 칠판에 적어야 한다.

자료조직은 분석을 촉진한다. 이것은 정보를 차트 또는 그래프로 대체할 수 있다. 자료를 가지고 씨름하는 경험과 최고의 조직 패턴을 따라잡으려는 시도는 그 자체가 교육적 경험이다. 학생들이 이러한 과정에 대한 경험이 전혀 없기 때문에 어렵게 경험하게 될 것이다. 처음에 학생들에게 자료 분석을 하게 한 교사는 실망하지 않을 것이다. 왜냐하면 이 기술은 배울 수 있고, 이것을 가르치는 최선의 방법은 경험을 통한 것이다.

6) 문제해결학습

문제해결은 학생들이 직접적인 학습경험을 통하여 문제해결을 학습하도록 돕는 문제 중심 수업전략이다. 모든 문제 중심 수업전략과 마찬가지로 이것은 학생들이 교사의 도움을 받아 문제를 해결하는 데에 대한 책임을 지는 문제로부터 시작된다.

문제해결은 문제 중심 교수전략이다. 이 방법으로 교사는 학생들이 직접적인 학습경험을 통하여 문제를 해결하는 것을 배우도록 돕는다. 그리고 학생들은 교사의 도움을 받으면서 문제를 해결한다. 문제해결 모형은 다음과 같은 5단계로 구성된다.

① 문제 확인
② 문제 제시
③ 전략 설정
④ 전략 실행
⑤ 결과 평가

(1) 문제해결 활동을 위한 계획

문제해결 수업은 단기적인 목적과 장기적인 목적이 있다. 교사의 단기적인 목적은 학생들에게 문제를 성공적으로 해결하는 것이고, 문제를 해결하면서 내용을 이해하는 것이다. 이것은 문제 중심 학습의 내용 요소와 관련이 있다.

장기적인 목적은 학생들에게 문제해결 과정을 이해시키고 자기주도적인 학습자로 성장시키는 것이다. 교사는 학생들에게 문제해결 과정을 이해시키려고 도움을 주었다. 즉, 학생들의 학습활동과 문제해결 모형과 관련을 짓게 했다. 학생들이 학습을 진행할 때, 학생들에게 그들이 알게 된 것을 생각하고, 이해할 필요가 있는 기회를 제공하고, 문제해결 과정에 반영되도록 격려함으로써, 자기주도적인 학습자로서 학생을 성장시키도록 하는 것이다.

문제 중심의 모든 전략과 마찬가지로, 첫 번째 단계는 계획으로서 문제를 확인하는 것이다. 이것은 수업의 핵심적인 요소가 된다. 두 번째 계획단계는 자료 수집 절차로 논리적으로 가능하다는 것을 확인하는 것이다.

(2) 문제해결 수업 실행

효과적인 문제해결 수업은 이 모형의 주요한 목적에 해당되는 두 가지 수준에서 가능하다. 한 가지 수준에서 우리의 목표는 학생들에게 구체적인 문제유형을 해결하도록 가르치는 것이다. 교사는 상호질문을 통하여 학생들이 문제를 해결하도록 하고, 그것은 또한 학생들이 자료를 수집하도록 안내한다. 다른 수준에서 우리는 학생들이 문제해결 과정을 이해하고 자기주도적인 학습자가 되기를 바란다.

문제해결 모형에서의 첫 번째 단계는 문제를 확인하는 것이다. 이 단계가 명백한 것처럼 보이지만, 많은 학생들은 이 과정에서 여러 가지 문제를 경험한다(Bruning, Schraw, Norby, & Ronning, 2004). 이것은 몇 가지 요인 때문이다. 아마도 가장 중요한 것은 학생들이 잘 정의되지 않은 문제를 충분히 연습하지 못했기 때문이라고 할 수 있다. 이것은 일상생활의 문제에서 발견되는 매우 흔한 종류의 것이다. 잘 정의되지 않은 문제는 목표가 애매하고 문제를 해결하기 위한 전략에 합의된 것도 없다. 대부분의 문제가 잘 정의되어 있지 않다. 학생들에게 이와 같은 문제를 다루는 방법을 가르치는 최선의 방법은 학생들에게 문제가 정확히 무엇인지를 확인하게 하고, 다양한 연습을 제공하는 것이다.

문제를 정의하는데 또 다른 장애물은 학생들이 영역 특수 지식이 부족하고, 문제를 해결하는 데 서두르는 경향이 있다는 것이다(Eggen & Kauchak, 2004). 학생들이 문제에 관한 배경 지식이 부족할 때, 학생들은 문제에서 요구하는 것을 명확하게 이해하는 데 어려움을 갖게 된다. 학생들이 이 단계에서 직면하는 또 다른 문제점은 문제에 반영되어 있는 다양한 복합적인 요소를 고려하지 않고 급히 해결하려고 하는 것이다. 문제해결 전문가는 처음에 그들에게 주어진 문제가 무엇인지 그리고 해야 할 것이 무엇인지를 파악하는 데 많은 시간을 사용한다. 학생들은 교사로부터 연습과 피드백을 통하여 이러한 것을 배운다.

두 번째 실행단계는 학생들에게 문제를 표상하는 방법을 가르치는 것이다. 그리고 그것은 학생들에게 문제의 정의와 전략적 선택 사이에 존재하는 개념적 차이를 연결하는 전략을 제공하는 것이다.

학생들은 이 문제해결 단계에서 종종 당황한다. 그리고 도표를 그리는 전략과 아는 것과 모르는 것을 나열하는 전략이 종종 도움이 되기도 한다.

문제해결 수업의 세 번째 단계에서, 학생들은 문제에 맞는 적절한 전략을 선택하는 데 도움을 받는다. 한 가지 문제는 학생들이 다른 해결방법에 대해 생각하지 않고 첫 번째 해결 방법에 갇히는 경향이 있다는 것이다. 이것은 학생들에게 즉각적인 대답을 줄 수 있으나, 이러한 특별한 문제를 보다 큰 맥락에서는 이해하지 못할 가능성이 있다. 학생들이 정답을 얻을 수 있으나, 이유를 이해하지 못하고, 이 문제를 보다 큰 맥락과 관련시키지 못하게 될 수 있다.

이전 단계가 체계적으로 진행되었다면, 전략을 실행함으로써 학생들은 사고의 질을 현실적으로 검증하거나 시도할 수 있다. 이 전략은 이전 세 가지 전략을 자연적으로 확장시키고, 학생들이 그들의 생각을 실행하고 경험할 수 있는 기회를 제공한다. 이 단계는 다른 세 단계와 자연스럽게 연결되어야 한다. 그러나 그렇게 될 수 없다면, 교사는 추가적인 질문을 통하여 단서를 제공할 수 있다.

이 모형의 최종 단계에서 교사는 학생들에게 그들이 찾아낸 해결책의 타당성을 입증하도록 한다. 학생들은 이 단계에서 종종 문제에 직면한다. 왜냐하면 학생들은 그 문제에 직접 참여하였고 활동하였기 때문이다. 또한 학생들은 해결책이 이치에 맞지 않음에도 불구하고, 문제를 결론지으려고 하거나 다른 문제에 관심을 가지려고 할 때도 있다. 해결책은 이치에 맞는지의 여부와 관계없이, 대답을 찾는 것이 종종 학생들의 목적이 된다. 특히 어린 학생들은 이 전략에서 어려움을 갖는다. 왜냐하면 학생들은 서둘러 과제를 마치고 다음 문제로 넘어가기를 원하기 때문이다.

(3) 문제해결 과정 분석하기

문제해결 과정의 마지막 단계인 분석은 이 모형을 활용하는 장기적 목적의 관점에서 매우 중요하다. 이 모형을 활용하는 주된 이유는 학생들이 보다 체계적이고 분석적인 문제 해결자가 되고 문제 해결자로서 자신의 생각을 인식하도록 돕는 것이다. 교사는 이것을 다음과 같은 질문을 통하여 격려할 수 있다. "오늘 문제해결을 통하여 우리가 배운 것은 무엇인가요?" 학생들이 이 질문에 대해 생각할 때, 교사들은 학생들이 다음을 할 수 있도록 격려해야 한다.

① 문제해결을 할 때 학생들이 경험한 절차를 생각해 보도록 한다.
② 과정이 얼마나 잘 진행되었는지에 대하여 논의하도록 한다.
③ 학생들이 추천할 수 있는 변화된 것을 지적한다.

02 경험 중심 언어학습

1) 경험 중심 언어교육

Dewey(1938)은 '하는 것(doing)'에 의한 학습의 중요성을 강조한다. 경험은 학습을 구성하는 핵심으로서의 역할을 한다. 그의 교수방법에서는 개별성의 배양, 개인적 경험을 통한 학습, 그리고 역동적이며 직접적이고 현재의 경험에 기초한 학습을 역설한다. 즉, 학습은 구체적인 환경에서 적합하게 이루어질 수 있다는 것이다.

학습 현장에서 중요한 것은 학생들이 어떤 교육적으로 가치 있는 것을 학습하기 위해서는 '하는 것(doing)'을 통해 경험을 제시하는 것이 아니라 학생들의 경험을 이끌어 내야 한다(Dearden, 1972). 인간이 하게 되는 경험은 현실 그 자체와 같은 수준인 직접적이고 목적적인 경험에서부터 점차 간접성의 정도가 높아져 마지막에는 아주 추상적이며 고안된 경험에 이르는 원추의 모양을 이루게 된다고 하여 경험의 원추(Cone of Experience) 개념을 제시하였으며 원추의 저변에는 직접적인 경험이 놓이게 된다.

인본주의 심리학에서는 개인의 자아개념은 환경과의 상호작용을 통하여 점진적으로 공유된 사회적 산물이라고 주장한다. 그것은 자기와 관련된 인식을 조직하고 통합하는 형태이며 점진적으로 차별화되고 복잡해진다. 이러한 건전한 자아개념의 발달은 긍정적인 자기존중과 의미 있는 다른 사람들에 의한 무의식적 인정에 의해 촉진되고, 무의식적으로 가치를 둘 수 있으며 인간경험을 확대할 수 있는 환경에 의해 개인은 충분히 기능을 하는 인간으로 성장할 수 있다고 본다.

Kohonen(1989)는 다음과 같은 특징이 수반되어야 학습이 효과적이라고 하면서 경험중심 언어 학습방법을 제시하였다.

첫째, 교재의 내용을 이해하고 학습의 매체로서 지식의 사용이 강조되며, 풍부한 이해 가능한 입력 자료를 수반해야 한다.

둘째, 언어구조에 대한 학습자의 반성적 사고와 목표어의 체계적인 구조에 대한 명료한 교수가 있어야 한다.

셋째, 상호적인 의사소통에서 목표어의 의식적인 사용의 중요성이 강조되어져야 하며, 의사소통적인 시도를 함으로써 학습자의 언어 기능을 넓히도록 해야 한다.

넷째, 교사와 동료에 의해 교정적인 피드백이 있어야 한다. 즉, 목표어의 능력을 발전시킬 수 있는 정보를 교환하며 협동학습에서 자기 평가와 사고를 통해 정확한 언어사용의 기준을 내면화하는 목표를 두어야 한다.

2) 경험적 언어학습

경험 중심 언어학습의 언어학적 이론은 Sapir-Whorf(1956)의 언어학적 상대주의 가설(Linguistic Relativity Hypothesis)에 근거한다. 언어학적 상대주의 가설이란 한 문화의 언어구조는 그 문화의 행동과 사고습관을 형성한다는 가설이다.

Sapir(1921)는 사람이 언어의 사용 없이 현실 세계에 적응하는 것은 상상하기 어려우며, 그리고 언어가 단순히 상호작용이나 외견상의 특수한 문제를 푸는 임시적인 수단으로만 여겨져서는 안 된다. 이러한 사실은 실제 세계는 집단의 언어 습관으로 인해 무의식적으로 많은 것들이 형성된다는 것이다. 우리는 아주 널리 보고, 듣고, 경험하는데, 그 이유는 우리 사회의 언어습관이 언어 선택에 영향을 미치기 때문이다. 이러한 언어경험의 중요성을 바탕에 두고 경험 중심 언어학습의 도입이 이루어진 것이다.

3) 언어 경험 중심 교수법

언어 경험 중심 교수법(Language Experience Approach)에서는 개인적으로 의미 있고 유용한 읽기 어휘를 획득하는 것을 강조한다. 일반적인 생각은 읽기 자료들이 학생들의 생활경험으로부터 생성된다. 학생들이 이들 경험에 기초한 '이야기'를 구술하고 교사는 그 이야기들을 써 내려간다. 그 다음에 학생들로 하여금 그들이 말했던 이야기에 대해 교사가 써 놓은 것을 읽게 한다. 읽기 활동은 학생들이 그 이야기에 아주 친숙하게 될 때까지 이루어진다. 그 다음에 이야기의 개별적인 단어들이 토의되고 학습된다. 그리고 교사에 의해 계획된 특별한 활동을 통해서 다른 읽기 기능들이 연습되어지고 강화되며, 마침내 학생들은 그들 자신이 구술한 것을 읽는 것에서 다른 사람들에 의해 구술되거나 저술된 읽기 자료들을 읽는 것으로 옮겨가게 된다(Dixon & Nessel, 1983).

언어 경험중심 교수법에서 사용되어지는 단계들은 다양하다. 어떤 경우엔 이야기들은 교사에 의해 기록되기도 하고, 교사가 각각의 학생들이 그들 자신의 이야기를 갖기를 원한다면 나중에 전사되기도 한다. 다른 경우는 그 이야기들은 학급 전체 학생들의 이야기를 만드는 데 참여한 전체 이야기가 된다.

이들 이야기에 사용되어진 어휘가 그 이야기들을 말하고 있는 학생들로부터 나온 것이라면 위에서 언급한 바와 같이 개인적으로 의미 있는 것으로 여겨질 수 있고, 같은 어휘를 학생들이 쓰여진 이야기에서 읽을 수 있을 때 바로 유용한 것이라고 여겨질 수 있는 것이다. 이런 의미에서 언어 경험중심 교수법은 학생들에게 교재와 의미를 연결시키는 것을 가르쳐주는 장점을 지니고 있다. 언어 경험중심 교수법은 학생들이 경험한 것을 구두 설명을 우선 기초로 하여 그것을 써 내려가는 활동으로 이어진다. 이것은 학생들에게 구두와 문자 언어를 연결시키는 시간을 제공하여 결국 음성 언어를 문자언어로 전화하는 것을 가능하게 한다. 즉, 언어 경험중심 교수법에서는 말하기, 듣기, 읽기, 쓰기를 통합하여 가르치는 것도 가능하다.

그 방법을 세 가지로 제시하면 다음과 같다.

첫째, 듣기를 통한 학습으로 교사가 이야기 또는 시를 선택하여 낭독하여 주고 학습자는 그것을 듣고 토론한다. 그리고 들은 이야기와 관련된 것을 쓰거나 유사한 패턴으로 써 보게 한다. 그 다음 교사는 다른 학생들에게 그것을 읽어 준다. 또한 그것을 책으로 만들 수도 있다.

둘째, 말하기를 통한 읽기 학습으로 단어 없는 그림책(Wordles Book)을 교사가 처음에 간략히 소개한 다음, 학습자로 하여금 이야기를 하게 한다. 교사는 학습자가 하는 이야기를 받아 적고, 그것을 읽어준 후 학습자로 하여금 따라 읽게 한다. 학습자들이 읽는 동안 그들은 그들이 만든 이야기이기 때문에 그 글의 의미를 이해하게 된다. 그 다음 학습자로 하여금 그 글을 보고 쓰게 한다.

셋째, 쓰기를 통한 읽기학습으로 단어 없는 그림책을 사용하여 그림과 관련된 생각을 적게 한다. 비록 문법에 맞지는 않더라도 일찍부터 쓰기를 시도하게 한다. 학습자는 쓴 것을 읽어보고, 반복해서 읽기도 한다. 따라서 읽기는 쓰는 동안에도 일어난다.

이와 같이 언어 경험중심 교수법에서는 학습자를 언어의 사용자로서 인식한다. 그리고 그들은 구어의 기반을 갖고 있으며 그것을 토대로 읽기와 쓰기 전략을 발달시킨다고 본다. 그래서 읽기와 쓰기는 인쇄물이 학습자의 구어 형태에 관련되고, 학습자가 읽은 문어 형태에 친숙할 때 자연스럽게 학습된다.

4) Kohonen의 경험 중심 언어학습모형

Kohonen(1989)의 경험 중심 언어 학습모형은 모국어 습득모형이 아니라 제2언어 학습을 위한 모형이다. 그러므로 경험 중심 언어학습은 목표어 규칙에 대한 학습을 점진적으로 내면화로 이끈 순환적인 과정으로 이루어진다. 먼저 학습자에게 자연적인 상황에서 의미 있는 사용을 통하여 언어경험 자료를 제공한다. 이 단계에서는 형식적으로 구조적인 규칙이 제시되거나 설명되지 않고 언어경험 자료의 의미는 모국어로 제공된다. 그렇지만 다문화사회인 경우에는 언어경험 자료의 의미는 목표어로 제공된다. 예를 들어 go와 went가 별개로 학습된다고 보듯이 '간다'와 '갔다'도 별개로 학습된다고 본다. 학습자는 그것에 대해 관찰하고 사고하며 다른 언어형태 사이의 체계적인 연결 관계를 인식하고 그들 스스로 규칙을 일반화한다. 그리고 학습자들은 그 규칙의 적용가능성을 점검하기 위해 교사에게 물어본다. 학습자가 관련된 상황에서의 유의미한 언어에 노출됨으로써 규칙에 대한 상당한 경험을 가진 후에 규칙 체계에 대한 언어형식을 제시해 준다. 학습자의 완전한 자동적 사용을 위해서 더 폭넓은 경험적인 자료를 얻도록 하여 언어 규칙을 새로운 상황에 사용하도록 유도한다.

이 모형에 따르면 경험 중심 언어학습은 경험, 반성, 개념화 그리고 활동적인 실행의 계속적인 순환과정을 필요로 한다. 학습자들이 충분한 경험적인 요소가 없는 규칙의 학습은 피상적인 학습이 되는 것과 마찬가지로 반성적 사고를 거치지 않고, 개념화되지 않은 경험을 바람직한 학습이라 할 수 없다. 언어학습은 입력 자료의 계속적인 순환과정이며 그 체계의 정교한 이해와 규칙의 자동적인 사용에 목적을 둔다. 만약 의미 있는 학습과정이 계속된다면 학습자의 언어능력은 늘어나고 복잡한 언어 자료를 효율적으로 다룰 수 있게 될 것이라는 가설에 근거한다. 이러한 경험학습 순환과정은 Kolb(1984)의 경험학습 모형과 일치한다.

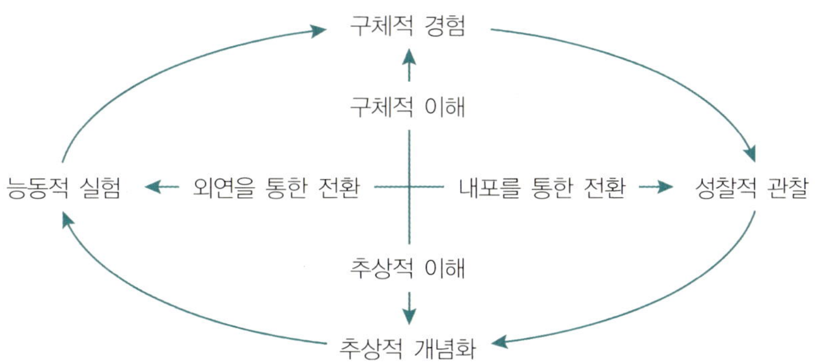

그림 13-2 **Kolb(1984)의 경험학습의 과정**

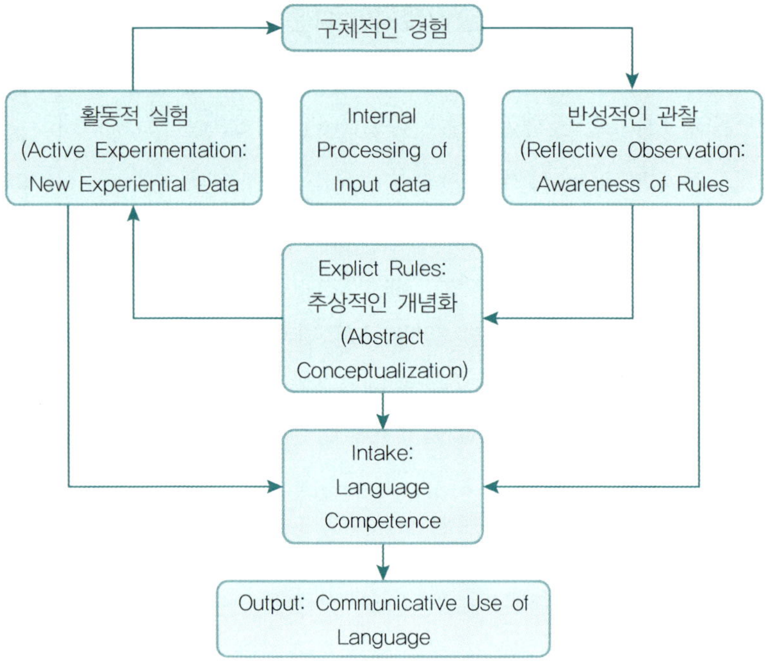

그림 13-3 **Kohonen(1989)의 경험 중심 언어학습 모형**

동기유발 단계에서는 학생들의 경험을 통하여 언어기능을 습득할 수 있도록 사전 활동, 중간 활동, 사후 활동을 계획하고 준비하며, 그 시간에 이루어질 활동들에 대한 소개가 이루어진다. 듣기나, 읽기, 쓰기 활동단계에서는 교사가 언어자료를 제공하여 학생들이 이미 가지고 있는 지식과 경험을 토대로 흥미 있게 활동할 수 있도록 돕는다. 평가단계에서는 학생들이 목표어를 습득할 수 있는 기본 능력이 있다는 점을 인식하고 학습활동과 참여도를 기초로 지적, 정의적 발달을 평가한다.

5) 경험학습이론의 특징

(1) 학습자 주도의 학습

경험학습이론은 개인 성장의 한 부분으로서 경험학습의 목적은 학습자가 점차적으로 자기 주도적이 되도록 하며 자신의 학습에 대해 책임감을 갖도록 하는 데 있다. 이러한 학습의 과정은 학습의 주도권이 교사에게서 학습자에게로 점진적으로 옮겨간다는 것을 의미하며 학습자의 개인적인 참여와 경험은 학습의 중요한 요소가 된다.

(2) 협동학습의 강조

교실에서의 의사소통상황은 협동학습의 토대 내에서의 소집단과 짝활동을 통해서 이루어진다. 짝과 소집단 활동은 협동학습의 장점을 구체화하고 목표 언어로 학생들이 의사소통을 하도록 도와주는 중요한 방법이다. 특히, 경험학습에서는 협동학습을 통한 간접 경험을 통해 학습자의 언어기능을 넓힌다.

(3) 감각을 이용한 학습

경험학습은 목표어를 처음 접하는 학생들이 유아가 세상에서 얻는 방법과 동일한 방법을 취한다. 즉, 학습자의 오감과 기타 감각을 이용하여 직접 경험함으로써 학습자 스스로 언어의 의미를 발견하여 목표어를 습득한다는 점에서 감각을 이용한 학습은 경험학습의 중요한 특징이라 할 수 있다.

(4) 과정 중시 학습

지식을 고정불변의 것으로 보지 않고, 경험을 통해 구성되는 것이라고 본다. 그러므로 학습은 경험에 의해 개념들이 계속 수정되어 가는 과정이라 할 수 있다. 학습내용과 표현을 강조하기 보다는 학습기능, 자기탐구, 사회적이고 의사소통적인 기능을 강조하고 있다.

이러한 경험교육모형의 특징적인 내용을 정리하면 다음과 같다.

① 학습의 관점에서 지식의 변형을 통한 학습자 스스로의 재구성으로 본다.
② 교사의 역할은 학습자에게 언어 자료들 및 학습의 방향을 제시하는 안내자, 학습을 촉진하는 촉진자, 학습자와 함께 하는 조언자의 역할 등이다.
③ 학습자의 역할은 학습을 촉진하고 협력하는 전문가이다.

④ 지식의 관점에서 지식은 개인적인 지식의 구성이며, 문제를 확인하는 요소이다.
⑤ 교육과정의 관점에서 교육과정은 활동적이고 교재의 융통성 있는 구성이며, 개방된 부분과 통합된 것이다.
⑥ 과정의 통제를 통하여 학습자의 역할과 자기 지시적 학습을 강조한다.
⑦ 내재적 동기유발을 강조한다.
⑧ 과정평가를 강조한다.

이상과 같이 경험학습 방법의 이론적 배경과 성격에 근거해 볼 때 경험학습의 기본 입장은 다음과 같다.

① 학습자의 흥미, 욕구 및 목표가 교육프로그램의 근간이다.
② 교육에 있어서는 학습자의 전인적 발달을 고려해야 한다.
③ 문제해결 학습이 효과적이다.
④ 여러 활동을 학생과 교사가 협동적으로 계획해야 한다.

03 과제 중심 교수·학습방법

1) 언어 학습에서의 과제 중심 학습 개념

전통적인 교수법은 목표언어가 먼저 제시되고 문법교수와 구조초점의 활동을 위한 환경이 인위적으로 만들어지고, 학습자는 단순 반복, 연습으로 목표어에 접근을 한다. 즉, 인위적인 상황에서 형식에 초점을 둔 언어기능을 반복 연습하여 정확성을 추구한다. 이러한 전통적인 교수법은 제시(presentation)와 연습(practice)의 단계로 교수가 실현되는데, 제시단계에는 새로운 언어항목을 제시하고, 연습

단계에서는 제시단계에서 받아들여진 어휘나 문장을 여러 형태의 활동을 이용해 반복적으로 연습한다.

그러나 이와 같은 교수 모형에서는 제한적인 어휘와 문형 그리고 형식에 초점을 둔 언어 상황 속에서 반복 연습이 이루어지므로 실제적이고 의미 있는 발화를 기대하기는 어렵다. 결국 학습자가 실제 의사소통 상황에 맞는 언어를 구사할 수 있는 자발성과 창의성이 실현되기 어렵다.

반면, 과제 중심 학습은 학습자가 스스로 생각하고 분석할 수 있도록 교수가 진행된다. 또한 과제 중심 학습은 과제를 수행하면서 의미 있는 언어를 사용하게 되며, 학습자가 자발적으로 언어를 효과적으로 분석할 수 있도록 돕는다. 즉, 과제중심학습에서는 교사가 학습자들에게 의사소통을 할 목적을 제공하기 위하여 과제를 제시하고, 학습자들은 상호작용을 통하여 주어진 과제를 해결하면서 언어를 배우게 된다.

Willis(1996)는 과제 중심 학습을 목표어를 사용하여 서로 협력해야만 해결할 수 있는 과제를 만들어내고 학습자가 그 과제를 완수함으로써 목표한 언어능력을 얻을 수 있는 방법으로 정의하였다. 그리고 교사의 가르침보다는 학습과제 자체가 학생들을 학습과정 속으로 끌어들여 학생이 학습과정에 능동적으로 참여하게 하는 의사소통 중심 언어교수 방법의 한 갈래로 정의하였다.

또한 이완기(1998)는 과제 중심 학습이란 학습 과제 자체가 학생들을 학습의 과정 속으로 끌어들여 학생들이 학습의 과정에 능동적으로 참여하도록 하는 의사소통 중심의 언어교수방법의 한 갈래로서, 학생들에게 영어를 사용하여 서로 협력해야만 해결할 수 있는 과제를 고안하여 제시하고 그 과업을 완수하도록 하는 것이라고 하였다. 여기서 중요한 것은 교사 주도의 활동보다는 주로 학습과제 자체가 학생들을 학습과정 속으로 끌어들여 학생들이 학습과정에 능동적으로 참여하도록 한다는 점이다. 교사는 학생들의 과제수행 과정을 유심히 관찰하고 학생들이 매우 어려워하는 부분에 한해서 제한적으로 도와주는 촉진자(facilitator)로서의 역할을 맡게 된다.

과제 중심 학습은 주어진 시간에 학습자의 학습 능력을 최대한 발휘할 있는 방법이며 이것은 학생들에게 과업을 제시하여, 과제를 해결하는 과정에서 언어 표현의 기회를 많이 제공하여 아동의 어휘에 대한 관심, 흥미, 자신감을 불러 일으켜 세부 언어능력을 얻도록 하여 수업 중 학생들의 참여율을 높이고 말하는 기회를 제공하여 학습자의 역할을 이끌어내는 능동적인 학습방법이라고 할 수 있다(강영미, 2003).

위의 내용을 요약하면, 전통적인 교수법은 인위적인 상황에서 형식에 초점을 둔 언어기능을 반복 연습하여 정확성을 추구하는 반면 과제 중심 학습은 학습자의 자발적인 사고와 행동으로 학습자가 목적이 있는 과제를 해결하는 과정에서 자연스럽게 학습목표에 의한 지식을 배우는 방법이라고 할 수 있다.

2) 과제 중심 학습 모형

(1) Willis의 과제 중심 학습 모형

① 과제 전 단계(Pre-task)

주제와 과제를 소개하고 학습 목표와 관련 있는 어휘를 활성화시키는 단계다. 교사는 학생과 더불어 주제를 분명히 하고 유용한 어휘와 어구를 강조하여 학생들로 하여금 과제를 이해하고 준비하게 한다.

과제수행에 유용하게 사용될 주제어를 연습하는 과제 전 단계 활동에서는 다음과 같은 형식들을 사용할 수 있다.

첫째 단계에서는 학습자들이 수행할 과제의 주제를 정의하고 설명한다. 둘째 단계에서는 학습자들이 주제와 관련되어 습득이 이루어지지 못했을 것 같은 단어와 구를 소개하고, 주제어를 확인시킨다. 이때 모든 학습자들이 과제에 동참하여 노출이 이어지도록 해야 하며, 주제에 관한 과제를 수행할 때 흥미를 이끌어 낼 수 있도록 한두 개의 과제를 부여할 수 있다. 셋째 단계에서는 과제교수 제공 단계로 모든 학습자들이 과제에 동참하도록 하고, 과제의 목적과 어떤 결과가 요구되는지에 대해 이해하도록 확인시킨다. 어떻게 시작하고, 각각의 학습자가 정확히 무엇을 해야 하며, 배정된 시간과 과제가 끝날 때 어떤 결과가 생기게 되는지를 정확히 이해시키도록 해야 한다.

② 과제 수행 단계(Task-cycle)

이 단계는 교사의 지도하에 목표어의 사용기회를 제공하고 학생들의 과제수행에 이어 계획단계와 보고활동 후에 피드백이 주어지며, 과제 형태에 따라 다양하게 목표어를 노출시킨다. 다른 사람이 한 비슷한 과제를 듣거나 주제와 관련된 교재를 읽거나 자신의 경험과 관련시켜 이야기하는 것이다. 이때 교사는 언어 보조자로서 학생들의 언어활동을 도와주며 좀 더 정확하게 표현하도록 조언해 준다.

과제 수행 단계는 모든 학습자들에게 짝이나 소집단 활동에서 과제의 목적을 달성하기 위해 목표어를 사용할 기회를 제공하는 단계로 과제, 계획단계, 보고단계로 구성된다. 계획단계는 보고서를 효과적으로 계획하고 발표할 수 있도록 최소한의 준비를 시켜주며, 학습자 개개인의 독립성을 발휘할 수 있도록 격려할 수 있는 기회를 제공한다. 주어진 과제에 관련한 인지 부담과 의사소통 압력을 제거함으로써, 학습자가 목표언어의 상위단계에 도달하도록 한다. 과제 수행에서 주목할 점은 자료들을 제한하지 않음으로써 통사적으로 보다 복잡하고 다양하며 유창하게 표현할 수 있는 기회를 제공한다. 계획단계는 학습자가 과제 요구와 사용 가능한 언어 자원을 평가하고, 노력하고, 주목하는 것에 관한 할당에 우선순위를 부여하도록 하는 장을 마련함으로써 제 2언어 습득을 증진시킨다. 계획단계에서 교사의 역할은 다음과 같다. 첫째, 학습자의 장점과 언어의 창의적인 사용을 칭찬한다. 둘째, 학습자들이 의미하는 바를 설명하도록 요구하고 모두가 다양한 선택을 탐구하도록 하며 새로운 단어를 제시한다. 셋째, 철자를 체크하거나 신출단어의 의미를 찾는데 그치지 않고 어떤 동사나 명사와 함께 쓰이고 문법으로 어떻게 사용되는지에 관하여 사용을 통해 알 수 있도록 한다. 넷째, 학습자들이 서로 도우며, 서로의 작업에 한 충고를 편집할 수 있도록 격려한다. 다섯째, 계획된 시간이 종료되기에 그룹 내에서 발표자나 최종본 작성자가 누구인지 확인한다. 여섯째, 시간이 얼마나 남았는지를 상기시켜 준다.

보고단계는 그들이 수행한 결과에 관해서 누가 게임에서 이겼는지, 문제를 어떻게 해결했는지, 그리고 그들이 발견해 낸 것들을 구어나 문어의 형태로 간단하게 보고하는 단계이다. 이 과정에서 학습자들은 보다 정확한 언어를 사용하도록 노력한다.

③ 과제 후 단계(Post-task)

이 단계에서는 주요 표현을 배우고 익히는 단계로서 분석단계(analysis)와 연습단계(practice)로 나누어진다. 교사는 전체적인 통제를 하거나 지켜보는 안내자로서의 역할을 하고 학습자들은 상호활동을 통하여 자연스럽게 학습한다. 주요 표현 배우고 익히기 단계는 과제수행 학습모형의 마지막 단계로서 분석과 실행 단계로 이루어져 정확한 언어형식(form)을 학습하게 된다. 이 단계에서 교사는 자신감과 안정감을 학습자에게 주어야 하며 대표적인 어휘를 익히는 데 도움을 주어야 하며, 연습활동이 분석활동과 병행되어야 한다.

단계	활동 내용
과제 전 단계	• 주제와 과제의 소개
과제 단계	• 학생들이 과제 수행 • 과제수행 결과보고 준비 • 과제수행 결과보고
과제 후 단계	• 중요한 것을 배우고 익히기

그림 13-4 과제 중심 학습의 일반적 모형

2) 과제 중심 학습 효과

과제 중심 교수·학습의 효과는 학생들의 참여를 높이고 교실상황에서 언어표현의 기회를 많이 제공한다는 것이다. 주어진 과제를 수행하는 과정에서 아동은 자연스럽게 언어를 사용하여 의사소통 능력을 기를 수 있고 어휘, 말하기, 듣기 능력이나 자신감을 키워 주는 데 효과가 있다는 것이다(김정혜, 2000).

나영희(2002)는 과제 중심 학습을 통한 어휘지도는 학생들의 어휘암기에 대한 압박감을 줄이면서 어휘력을 향상시키는 데 뛰어난 효과가 있다고 보고하였다. 정효경(2003)도 과제수행학습이 어휘력 향상뿐 아니라 학습태도, 학습동기, 흥미

도와 같은 요인에도 영향을 준다고 보고하였다. 또 김주은(2000)도 교실 수업에서 과제수행학습을 통해 교사 중심의 수업이 아닌 학습자 중심의 수업이 가능해짐에 따라 학생들의 참여도를 높이고 학습할 기회를 많이 제공해 줄 수 있다고 하였다. 그리고 김정혜(2000)는 이 방법이 주어진 과제를 수행하는 과정에서 자연스럽게 언어를 사용하여 의사소통 능력을 기를 수 있고 듣기 능력이나 자신감을 키워 주는 데 효과가 있다고 언급하였다. 그리고 그는 교실수업 활동에서 과제중심의 교수 · 학습을 통해 학습자가 영어를 듣고, 말하려는 태도와 습관 형성이 되어 성취도가 높아졌다고 한다. 특히 영어 기초학력이 낮아 흥미가 낮은 학생들의 성취동기를 유발하여 자신감을 가지고 학습에 임하려는 의욕을 보였으며 성취도가 향상됨을 제시하였다. 그리고 과제를 통한 학습이어서 수업 시간이 활발히 이루어질 수 있다고 하였다.

04 프로젝트 학습의 의미

1) 프로젝트 학습의 정의

프로젝트 학습법은 경험에 의한 학습이라는 교육 철학의 영향을 받아 나온 것이다. 즉, 프로젝트 학습법에서는 학생이 수행 과정을 통해서 최대한 다양한 지식을 체험하도록 하며, 중요한 경험을 학습하게 한다. 프로젝트 학습법에는 참여자가 개인이나 팀 참여 형식으로 자신의 능력에 적절한 특정 주제에 대해 활동하는 것으로 볼 수 있다.

교사는 이 과정에서 안내자 역할을 한다. 교사가 프로젝트 활동을 통해 학습자의 능동적인 학습능력을 기르게 된다. 교사는 프로젝트 학습법에서 지시자가 아닌 촉진자와 조언자로서 존재하는데 학생이 실천하고, 탐구하며, 경험할 수 있는 상황을 만들어 내는 존재다. 교사는 학생이 배울 가치가 있는 것을 찾고, 학습자가 성공할 수 있도록 학습 자료와 환경을 제공한다. 그러므로 프로젝트 학습은 학습자 중심 교수법으로 볼 수 있을 것이다. 다른 면에서 살펴보면, 구성주의 기반인 프로젝트 학습은 학습자가 사회적 경험에 의해 갖게 된 지식을 다시 조직하고 보완할 것이 강조된다. 즉, 학습자가 프로젝트 활동에서 원래 알고 있는 것은 다시 생각해 보고 새로운 것이 발견되어 원래 전혀 주의하지 않은 면을 새롭게 인식하게 될 것이다. 프로젝트 학습에 대한 연구는 주로 교육학 분야에서 많이 이루어지고 있다. 프로젝트 학습에 대한 용어는 프로젝트 학습, 프로젝트 접근법, 프로젝트 기반 교수법 등과 같이 다양하다.

프로젝트 학습법의 특성은 다음과 같이 네 가지로 정리할 수 있다.

첫째, 학습은 실제적이고 유의미한 목표로 시작한다. 학습자가 프로젝트 활동 내용을 자신의 실제 상황이나 경험에 접목해 봄으로써 진행한다. 학습자는 교실 밖의 실제 생활경험과 지식을 접하고 프로젝트 활동에서 사용하게 된다. 그리하여 학습자가 단조로운 교실 환경을 벗어나 교사가 제공한 특정한 환경에서 자신과 자기 생각을 표현해 나간다.

둘째, 학습자의 능동적 참여를 끌어낸다. 프로젝트 활동에 참여할 사람은 자신의 의사와 선택에 따라 학습 내용을 선택하여 수행한다. 프로젝트 학습은 학습자가 목적의식을 가지고 적극적으로 참여한다는 것에 중점을 둔다. 즉, 학습자에게 수업에 대한 관심을 집중시키므로 능동적인 참여를 하도록 촉진한다. 이를 통해 학습자는 학습에 대해 의욕을 가지게 되고 자기주도 학습 능력을 향상할 수 있다.

셋째, 실천적인 탐구 활동이다. 프로젝트 학습은 특정 목표를 성취하기 위해 처음부터 끝까지 지속해서 탐구한다. 프로젝트 학습에서 다루는 탐구 활동이란 문헌 조사, 현장 활동과 견학 활동, 프로젝트 수행 대상자 및 관계자와의 면담 등의 다양한 방법을 활용한다. 이를 통해서 얻은 결과물을 토의하고 분류하고 정리하는 활동을 의미한다. 학습자가 활동수행 중 활동내용에 관한 피드백을 즉각적으로 받고, 학습자가 프로젝트 목표 기준에 따라 구조적인 자기 평가를 한다. 프로젝트 학습은 교수 내용의 핵심 개념과 원리에 초점을 두어 학습자 중심으로 실제적이고 도전적인 문제를 흥미를 느끼면서 해결하게 되는 교수·학습법이다.

넷째, 사회적 협력 과정을 통한 배움이다. 프로젝트 학습은 사회적 맥락에서 문제를 해결해 보는 활동이라고 볼 수 있다. 일반적으로 협력적인 활동은 학습자 간 그리고 교사와 학습자 간을 의미하는 상호작용을 강조하고 프로젝트 학습은 이를 넘어서 학습자와 전문가 간에 정보획득을 통한 상호작용이 일어나게 된다. 프로젝트 학습법은 학습자에게 전문가나 경험자와 직접 만나거나 또는 관찰하는 기회를 제공한다. 이를 통해 학습자가 능동적으로 생각하면서 개인의 사고의 틀을 넓히는 동시에 이해의 깊이를 더할 수 있다. 프로젝트 학습은 과제 중심 교수법, 문제 중심 학습과 유사하다. 교사들은 프로젝트 학습(Project Based Learning)을 문제 중심 학습(Problem Based Learning)과 과제 중심 교수법(Task Based Learning) 등 비슷한 교수 학습법으로 인식하는 경우가 일어날 수 있다. 이는 실제 생활상의 문제로부터 출발하며 비구조화보다 자기 주도적으로 문제를 해결해나가는 것을 권장한다. 협력적인 작업을 중시하는 문제 중심과 과제 중심의 특성상, 프로젝트 수업의 대표적인 유형으로 인식하게 되어 있다.

이 세 가지 수업 형태의 공통점은 다음과 같다.

첫째, 생산적인 언어의 사용이 가능하게 하는 자연스럽고 의미 있는 의사소통 활동이다.

둘째, 학습 과정에서 가지게 되는 사고 과정을 중시한다.

셋째, 학습자가 직접 경험하고 배우게 된 학습 형태이다.

넷째, 담당 교사의 부담이 크다는 단점이 있다.

그러나 프로젝트 기반 학습은 문제 중심 학습보다 상호작용적 작업의 성격이 더 강하다. 개인적 차이에 따른 개별 심화 학습에 적합하다는 특성은 공통적이지만 구성주의 이론으로 접근한 프로젝트 기반 학습은 역할 분담이나 사전 전략 제작을 통해서 공동으로 작업한다. 프로젝트 학습법은 학습자가 활발한 상호작용을 통해 효율적으로 목표를 달성할 수 있다. 그러므로 기본적으로 일정한 물리적 시간이 요구된다. 과제 중심 교수법과 문제 중심 학습법을 프로젝트 기반 학습법과 비교하면 다음 〈표 13-2〉와 같다.

표 13-2 과제 중심, 문제 중심 그리고 프로젝트 기반 학습법의 차이점

교수법	차이점
과제 중심 학습법	• 학습자가 과제를 완성한다. • 교사는 과제를 준비하고 제공하는 역할을 한다. 교사가 언어형식을 설명하거나 가르치지 않는다.
문제 중심 학습법	• 주어진 문제들은 실생활에서 겪는 문제 유형과 가깝다. • 이론적으로 문제를 해결해 나가는 과정이다.
프로젝트 학습법	• 교사는 전문적인 조언이나 피드백을 제공하는 역할을 한다. • 실제의 상황에서 구체적인 목표를 완성해 내는 실천적인 면을 더 중시한다.

그러므로 프로젝트 학습법은 상호작용 및 일반적인 학습자 간 그리고 학습자와 교사 간의 상호작용 협력을 의미하는 상호작용을 뛰어넘어, 교육 현장과 실제 사용 현장 간의 상호작용을 강조하며 재창조하는 학습 형태이다. 교사나 학습자에게 학습내용을 전체적으로 맡겨두는 것이 아니라 실제 사용 환경과의 상호작용적 작업을 통해서 학습한다. 학습자가 학습내용을 얻기 위한 조사와 탐구를 통해 구체적인 경험과 실천으로 함께 학습 목표를 달성해 나가는 과정이다. 프로젝트 기반 학습법은 다양한 목적에 의해 여러 가지로 분류될 수 있지만, 일반적인 유형은 〈표 13-3〉과 같다.

〈표 13-3〉에서, 프로젝트 학습법의 유형 1은 과제 중심 교수법으로 분류 될 수 있다. 과제 중심 교수법 유형 분류에 따르면, 실제 생활 과제와 창의적 과제는 과제 중심 교수법으로서의 프로젝트 학습법으로 간주할 수 있다. 실생활 과제란 일반적으로 학습자가 교실 밖에서 수행하는 과제를 뜻한다. 이러한 활동에서 참여자들은 지식을 사용하는 데 집중한다. 실생활 과제와 창의적 과제는 프로젝트 학습법에서 정의한 바와 같이 소집단별로 특정한 결과물을 만들어 내는 프로젝트 학습법의 특성을 보인다. 그리고 프로젝트 학습법과 같이 구성주의 기반 교수법의 범주에 문제 중심 학습법이 있다.

표 13-3 프로젝트 학습의 유형

유형	목적	집행단계	구체적 사례
1	아이디어나 계획을 외적 형태로 구성	목적 → 계획 → 실행 → 평가	배 만들기 연극하기
2	심미적 경험	목적이 전 과정 안내	이야기 듣기 그림 감상하기
3	인지적 문제해결	반성적 사고 과정을 따름	왜 하늘에서 이슬이 내리는가? 뉴욕이 대도시로 발전한 이유는 무엇인가?
4	기능이나 지식 획득	목적 → 계획 → 실행 → 평가	불규칙 동사의 학습

프로젝트 학습법의 유형 3은 문제를 사용하는 과정을 의미한다는 점에서 문제 중심 학습법과 유사하다. 두 학습법은 문제를 푸는 것을 목표로 한 다양한 해결 방법을 찾으면서 지식과 문제 해결 능력을 학습하도록 의도적으로 고안한다. 프로젝트 학습법은 문제 중심 학습법이 언어활동과 사고 활동에 제한되어 있다는 단점을 보완한다. 그러므로 프로젝트 학습법은 문제 해결 학습에서 한 단계 더 앞선 발전을 동기화한 학습방법이라고 할 수 있다. 그러므로 현 교육에서 프로젝트 학습법의 종류를 분류할 수 있다. 선행 연구와 이론들을 토대로 하여 프로젝트 학습법의 유형은 다음 〈표 13-4〉와 같이 제시된다. 프로젝트 학습법은 학습의 장소, 구성원의 수, 실습 형태, 활동 형태 그리고 학습 규모에 따라 구분할 수 있다.

표 13-4 프로젝트 학습의 유형

<table>
<tr><th>구분</th><th colspan="2">유형</th></tr>
<tr><td>학습 장소</td><td colspan="2">• 학교 프로젝트
• 홈 프로젝트
• 온라인 프로젝트</td></tr>
<tr><td>학습 규모</td><td colspan="2">• 대규모 장시간 프로젝트
• 소규모 프로젝트</td></tr>
<tr><td>구성원의 수</td><td colspan="2">• 개별 프로젝트
• 집단 프로젝트</td></tr>
<tr><td>실습 형태</td><td colspan="2">• 제작 프로젝트
• 문제 프로젝트
• 기능 훈련 프로젝트
• 성능 개발 프로젝트</td></tr>
<tr><td rowspan="2">활동 형태</td><td>유목적적인 프로젝트</td><td>• 구성 프로젝트
• 문제 프로젝트
• 학습 프로젝트</td></tr>
<tr><td>행동적인 프로젝트</td><td>• 탐구 프로젝트
• 놀이 프로젝트
• 이야기 프로젝트</td></tr>
</table>

그리고 이미혜(2001)에 의하면, 교사가 프로젝트 수업에서 행하는 통제 정도에 따라, 프로젝트 수업은 '통제된 프로젝트'와 '자율적인 프로젝트'를 나눌 수 있다. 자율 프로젝트는 프로젝트 주제의 선정에서부터 학습자가 모든 것을 담당하는 것이다. 자율 프로젝트는 학습자의 자율적인 수행 능력을 매우 중시한다. 그런데 자율 프로젝트가 다양한 학습자에게 적용하기 힘들고 교육적인 보편성이 부족하다. 통제된 프로젝트는 프로젝트 수업을 성공적으로 수행하기 위해서 학습자의 능력을 맞춰 교사가 각 단계에서 도와주는 것이다. 통제된 프로젝트 수행 중에 교사가 주제와 자료를 제공하고 수업 목표로 진행하기 위해 학습자를 유도할 수 있다. 학습자가 개인의 생각을 바탕으로 선택하여 프로젝트를 직접 수행하는 것이다. 자율 프로젝트보다 통제된 프로젝트는 학습 시간이 더 짧고 학습환경이 일정한 것이다. 통제된 프로젝트는 안내문이나 광고문 작업이나 간단한 거리 인터뷰 등을 포함한다. 프로젝트 학습법은 일반적으로 학습자가 알고 있는 특정한 내

용 지식과 기술을 필요로 하고 해결할 문제를 결과물에 반영해 두고 시작된다. 학습자가 늘 학습 내용을 생각하고 있으며, 프로젝트의 모든 과정(목적-계획-수행-평가)을 추진시키는 것이다. 이처럼 과제 중심 학습법과 문제 중심 학습법의 추진력은 프로젝트 학습법과 다르다. 따라서 과제 중심 학습법은 현실적이며, 문제 중심 학습법은 이론적이고 추상적인 사고 과정이 중요하다. 이와 비교할 때 프로젝트 학습법은 유목적적이고 실제적인 활동이 중요하다. 프로젝트 학습법의 구체적인 학습 목표가 일반적인 전통적인 학습 방식과 달리 지식과 기능보다는 학습자의 성향과 감정을 더 중시할 것이다.

프로젝트 학습법의 구체적인 학습 목표를 네 가지를 분류할 수 있다.

첫 번째, 프로젝트 학습법에 의한 지식 학습은 학습자가 아이디어, 사실, 개념, 정보 등을 나름대로 개인적인 의미를 구성하도록 하는 것이다.

두 번째, 프로젝트 학습법에 의한 기능 학습은 학습자가 정보에 대한 관찰, 분석, 비교, 행동하는 행위 능력이라고 말할 수 있다.

세 번째, 프로젝트 학습에 의한 목표는 학습자의 학습 성향 변화이다. 성향이란 학습자가 여러 가지 다른 상황들에서 습득된 지식과 경험을 이용하는 학습이나 사용을 의미하며, 이를 바탕으로 학습자가 개인적으로 독특하게 지속적으로 반응하는 마음과 행동 또는 경향의 습관이라 말할 수 있다. 프로젝트 학습법에 의한 활동에서 학습자의 성향을 더 풍부하고 강하게 키울 수 있다.

네 번째는 학습에 대한 감정을 적극적으로 변화시킬 수 있다. 학습자가 학습에 대한 주관적으로 느끼는 감정이나 정서, 즉 학습자가 학습에 대한 자신감, 소속감을 향상하도록 배양할 수 있다. 상대적으로 학습이나 지식 사용에 대한 불안감을 낮출 수 있다고 말할 수 있다.

2) 프로젝트 학습의 전개과정 및 단계

보편적으로 프로젝트 학습의 전개 과정은 '목적 - 계획 - 수행 - 평가' 총 4단계로 나누어 볼 수 있다.

1단계인 목적 단계는 프로젝트 학습을 위해 프로젝트의 내용과 범위의 틀을 잡으므로 필요한 목표를 준비하는 단계이다. 본 단계에서 교사가 프로젝트 활동을 끌어내는 주제나 자원 목록을 잠정적으로 결정한다.

2단계인 계획 단계는 학습활동을 계획하며 학습에 필요한 자원을 확보하는 단계이다. 이는 교실과 바깥 세계의 실생활 언어를 직접 학습하기 위해 학습 동기를 유발하는 활성화 단계로도 볼 수 있다. 본 단계에서 학습자가 선수 학습 내용과 교사의 지시에 따라 학습 주제 영역을 설정한다. 그리고 학습 활동을 위한 팀을 구성한다.

3단계인 수행 단계는 학습자가 앞의 단계에서 계획한 내용에 관련된 자료를 탐색하고 조사한다. 그 다음에 토론을 통하여 사고를 확장하고 모둠별로 결과를 협의한다. 발표할 결과물도 이 단계에서 만든다. 결과물 형식은 문집, 그림, 구성물, 멀티미디어 자료 등이 있다. 학습자가 이 단계에서 선수 학습 내용을 활용하여 경험해 본다.

4단계인 평가 단계는 모둠별 발표와 의견을 종합함으로써 평가하는 단계이다. 본 단계에서는 프로젝트 학습의 전 과정에 대해 반추하여 더욱 나은 개선점을 찾았는지에 대하여 평가한다. 또한 전반적인 학습 목표달성 여부에 대한 총괄적인 평가도 진행된다. 목표 내용은 단계별로 언급한다. 프로젝트 학습이 효율성을 높이기 위해 학습 목표와 내용에 따라 수업의 전개 과정이 다를 수 있다. 프로젝트 학습법의 구성 단계는 학습의 중심 내용에 따라 전개할 필요가 있는 것을 알 수 있다. 그리고 교사가 프로젝트 수업에 통제를 가능하게 실행하도록 진행 내용을 명확한 단계로 나누어야 한다.

각 프로젝트 학습법의 전개 과정에서 교사가 학습자를 지도한다. 프로젝트 활동에서 조력자 역할을 담당하는 교사가 학습자들을 도와줄 수 있는 일이 다소 불분명하다는 점이 있다. 학습자 중심으로 수행하는 수업이 교사가 수업에 빠져나가 옆에서 지켜보는 방관자를 의미하는 것은 아니다. 교사가 프로젝트 학습법의 각 전개 과정이 원활하게 이루어지도록 도와주는 촉진자와 조언자로서 역할을 담당한다. 그러나 실제 프로젝트 활동 진행 중에 교사는 수업 절차만 제시하게 되어 있다. 프로젝트 학습법의 학습 목표에 맞춰 학습 내용을 적절하게 유도하는 학습이 별로 없다. 그러므로 프로젝트 학습법이 실제 수업에서 선호되는 방법이 되기 어렵다.

프로젝트 학습법의 초점은 학습자가 교과 핵심 내용인 지식과 핵심 기능을 배울 수 있도록 인지능력을 키우는 데 있다. 학습자가 실생활에 교과지식을 적용하는 법을 배우게 하고 문제를 풀기 위해서 학습자가 교과지식을 더 깊이 이해하고 사용하도록 한다. 학습자가 프로젝트 학습법을 통해 원래 자신의 능력 수준보다 더 높은 산출물을 만들어 낼 수 있을 것이다. 학습자가 각 프로젝트 학습법의 절차에 따른 사용된 사고 전략은 [그림 13-5]와 같다.

그림 13-5 **프로젝트 학습에 의한 사고전략**

프로젝트 학습법에서는 교사가 조력자의 역할을 담당하며, 학습자가 주도적으로 프로젝트를 수행하는 과정을 통해 분석적 사고능력을 사용하여 학습 내용을 나름대로 해석하고 이해할 수 있다. 주입식 학습에서 학습자가 교사가 전달하고자 하는 지식을 비판 없이 수용하는 경우가 많다. 실제로 한국어 학습자가 교사의 말이나 교과서의 지식을 비판 없이 받아들이는 경향이 있다. 프로젝트 학습법에는 학습자의 사고전략은 교수 학습 과정에는 매우 중요하다. 사고전략과 프로젝트 학습법의 관련성은 다음과 같은 몇 가지 측면에서 분석한다. 첫째, 학습자가 분석적 사고를 통해 효율적으로 자신의 잘못을 알고 수정할 수 있는 교수법이 강화된다. 둘째, 학습자가 확산적 사고를 통해 전통적 교육방식보다는 지식을 획득하는 방식이 좀 더 확산하여 주도적 학습으로 교육받을 수 있을 것이다. 프로젝트 학습을 통해 학습자의 분석적 사고와 확산적 사고는 개발된다. 다음 〈표 13-5〉는 프로젝트에서 개발될 수 있는 기능들이다.

표 13-5 프로젝트 학습에 의해 신장되는 기술

분류	분석적 사고	확산적 사고
기능	추론하기/예측하기/원인 및 효과 알기/원리 분석하기/가정 분석하기/기호 해독하기/문제 해결하기	브레인스토밍/구상하기/상상하기/연상하기

위 표에 제시된 교육적 가치는 프로젝트 학습을 하는 것만으로 얻어지는 것이 아니라, 교사의 전체적인 교육과정에 대한 분석, 학습자에 대한 관심과 관찰, 학생들이 과제 해결과 발표 과정에서 충분히 사용할 수 있는 실제 발화 상황 조절, 그리고 학습자의 적극적인 참여 등이 조성될 때 교육적 효과를 누릴 수 있다. 따라서 프로젝트 학습법의 구성을 실제 수업에서 활용하려면 교육 과정에 맞는 수업 목표, 학습 내용, 교사의 역할, 학습자의 수행 능력 등을 체계적으로 고려해야 한다. 그 다음에 구체적인 프로젝트 학습법을 활용한 수업 진행 절차에 대한 설계가 필요하다. 프로젝트 학습법을 실제 진행하는 전개 구성은 지식과 실제 사용 기능과 경험을 연결한다. 그리하여 지식과 실제 사용 기술이 상호작용에 의해 학습자 능력을 한 단계를 더 키우겠다는 학습목표에 성공할 것이다. 교사가 프로젝트 학습법의 전개과정을 설계하는 것이 프로젝트 학습법의 교육적 가치를 증명할 과정 중 매우 중요한 부분이다.

3) 프로젝트 수업의 예시

(1) 구어 표현 교육

프로젝트 학습은 학습자들에게 책임감과 내적 동기를 부여하며 협동심을 도입하는 단계, 계획단계와 실행단계, 평가단계, 마무리 단계로 구분하여 프로젝트 학습의 절차를 5단계로 제시하였다. 마무리 단계에는 동료 학습자 집단으로부터 피드백을 받는 동료평가, 스스로 결과물에 대한 자기 점검하고 성찰하는 자기평가가 있다. [그림 13-6]은 구어 표현교육을 프로젝트에 적용한 것으로 각 단계별 내용을 살펴보자.

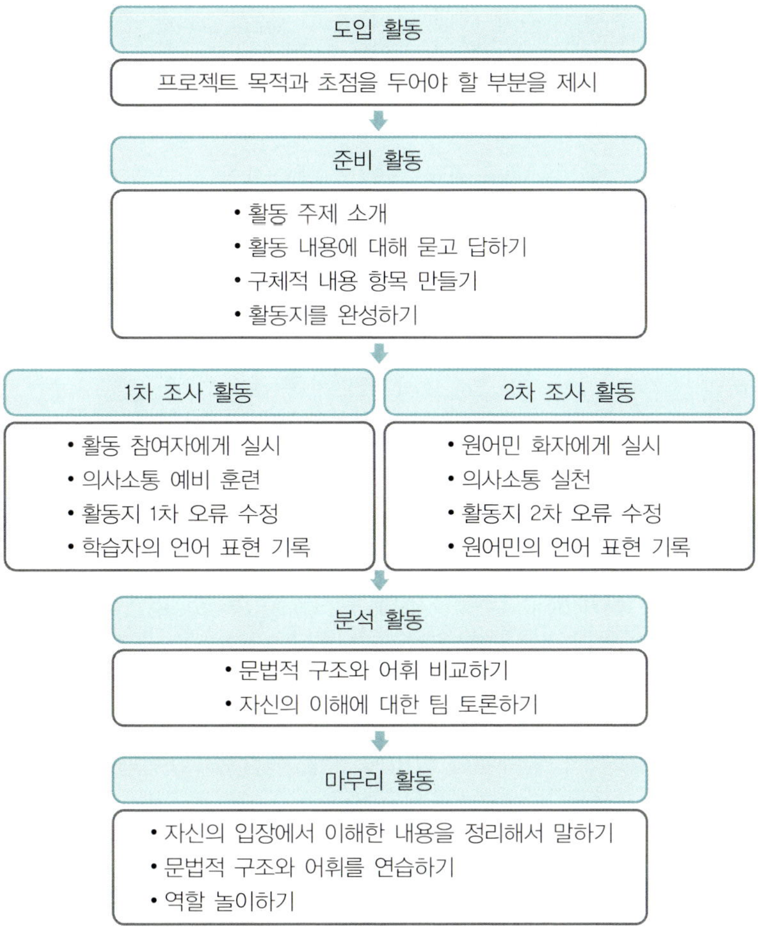

그림 13-6 **구어 표현교육학습을 위한 프로젝트 학습과정**

1단계는 도입 단계이다. 도입 단계에서 프로젝트는 여러 가지 방법으로부터 출발할 수 있다. 프로젝트 학습법은 학습자로 하여금 해당 주제에 흥미를 유도하거나 교사가 직접 주제를 소개한다.

2단계는 준비 단계이다. 교실에서의 계획 단계로 프로젝트의 내용과 범위의 틀을 명백히 잡고 교외 활동을 할 때 필요한 것들을 연습하는 단계이다. 이는 교실과 외부 세계의 실생활 언어를 학습하기 위한 준비 단계라고 할 수 있다. 본 단계에서는 학습자가 언어학습을 할 때 지식을 강제로 사용하는 것이 아니다. 프로젝트 활동을 할 때 자신들이 필요한 언어를 사용하기 때문에 학습동기가 높다.

그리고 학습자가 주제 내용에 대해 이미 알고 있는 정보와 경험 그리고 생각을 끌어낼 것이다. 또한 이 단계에서는 프로젝트의 자료 구성 활동을 위한 조사 활동지를 구성한다.

3단계는 조사 단계이다. 프로젝트 실행 단계로서의 프로젝트 완성을 위해 자료를 모으는 단계이다. 본 학습은 구어 표현학습이므로 학습자가 필요한 구어 학습자료 수집을 위한 설계를 한다. 1차와 2차로 나누어 학습자가 자료를 수집한다. 1차 조사 단계에서는 학습자 간에 진행된다. 학습자가 이미 알고 있는 지식을 확인하여 복습을 한다. 그리고 조사 활동지에 대한 검증 효과도 있다. 2차 조사 단계에서 한국어 원어민에게 실시한다. 이는 본 프로젝트에서 중요한 것인데 새로운 정보의 유입이다. 이 단계에서 학습자가 교실 밖 환경에서 견학하고 탐구하고자 하는 것이다. 이런 설계를 통해 학습자가 새로운 지식을 협상하는 상황에서 공통된 배경을 제공한다. 그리고 실제 환경에서 해 봄으로써 학습자가 활동에 대한 사실감을 높일 수 있고, 경험했던 것에 대해 더 높은 인식이 될 수 있다.

4단계는 분석 단계이다. 이 단계는 분석 능력을 이용한 상호작용적 활동이다. 그리고 무엇을 배웠는지 정리하는 것이다. 학습자가 전 단계에서 수집된 자료에 대해 비교하고 토의한다. 그리고 학습자가 실천 과정 중 알게 된 점들을 모으기 위해 모둠별로 토론한다. 마지막으로 토론 결과를 발표한다. 이 과정 중에서 학습자들은 의견을 제시하는데, 이를 통해 학습자는 다양한 언어 표현이나 기술을 학습할 수 있다.

5단계는 마무리 단계이다. 학습자가 프로젝트를 통해 새롭게 알게 된 성과물을 효과적으로 이용하기 위한 마무리 단계이다. 즉, 학습자가 새롭게 얻게 된 지식을 연습해 볼 것이다. 정리해 보면, 본 프로젝트 학습 모형은 '도입 활동'에서 '마무리 활동'까지의 5단계 활동 모델은 [그림 13-7]과 같이 제안한다.

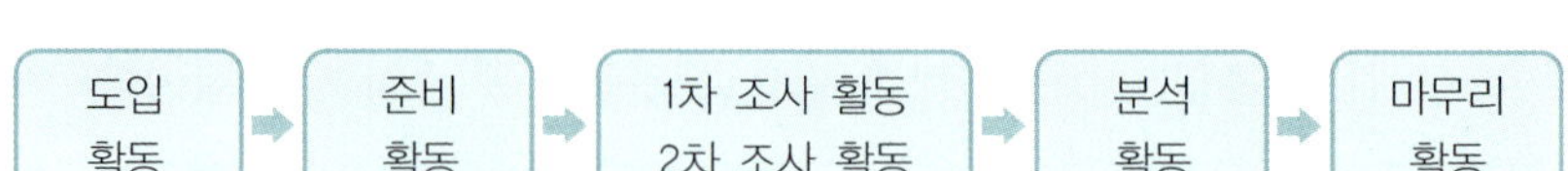

그림 13-7 **프로젝트 학습법을 활용한 구어 표현 교수 학습 모형**

(2) 영자신문 만들기

영자신문 만들기를 프로젝트 학습에 적용하면 〈표 13-6〉과 같다.

표 13-6 프로젝트 학습이 적용된 영자신문 만들기

프로젝트 학습의 단계	차시	학습내용	학습활동
프로젝트 사전 준비학습	1	교과학습 및 목표 언어 익히기	• 교과학습 • 프로젝트 활동에 필요한 언어 연습 • 사전 예비 주제망 구성
프로젝트 계획단계	2	학습계획 세우기	• 학습주제 및 학습목표 알기 • 조별 토의하기 –브레인스토밍 하기 –대주제와 관련 있는 Topic 정하기 –Topic에 맞는 내용 정하기 –자료 수집에 대한 방법 토의
프로젝트 수행단계	3-5	프로젝트 과제 수행	• 개인 및 소집단 활동/역할 분담하기 • 필요한 언어자료 수집하기 • 수집된 자료 중 선별하기 • 프로젝트 결과물 제작
프로젝트 발표 및 평가 단계	6	발표와 평가하기	• 결과물 발표하기 • 상호평가와 자기평가 하기

Chapter 14

다문화사회에서의 교수 · 학습

다문화사회에서의 교수 · 학습

01 구성주의 교수 · 학습방법

구성주의는 지식을 환경으로부터 수동적으로 받아들여지는 것이 아니라 인식 주체에 의해 능동적으로 구성되는 것이며, 그리고 안다는 것은 자신의 경험 세계를 정립하는 조절과정으로 보고 있다. 따라서 정해진 교육 내용을 다수의 학생들에게 일방적으로 제시하는 교사 주도의 학교교육과 학습 과정에서 학습자의 수동적 역할에 대하여 부정적인 태도를 취하고 있으며, 학생들의 다양한 배경, 학습 경험, 사전 학습의 차이는 수업환경에서 주요한 고려 대상이 되어야 함을 강조하고 있다. 또한 정보화 시대의 도래로 말미암아, 획일적인 지식의 습득보다는 창의력, 문제해결력, 고차원적 사고력 등과 같은 새로운 능력과 전통적인 교수 · 학습 방법과는 다른 교육적 패러다임을 요구하고 있다.

1) 구성주의에 따른 교사의 역할

구성주의에서 교사의 역할은 객관주의에서처럼 지식의 전달자로서가 아니라 인도자, 코치, 조력자, 원조자 등의 역할을 강조하고 있다. 구성주의에 따른 교육에서는 교사의 직접적인 지도와 간섭은 점점 사라지고 교사의 권위와 통제권은 학습자들에게 점진적으로 이양된다. 즉, 교사는 학습자들이 스스로 지식을 구성할 수 있도록 도와주며 전달자로서의 역할이 사라지고, 지식은 학습자 본인에 의해 자주적으로 구성되는 것을 의미한다. 하지만 그렇다고 해서 결코 지식이 학습자의 내면 안에 저절로 구성되는 것을 의미하는 것은 아니다. 학습자에 의해 지식이 자주적으로 구성된다는 것은 교사의 안내를 통한 자주적 구성이라 할 수 있다. 교사는 학습자들이 지식의 자주적 구성을 이룰 수 있도록 적절한 환경을 마련하며 학습자들을 고무해야 한다. 또한 교사는 학습자들의 개별성을 고려하여 학습자 개개인의 사고과정을 관찰하고 분석하여 학습자 스스로 자신의 사고과정에서 발생하는 여러 가지 오류를 반성할 수 있도록 해야 한다. 그리고 학습자가 이런 과정을 통하여 지식의 재구성을 할 수 있도록 도와주어야 한다.

서하연(2003)과 김지혜(2009)는 구성주의에서 제시하는 교사의 역할을 다음과 제시하였다.

① 교사는 학습자들의 솔선수범과 자율성을 독려하고 수용한다.

② 교사는 구성주의의 상호작용적, 물리적 · 조작적 자료와 더불어 본래의 자료인 일차적인 자료를 활용한다.

③ 교사는 과제를 구성함에 있어서 '분석하다', '분류하다', '창조하다', '예측하다'와 같은 인지적 전문용어를 사용한다.

④ 교사는 학습자들의 반응을 관찰하고 수용하며 수업을 진행하고 수업 내용을 다양하게 진행한다.

⑤ 교사는 일방적인 개념전달이 아닌 학습자들의 이해 여부를 탐구하면서 가르친다.

⑥ 교사와 학습자간의 대화 그리고 학습자들 상호간의 대화를 북돋아 준다.

⑦ 교사는 사려 깊고 개방적인 발문을 하고, 학습자들이 서로에게 질문을 하도록 자극하며 탐구를 촉진시킨다.

⑧ 교사는 학습자들의 초기 반응이 정교하도록 고무한다.

⑨ 교사는 토의를 촉진시키며 학습자들이 제시된 가설에 반박할 수 있는 경험

을 제공한다.

⑩ 교사는 질문을 제시한 후 학습자들이 대답할 시간적 여유를 준다.

⑪ 교사는 학습자 스스로 관계를 구성하고 다른 것으로 비유해 볼 수 있도록 시간적 여유를 준다.

⑫ 교사는 학습과정에서 학습자의 자기 주도적 역할을 강조하는 학습 모델을 활용하여 학생들의 호기심을 촉진시킨다.

구성주의에서의 교육은 교사의 역할이 줄어들고 상대적으로 학습자 중심의 교수·학습이 중요해졌지만 절대 교사 역할의 중요성이 작아지는 것은 아니다. 도리어 교사는 더더욱 학습자들의 반응을 세심하게 관찰하며, 그 반응에 따라 민감하고 적절하게 대응해야 하는 역할이 커진 것이다.

2) 구성주의에 따른 교수·학습 방법의 특징

전통적인 교사와 교과서 중심 수업 환경의 교수·학습 방법은 사회가 변화하면서 많은 문제점들을 지적받았다. 이러한 문제점으로 교사 중심의 수업 형태를 극복하기 위한 많은 노력이 이루어졌다. 1990년대에 접어들어서 철학적 인식론에 뿌리를 둔 구성주의가 각광받기 시작하면서부터 구성주의를 바탕으로 한 교수·학습 환경을 수립하려는 시도가 진행되었다. 무엇보다도 과거와의 큰 차이점은 학습자의 주도적 역할이다. 실제적인 교수·학습 방법은 학습자 주도적 역할을 어떻게 규정하고, 그러한 역할이 실제로 드러날 수 있는 환경을 어떻게 조성할 것인지에 따라 다양하게 나타난다. 박성익 외(2017)는 구성주의에 따른 교수·학습 방법은 크게 '학습자 중심의 교수·학습 환경 설계'와 '문제 중심의 교수·학습 환경 설계'라는 두 가지의 전제를 기반으로 하고 있다고 설명한다.

(1) 학습자 중심의 교수·학습 환경 설계

구성주의에 따른 교수·학습 환경 설계의 첫 번째 핵심적 전제는 학습자를 중심으로 학습 활동이 진행될 수 있도록 환경을 조성하는 것이다. 구성주의에서 학습과정은 의미 있는 지식의 구성과정이고, 학습자는 지식구성에 있어서 주체적 역할을 하게 된다. 학습자는 학습목표를 결정하는 것에 있어서 중요한 역할을 수행한다. 또한, 학습자는 학습의 영역 안에서 이루고자 하는 목표를 스스로 설정하고, 주체로서 주도적으로 학습한다. 교사는 정보를 지원하고 사고의 촉진을 도모하는 역할을 수행한다. 학생들이 스스로 학습활동에 대해 평가하는 것도 중요한 부분을 차지한다. 전통적인 교육환경은 목표 명세화, 내용 세분화 및 위계화, 교사주도의 목표와 내용 제시로 이루어져 왔다. 하지만 학습자의 적극적인 학습 활동을 위해서 기존 교육 환경과 다른 교수·학습 환경이 형성되어야 한다. 학습자 스스로 관심 있는 영역을 선택하여 문제를 제기함으로써 학습의 주도적 역할을 수행할 수 있다. 중·고등학교에 비해 상대적으로 어린 초등학교 학생조차도 스스로 관심 분야의 문제를 가져올 수 있고 효과적인 수업이 전개 될 수 있다. 개별학습과 더불어 협동학습을 실시하면서 본인의 관점과 상대방의 대안적 관점을 비교하고 검토하는 기회를 제공받을 수 있다. 마지막으로 학습자는 스스로 본인의 학습과정을 돌아보며 학습 내용 및 학습 전략에 대해 되새김할 수 있는 기회를 제공받음으로써 학습과정에 한층 주도적인 참여를 할 수 있도록 지원받을 수 있다(김향숙 외, 2007).

(2) 문제 중심의 교수·학습 환경 설계

구성주의에 따른 교수·학습 환경 설계의 두 번째 핵심적 전제는 문제를 중심으로 학습 활동이 진행될 수 있도록 설계하는 것이다. 구성주의자들은 문제 해결력이 생겨나는 효과성에 대해 큰 관심을 보인다. 그 이유는 문제가 학습자의 흥미와 관심을 일으키고 유지시키는 기능을 갖고 있기 때문이다(김향숙 외, 2007). 이 속에서 학습자는 흥미, 관심, 그리고 목표의식이 생기어 학습과정에 보다 적극적이고 주도적으로 참여할 수 있게 된다. 문제는 학습자의 인지구조 또는 기존 경험과 상충되는 특성이 있다. 다시 말해서 기존의 인지구조나 경험으로는 문제를 이해할 수 없으며, 더 나아가서 문제에 대한 적정한 해결안을 쉽게 도출할 수 없다(박성익 외, 2017). 또한 학습자는 문제를 해결하는 과정에서 보다 적극적인 모습으로 학습활동에 참여하게 되며, 의미 있는 지식과 기능을 얻게 된다(김향숙 외, 2007). Barrows(1985)는 구성주의에 따른 교수·학습 환경에서 학습자는 개별적 또는 여러 명이 다양한 학습 활동을 진행하는데, 이때의 모든 학습 활동은 주어진 문제의 해결에 중점을 두었다. 또한 문제에는 실제적인 과제의 성격이 분명하게 나타나 있어야 한다. 여기서 실제적이라는 것은 학교 밖에서 겪을 수 있는 상황에서의 문제를 말한다. 실제로 문제를 해결하는 사람들에게서 나타나는 인지적 요구, 예를 들자면 사고의 논리 과정이 드러날 수 있는 것이어야 한다고 주장한다. 문제를 해결하는 과정에서 두 가지 애로사항이 발생하는데 첫째, 학습자가 문제 해결과정과 연관된 학습을 얼마나 주도적으로 하는가이다. 둘째, 학습자의 주도과정 속에서 전통적 수업을 진행하였던 교사의 역할은 어떻게 규정되어야 하고, 교사를 포함한 학습 지원체제는 어떤 방식으로 구성되어야 하는가이다(박성익 외, 2017). 하지만 이러한 난제는 위의 학습자 중심의 교수·학습 환경 설계에서 해결할 수 있다. 그러므로 문제 중심의 교수·학습 환경 설계 하나만이 아니라 학생 중심의 교수·학습 환경 설계와 아울러 통합적으로 고려하여야 완벽한 구성주의 교수·학습 환경을 설계할 수 있는 것이다.

3) 구성주의에 따른 교수·학습 원리

(1) 발문 중심적 상호작용의 원리

발문 중심적 상호작용의 원리는 교사가 발문을 중심으로 학생이 학습의 주체가 되어 스스로 개념을 이해하고 지식을 구성할 수 있도록 학생들을 조력하거나 안내하는 것을 의미한다. 여기서의 발문에는 스스로 학습상황에서 활동을 하고 흥미를 갖도록 학생들의 동기를 유발하고 학생 스스로 학문적 지식을 구성할 수 있도록 옆에서 자극을 주는 교사의 발언이 포함되어 있다. 전통적인 교수·학습에서 학생들에게 정보나 사실을 확인하기 위한 유형의 발문은 학생들이 더 깊은 생각을 할 필요성을 느끼지 못하게 하며 단지 이미 학습한 지식을 회상하도록 하는 발문이다. 따라서 학생들이 스스로 논리적으로 성립된 정보로부터 얻은 새로운 지식을 구성하도록 요구하는 발문, 주어진 정보로부터 새로 얻은 지식을 설명하도록 요구하는 발문, 다양한 질문과 대답을 하도록 요구하는 발문 등 사실 그대로 확인 가능한 것 이상의 생각들을 요구하면서 적극적으로 생각할 수 있도록 다양한 발문을 해야 한다.

(2) 학생 중심적 개별화의 원리

학생 중심적 개별화의 원리는 학생들 개개인이 학습 활동의 중심이라는 것을 의미한다. 학생 새개인의 능력지가 존재하므로, 학생 중심적인 교수·학습은 개별화를 고려해야 한다. 학생 중심적이라는 것은 학생들이 스스로 알고 있는 것과 모르는 것을 파악하고 자신들의 이해 수준을 높이기 위해서 스스로 노력하며 동료학생들과 서로 의사교환을 함으로써 스스로 지식 구성의 활동을 하는 것이다. 구성주의 교육에서 지향하고 있는 학생 중심의 개별화 교수·학습은 개인 능력의 차이와 개성의 차이를 고려하는 교수·학습이다. 교사가 학생들 개개인의 능력치 및 개성의 차이를 지각하고, 학생들 개개인이 효율적으로 학습할 수 있고 본인들의 능력을 최대한 발휘할 수 있도록 도와주는 교수·학습을 지향해야 한다. 또한 학생들의 개인차를 생각하여 학습 부진을 보이는 학생 개개인에게 그에 맞는 지도를 해야 한다. 그리고 교사는 학생들이 문제를 해결할 때도 각자의 다른 생각을 존중하여 각 방법의 가치를 인정해주고, 보다 뛰어난 방법으로 발전할 수 있도록 지도해야 한다.

(3) 반영적 추상화의 원리

반영적 추상화란, 조절과 동화에 의해 내면화된 자주적 활동을 뜻하며 학생 스스로 지식을 구성할 수 있도록 해주는 심리적 체계이다. 그러므로 반영적 추상화의 원리란, 학생 스스로에 의해 내면적으로 행해지는 반성적 활동을 중시해야 된다는 의미이다. 반영적 추상화의 원리를 나타내기 위해서 가장 염두에 두어야 하는 것은 활동과 더불어 반성을 중요시해야 한다. 그리고 학생 스스로에 의해 반영적 추상화가 실현되기 위해서 학생 자신들의 활동 속에서 사고의 대상을 정할 수 있도록 옆에서 격려하는 환경이 조성되어야 한다.

(4) 의미 지향적 활동의 원리

전통적인 수학 교수·학습에서 교사는 학생들이 지식이란 본래 그래왔던 것으로 여기도록 하며 지식이 어떻게, 왜 구성되었는지 깨닫지 못하고 무조건 수용하도록 하였다. 이러한 모습에서 벗어나고자 구성주의 교육이 등장한 것이며, 학생들이 학교에서의 교과목을 의미 있는 것으로 받아들이고자 하는 것이다. 학생들이 의미의 구성을 이루고 나면 그에 부합하는 지식의 구성을 이루어야 한다. 의미 지향적 활동의 원리가 바로 그러한 원리이다. 학생들이 활동을 통해 구성한 의미를 바탕으로 그 의미에 맞는 지식의 구성이 이루어져야 한다. 여기서, 학생들이 지식의 구성을 이루려고 하는 의미 지향적 활동이란 학생 혼자 독립적으로 이루어지는 활동이 아니라 동료 학생들과의 규약이나 합의 등 사회적 상호작용을 통해 학생 개개인에게 그 지식이 의미 있게 되는 것을 말한다.

4) 구성주의에 근거한 수업 절차

구성주의 교수·학습 원리와 수업절차는 [그림 14-1]과 같다.

수업절차	교사의 의도	구성주의 교수·학습 원리
교수·학습 활동	• 학습의 주체는 학생 • 활동자체보다는 활동양식이 중요 • 관찰자, 자극자로서의 역할 강조 • 교사와 학습자간의 협력	• 발문 중심적 상호작용의 원리 • 학생 중심적 개별화의 원리 • 의미 지향적 활동의 원리
동기 유발	• 관심사, 흥미, 질문에 근거 • 학습자 중심의 수업 유도	• 학생 중심적 개별화의 원리 • 의미 지향적 활동의 원리
학습목표 알기	• 동기에 근거한 수업 목적 작성, 탐구, 발표에 의한 확실한 목표알기	• 발문 중심적 상호작용의 원리 • 학생 중심적 개별화의 원리 • 의미 지향적 활동의 원리
활동	• 학습자들에 의한 지식 구성 • 발문에 의한 자주적 지식 구성	• 발문 중심적 상호작용의 원리 • 학생 중심적 개별화의 원리
정리 유도	• 인지구조 파악을 통한 성취도를 관찰	• 반성적 추상화의 원리
형성 평가	• 실제적인 학습과제에 의거 • 상황에 따른 경험구성 과정 중시 • 상황 맥락의 다양한 관점 수용	• 반성적 추상화의 원리

그림 14-1 구성주의 교수·학습 원리와 수업절차

02 위기에 처한 학생들을 가르치기

학교에서 어려움을 겪는 학생들의 수가 증가하고 있다. 다음과 같은 요인으로 인하여 학생들은 학교에서 어려움을 겪고 있다.

① 낮은 사회·경제적 지위
② 대도시 거주자
③ 불명확한 가족사
④ 차별 집단 지위
⑤ 한국어에 대한 친숙도 미약 또는 부재
⑥ 이혼한 부모

이러한 요인들은 아래에 제시되어 있는 것처럼, 다양한 교육적 문제를 야기시킨다.

표 14-1 위기에 처한 학생들이 갖고 있는 교육적 문제들

원인	결과
낮은 점수	낮은 자아 존중감
낮은 성적	낮은 표준화 검사 점수
낮은 동기	높은 정학율
학교에 흥미 부족	높은 낙제율
낮은 출석률	특별활동에서의 낮은 참여
교실에서의 잘못된 행동	높은 범죄율
유급	높은 마약 사용율

위기에 직면한 학생들은 현대 사회에서 생존에 필요한 교육을 완수하지 못할 위기에 처해있는 학생들이다. '위험에 처한'이라는 용어는 의학에서 사용하는

용어로서 고혈압과 과체중인 사람이 심장병 위험에 처해 있는 것처럼 어떤 특정한 질병을 일으키는 습관이나 조건을 가진 개인을 일컫는 용어이다. 이 용어는 교육과 개인의 경제적 복지와의 연결을 강조하면서 1983년 이후에 널리 사용되고 있다.

손민정(2008)은 한국의 다문화사회 환경에서 다문화가정 배경을 가진 학습자와 소수집단 학습자들도 한국에서의 일상생활과 학교생활에 적응하는 과정에서 복합적이면서도 종합적인 어려움을 겪고 있다고 주장하였다. 다문화가정 학생이 겪는 어려움의 원인을 일상생활과 학교 적응과정으로 구분하여 보면 〈표 14-2〉와 같다. 이 표에서 알 수 있듯이 일상생활에서 겪는 어려움들은 학교 적응과정으로 전이된다.

표 14-2 손민정(2008)의 다문화 학생들이 겪는 어려움

일상생활에서 겪는 어려움의 원인	
심리적 요인	• 또래에 비해 언어발달의 지체로 인한 자신감 결여 • 다른 인종적 영향으로 인한 외모에 따른 정체감 혼란
사회적 요인	• 외국인 어머니의 부족한 교육적 지지

↓

학교 적응과정에서 겪는 어려움의 원인	
심리적 경험	• 외로움, 소외, 고립감 • 학업에 대한 기대와 성취의 차이로 인한 자신감 결여 • 부정적인 자아개념 • 민족적 · 문화적 정체감 혼란
친구관계	• 언어능력 부진으로 인한 소극적인 또래관계 형성 • 집단 따돌림 경험
교사관계	• 교사의 배려와 관심에 대한 부담 • 소극적 태도 • 친밀하지 못한 관계 형성
학교수업	• 형식적인 말하기에 대한 어려움 • 수업내용에 대한 불충분한 이해 • 학습준비물 및 과제해결의 어려움

1) 위기에 처한 학생들을 위한 효과적인 학습환경

환경적 요소로 인한 위기의 부정적인 효과를 최소화시키는 방법은 무엇일까? 위기에 처한 학생들에게 학습환경의 지원이 필요하다는 사실은 자명하다. 위기에 처한 학생들에게 효과적인 학교는 교사와 학생 간의 상호존중을 상소하고, 개인의 책임감과 협동을 강조한다. 그리고 그들은 다음을 강조한다.

① 학교와 교실 규칙의 목적과 숨겨진 의미를 포함하고 있는 안전하고 질서 있는 학교 분위기
② 완전학습을 강조하는 학습목표
③ 모든 학생들에 대한 높은 기대와 교사의 배려와 지원
④ 협동, 공동체 의식, 친사회적 가치
⑤ 학생들의 책임감과 자기 조절, 외부 통제에 대한 강조 감소
⑥ 높은 학부모 참여

위험에 처한 학생들을 위한 효과적인 학교는 '여러분들이 노력하면 성공할 수 있어요.'란 분명한 메시지가 있는 구조화되고 지원적인 학습환경을 만드는 학교이다.

2) 위기에 처한 학생들을 위한 효과적인 교사

잘 운영되고 학업을 강조한 학교는 매우 중요하다. 그러나 그것들로는 충분하지 않다. 수업기술이 좋고, 신중한 교사들 또한 학업 실패 위기에 처해 있는 학생들의 성공을 위해서 꼭 필요하다. 교사들은 도전과 지원을 하기 위하여 수업을 하는데 숙련될 필요가 있다. 이러한 능력은 위기에 처한 학생들과 함께 공부할 때 필요하다. 왜냐하면 그들의 요구와 개인적인 감수성은 학생들로 하여금 실패, 개인적 경멸, 선호에 대한 암시, 그리고 학교와의 관련성에 대한 질문에 취약하게 만들기 때문이다.

학교에서 소외되는 것은 위기에 처한 학생들에게 매우 심각한 문제가 된다. 지루함, 참여 부족, 그리고 친구들에게 환영받지 못해서 주변을 맴돈다는 느낌들은 학생들이 학교 경험에 참여하지 못하게 하고, 학습 동기를 저하시킨다. 위험에 처한 학생들에게 밝은 면이 나타나면, 그것들은 인간으로서 그리고 학습자로서 학생에 관심을 갖고 이들을 돌본 교사의 노력에 의한 결과일 것이다. 교사는 학생들이 학문적으로 발달할 수 있도록 어떻게 도와줄 수 있는가에 있어서 학생의 성공에 대한 교사의 이해와 헌신이 아주 중요한 요소이다.

효과적인 교사는 학생의 성공을 보장하기 위하여 정해진 일과 외에 여분의 시간을 낸다. 덜 효과적인 교사는 더욱 더 권위적이고 가까이 다가갈 수가 없다. 그들은 수업에서 학생을 지원한다는 것을 학생을 어린 아이 다루듯이 하거나 학생의 손을 잡는 것으로 간주한다. 강의는 가장 일반적인 수업전략이고 동기유발은 학생의 책임으로 돌린다. 학생들은 교사를 적으로 지각하고 가능하면 피하려고 하는데 사정이 여의치 못하면 그냥 참고 만다. 그들은 또한 교사가 학생에 대한 기대도 기준도 결여되어 있음을 원망하다.

3) 위기에 처한 학생들을 위한 효과적인 수업

어떻게 하면 위기에 처한 학생들의 요구에 부응하는 수업을 할 수 있을까? 전반적인 제안으로는 여전히 학생들에게 흥미를 북돋우고 구체적이고 현실 세계에 적응하는 것을 강조하면서 좀 더 구조화된 지원을 제공하는 것이다. 일반적으로 강조되는 것들은 학생들에게 흥미를 북돋우고, 동기를 부여하며, 학생들의 삶과 관련 짓는 수업에 대한 필요성 등이다.

위기에 처한 학생들을 가르치는 교사는 기본적으로 다른 방식으로 가르칠 필요가 있다. 대신에 그들은 보다 체계적으로 효과적인 전략을 적용할 필요가 있다. 교사는 학생들에게 자신의 수업을 통제할 수 있는 적극적인 학습전략을 가르치는 동시에 성공을 확신할 수 있는 충분한 수업지원을 제공할 필요가 있다. 위기에 처한 학생들을 위한 효과적인 수업전략은 다음과 같다.

① 학생에 대한 높은 기대

② 학생의 책무성 강조

③ 명료한 교사의 설명과 모델링을 통한 높은 구조화 및 지원

④ 잦은 질문을 통한 상호작용 교수법 활용

⑤ 빈번한 피드백 제공하기

⑥ 높은 성공률 확인

03 유의미 교수와 학습

1) 유의미(Meaningful Learning) 학습의 개념

유의미 학습은 새로이 배워야 할 내용들을 학습자가 이미 가지고 있는 기존의 인지구조와 관련지어질 때 학습자에게 새로운 의미를 부여하게 되어 학습이 유의미하게 된다는 개념으로, 학교 학습이 주요 개념을 중심으로 구조화된 지식의 본체를 조직해 나가는 것이어야 한다는 Bruner(1960)의 주장과 궤를 같이 하고 있다. 그러나 Bruner(1960)가 학생 나름대로 지식을 구조화하도록 하는 것과는 반대로 Ausubel(1963)은 교사의 임무는 전달하고자 하는 새로운 지식을 이미 학생들이 알고 있는 것과 연관 지어 제시함으로써 학생들이 사실과 원리들을 우선적으로 암기하게 하기보다는 더 의미 있게 받아들일 수 있어야 한다고 주장한다. 유의미 학습은 암기식 학습보다 더 오랫동안 기억되고 다른 지식과 더 잘 통합되어 전이 또는 적용을 위해 쉽게 활용될 수 있다. 즉, 학습자가 가진 인구구조는 학습에 영향을 미치는 큰 요소로 작용한다. 새로운 정보가 기존의 인지구조로 들어와 융화나 동화 등의 작용으로 재조직화되어서 새로운 의미를 생성하는 개념들이 영구적인 파지로 인지체제 속에 남게 되는 유의미 학습은 학습자가 자신이 가진 지식의 체계에 새로운 지식을 관련시킬 때에 일어난다.

2) 유의미 학습의 조건

유의미 학습은 몇 가지의 조건을 만족시켜야 일어날 수 있다. 이 조건들은 학습과제, 인지구조, 학습태세로 구성된다. 이 조건들은 유의미 학습에 영향을 끼치는 변인들이다.

(1) 학습과제

유의미 학습이 일어나기 위해서는 학습과제가 구속성과 실사성을 가져야 한다. 즉, 학습자의 인지구조 내에 존재하고 있는 관련 개념에 대해 의미 있는 재료를 관련지음에 따라 학습자는 그의 기존지식을 효과적으로 이용가능하다.

실사성은 어떤 명제를 표현하더라도 그 명제의 의미가 변하지 않는 것을 말한다. 예를 들어 '정삼각형은 세변의 길이가 같은 삼각형이다.'라는 명제는 '세 변이 길이가 같은 삼각형은 정삼각형이다.'라고 표현해도 그 의미가 변하지 않는다. 이렇듯, 실사성은 그 구조와 내용을 어떻게 표현해도 그 의미와 본성이 변화하지 않는 특성을 의미한다. 구속성은 일단 임의적으로 맺어진 관계가 시간이 흐름에 따라 하나의 관습으로 되었을 때, 그 관계가 다시 임의적으로 변할 수 없다는 것을 의미한다. 예를 들어 '개'라고 하는 기호는 실제의 개와 임의적 관계를 맺게 되면 그 관계가 임의적으로 변하지 않는다. 이와 같이 실사성과 구속성을 지닐 때 학습과제는 '논리적 유의미'를 가진다.

(2) 인지구조

학습과제가 구속성과 실사성을 갖추어 논리적 유의미를 갖추었어도, 각 개인에 따라 학습과제에서 학습할 수 있는 인지 내용이 서로 다를 수 있다. 이를 학습자의 인지구조 변인이라고 한다.

이처럼 학습과제의 본질과 아울러 그와 관련된 인지구조 또한 유의미 학습에 결정적인 영향을 미치는 요인이 된다. 그러므로 유의미 학습이 일어나기 위해서는 학습과제가 논리적 유의미를 지녀야 하며, 그 학습과제와 연결 지을 수 있는 인지구조가 있어야 한다. 학습과제가 논리적 유의미를 지니고 학습자가 그와 관련된 인지구조를 가지고 있으면 그 학습과제는 학습자에 대하여 '잠재적 유의미'를 지닌다.

(3) 학습태세

논리적 유의미와 잠재적 유의미를 갖춘다고 하더라도 학습자가 학습하려는 학습태세를 가지지 않고 있으면 유의미 학습이 일어나지 않는다. Ausubel(1963)은 학습태세를 '특정한 학습 방법을 통하여 학습과제를 인지구조에 연결시키려는 학습자자의 성향 또는 의도'라고 정의한다. 어떠한 학습과제가 잠재적 유의미를 가지고 있고, 학습자가 그 과제를 유의미하게 학습하고자 하는 학습태세를 가지고 있을 때, 그 학습과제는 그 학습자에게 대하여 '심리적 유의미'를 갖는다고 말한다. 논리적 유의미가 일반적으로 지식 체계에 내포된 의미로서 교과서 내용의 기본구조와 성격을 뜻하는데 반하여 심리적 유의미는 학습자가 실제로 인식하고 있는 실용적인 의미를 말한다.

유의미 학습이 일어나기 위한 조건을 정리하면 [그림 14-2]와 같다.

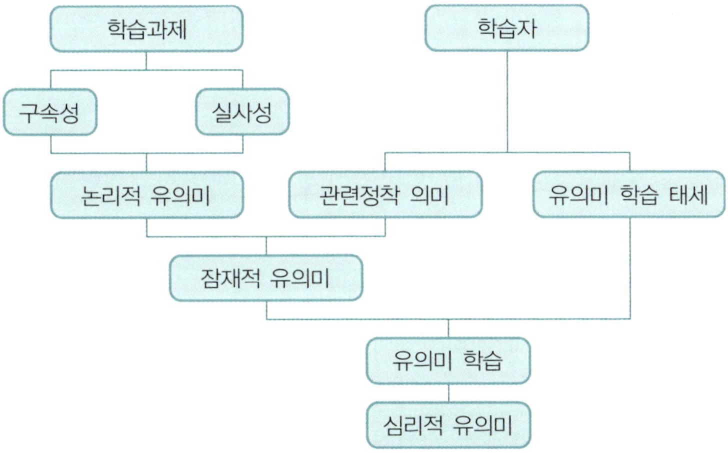

그림 14-2 **유의미 학습의 조건**

이처럼 심리적 유의미는 잠재적 유의미를 지닌 과제가 정착의미에 결합될 때 생기는 변별적 인지 내용이기 때문에 개인이 깨달은 독특한 인지 내용이라는 점에서 특이한 현상이다.

3) 유의미 학습이론의 교수원리

(1) 선행조직자의 원리

선행조직자의 원리는 새로운 학습과제보다 추상성, 일반성, 포괄성의 정도가 높은 자료를 새 학습과제를 제시하기 전에 제공하여 이미 배운 내용과 연결 통합되도록 하는 원리이다.

선행조직자는 앞으로 배울 내용을 미리 다루는 예습도 아니고, 과거에 배운 학습을 다시 한 번 반복하는 것도 아니다. 선행조직자는 인지구조 속에 자리 잡고 있는 아이디어의 기억과 회상, 그리고 자극과 활성화의 수단이다.

표 14-3 선행조직자의 종류와 원리

종류	주요 기능	적용 범위와 원리
설명 선행 조직자	정착의미, 포섭	비교적 생소한 내용: 점진적 분화의 원리
비교 선행 조직자	인지적 다리, 변별	비교적 친숙한 내용: 통합적 조정의 원리
도선 선행 조직자	상호관계	비교적 친숙한 내용: 통합적 조정의 원리

설명 선행 조직자는 포괄적이고 일반적이며 추상적인 상위개념으로 구성된 것으로 최상위의 위계적 체계를 형성해 주어 후속 학습과제에 유의미한 맥락을 제공해 주어, 그 자체가 포섭자의 기능을 한다. 비유 선행 조직자는 학습할 내용을 학습자가 이미 알고 있는 내용에 비유하는 도입문을 말하며, 도식 선행 조직자는 조직자의 내용을 산문의 형태가 아닌 다이아그램으로 나타낸 조직자로서, 중요한 개념요소들 간의 상호관계를 제시하는 경우 유의미한 효과가 있다.

Mayer(2008)는 선행조직자가 학습을 촉진하는 이유로 첫째, 새로운 학습 과제가 주어졌을 때 그 학습 과제에 내포되어 있는 개념과 기존의 인지구조의 개념을 연결시켜 주는 유의미한 맥락을 제공해 주기 때문이며, 둘째, 후속적인 학습과제의 구체적인 정보에 대한 개요를 제공해 줌으로써 성취동기를 증가시키고 활발한 부호화 맥락을 촉진시켜 주기 때문이라고 설명하였다.

Ausubel(1963)은 유의미한 학습이 일어나는 현상을 포섭이라는 개념으로 설명하였다. 여기서 포섭이란 기존에 가지고 있는 정착지식이나 이미 학습한 명제, 개념 표상 안에 새롭게 제시된 학습내용을 포함시키는 것을 의미하는데, 포섭되는 방식에는 종속적 포섭으로서 파생적 포섭과 상관적 포섭으로 구분된다.

파생적 포섭은 기존에 가지고 있는 개념이나 아이디어에 새로운 개념이나 아이디어를 단순하게 추가하는 종류의 포섭이며, 상관적 포섭은 기존의 개념이나 아이디어를 수정, 확대, 정교화하는 방식의 포섭을 말한다. 포섭의 유형은 〈표 14-4〉와 같다.

표 14-4 포섭의 유형

포섭의 종류	의미
종속적 포섭	포괄성이 낮은 과제가 포괄성이 높은 인지구조 속으로 포섭되는 것으로서 여기에는 파생적 포섭과 상관적 포섭이 있다.
	파생적 포섭: 새로운 아이디어의 포섭을 통해 이전 학습 개념이나 명제를 수정, 확대, 정교화하는 것
상위적 포섭	이미 가진 아이디어를 종합하면서 새로운 포괄적인 명제나 개념을 학습하는 것
병렬적 포섭	새로운 과제와 인지구조 속에 이와 관련된 정착 개념이 특별한 의미적 연관은 없지만, 이들이 갖는 광범위한 배경이 서로 연관되었을 때 일어나는 학습

(2) 점진적 분화의 원리

점진적 분화의 원리란 학습과제의 가장 큰 테두리를 처음 제시하고, 점진적으로 구체적인 내용을 제시해야 한다는 것이다. 개념은 점진적으로 분화하고 포섭이 일어남에 따라 인지구조는 새로운 정보에 의해서 바뀌게 된다.

(3) 통합적 조정의 원리

통합적 조정의 원리란 새로운 개념이 이미 학습된 내용과 통합되어 기존 개념의 구조를 조정하는 것을 뜻한다. 학습자는 서로 의미가 일치하지 않는 개념을 만나면 인지 불일치를 경험하는데, 이러한 인지 불일치는 통합적 조정의 원리를 통해 해소된다. 통합적 조정을 통해 학생들은 애매한 개념을 더 분명하게 이해할 수 있다.

(4) 내용의 체계적 조직의 원리

설명식 수업에 있어서 내용을 계열적 · 체계적으로 조직하여 학습을 극대화시킬 수 있다는 원리이다. 새로운 학습과제를 체계적으로 계열화시킴으로서 각 내용을 후속학습을 위한 관련 정착의미로 작용하도록 할 수 있다.

(5) 선행학습의 요약, 정리의 원리

새 과제의 학습에 임할 때 현재까지 학습해 온 내용을 요약, 정리해 주면 학습은 촉진된다.

(6) 학습 준비도의 원리

학습자의 기존 인지구조뿐만 아니라 학습자의 발달 수준도 고려해야 한다는 원리이다. 즉, 학습 준비도란 단순한 유전적 영향만을 말하는 것이 아니고 모든 선행했던 경험과 모든 선행학습을 망라해서 개인의 인지구조와 인지능력의 형성에 영향을 주는 것을 총칭하는 것으로, 거듭해서 더해지는 성격을 띠는 누가적(累加的)이며 발달적 성격을 띤다.

4) 유의미 학습이론의 수업절차

유의미학습이론을 바탕으로 한 모형을 선행조직자 모형이라고 한다. 선행조직자 모형은 3단계로 되어 있다. 첫 단계에서는 선행조직자를 제시하며, 두 번째 단계에서는 새로운 학습과제나 학습 자료가 제시되며, 세 번째 단계에서는 새로운 학습 자료와 기존의 아이디어인 선행조직자와의 관계를 다양한 각도에서 검증하게 된다.

(1) 선행조직자 제시

1단계에서는 수업목표를 명백히 하기, 선행조직자를 제시하기, 관련지식과 경험을 의식해 자극하기 등의 세 가지 활동으로 이루어진다. 수업목표를 명백히 하는 것은 학생의 주의를 집중시키고, 학습목표를 향하도록 하는 방법 중에 하나로, 유의미 학습을 촉진하기 위하여 필요하다. 선행조직자는 그 자체가 학습 자료와 같이 지적으로 탐구되어야 할 아이디어이다. 실제로 조직자는 학습과제에 속하는 자료와 구별되며 보다 포괄적인 아이디어로 구성되어야 한다. 조직자의 가장 중요한 특징은 추상성 및 일반성의 정도가 높다는 것이다. 마지막으로, 통합적 인지구조를 개발하기 위하여 당면한 학습과제 및 조직자와 관련 있는 이미 지니고 있는 지식과 경험을 의식하도록 학생을 자극하는 것이 중요하다.

(2) 학습과제 및 자료 제시

두 번째 단계에서는 학습과제가 강의, 토의, 비디오 자료, 직접경험, 독서 등을 통하여 제시된다. 이 단계에서는 학생들이 계속 주의를 집중할 수 있도록 도와주어야 하며, 학습 자료의 조직을 학생들에게 이해시켜야 한다는 것이다. 또한 학습 자료의 논리적 구조를 명백히 하여 아이디어들이 서로 어떻게 관련되어 있는지 알 수 있도록 한다.

(3) 인지조직을 강화하기

3단계의 목적은 새로운 학습과제를 기존의 인지구조에 정착시키는 것이다. Ausubel(1963)은 새로운 학습 자료에 대한 재학습을 위하여 다음의 4가지 활동을 제시한다.

첫째, 전체 통합적 조화를 촉진하기
둘째, 활동적인 수용학습을 촉진하기
셋째, 교과목에 대한 비판적 접근을 유도하기
넷째, 명료화하기

유의미 학습의 수업모형은 [그림 14-3]과 같다.

단계	활동 내용
선행조직자의 예시	• 수업목표를 명확히 한다. • 선행조직자를 제시 • 학습자가 지니고 있는 사전 지식과 경험을 현재 수업내용과 연관 지을 수 있도록 자극 • 학습의욕을 고취시킨다.
학습과제 및 자료의 제시	• 학습과제의 지속성과 실사성을 분명히 한다. • 학습 자료의 논리적 조직을 명확히 한다. • 점진적 분화의 원리 적용
학습자의 인지구조 굳히기	• 적극적 수용학습의 조장 • 통합조정의 원리 이용하기 • 학습내용에 대한 비판적 접근 유도하기 • 학습 내용 명료화하기

그림 14-3 **유의미 학습의 수업모형**

5) 유의미 학습 도구로서의 개념도

(1) 개념도의 정의와 특징

개념도(Concept Map)는 학습하고자 하는 특정 주제와 관련된 개념들을 규정하고 이 개념들을 가장 일반적이고 포괄적인 것부터 가장 덜 일반적이고 구체적인 개념으로 위계적인 배열로 조직한 것을 말한다. 또한 개념도는 효과적인 교육을 위한 방법으로 학생들이 접하는 외부 세계를 학생들의 마음속에 그려 넣기 위한 것이다(Novak & Staff, 1981).

Ausubel(1963)의 이론에 기초하여 Novak와 Gowin(1984)은 새롭게 개념도를 고안해 내었다. 개념도는 학습자의 인지구조와 사전지식을 드러낼 수 있도록 외연화하는 역할을 한다. Ausubel의 학습이론에서는 사전지식이 매우 중요하고 그에 의도적으로 관련되어야 하는데, 의미 있는 학습은 새로운 개념과 명제를 기존의 인지 구조에 동화시키는 것을 의미한다. 교사는 학생이 작성한 개념도를 통하여 학생의 인지구조를 파악할 수 있다. 따라서 의미를 조직화하고 잘못된 개념을 수정하는 것이 가능하다. 또한 교사는 개념도를 수업 현장에서 제시함으로써 Ausubel(1963)의 선행조직자 모형의 '체계적으로 자료 제시하기'를 효과적으로 수행할 수 있다.

(2) 개념도의 분류

① 기능에 따른 분류

개념도의 기능에 대한 다양한 분류가 있다. 첫째, 교수자 입장에서의 지도 도구로서의 개념도, 둘째, 학습자 측면에서의 교수학습 전략으로서의 개념도, 셋째, 교수자와 학습자를 고려한 평가도구로서의 개념도로 분류될 수 있다.

② 형식에 따른 분류

개념도의 유형에는 수직적 연결 관계를 나타내는 위계형 개념도와 수평적 관계를 나타내는 방사형 개념도가 있다. 위계란 상위개념에 포함된 종속 개념이 몇 단계로 내려갔는지를 보여주는 것으로 위계가 많이 내려갈수록 개념이 확장되고, 분화되고, 깊이 있는 것을 의미한다.

가. 위계형 개념도

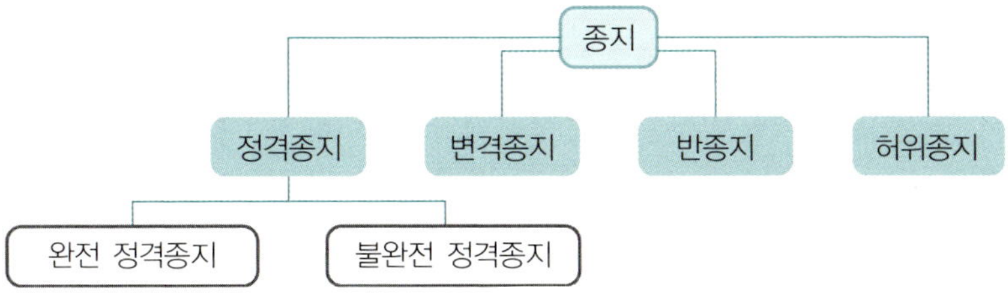

그림 14-4 **종지의 종류에 대한 위계형 개념도**

나. 방사형 개념도

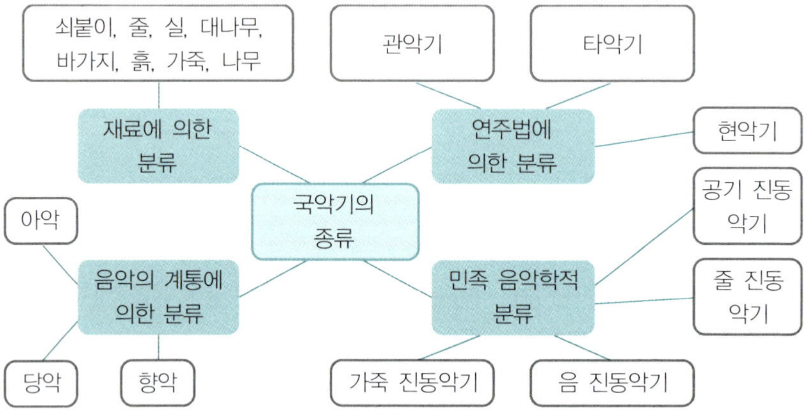

그림 14-5 **국악기의 분류에 대한 방사형 개념도**

6) 유의미 학습과 기계적 학습

Ausubel은 학습지도법의 형태를 학생의 수용-발견의 차원과 기계적 학습법과 유의미학습의 2차원으로 분류하였다. Ausubel은 이 두 가지 차원을 양축으로 하여 학습지도법의 형태를 4가지로 분류하고 있다. 또한 4가지 형태의 학습지도법 중에서 유의미 수용학습이 가장 효과적이라고 주장한다.

(1) 유의미 수용학습

교사가 교육내용을 체계적으로 요약 · 정리하여 학생에게 제시하며, 학생들은 그것을 기존에 배운 내용과 관련시켜 기억한다.

(2) 기계적 수용학습

교사가 교육내용을 체계적으로 요약 · 정리하여 학생들에게 제시하며, 학생은 그것을 기계적으로 기억한다.

(3) 유의미 발견학습

교사가 교육내용을 제시하는 것이 아니라 학습자 스스로 기본개념과 원리를 발견하여, 학생들은 그것을 기존에 배운 내용과 관련시켜 기억한다.

(4) 기계적 발견학습

교사가 교육내용을 제시하는 것이 아니라 학습자 스스로 기본개념과 원리를 발견하며, 학생들은 그것을 기계적으로 기억한다.

Chapter 15

다문화사회에서의 문화감응 교수방법

Chapter 15 다문화사회에서의 문화감응 교수방법

각각의 문화는 고유한 특성이 있어서, 지배적인 문화가 아닌 그 자체의 문화에 근거하여 이해되어야 하며, 한 집단의 문화를 다른 집단에게 강요하는 것은 부당한 것이므로, 개별 문화를 인정 · 반응 · 존중하는 교육은 모든 문화로부터 온 학생들에게 완전하고 공평한 교육기회를 제공하는 것이다.

다문화 사회에서의 교사들은 문화적으로 다양한 교실에서 일하기가 기대된다. 이러한 다양성에 대해 가장 중요한 것은 모든 학생들이 환영 받을 수 있고 배울 수 있다는 긍정적인 기대를 할 수 있는 교실 환경을 만드는 것이다. 교사의 기대가 학습에 직 · 간접적으로 영향을 미친다(Good & Brophy, 2003). 학기 초에 모든 학생들에게 긍정적인 기대를 표현하는 교사는 학기 중에 모든 학생들에게 배울 기회를 동등하게 제공하고 문화적으로 다양한 학생들의 학습에 강력한 영향을 준다.

효과적인 다문화 교사는 문화적인 다양성을 인정하고 교실에 문화적 다양성을 반영시킨다. 교육과정은 학생들에게 다양한 요구와 흥미와 기회의 탐색을 반영한다. 가정과 학교의 연계는 부모와 교사와의 정기적인 서신을 활용한 적극적인 의사소통을 통해서 이루어지고, 그 결과 부모들은 교실에 들어와 수업에 기여하게 된다.

효과적인 다문화 교사는 학생들의 배경과 경험의 중요성을 인식한다. 다른 경험을 약점으로 보는 보상 모형을 거부하고, 학생들의 흥미와 필요에 기초한다(Banks, 2006a, 2006b).

01 문화감응 교수방법의 개념

많은 학자들이 학생들의 문화가 학습방법에 영향을 준다고 주장하였고 Gay는 이를 문화감응(Culturally Responsive)으로 사용하였으며 그녀의 핵심 연구 주제로 삼았다. 그녀는 다양한 민족 배경을 지닌 학생들을 효과적으로 가르치기 위한 전달자로써 문화의 특징이나 경험, 학생들의 관점을 사용해야 한다고 보았다. 이는 교육과정의 여러 과목 속에 문화나 인종이 다양한 집단에 대한 내용과 그들의 경험을 실어야 한다는 1970년대, 1980년대 미국에서의 연구동향과 일맥상통한다. 그동안 사회에서 일반적으로 통용되었던 지식과 진실에 대한 관습적인 생각이나 부정적인 차별과 왜곡에 대응하기 위해서라도 학교에서 모든 학생들에게 민족이나 문화의 다양성에 대해 정확히 알려야 한다고 했고 다른 문화의 옛 지식이나 경험과 함께 동시대적인 내용을 포함하여 문화적 다양성을 가르치는 것이 중요하다고 여겼다. 문화감응 교수법에서는 학습에서 다양한 인종과 문화의 중요성을 인식하는 지식, 신념, 가치를 행동적으로 표현하는 것을 중요하게 보고 있다. 지식이나 진실에 대해 사회가 가지는 관습적인 생각에 대한 왜곡과 차별에 대응하기 위해서, 학생들 모두가 문화적 다양성에 대해 정확한 정보를 획득하는 것이 필요하고 학교에서는 이것을 도와야 한다고 보았다(Gay, 2013). 문화감응 교수법에 대해 포용과 진정성을 필요로 하는 방법으로 정의하고 교사는 다른 문화적 특성을 가진 모든 사람들에 대해 배워야 하고 존중해야 한다(Nieto, 1999; Brown, 2007). 문화감응 교수법은 문화와 인종이 다양한 학생들을 문화적 특성과 경험을 통해 효과적으로 가르치기 위한 통로이다(Gay, 2002). 특히, Gay(2010)는 문화감응 교수법이 학문적 지식과 기능이 살아 있는 경험과 학생들의 참조의 틀 내에 위치할 때, 학생 개개인에게 더 의미 있고 높은 관심으로 다가가며 보다 쉽게 철저히 학습된다는 가정에 근거를 둔다고 했다. 결과적으로 Ladson-Billings처럼 다양한 문화, 인종, 민족적 배경을 가진 학생들의 학업 성취도는 학생 자신의 문화적, 경험적 필터를 통해 교실 수업이 이루어질 경우 향상될 수 있다고 여겼다(Brown, 2007; Gay, 2002, 2010, 2013). 좀 더 폭넓은 이론적 토대로 비판 교육학에 근거하고 있는 문화감응 교수법은 문화가 학생들이 학습하는 방법에 깊이 영향을 준다는 가정을 전제로 한다(Santamaria, 2009). 이렇게 문화감응 교수법은 주류 백인 학생들과 소수 학생들의 학업 성취 격차를 해소하기 위해 교사를 대상으로 어떻게 그들을 성공적으로 가르칠 것인지에 대해 초점을 두고 연구하는 과정에서 출발하였으나 인종, 문화, 언어적 배경이 다양한 학생들이 평등한 교육을 받을 수 있도록 문화적 특성과 경험의 참조 틀 속에서 바라보려고 한 교육적 패러다임이다.

02 문화감응 교수법이 갖는 의미

1970년대부터 등장한 다문화교육에 대한 정의는 학자들마다 다양하다. Banks는 교육철학이자 교육개혁 운동으로, Nieto는 종합적인 학교 개혁과정으로, Sleeter와 Grant는 사회 개혁의 수단으로 보았으나 이들이 공통적으로 주장하는 다문화교육은 모든 학생들을 위한 평등교육이라는 목표를 지향한다는 점이다(Banks, 1995; Banks & Banks, 2010). 이를 종합하여 Bennett는 소수민족이든, 경제적으로 어려운 조건에 있든, 장애나 영재, 성별 등 다양한 배경에 상관없이 모든 학생들에게 공평하고 동등한 교육 평등의 기회를 제공하고 각자의 잠재력에 따라 교육적 개입이 다르게 투입되는 과정의 평등을 이루자고 하였다(Bennett, 2001, 2007).

문화감응 교수법은 이러한 다문화교육의 평등교육 실천을 골자로 하고 구체화하려는 교육적 논의이다. 다만, 다문화교육은 동질의 문화적 배경을 가진 학생들이 있는 교실에서도 가능하나 문화감응 교수법은 교육이 이뤄지는 교실 속 다양한 문화들에 반응하는 것이다. 다문화교육의 교육내용이 다양한 문화적 전망인 반면, 문화감응 교수법은 문화적 배경과 관련된 지식과 학습방법을 다루고 있다는 점에서 다문화교육에 대한 구체적인 교육과정, 교수전략 그리고 교사들에 대한 논의를 포함하고 있다고 볼 수 있다.

즉, 다양한 문화적 배경의 학생들을 대상으로 무엇을, 어떻게 가르칠 것인지에 대해 관심을 두고 있어서 문화감응 교수법은 다문화교육의 진정한 목표를 실천하는 구체적인 방안이라 할 수 있겠다.

03 문화감응 교수법의 특징

문화감응 교수법의 특징을 Gay(2002, 2010)는 6가지로 제시하고 있다. 바로 타당성, 포괄성, 다차원성, 권한 부여, 변혁성 및 해방성이 그것이다. 다문화교육을 실현한다는 타당성의 근거로 Gay(2010)는 문화감응 교수법이 학생들의 자질, 태도 그리고 학습에 임하는 방법에 영향을 주기도 하며, 학문의 추상적 개념과 사회·문화적 실재뿐만 아니라, 가정과 학교 경험을 연결해 줄 뿐만 아니라 다양한 학습자의 양식에 따라 다양한 교수전략을 사용하는 것을 들었다. 또, 학생 자신을 알게 하고 학생 개개인과 타인의 문화적 자산을 가르치고 모든 과목과 학교에서의 학습 기능에서 다문화적 정보, 자원, 재료를 통합하므로 타당성이 있다고 주장하였다. 또한 문화감응 교수법은 또한 포괄적이라 했다. 전체 학생들을 가르치는 것이기 때문이다.

Ladson-Billings(1995a, 1995b)가 연구한 교사들의 학급처럼 문화적으로 감응하는 교실에서 학생들은 자신의 학습은 물론 타인의 학습에 대해서도 책임을 지며, 학습은 상호적인 것이라는 가치를 내면화하고 한다. 또한, 학생들은 서로 격려하고 지지하며, 확장된 가족의 구성원으로 기능한다. 학생들은 배려하고 자원을 공유하며 함께 작업하고 공동의 학습 성과를 얻기 위해 교사와 함께한다. 이러한 활동으로 학생들은 문화 역량, 사회·문화적 의식, 책임 있는 공동체 구성원은 물론 학업 성취를 이루게 된다고 보았다. 이는 학생들뿐만 아니라 교사, 행정가, 실무사들을 포함한 교육 관계자들이 학생들은 모두 배울 수 있으며 다양한 배경의 학습자들이 성공할 수 있도록 긍정적인 학교 분위기를 조성해야 하는 책임이 있다고 주장한 García와 Ortiz(2006)의 주장과도 맥을 같이 한다.

또한, 문화감응 교수법은 교육 내용, 학습 내용, 교실 분위기, 학생과 교사의 관계, 수업 기술, 교실 운영 그리고 수행 평가를 포함한다는 점에서 다차원적이라고 밝혔다. '인종 차별에 대한 저항'을 가르칠 때 관련 교과 교사들이 협업하기도 하고 다양한 민족 집단이 표현해온 방식으로 저항을 시, 노래, 그림, 정치적 행동 등으로 나타낼 수도 있고 학생과 교사가 실천하는 시기도 결정할 수도 있기 때문이다. 게다가 학생은 학습 과제를 성공할 수 있고 숙달될 때까지 끊임없이 성공하도록 해야 한다는 것이다. 그래서 교사는 학생들이 성공할 수 있다는 믿음을 갖고 학생들이 수준 높은 학업 성취를 이룰 수 있도록 학생들의 노력을 받쳐줄 하부구조를 계획하고 만들어야 한다. 학생들의 이러한 학습 역량, 자신감, 용기, 하려는 의지를 권한 부여하는 것으로 표명하였다(Gay, 2010). 이 역시, 지배문화와 다른 배경의 학생들 역시 그들의 지식과 경험을 학교에 가져올 수 있는 능력 있는 학습자라는 긍정적이고 확고한 교사의 태도는 학생들의 학업 성취도를 뒷받침한다. 이는 Ladson-Billings를 위시한 여러 학자들의 주장과 같은 맥락이다(García & Ortiz, 2006; Ladson-Billings, 1995a, 1995b; Santamaria, 2009; Villegas & Lucas, 2002). Banks는 그의 저서에서 소외 집단의 권한 부여를 위해 교육의 변혁성을 주장했는데 이는 "학생들의 지식, 기능과 가치의 신장을 위해서 학생들은 사회 비판적일 필요가 있으며 이는 효과적으로 개인적, 사회적, 정치적, 경제적 행동을 결정하고 이끈다."를 뜻한다(Banks, 1991; Gay, 2010).

문화감응 교수법도 기존 전통 교육의 수업이나 교육 내용에서 둥지를 틀고 있는 문화적 헤게모니를 극복하고 편견에 맞서는 사회·정치적 의식을 신장하는 점에서 변혁적이다. Gay는 해방성을 "학교에서 배우는 전형적인 진리의 개념에서 절대 권위를 베일 벗기는 것, 완전하고 영구적인 지식이 없음을 학생들에게 인식시키는 것"이라 했다(Gay, 2010). 학생들은 다양한 민족이나 문화의 입장이 산출된 지식으로 사회적 문제나 이슈를 분석하는 과정을 통해 자신의 목소리를 찾고 다문화적 관점에서 사건이나 문제를 맥락화할 수 있으며 이는 자신의 학습에서 좀 더 적극적인 참여자가 된다고 본 Gay의 주장은 Ladson-Billings가 학생들의 사회정치적 비판적 의식을 길러 사회 불평등을 양산하는 문화적 규범이나 관습을 타파해야 한다는 입장과 같다(Ladson-Billings, 1995a, 1995b). 문화감응 교수법이나 문화감응 교육의 경우 각각 사용하는 용어나 어휘 선택에 있어 차이가 있지만 학생들의 문화 역량과 강점을 교육활동에 접목하여 모든 학생들이 학습에 있어 주도권을 갖고 참여한다는 입장은 같다. Gay가 제시한 문화감응 교수법의 특징은 Ladson Billings의 주장과 비교하여 살펴보면 너욱 그 입장을 이해하기 쉽다. 두 사람의 주장을 비교하여 〈표 15-1〉과 같이 나타내었다.

표 15-1 문화감응 교수법의 특징(Santamaria, 2009)

문화감응 교수법의 특징 (Gay, 2002, 2010)	문화감응 교육의 지표 (Ladson-Billings, 1995a)
• 권한부여성 –학업 역량, 개인적 역량, 용기 그리고 실행하려는 의지 격려 • 변혁성 –학생들의 강점과 기량을 인식하고 수업과정 향상에 반영	• 학업 성취 –학생들이 할 수 있다고 여기기 –교실 맥락에서 성취 설명 –내용, 학습자, 학습자의 양식 이해 –교육과정의 비평 의식 지지 –학업 성취 격려
• 타당성 –학습을 좀 더 적절하고 효과적으로 하기 위해 문화적 지식, 선행 경험과 참조의 틀, 민족과 문화가 다양한 학생들의 수행 양식을 사용 • 포괄성 –모든 학생들을 가르치기 • 다차원성 –교육과정, 교육내용, 학습 맥락, 교실 분위기, 학생과 교사와의 관계, 수업 기술, 수행평가 이용	• 문화 역량 –문화와 교육에서의 문화의 역할 이해 –학습자의 문화와 공동체에 대한 학습에 책임지기 –학생들의 문화를 학습의 기저로 사용 –학생들의 지엽적이고 전반적인 문화를 유연성 있게 사용할 것을 촉진
• 해방성 –학교에서 전형적으로 가르친 학문적 사실의 베일을 벗기기	• 사회 · 정치적 비판적 의식 –좀 더 큰 사회 · 정치적 맥락 알기(학교, 공동체, 국가, 세계) –공익에 투자 –학업 경험 계획, 실행 –학생들의 성공은 교사의 삶 속 성과를 가져온다는 믿음

Gay(2013)에 의하면, 문화감응 교수법은 다양한 문화적 배경의 학생들이 훨씬 적절하고 효과적으로 학습에 임할 수 있도록 문화 지식, 선행 경험, 참조의 틀 그리고 다양한 민족으로 구성된 학생들의 수행 양식을 사용하는 것이라고 정의내리고 있다. 이는 학생들을 좀 더 효과적으로 가르치는 전달체로 다양한 민족으로 구성된 학생들의 문화적 특성, 경험, 관점을 학습에 적용한다. 예를 들어, 아시아계 미국인 학생에게 적절한 학습을 위해서 아프리카계나 라틴계 그리고 유럽계 미국인을 위한 학습과 다른 행동과 아이디어와 관련된 고민이라고 했다. 이렇게 학생들의 다양한 문화적 배경에 맞는 생생한 경험과 참조의 틀 내에서 학문 지식이나 기능이 놓여질 때, 학생들 개인에게 훨씬 의미 있고, 흥미가 높아지며 더 쉽고 철저히 학습한다는 가정이 깔려 있다(Gay, 2002). 여기서 주류 문화에 속하지 못하는, 소수 학생들의 긍정적인 학습 가능성을 특히 중요하게 생각한다. 하지만 Gay가 초기에 교수를 교육과정 속에 숨은 의미로 바라보았다면 지금은 단순히 좋은 교수 · 학습을 용이하게 하는 문화적 역량을 습득하고 문화적 자원을 이용하는 것뿐만 아니라 실질적이고 과정적인 차원을 모두 포함하는 활동으로 바라보고 있다(Gay, 2013).

지금까지의 Gay의 논의를 정리해 보면, 문화감응 교수방법의 특징은 다음과 같다.

(1) 문화감응 교수방법은 타당한 것이다.

① 문화감응 교수방법은 상이한 민족집단의 문화적 유산의 정당성을 인정한다.

- 문화는 학생들의 성향 · 태도 · 학습에 대한 접근법에 영향을 주는 유산으로서의 정당성을 가진다.
- 문화감응 교수방법은 공식 교육과정에서 가르칠 가치 있는 내용으로서의 정당성을 가진다.
- 문화감응 교수방법에서는 학생들의 문화적 차이가 교수 · 학습 과정에서 민감하게 고려되어야 함과 동시에 교육 내용으로 자리 잡을 필요가 있다.

② 문화감응 교수방법은 가정과 학교 경험 간에 그리고 학문적 추상화와 살아 있는 사회 · 문화적 현실 간에 유의미성(Meaningfulness)이 생성될 수 있도록

가교를 형성한다.

③ 문화감응 교수방법은 상이한 학습 양식과 관련된 다양하고 광범위한 수업 전략을 활용한다.

④ 문화감응 교수방법은 자신의 문화유산과 타인의 문화유산에 대해 알고 인성 및 존중하도록 한다.

⑤ 문화감응 교수방법은 모든 교과의 다문화적 정보 · 자원 · 자료와 학교에서 일상적으로 가르치는 기능을 통합한다.

(2) 문화감응 교수방법은 포괄적이다.

① 교사는 지식 · 기능 · 태도를 전달하기 위해 문화적 지시 대상을 활용함으로써 지적 · 감정적 · 사회적 · 정치적 학습을 전개한다.

② 학업 성취 제고만이 아니라 민족 집단에 대한 연관성과 정체성을 유지하게 하고, 공동체 의식을 갖게 하며, 공유된 책임감과 성공윤리를 갖게 한다.

③ 학생들은 자신의 학습만이 아니라 서로의 학습에 대해서도 책임을 진다.

④ 학생들은 학습이 지닌 공동성, 상호성, 상호의존성의 가치를 내면화시킨다.

(3) 문화감응 교수방법은 다차원적이다.

다차원적인 문화감응 교수방법은 교육과정 내용, 학습상황, 교실 풍토, 교사-학생 관계, 수업기법, 수행평가를 포함한다.

(4) 문화감응 교수방법은 권한 부여이다.

① 학생들이 더욱 완전한 인간 그리고 성공적인 학습자가 되도록 만든다.

② 권한 부여란 학업능력, 개인적 자신감, 용기, 실천의지를 의미한다.

(5) 문화감응 교수방법은 변혁적이다.

① 상이한 민족 집단 학생들을 존중하는 가운데, 전통적인 교육 관행의 인습들에 저항한다.

② 상이한 민족 집단의 문화를 존중하고, 그것을 교수·학습에서 가치 있는 자원으로 활용한다.

(6) 문화감응 교수방법은 해방적이다.

① 상이한 민족 집단 학생들의 지성을 주류의 지식 기준과 인식 방법이 갖고 있는 억압적 속박으로부터 벗어나게 해준다는 점에서 해방적이다.

② 협동, 공동체, 연관성은 문화감응 교수방법의 특징이고 그것은 전통적인 교실을 사로잡았던 개인주의와 경쟁을 대체한다.

04 문화감응 교수법의 핵심 요소

그렇다면 다양한 민족적, 문화적 배경을 가진 학생들의 요구를 어떻게 충족시키고 무엇을 어떻게 가르칠 것인가? Gay(2002, 2010, 2013)는 교사가 이러한 역할에 충실해야 하며 이를 문화감응 교수법의 핵심으로 보았다. 그가 꼽은 핵심은 5가지이다. 첫째, 다문화 지식 기반을 개발해야 한다고 했다. 여기에서 기반이 되는 지식은 문화의 특징이나 다른 민족 집단을 이해하는 것을 포함한다. 문화적 가치나 전통, 의사소통, 학습양식, 기여 그리고 관계양식을 뜻한다. 이러한 문화적 다양성을 알고 존중하는 것을 넘어서 각각의 민족 집단들은 여러 방법에서 비슷한 가치를 표현한다는 사실을 인식해야 한다고 보았다. 또한, 문화적 특수성에 대해 상세한 정보를 획득해야 다양한 배경의 학습자들에게 관심을 불러일으키고 학교생활을 흥미 있게 한다. 이렇게 여러 민족 집단의 기여와 관련된 지식을 습득하여 다문화교육 이론이나 관련 학문을 깊이 있게 이해할 수 있다고 여겼다.

둘째로, 다문화교육과정 설계를 들었다. 교실에서 3가지 형태, 즉 표준교육과정, 상징적 교육과정, 그리고 사회적 교육과정 등으로 나타나는데, 교육부나 지역 교육청에서 발표한 표준교육과정은 교과서와 교육과정 가이드라인에 기반하거나 보완된 내용으로 성, 인종, 민족 등에 대한 행동이 탈맥락화되었거나 사실, 정보만 강조하는 경향이 있다. 학생들에게 지식, 기능, 도덕이나 가치를 가르치는데 사용되는 이미지나 상징, 공예품 등을 포함한 상징적 교육과정은 학급이나 학교 벽을 소통의 공간으로 사용하여 표준교육과정 내용을 확장하여 표현할 수 있다. 마지막 사회적 교육과정은 대중 매체에서 묘사된 집단의 지식이나 이상을 말한다. 텔레비전 프로그램이나 신문, 잡지나 영화를 통해 영향력을 행사하는데 상당수의 이러한 지식이 왜곡되어 있으므로 이를 비판적으로 분석하면서 이를 학생들이 판별하도록 가르쳐야 한다고 보았다.

셋째, 문화적 배려 실현과 학습 공동체 구축이다. 다양한 문화 배경의 학생들이 학습할 수 있게 유도하는 분위기를 만드는 것 역시 다문화 교육과정 설계만큼 중요하다고 보았다. 이러한 학생들을 가르치기 위해 문화적 비계, 즉 학생들의 문화와 경험을 사용하여 그들의 지식 경계와 학업 성취를 확장하는 것이다. 또한 학생들과 학문적 동반자적 관계를 유지하면서 그들을 존중하고 깊이 신뢰를 하는 것이 필요하다고 보았다. 또한, 각각의 개인보다는 집단의 기능적 맥락에서 서로 학습의 책임을 지고 집단 과제에 기여할 수 있도록 학습공동체의 중요성을 강조했다. 이러한 학습은 전체적이고도 통합적이어야 하며 이렇게 수학, 과학, 읽기 등을 통해 자신들의 문화나 정체성에 대해 긍정적으로 생각하게 된다고 했다.

넷째, 다문화 의사소통 구축을 들었다. 다양한 민족의 학생들의 지적 사고는 문화적으로 암호화되어 있어 이러한 실재를 반드시 이해하는 것이 필요하다고 보았다. 문화, 민족 또는 개인과 집단 간의 상호작용하는 관계를 깊이 있고 비판적으로 바라볼 수 있어야 한다고 여겼다. 의사소통 양식은 민족마다 다양하고 훨씬 역동적이다. 따라서 이러한 지식의 배경 없이 학생들을 적극 수업에 참여시키기 어렵고 결과적으로 학업 성취 역시 그 성과가 작아지게 된다.

마지막 다섯째로, 문화감응 수업 제공이다. 다양한 학생들의 학습 양식과 교수기술을 연결하는 것인데 예를 들어 아시아계, 라틴계, 아프리카계나 미국 원주민 같은 경우, 협동학습이나 동료코칭과 같은 학습 양식을 선호한다고 했다. 수업과 문화를 조화롭게 일치시키는 가장 강력한 방법은 문화적 다양성을 교육과정에 녹여내는 것이라고 보았다. 학생들의 성취를 나타내는 가장 적절한 과목인 수학, 과학, 읽기나 쓰기에 다문화적인 내용을 통합시켜야 할 필요가 있다고 주장했다. Brown(2007)은 문화감응 교사, 교실, 학교 만드는 방법에 대해 언급하면서 Gay의 문화감응 교수법의 5가지 핵심 요소가 이전의 학문적 프레임 워크를 확장했다고 언급하였다.

표 15-2 문화감응 교수법의 핵심 요소

핵심 요소	예
다양한 문화지식 기반 개발	• 다양한 민족 집단의 문화적 특성과 기여를 이해하기 • 자신의 태도를 평가하기 • 인종 집단의 문화적 가치, 전통, 의사소통, 학습 양식, 참여, 관계 패턴을 알기 • 다문화 교육 전략을 사용하고 교육과정에 다문화 콘텐츠 활용 방법 알기
문화적 교육과정 설계	• 교육과정 설계와 교육 자료의 다문화적인 강점과 약점 파악하기 • 교육과정의 전반적인 질을 향상시키기 위해 필요에 따라 변경하기 • 교육 도구로서 교육과정의 힘을 의식하고 문화적 다양성에 관한 중요 정보, 가치, 행동을 전달하는 것을 돕기
문화적 배려 학습 공동체 구축	• 문화적 비계, 즉 학습자의 문화와 경험을 사용하여 지적 경계와 학업 성취를 확대하기 • 학습을 향상시키기 위해 학생과 교사가 파트너가 되는 교실 속 호혜적 분위기 만들기 • 집단의 복지(안녕)가 개인보다 우선하는 학습 공동체 만들기 • 전체적, 통합적 학습 강조하기, 문화감응 교사들이 함께 협력하기
다문화 의사소통 구축	• 학생들의 문화적 코드를 해독하여 효과적으로 가르치기
문화감응 수업 제공	• 수업 기술을 다문화하기(민족과 언어가 다양한 학생들의 학습 양식에 맞추기) • 다양한 문화적 배경을 가진 학생을 가르치기 위한 풍부한 다문화 수업 레퍼토리를 개발하기

문화감응 교수방법은 가정문화와 학교문화가 서로 달라 고전하는 학생들을 이해하고 도와주기 위한 교수법이다.

05 문화감응 교수법에서의 교사의 역할

Ladson-Billings(1995b)의 문화감응 교수를 위한 교사 역할을 다음과 같이 제시하고 있다.

① 부모와 가정에 대한 긍정적인 관심을 갖고 가정과 학교를 연계하는 역할

- 부모의 포부와 기대, 학생의 요구 사항에 대한 부모의 지각, 교사가 도울 수 있는 방법에 대한 부모의 제안에 대해 진지한 대화를 시도한다.
- 교사는 학생 교육에 있어서 자신의 한계를 설명하고, 학생 교육에 부모들이 특정한 방식으로 참여할 수 있도록 유도한다.

② 학습자에게 높은 기대를 가지고 소통하는 역할

- 교사는 학생들이 성장해 온 민족·문화 공동체의 규범에 기반하여 학생들을 이해한다.
- 학생들을 가치 있는 지식과 경험을 가진 학습자로 존중한다.
- 높은 기대를 가진 효율적이고 지속적인 소통은 학생들이 건전한 자아개념을 갖도록 한다.
- 실패에 대한 동정, 단순과제 수행에 대한 지나친 칭찬, 학생이 원치 않는 도움을 제공하는 것은 학생들에게 낮은 기대라는 의도하지 않은 메시지 전달한다.

③ 문화의 맥락에서 학습을 진행하는 교수자 역할

- 상이한 문화에서 온 학생들은 상이한 방식으로 학습시킨다.
- 학습에 대한 그들의 기대는 상이하다.
- 소수 문화의 학생들은 주류 문화에 동화하기 위하여 자신의 문화적 신념과 규범을 부인하려는 심리적 압박을 받을 수 있다.

- 심리적 압박은 학습자들의 감정적 · 인지적 발달을 방해하여 학교에서의 실패를 가져올 수 있다.
- 교사는 다양한 교수전략을 활용해야 하고, 효율적인 의사소통을 통해 문화적 차이를 가교할 수 있어야 한다.

④ 학생 중심적인 수업을 전개하는 조력자 역할

- 학생 중심적 수업에서의 학습은 협동적, 협력적, 공동체 지향적

⑤ 문화적으로 매개된 수업을 전개하는 문화 매개자

- 수업이 정보를 알고, 이해하고, 표현하는 다양한 방식을 통합할 때, 수업은 문화적으로 매개된다.
- 학생들은 진술, 사건, 행동을 해석하는 데 있어, 한 가지 이상의 방식이 존재한다는 것을 이해할 필요가 있다.
- 그들 나름의 사회적 · 문화적 경험에 근거한 상황에서 관점과 안목을 공유할 때, 학생들은 학습에 능동적으로 참여한다.

⑥ 교육과정을 개혁하는 개혁가 역할

- 교육과정은 통합적, 학제적, 유의미한 것, 학생 중심적인 것이 되어야 한다.

⑦ 학습의 촉진자 역할

- 학생들의 사회적 · 문화적 · 언어적 경험을 반영하고, 그것에 적절한 학습 환경의 개발한다.
- 학생들의 문화기반 지식을 교실 학습 경험과 효율적으로 연결시키도록 도와준다.

Gay(2002)는 문화감응 교수방법에서의 교사의 역할과 책임을 다음과 같이 제시하고 있다.

① 문화 조직자(Cultural Organizer)

- 일상적 교실 역학 속에서 문화가 작동하는 방식을 이해한다.
- 문화적 · 민족적 다양성을 발열하는 학습 분위기를 창출한다.
- 다양한 민족 집단 학생들이 자유로운 개인적 · 문화적 표현을 할 수 있는 기회를 부여한다.
- 다양한 문화 중심적 인식 · 사고 · 발화 · 감정 · 행위 양식 등을 활용할 필요가 있다.

② 문화 매개자(Cultural Mediator)

- 학생들이 자신의 민족적 정체성을 명료화하게 한다.
- 학생들이 다른 문화를 존중하도록 한다.
- 긍정적인 민족 간 · 문화 간 관계를 발전시키도록 한다.
- 편견 · 고정관념 · 인종 차별주의의 영속화를 피하도록 한다.

③ 학습을 위한 사회적 맥락의 편곡자(Orchestrators of Social Context)

- 교수 절차를 민족적으로 다양한 학생들의 사회 · 문화적 맥락과 준거 틀과 양립 가능하도록 만든다.
- 학생들이 자신들의 문화적 능력을 학교에서의 학습을 위한 자원으로 활용하도록 한다.

문화감응 교수방법의 효율적 실천을 위해서 다음 사항들에 대하여 유의해야 한다.

① 교사는 상이한 민족 집단의 문화적 가치, 학습 스타일, 역사적 유산, 공헌, 성취에 대한 철저한 지식을 소유해야 한다.

② 교사는 학교 실패의 피해자를 비난하는 것을 멈추려는 용기 및 기존 교육 체제에 무언가 심각한 오류가 있다는 것을 인정할 수 있는 용기를 갖고 있어야 한다.

③ 지배적인 교육 기준 · 확신에 맞서려는 의지, 교수 · 학습에서의 문화적 획일성 혹은 중립성을 강조한 전통적인 교육 가정들을 제고해 보려는 의지를 갖고 있어야 한다.

④ 교사는 문화적 다양성에 관한 지식과 민감성을 교육 실천으로 변환시킴에 있어서 생산적으로 행동할 수 있는 기능을 갖추고 있어야 한다.

⑤ 학교에서 문화적 불일치로 인해 현재 학업이 뒤처지고 있는 학생들의 포괄적 · 고수준 수행을 적극적으로 추구해야 한다.

⑥ 학생들에 대한 높은 기대를 갖고, 긍정적인 관점을 가져야 한다.

표 15-3 문화감응 교수법을 적용한 수업설계

<table>
<tr><td rowspan="2">교과</td><td colspan="2" rowspan="2">도덕(72-75)</td><td>학년</td><td>5학년 2학기</td></tr>
<tr><td>단원(차시)</td><td>5. 서로 존중하는 태도(3/3)</td></tr>
<tr><td>본시 주제</td><td colspan="4">• 다른 사람의 권익을 존중하기 위한 행동 실천하기</td></tr>
<tr><td>학습목표</td><td colspan="4">• 다른 사람의 권익을 존중하는 행동을 실천한다.</td></tr>
<tr><td>학습단계</td><td>학습
흐름</td><td>교수 · 학습 활동</td><td>시간</td><td>자료/
유의점</td></tr>
<tr><td rowspan="3">상호관계
측면에서
파악</td><td>동기
유발</td><td>★ 동기유발
• 지식채널e의 “저는 북한 사람입니다”라는 동영상을 통해 우리와 함께 살아가는 이웃이고 가까운 친구이지만 출신 지역으로 인한 차별을 받음을 보여준다.
• 아이들이 이 동영상을 보고 느낀점에 대해서 발표하도록 유도한다.</td><td>6</td><td>동영상</td></tr>
<tr><td>학습
목표
확인</td><td>★ 학습목표
• 다른 사람의 권익을 존중하는 행동을 실천한다.</td><td>1</td><td></td></tr>
<tr><td>학습
활동
안내</td><td>★ 학습활동 안내
활동 1: 우리 주변 친구들의 어려움 알아보기
활동 2: 친구들의 어려움을 인터뷰해보고 상황극 만들기
활동 3: 상황극 발표하고 소감 말하기</td><td>5</td><td></td></tr>
</table>

<table>
<tr><td>상대방의
감정
공감하기</td><td rowspan="3">학습
활동
전개</td><td>★ 활동 1
• 동기유발 영상과 관련하여 우리와 다른 국가 출신의 친구들이 겪을 어려움에 대해 자유롭게 이야기하여 본다.
• 같은 반에 있는 다문화가정 친구들의 이야기를 들어 본다.
• 이러한 어려움들을 어떻게 하면 해결하고 우리가 어떻게 도와줄 수 있는지 알아본다.</td><td>5</td><td>다문화가정
아동의
참여 유도</td></tr>
<tr><td>상대방을
위해
할일
찾아보기</td><td>★ 활동 2
• 조별로 같은 반에 있는 다문화가정의 친구들을 인터뷰해 본다.
• 조원의 구성으로는 다문화가정 아이를 골고루 배치하여 인터뷰가 잘 이루어지도록 한다.
• 인터뷰의 내용을 가지고 우리가 어떤 도움을 줄 수 있는지 알아보고 이에 알맞은 상황을 만들고 대본을 제작해 상황극을 만들어 본다.</td><td>10</td><td>활동지</td></tr>
<tr><td>실천하기</td><td>★ 활동 3
• 제작한 상황극을 발표하여 본다.
• 모든 아이들이 발표를 하여 이런 느낌과 기분을 느끼도록 유도한다.
• 모든 발표가 끝난 뒤에 상황극을 하고 간접적으로 경험해 보니 어떤 느낌이 들었는지에 대해 발표하여 본다.</td><td>10</td><td>적극적
참여 유도</td></tr>
<tr><td>정리</td><td>정리
및
차시
예고</td><td>★ 정리하기
• 오늘 배운 내용인 우리 친구들이 겪는 어려움에 대해서 이야기하여 보고 어떻게 우리가 행동해야 할지 정리한다.
★ 차시예고</td><td>3</td><td></td></tr>
</table>

참고문헌

강석진, 노태희 (2000). 토론과정에서 사회적 합의 형성을 강조한 개념학습 전략의 효과. 한국과학교육학회지, 20(2), 250-261.

강순민, 임재항, 공영태, 남정희, 최병순 (2004). 과학 맥락에서 학생간 논의 과정의 발달. 대한화학회지, 48(1), 85-93.

강영미 (2001). 효과적인 어휘지도 방안연구. 홍익대학교 교육대학원 석사학위논문.

강인애 (2003). 우리시대의 구성주의. 서울: 문음사.

강휘원 (2006). 한국 다문화사회의 형성 요인과 통합 정책. 국가정책연구, 20(2), 5-34.

곽준혁 (2007). 미국에서의 다문화주의. 민족연구, 30, 126-139.

구정화, 박윤정, 설규주 (2010). 다문화교육의 이해와 실천. 서울: 동문사.

권순희, 박상준, 이경한, 정윤경, 천호성 (2010). 다문화사회와 다문화교육. 경기: 교육과학사.

권충훈, 김훈희 (2008). 다문화교육을 위한 교수-학습 경험 선정 아이디어. 한국콘텐츠학회논문지, 8(8), 293-302.

김경근 (2006). 한국 중등교육의 수월성과 평등성의 조화를 위한 과제. 교육학연구, 44(1), 1-21.

김관수 외 (2000). 구성주의와 교과교육. 서울: 학지사.

김남국 (2005). 심의 다문화주의: 문화적 권리와 문화적 생존. 한국정치학회보, 39(1), 87-108.

김비환 (1996). 포스트모던 시대에 있어서 합리성, 다문화주의 그리고 정치. 사회과학, 35(1), 205-236.

김상돈 (2010). 다문화교육의 목표와 내용체계 연구. 고려대학교 대학원 박사학위논문.

김선미 (2009). 한국의 다문화교육, 어떻게 해야 할 것인가? 인하대학교 교육연구소 심포지움, 10, 55-62.

김아영 (2002). 자기결정성 이론에 따른 학습동기 유형 분류체계의 타당성. 교육심리연구, 16(4), 169-187.

김아영, 오순애 (2001). 자기결정성 정도에 따른 동기유형의 분류. 교육심리연구, 15(4), 97-119.

김영옥 (2007). 새로운 '시민들'의 등장과 다문화주의 논의. 아시아여성연구, 46(2), 129-159.

김용신 (2009). 한국 사회의 다문화교육 지향과 실행 전략. 사회과교육, 48(1), 13-25.

김우영 (2001). 자기주도학습이 학습자의 내적동기, 자아개념에 따라 학업성취 및 문제해결력에 미치는 효과. 고려대학교 교육대학원 석사학위논문.

김유미 (2009). 수업 노하우 빌견. 서울: 학시사.

김윤태, 서정화, 노종희 (1984). 교사와 교직사회. 서울: 배영사.

김은정 (1999). 학습양식의 유형 및 구성요소와 교육과정과의 관계에 관한 연구. 연세대학교 대학원 박사학위논문.

김자희 (2012). 초등학교 과학수업에서 토의, 토론 활동에 대한 교사들의 지도실태 및 인식조사. 한국교원대학교 교육대학원 석사학위 논문.

김정혜 (2000). 과제수행학습을 적용한 실험연구: 초등학생을 중심으로. 한국영어언어교육학회, 5(1), 217-228.

김정환 (1995). 인간화교육 어떻게 할 것인가? 서울: 미래를 여는 책.

김주은 (1999). 제7차 중학교 과제수행 학습에 따른 교과서 모형개발. 중앙대학교 교육대학원 석사학위논문.

김지원 (2017). 초등학교 도덕과 다문화 내용 분석- 2009, 2015 개정교육과정을 중심으로. 초등도덕교육, 55, 279-306.

김지현 (2008). 한국 사회에서 다문화주의와 교육. 철학연구, 106, 29-52.

김지혜 (2009). 구성주의에 기반한 교수 학습 지도안 연구. 경희대학교 교육대학원 석사학위논문.

김찬종, 우종옥, 김범기, 허명, 양일호, 최관순, 김태선 (1999). 초, 중, 고 학생들의 과학탐구 능력 추이 분석을 위한 종단적 연구. 청람과학교육연구논총, 9(1), 211-222.

김해영 (2000). 성인교육에서 자기주도학습 준비도와 성격유형 및 귀인양식이 학업성취도에 미치는 영향. 교육발전논총, 21(1), 211-232.

김향숙 외 (2007). 창의적 수학수업을 위한 문제중심. 서울: 경문사.

김향은 (2007). 학교에서의 다문화교육과 부모교육. 한국교육사연구회 학술논문집, 37, 1-10.

김현미 (2008). 이주자와 다문화주의. 현대사회와 문화, 26, 57-78.

김혜숙 (2007). 여성주의 관점에서 본 다문화주의: 열린 주체 형성의 문제. 철학연구, 76, 203-229.

김혜순 (2008). 결혼이주여성과 한국의 다문화사회 실험. 한국 사회학, 42(2), 36-71.

김희정 (2007). 한국의 관 주도형 다문화주의. 한국에서의 다문화주의(pp. 57-80). 서울: 한울아카데미.

나영희 (2002). 과제중심학습을 어휘력 향상 방안. 안동대학교 교육대학원 석사학위 논문.

모경환 (2009). 다문화 교사교육의 현황과 과제. **한국교원교육연구**, 26(4), 245-270.

문경희 (2008). 호주 다문화주의의 정치적 동화. **국제정치논집**, 48(1), 267-291.

민용성, 최화숙 (2014). 학습자 중심 다문화 교육과정의 개발 방향 탐색. **학습자 중심 교과교육연구**, 14(10), 1-21.

박경태 (2008). **소수자와 한국 사회**. 서울: 후마니타스.

박기범 (2008). Spiro의 인지적 융통성 이론이 사회과 수업과 교재 구성에 주는 시사점. **사회과교육**, 47(1), 157-170.

박기범 (2009). 공동체적 관점에서 본 다문화교육의 과제-다문화교육 사이트 분석을 중심으로. **사회교육연구**, 48(1), 45-55.

박상철 (2008). 다문화사회에서의 학교교육 과정 정책. **초등교육연구**, 21(2), 1-19.

박성익 외 (2017). **교육방법의 교육공학적 이해**. 서울: 교육과학사.

박재의, 강현석 (2009). 다문화교육과정 개발 방향 탐색: 연구학교 사례분석을 중심으로. **사회과교육**, 48(1), 27-43.

변영계, 이인자 (1996). 협동학습이 학습능력별 학습자의 학업성취와 자아존중감에 미치는 효과. **교육연구**, 6(1), 87-104.

서종남 (2009). 지역사회 통합을 위한 다문화교육의 역할과 과제. **교육문화연구**, 15(2), 75-104.

서종남 (2011). 다문화교육의 필요성과 방향. **교육문화연구**, 3(2), 23-40.

서하연 (2003). 수학교육에서 구성주의적 관점의 교수-학습 지도 연구. 중앙대학교 교육대학원 석사학위논문.

설규주 (2003). 한국시민사회에 적합한 피해자 중심의 윤리와 인성교육. 서울대학교 대학원 박사학원 논문.

설규주 (2004). 세계시민사회의 대두와 다문화주의적 시민교육의 방향. **사회과교육**, 43(3), 31-54.

설동훈 (2009). 다문화교육의 방향. 교육정책포럼, 196호.

설진배, 김소희 (2017). 다문화 배경에 따른 사회적 지지와 다문화 수용성이 학교적응에 미치는 영향: 매개효과와 조절된 매개효과. **평화학연구**, 18(1), 155-180.

손민정 (2008). 다문화 가정 초등학교 저학년 학생을 위한 학교적응력 향상 프로그램 구안. 한국교원대학교 대학원 석사학위논문.

송혜림, 전숙영, 김경은 (2016). 다문화가족 부모교육 프로그램 개발. 여성가족부 보고서 (2016-6).

심성경 외 (2003). 유아음악교육내용에 대한 교사의 개념도 분석. 아동학회지, 21.
안근환 (2007). 구성주의 교육의 인지적 도제 학습 원리에 의한 교사의 교수, 학습방법에 대한 연구. 단국대학교 대학원 석사학위논문.
양영자 (2007). 분단-다문화시대 교육이념으로서의 민족주의와 다문화주의 양립가능성 모색. 교육과정연구, 25(3), 23-48.
양용칠 (2000). 교수, 학습환경 설계. 교육마당 21, 문교부.
오경석 (2009). 한국에서의 다문화주의: 현실과 쟁점. 서울: 한울아카데미.
오경석 외 (2007). 어떤 다문화주의인가? 한국에서의 다문화주의. 서울: 한울아카데미.
오은선 (2009). 다문화 사회에서의 학교교육. 젠더리뷰, 13.
유병규 (2009). 국내 다문화 현상의 특징과 시사점-성숙한 다문화 사회를 위한 과제. 현대경제연구원, 9(44)(통권 373호).
윤인진 (2007). 국가주도 다문화주의와 시민 주도 다문화주의. 한국적 다문화주의의 이론화. 한국사회학회 동북아시대위원회 용역과제, 251-291.
윤인진 (2008). 한국적 다문화주의의 전개와 특성. 한국사회학, 42(2), 72-103.
이광규 (1994). 문화인류학. 서울: 일조각.
이근홍 (2006). 인간행동과 사회환경. 경기: 공동체.
이미혜 (2001). 프로젝트 작업을 통한 고급 과정 수업 모형. 한국어 교육, 12(2), 159-179.
이민경 (2008a). 프랑스에서의 다문화교육. 아시아 태평양 국제이해교육원.
이민경 (2008b). 한국 사회의 다문화 교육 방향성 고찰: 서구 사례를 통한 시사점을 중심으로. 교육사회학연구, 18(2), 83-104.
이선옥 (2007). 한국에서의 이주노동운동과 다문화주의. 한국에서의 다문화주의-현실과 쟁점. (사)국경 없는 마을 학술토론회 발표논문집, 76-89.
이성호 (2000). 교수방법 탐구. 서울: 양서원.
이숙정 (1996). 중학생의 자아개념과 학교생활 그림에 관한 연구. 영남대학교 대학원 석사학위논문.
이용승 (2004). 호주의 다문화주의. 동아시아연구, 8, 177-205.
이용승 (2007a). 현대의 민족문제와 다문화주의: 호주 다문화주의의 역진. 민족연구, 30, 26-51.
이용승 (2007b). 호주 다문화주의의 약진. 민족연구, 30, 26-50.
이용재 (2012). 다문화사회 개념에 대한 고찰. 다문화와 인간, 1(1), 35-61.
이원희 (2008). 세계와 시대의 초등학교 교육과정 구성방향. 교육과정연구, 26(4), 1-20.
이재분 (2009). 다문화가족을 위한 교육지원 실태 및 과제. 다문화교육의 이론과 실제. 한국다문화교육학회 정기 학술대회자료집.

이차선 (2000). 가정환경, 학교환경, 자아존중감이 청소년의 자아정체감 형성에 미치는 영향. **백록논총**, 2, 109-139.

임명희, 최안복 (2007). 다문화 교육과정과 관련 변인에 관한 이론적 고찰. **한국보육학회지**, 7(1), 1-24.

임채완, 전형권 (2006). **재외 한인과 글로벌 네트워크**. 서울: 한울아카데미.

장사형 (2017). 다문화사회 및 다문화교육에 대한 논의와 그 적용의 적절성 고찰. **교육철학**, 62, 99-126.

장수정 (1997). 인지적 융통성이론에 기초한 하이퍼텍스트 환경에서의 학습 효과. 서울대학교 석사학위논문.

장원순 (2009). 한국 사회에 적합한 다문화교사교육과정에 관한 연구. **사회과교육**, 48(1), 57-79.

장은주 (2005). **문화다원주의와 보편주의, 다원주의, 축복인가 재앙인가**. 한국철학회 편. 서울: 철학과 현실사.

장인실 (2006). 미국의 다문화교육과 교육과정. **교육과정연구**, 24(4), 27-53.

장인실 (2015). 다문화교육 실행을 위한 학교교육과정 개발 방향 탐색. **교육과정연구**, 33(2), 45-70.

전희옥 (2008). 다문화사회 환경 변화에 따른 학교 사회과교육 과정의 방향. 다문화-세계화 교육환경에 따른 학교교육 과정의 대응. **한국초등교육학회**, 191-216.

정상준 (1997). 포스트모더니즘, 실용주의, 그리고 다문화주의. **미국학**, 20, 323-342.

정재각 (2010). **이주정책론**. 서울: 인간사랑.

정효경 (2003). 과제수행학습이 동기유발과 어휘학습에 미치는 영향. 국민대학교 교육대학원 석사학위논문.

정희태 (2008) 한국의 다문화교육에 관한 연구. **통일전략**, 8(2), 253-283.

조정남 (2007). 현대국가와 다문화주의. **민족연구**, 30, 6-15.

조혜영 (2013). 한국 사회 다문화교육 주요 이슈에 대한 고찰: 이주민의 요구를 중심으로. **다문화교육연구**, 6(4), 1-25.

조혜영, 서덕희, 권순희 (2008). 다문화가정자녀의 학업 수행에 관한 문화기술적 연구. **교육사회학연구**, 18(2), 105-134.

차경수 (1996). **현대의 사회과교육**. 서울: 학문사.

차윤경 (2008). 세계화 시대의 대안적 교육모델로서의 다문화교육. **다문화교육연구**, 1(1), 1-23.

최성보 (2010). 다문화가정학생의 학교생활 적응 분석. 경북대학교 대학원 박사학위 논문.

최성환 (2008). 다문화주의의 개념과 전망. **철학탐구**, 24, 287-310.

최성희 (2002). 자기주도학습에서 보상구조가 학업성취도와 자기효능감에 미치는 영향. 서강대학교 교육대학원 석사학위논문.

최인철 (2008). 다문화사회의 심리적 도전과 과제. 한국심리학회 연차학술발표대회 논문집, 93-101.

최충옥 (2009). 외국의 다문화교육정책 동향과 시사점. **비교교육연구**, 19(2), 175-191.

한경구, 한건수 (2007). 한국적 다문화사회의 이상과 현실: 순혈주의와 문명론적 차별을 넘어. **한국사회학회 동북아시대원원회 용역과제**, 71-116.

한상복 외 (2002). **문화인류학개론**. 서울: 서울대학교 출판부.

한상복, 이문용, 김광억 (1997). **문화인류학개론**. 서울: 서울대학교 출판부.

한승준 (2008a). 문화주의 모델 위기론과 다문화주의 대안론. **한국정책학회 하계학술대회 자료집**, 3, 99-126.

한승준 (2008b). 프랑스 동화주의 다문화정책의 위기와 재편에 관한 연구. **한국행정학보**, 42(3), 463-486.

홍기철 (1998). 구성주의와 교육공학. **교육연구**, 12, 121-152.

American Educational Research Association (1952). Committee on the criteria of teacher effectiveness. *Report of the Review of Educational Research, 22*, 238-263.

Aronson, E., Wilson, T. D., & Akert, R. M. (2005). *Social Psychology (5th ed.)*. Upper Saddle River, NJ: Prentice Hall.

Ausubel, D. P. (1963). *The Psychology of meaningful verbal learning*. Orlando, FL: Grune & Startto.

Banks, J. A. (1995). Multi-cultural education and curriculum transformation. *The Journal of Negro Education, 64*(4), 390-400.

Banks, J. A. (2002). *An Introduction to multi-cultural education (3rd ed.)*. Boston: Allyn & Bacon.

Banks, J. A. (2004). Multi-cultural education: Historical development, dimensions and practice. In J. A. Banks & C. A. M. Banks (eds.), *Handbook of research on multi-cultural education (2nd ed.)*. San Francisco, CG: Jossey-Bass.

Banks, J. A. (2005). Multi-cultural education: Characteristics and goals. In J. A. Banks & C. A. M. Banks (eds.), *Multi-cultural education issues and perspectives (5th ed.)*. Boston: Wiley.

Banks, J. A. (2006a). *Cultural diversity and education: Foundation, curriculum and teaching*. Boston: Pearson Education, Inc.

Banks, J. A. (2006b). *Race, culture and education*. NY: Routledge.

Banks, J. A. (2006c). *An Introduction to multi-cultural education (4th ed.).* Boston: Allyn & Bacon.

Banks, J. A. (2008). Diversity, group identity, and citizenship education in a global age. *Educational Researcher, 37*(3), 129-139.

Banks, J. A., & Banks, C. A. M. (Eds.). (2010). *Multi-cultural education: Issues and perspectives (7th ed.).* New York, NY: Wiley.

Barrows, H. S. (1985). *How to design a problem-based curriculum for the preclinical year.* New York: Springer Publishing Co.

Bennett, C. (2001). Genres of research in multi-cultural education. *Review of Educational Research, 71*(2), 171-217.

Bennett, C. (2007). *Comprehensive multi-cultural education: Theory and practice (6th ed.).* Boston: Allyn & Bacon.

Bloom, A. (1987). *The Closing of the American mind: How higher education has failed democracy and impoverished the souls of today's students.* New York: Simon.

Blosser, P. E. (1973). *Handbook of effective questioning techniques, worthing.* Ohio: Education Associates Inc.

Branden, N. (1992). 나를 존중하는 삶. 강승규 역. 서울: 학지사.

Brophy, J. E., & Good, t. L. (1986). *Teacher-student relationship: Causes and consequences.* New York: Holt, Rinehart and Winston.

Brown, H. (2007). *Principles of Language Learning and Teaching (fifth ed.).* NY: Pearson.

Brown, M. R. (2007). Educating all students-creating culturally responsive teachers, classrooms, and schools. *Intervention in School and Clinic, 43*(1), 57-62.

Browne, M. N., & Keeley, S. M. (1990). *Asking the right question: A guide to critical thinking (10th ed.).* NY: Pearson.

Bruner, J. S. (1960). *The Process of education.* Harvard University Press.

Bruning, R. H., Schraw, G. J., Norby, M. M., & Ronning, R. R. (2004). *Cognitive psychology an instruction.* NJ: Merrill.

Castles, S. (2004). The factors that make and unmake migration policies. *International Migration Review, 38*(3), 853-885.

Castles, S., & Davidson, A. (2000). *Citizenship and Migration.* London: Routledge.

Chamot, A. U. (2005). The Cognitive academic language learning approach: An update. In P. A. Richard-Amato & M. A. Snow (eds.), *Academic success for English language learners: Strategies for K-12 mainstream teacher.* White Plains, NY: Longman.

Cole, P. G., & Chan, L. K. (1987). *Teaching principles and practice.* New York: Prentice Hall of Australia Ltd.

Collins, A., Brown, J., & Newman, S. (1988). Cognitive apprenticeship: Teaching the craft of reading, writing, and mathematics. In L. B. Resnick (Ed.), *Cognition and instruction: Issues and agendas.* Hillsdale, NJ: Lawrence Erlbaum Associates.

Coopersmith, S. (1967). *The antecedents of self-esteem.* San Francisco: W. H. Freemen.

Dearden, R. (1972). *Education and the development of reason.* London: Oxford Univ. Press.

Dewey, J. (1938). *Experience and education.* NY: The MacMillian Company.

Dillon, J. T. (1982). Cognitive correspondence between question/statement and response. *American Educational Research Journal, 19*(4).

Dillon, J. T. (1988). *Questioning and teaching: A Manual of practice.* London: Croom Helm.

Dixon, C., & Nessel, D. (1983). *The Language experience approach to reading: LEA for ESL.* Hayward, CA: Alemanry Press.

Eggen, P. D, & Kauchak, D. (2004). *Windows on classroom (6th ed.).* New York, NY: Teacher College Press.

Eggen, P. D, & Kauchak, D. P. (2001). *Teaching content and thinking skill (4th ed.).* Boston: Allyn and Bacon.

Emmer, E. T., Everston, G. M., & Worsham, M. E. (2006). *Classroom management for middle and high school teachers (7th ed.).* Boston: Allyn & Bacon.

Everston, C. M., & Weinstein, C. S. (2006). *Handbook of classroom management research, practice, and contemporary issue.* Mahwah, NJ: Lawrence Erlbaum Associates.

Everston, G. M., Emmer, E. T., & Worsham, M. E. (2006). *Classroom management for elementary school teachers (7th ed.).* Boston: Allyn & Bacon.

Flavell, J. H. (1979). Metacognition and cognitive monitoring: A cognitive development inquiry. *American Psychologist, 34*, 906-911.

García, S. B., & Ortiz. A. A. (2006). Preventing disproportionate representation-culturally and linguistically responsive prereferral interventions. *Teaching Exceptional Children, 38*(4), 64-68.

Gay, G. (1979). On behalf of children: A Curriculum design for mulit-cultural education in the elementary school. *Negro Education, 48*, 324-340.

Gay, G. (1997). Multi-cultural infusion in teacher education: Foundation and applications.

Peabody Journal Education, 72(1), 150-177.

Gay, G. (2002). Preparing for culturally responsive teaching. *Journal of Teacher Education, 53*(2), 106-116.

Gay, G. (2010). *Culturally responsive teaching: Theory, research and practice (2nd ed.).* New York, NY: Teachers College Press.

Gay, G. (2013). Teaching to and through cultural diversity. *Curriculum Inquiry, 43*(1), 48-70.

Gay, G., & Kirkland. K. (2003). Developing cultural critical consciousness and self-reflection in preservice teacher education. *Theory into Practice, 42*(3), 181-187.

Gibson(1976). Approaches to multi-cultural education in the United States: Some concepts and assumptions. *Anthropology and Education Quarterly, 7*, 7-18.

Gijbels, D., Dochy, F., Van den Bossche, P., & Segers, M. (2005). Effects of problem-based learning: A meta-analysis from the angle of assessment. *Review of Educational Research, 75*(1), 27-61.

Ginsburg-Block, M. D., Rohibeck, C. A., & Fantuzzo, J. W. (2006). Wants to hear me read. *Teaching Exceptional Children, 38*(5), 36-42.

Goldberg, L. R. (1993). The structure of phenotypic personality traits. *American Psychologist, 48*, 26-34.

Gollnick, D. M., & Chin, P. C. (2013). *Multi-cultural education in a pluralistic society.* Boston: Pearson.

Good, T. L, & Brophy, J. E. (1997). *Looking in classroom (7th ed.).* New York: Longman.

Good, T. L, & Brophy, J. E. (2003). *Looking in classroom (9th ed.).* Boston: Allyn & bacon.

Gorski, P. (2006). The unintentional undermining of multi-cultural education: Educators at the equity crossroads. In J. Landsman & C. W. Lewis (Eds.), *White teachers/Diverse classrooms: A Guide to Building Inclusive Schools, Promoting High Expectations, and Eliminating Racism* (pp.61-78). Sterling, VA: Stylus Publishing.

Guglielmino, L. M. (1977). Development of the self-directed learning readiness scale. *Dissertation Abstract International, 38*, 6467A.

Gurney, P. W. (1988). *Self-esteem in children with special educational needs.* London: New York: Routledge.

Harris, K. R., Graham, S., & Mason, L. H. (2003). Self-regulated strategy development in the classroom: Part of a balanced approach to writing instruction for students with disabilities. *Focus on Exceptional children, 35*(7), 1-16.

Hayamizu. T. (1997). Between intrinsic and extrinsic motivation: Examination of reasons for academic study based on the theory of internalization. *Japanese Psychological Research, 39*, 98-108.

Hirsh, E. D. (1993). *What your 5th grader needs to know: Fundamentals of a good fifth-grade education.* New York: Delta.

Horwitz, E., Horwitz, M,, & Cope, J. (1996). Foreign language classroom anxiety. *Modern Language Journal, 70*, 125-132.

Hyman, R. T. (2001). 교수방법. 권낙원 역. 서울: 원미사.

Johnson, D., & Johnson, R. (2006). *Learning together and alone: Cooperating, competition, and individualization(8th ed.).* Neehan Heights, MA: Allyn & Bacon.

Jonassen, D. H., & Grabowski, B. L. (1993). *Handbook of individual differences, learning and instruction.* N.J.: Lawrence Ewbaum Associates.

Jonassen, D., Mayes, T., & McAleese, R. (1993). A manifesto for a constructivist approach to uses of technology in higher education. In *Designing environments for constructive learning* (pp. 231-247). Springer Berlin Heidelberg.

Kagan, O. S. (1985). Co-op Co-op: A Flexible cooperative learning technique. In R. Slavin, S. Sharan, S. Kagan, R. Hertz-Lazarowitiz, C. Webb & R. Schmuck (1985). *Learning to cooperate to learn.* New York: Plenum Press.

Knowles, M. S. (1975). *Self-directed learning: A guide to learner and teachers.* Chicago: Follett Publishers.

Kohonen, V. (1989). *Experiential language learning: Toward second language learning as learner education.* University of California Santa Cruz: Bilingual Research Group.

Kolb, D. A. (1984). *Experiential learning: Experiences as the source of learning and development.* Englewood Cliffs, NJ: Prentice-Hall.

Kolb, D. A. (1985). *Learning style inventory.* TRG hay/McBer, Training Resources Group.

Kolb, D. A., Rubin, I. M., & McIntyre. J. M. (1971). *Organizational Psychology: An Experiential approach.* Englewood Cliffs, N.J.: Prentice-Hall.

Kymlicka, W(2002). *Contemporary Political Philosophy: An Introduction (Second ed.).* New York: Oxford University Press.

Ladson-Billings, G. (1995a). But that's just good teaching! the case for culturally relevant pedagogy. *Theory into Practice, 34*(3), 159-165.

Ladson-Billings, G. (1995b). Toward a theory of culturally relevant pedagogy. *American*

Educational Research Journal, 32(3) 465-491.

Long, H. B. (1992). Philosophical, psychological, and practical justification or studying self-direction in learning. In H. B. Long & Associates, *Self-directed learning, application and research.* Norman: Oklahoma Research Center for Continuing Professional and Higher Education, chap., 2.

MacIntyre, P. (1999). How does anxiety affect second language learning:: A reply to Spars and Ganschow. *Modern Language Journal, 79*, 1-32.

Mann, R., & Others. (1970). *The College classroom.* New York: John Wiley & Sons, Inc.

Martiniello, M. (2002). **현대사회와 다문화주의: 다르게, 평등하게 살기.** 윤진 역. 서울: 한울.

Mayer, R. E. (2008). *Learning and instruction (2nd ed).* Upper Saddle River, NJ: Pearson.

Meyer, K, & Woodruff, E. (1997). Consensually driven explanation in science teaching. *Science Education, 81*(2), 173-192.

Millar, R., & Osbome, J. (1998). *Beyond 2000: Science education for the future.* King's College London: Fulmar Colour Printing Company Limited.

Mitzel, H. E. (1960). Teacher effectiveness. In C. W. Harries (ed.)., *Encyclopedia of Educational Research (3rd ed.).* New York: Macmillan.

Nieto, S. (1999). *Affirming diversity: the sociopolitical context of multi-cultural education.* White Plains, NY: Routledge.

Novak, J. D., & Gowin, D. B. (1984). *Learning how to learn.* Cambridge NY: University Press.

Novak, J. D., & Staff. (1981). The use of concept mapping and in junior high school science. *Science Education, 76*(1).

Nyberg, D. A. (1998). **열린교육의 철학.** 심성보 외 역. 서울: 학지사.

O'Malley, J. M., & Chamot, A. U. (1989). *Learning strategies in second language acquisition.* Cambridge: Cambridge Univ. Press.

O'Malley, J. M., Chamot, A. U., & Kupper, L. (1989). Listening comprehension strategies in second language acquisition. *Applied Linguistics, 10*(4), 418-437.

Oxford, R. (1990). *Language learning strategies: What every teacher should know.* New York: Heinle & Heinle.

Pintrich, P. R., & Schunk, D. H. (2002). *Motivation in Education: Theory, research, and applications.* Englewood Cliffs, NJ: Prentice Hall.

Piper, D. W. (1978). *What makes teaching effective? - the efficiency and effectiveness of teaching in higher education.* Leicester, England: Cavendish Press Ltd.

Piskurich, G. M. (1993). *Self-directed learning: A practical guide to design, development and implementation*. San Francisco.

Price, M. L. (1991). The subjective experience of loreign language anxiety; Interviews with hight anxious students. In E. K. Horwitz & D. J. Young (Eds.). *Language anxiety. From theory and research to classroom implications*. Englewood Cliffs, NJ: Prentice Hall, 101-108.

Pullias, E. U., & Young, J. D. (1973). *A Teacher is many things*. Seoul: Pon Korea Book.

Reedle, F., & Watenberg, W. W. (1951). *Mental hygiene in teaching*. New York: Harcourt, race and Co.

Reynolds, R. E., & Shirey, L. L. (1988). Effect of interest on attention and learning. *Journal of Educational Psychology, 80*(2), 159-166.

Rogoff, B. (1990). *Apprenticeship in thinking: Cognitive development in social context*. New York: Oxford University Press.

Rosenberg, M. (1979). *Conceiving the self*. New York: Basic Books.

Rosenshine, R. V. (1979). Content, time, and direct instruction. In Peterson, P. I., and Walberg, H. J. (ed.)., *Research on teaching*. Calf: McCutchan.

Rowe, M. B. (1974). Reflections on wait-time: Some methodological questions. *Journal of Research in Science Teaching, 11*(3).

Ryan, R. M., & Deci, E. L. (2000). Self-determination theory and the facilitation of intrinsic motivation, social development, and well-being. *American Psychologist, 55*, 68-78.

Ryan, R. M., & Connell, J. P. (1989). Perceived locus of casuality and internalization: Examining reasons for acting in tow domains. *Journal of Personality and Social Psychology, 57*, 749-761.

Santamaria, L. J. (2009). Culturally responsive differentiated instruction- narrowing gaps between best pedagogical practices benefiting all learners. *Teachers College Record, 111*(1), 214-247.

Sapir, E. (1921). *Language*. NY: Harcourt Brace.

Saracho, O. (1989). Cognitive style: Individual differences. *Early Child Development and Care, 53*, 75-81.

Slavin, R. E. (1979). Effects of cooperative reward structures and individual accountability on productivity and learning. *The Journal of Educational Research, 72*(5), 294-299.

Slavin, R. E. (1995). Cooperative learning: *Theory, research and practice (2nd ed.)*. Needham Heights, MA: Allyn & Bacon.

Slavin, R. E., & Madden (1984). Combining cooperative learning and individualized instruction: Effects on student mathematics achievement. *The Journal of Educational Research, 77.*

Sleeter, C, E., & Grant, C. A. (2003). *Making choices for multi-cultural education (4th ed.).* New York: J. Wiley & Sons.

Sleeter, C, E., & Grant, C. A. (2007). *Making choices for multi-cultural education: Five approach to race, class, and gender (5th ed.).* Hoboken: Wiley.

Spiro, R. J., & Jehng, J. C. (1990). Cognitive flexibility and hypertext: Theory and technology for the nonlinear and multidimensional traversal of complex subject matter. *Cognition, education, and multimedia: Exploring ideas in high technology.* NJ: Routledge.

Steinberg, F., & Horwitz, E. (1986). The effects of induced anxiety on the denotative and interpretive content of second language speech. *TESOL Quarterly, 20*, 131-136.

Sue, D. W. (2010). **다문화 사회복지 실천.** 이은주 역. 서울: 학지사.

Tan, I. G. C., Sharan, S., & Lee, C. K. E. (2007). Group Investigation effects on achivement, motivation, and perceptions of students in Singapore. *Journal of Educational Research, 100*(3), 142-154.

Vaughn, S. R., Bos, C. S., Candace, S., & Schumm, J. S. (2006). *Teaching students who are exceptional, diverse, and at rist in the general education classroom.* MA: Allyn & Bacon.

Villegas, A. M., & Lucas. T. (2002). Preparing culturally responsive teachers-rethinking the curriculum. *Journal of Teacher Education, 53*(1), 20-32.

Waltzer, M. (1990). *The communitarian critique of liberalism.* Political Theory.

Waters, M. (2000). *Globalization.* London: Routledge.

Webb, N. M., Farivar, S. H., & Mastergeorge, A. M. (2002). Productive helping in cooperative groups. *Theory Into Practice, 41*(1), 13-20.

Weinstein, C. E., & Mayer, R. E. (1986). The teaching of learning strategies. In M. C. Wittrock (ed.). *Handbook of Research on Teaching.* New York: MacMillian.

Weinstein, C. E., & Underwood, V. L. (1985). Learning strategies: The how of learning. In J. Segal, S. Chipman, & R. Glaser (eds.). *Relating instruction to basic research.* Hillsdale, N.J: Erlbaum.

Wenden, A. (1991). *Learner strategies for learner autonomy.* Englewood Cliffs, NJ: Prentice-Hall.

Willis, J. (1996). *A Framwork for Task-Based Learning.* Harlow, Esses: Langman

Witkin, H. A., Moore, C. A., Goodenough, D. R., & Cox, P. W. (1977). Field-dependent and field-independent cognitive style and their educational implications. *Review of Educational Research, 47*(1), 1-64.

Witkin. H. A. (1976). Cognitive style in academic performance and in teacher-student relations. In Messick, S., & Associates, *Individually in Learning.* San Francisco: Jossey-Bass.

Wittrock, M. C. (1986). *Handbook of research on teaching.* NJ: MacMillan Library Reference.

Young, D. (1986). The relationship between anxiety and foreign language oral proficiency rating. *Foreign Language Annals, 19*, 439-445.

Young, D. (1991). Creating a low-anxiety classroom environment: What does language anxiety research suggest? *Modern Language Journal, 75*, 426-439.

Zimmerman, B. J. (1986). Development of self-regulated learning: Which ae the key subprocess? *Contemporary Educational Psychology, 11*, 307-313.

동아일보 (2009. 5. 11). [달라도 다함께] 순수혈통중시 한국도 다문화 진입. http://news.donga.com/3/all/20090511/8730240/1에서 인출.

찾아보기

인명

임운
한국교원대학교 영어교육학과 영어교육학박사
상지대학교 사회복지학과 박사과정 수료
전 국립원주대학 관광통역과 교수
국립강릉원주대학교 다문화학과 교수

〈주요 저서〉
「음향분석과 영어발음교육」(공저, 한국문화사)
「조음음성학과 음향음성학」(한국문화사)
「English Grammar Guide」(한국문화사)
「English Writing Recipe」(한국문화사)
「음향분석을 이용한 발음지도」(한국문화사)

다문화사회 교수방법론

초판발행 2019년 7월 25일 **1판 1쇄 인쇄** | 2019년 7월 31일 **1판 1쇄 발행**

지은이 임 운
펴낸이 최용구 | **펴낸곳** 도서출판 **신정**
주소 (04316) 서울시 용산구 원효로 89길 19 (원효로1가)
전화 02)3211-4782, 0266(영업부), 3211-4783(편집부), 3211-4784(팩스)
이메일 shinjeong72@naver.com | **홈페이지** www.sjbook.co.kr
등록 2001년 5월 11일 제13-702호
기획마케팅 최용구 장만동 송대용 최충구 | **책임편집** 석기은 황가연 | **표지** SDY

ISBN 978-89-5912-488-6 93370

정가 19,000원